Zeit zu zweit

»Es gibt kein sichereres Mittel festzustellen,
ob man einen Menschen mag oder nicht,
als mit ihm auf Reisen zu gehen.«
Mark Twain (1835 – 1910)

Zeit zu Zweit

100 romantische Reiseziele in Europa

BRUCKMANN

Inhalt

Aktivreisen

1. **Belgien, Flandern** – Ausflug in die Geschichte — 10
2. **Deutschland, Wernigerode** – Entdeckungen am sagenhaften Brocken — 12
3. **Deutschland, Kanuwandern auf der Lahn** - Beschauliche Stille und ein wenig Nervenkitzel — 14
4. **Deutschland, Kahnfahren im Spreewald** – Auf Wasserwegen durch mystisches Grün — 16
5. **Deutschland, Mecklenburger Seen** – Bootsurlaub im Land der 1000 Seen — 18
6. **Deutschland, Chiemgau** – Berge und „Mee(h)r" — 22
7. **Frankreich, Loire-Radweg** – Kulturpracht am Wegesrand — 24
8. **Italien, Toskana** - Mit Giulietta auf Nostalgie-Traumreise — 26
9. **Italien, Seiser Alm** - Europas größte und schönste Hochalm — 30
10. **Polen, Masuren** - Sehnsuchtsziel zum Durchatmen — 32
11. **Portugal, Trilho dos Pescadores** – Auf dem alten Fischerpfad an der Westküste — 34
12. **Schweiz, Zermatt** - Von Schaumbergen und Gipfelstürmern — 36
13. **Schweiz, Jungfraujoch und Triftbrücke** – Das Höchste der Gefühle — 38
14. **Schweiz, Vierwaldstätter See** – Ein See wie ein Fjord — 40
15. **Slowenien, slowenische Riviera** – Italienisches Flair, Heilbäder und schroffe Berge — 42
16. **Türkei, Kappadokien** – Mit dem Heißluftballon zu den Feenkaminen — 44

Entspannen und Genießen

17. **Deutschland, Klützer Winkel** – Romantische Ecke an der Ostsee — 48
18. **Deutschland, Bodensee** - Kultur und Natur in der Dreiländerregion — 52
19. **Deutschland, Radebeul** – Villa Sorgenfrei: Ohne Sorgen um das Morgen — 54

20	**Deutschland, Thüringen** – Auf Goethes Spuren	56
21	**Deutschland, Werdenfelser Land** – Entspannen im Schatten der Zugspitze	58
22	**Deutschland, Bad Tölz** – Im Zeichen der Rose	60
23	**Deutschland, Bad Zwischenahn** – Im Baumhaus dem Himmel nah	62
24	**Frankreich, Elsass** – Lichterzauber im Advent	64
25	**Frankreich, Saintes Maries de la Mer** - Wenn die Pilger kommen	66
26	**Frankreich, Cannes** - Glamour an der Côte d'Azur	68
27	**Frankreich, Burgund** - Genießen wie Gott in Frankreich	72
28	**Frankreich, Provence** - Lichtzauber in Ocker und Lila	76
29	**Großbritannien, Cornwall/St. Michael's Mount** - Wer einsame Zweisamkeit sucht	78
30	**Großbritannien, Knockinaam Lodge** - Schottisches Idyll	82
31	**Großbritannien, Hebriden** – Kreuzfahrt mit einer Prinzessin	84
32	**Italien, Golf von Salerno** - Traumhafte Amalfitana	88
33	**Italien, Toskana/Val d'Orcia** – Ideal einer Kulturlandschaft	90
34	**Italien, Apulien** - Traumküste am »Absatz des Stiefels«	94
35	**Italien, Piemont** – Schlemmerparadies am Fuß der Alpen	96
36	**Kroatien, Istrische Halbinsel** – Das »Blaue Istrien«, Venedigs kleine Schwester	98
37	**Norwegen, von Oslo bis Bergen** – Die schönste Zugfahrt der Welt	102
38	**Österreich, Tristacher See** - Zu Füßen der Lienzer Dolomiten	104
39	**Portugal, Alentejo** - Wohnen auf dem Weingut, schweben über den Reben	106
40	**Schweden, Göta-Kanal** - Nostalgische Kreuzfahrt durch licht-bunte Landschaft	108

Inselromantik

41	**Dänemark, Liselund** – Der Park der Liebe	114
42	**Deutschland, Helgoland** – Zweisamkeit auf hoher See	116
43	**Deutschland, Sylt** - Ellenbogen, Odde und Kliffs	118
44	**Deutschland, Halligen** – Schwimmende Träume	120
45	**Deutschland, Rügen** – Über die Brücke in eine andere Welt	122
46	**Deutschland, Hiddensee** – Insel der Strandpiraten und Künstler	124
47	**Finnland, Aland-Inseln** - Stille Ostseeperlen	126
48	**Frankreich, Korsika** – Malerische Dörfer mit Blick aufs Meer	128
49	**Griechenland, Santorin** – Symphonie in Weiß und Blau	132
50	**Italien, Isola del Garda** – Ein kleines Reich im Gardasee	134
51	**Italien, Ponza** – Insel der Sehnsucht	138

52 **Italien, Sardinien** – Traditionsreiche Hafenstadt und Puderzuckerstrände 140

53 **Portugal, Madeira/Porto Santo** – Genuss an der Sonne 144

54 **Spanien, La Gomera** – Grüne Idylle für Entdecker 146

55 **Spanien, Lanzerote** – Die Diva unter den Sieben 148

56 **Spanien, Mallorca** – Inselerlebnis für Individualisten 152

57 **Spanien, Teneriffa** - Das Glück ist grau und glänzt 154

58 **Spanien, Menorca** - Ein Hauch von Karibik 156

59 **Republik Zypern, Zypern** – Der Liebesgöttin ganz nah 158

65 **Norwegen, Fjordnorwegen** – Landschaftskino zum Träumen 174

66 **Schweden, Rund um Ystad** – Auf Wallanders Spuren 176

67 **Schweden, Småland** - In Astrid Lindgrens Land 178

Natur erleben

60 **Dänemark, Jütland** – Gefühl von Freiheit und Abenteuer 162

61 **Deutschland, Feldberger Seenlandschaft** – Wandern in den »Heiligen Hallen« 164

62 **Irland, County Cork** - Wandern und schlemmen in salziger Luft 166

63 **Island, Halbinsel Snæfellsnes** – Traumkulisse für Hochzeiten 168

64 **Norwegen, Helgelandküste** – Küste der Vögel 172

Städtereisen

68 **Belgien, Malmédy** – Ardennenstädtchen mit Wohlfühlflair 182

69 **Deutschland, Heidelberg** – Das Herz am Neckar verlieren 186

70 **Deutschland, Monschau** - Blütezeit der Tuchmacherei 188

71 **Deutschland, Berlin** – Viele Städte in der Stadt 190

72 **Frankreich, Paris** - Jenseits von Eiffelturm und Triumpfbogen 194

73 **Frankreich, Nantes und Saint-Nazaire** – Geburtsstadt von Jules Verne 198

74 **Island, Reykjavik** – Wasser, Licht und Liebe 202

75 **Italien, Verona** - Romeo und Julia – auf den Spuren des Mythos 204

76 **Italien, Florenz** – Zentrum der Renaissance 208

77 **Italien, Venedig** - Karneval im Palazzo Papadopoli 212

78	**Italien, Rom** – Und ewig lockt die Stadt am Tiber		216
79	**Niederlande, Amsterdam** – Leben im und am Wasser		220
80	**Österreich, Wien** – Fine Stadt für jede Jahreszeit		222
81	**Polen, Danzig** - Geschichte und große Gefühle		226
82	**Polen, Krakau** - Tradition und Kultur auf engem Raum		228
83	**Portugal, Lissabon** - Ruckelnd und quietschend in die Vergangenheit		230
84	**Spanien, Madrid** – Prachtbauten, Kunst und lauschige Plätze		234
85	**Spanien, Malaga** – Frisch und schön wie ein junger Morgen		236
86	**Spanien, Sevilla** - Flamenco, Feste und Toreros		238
87	**Tschechien, Prag** - Die goldene Stadt bei Tag und Nacht		240
88	**Türkei, Istanbul** - Brücke für zwei Erdteile		244

Wohnen im Schloss

89	**Deutschland, Dresden und die Elbschlösser** – Luxus und Kulturgenuss in und nahe Elbflorenz		248
90	**Deutschland, Ludwigs Schlösser** – Beim Märchenkönig in Bayern		250
91	**Deutschland, Burgen am Mittelrhein** – Eine Jahrhunderte währende Verführung		252
92	**Deutschland, Mecklenburgische Schweiz** – Zu Gast beim Landadel		254
93	**Großbritannien, Adelige Gärten in Südengland** – Im Reich der Blüten		258
94	**Großbritannien, Pool House** – Träume im schottischen Hochland		262
95	**Großbritannien, Inverlochy Castle** – Märchenschloss am Ben Nevis		264
96	**Großbritannien, Culzean Castle** – Leben wie Lord und Lady in Ayrshire		266
97	**Österreich, Jagdschloss Küthai** – Kaisertage in Tirol		268
98	**Österreich, Fürstliche Steiermark** – Burgen und Schlösser im grünen Herzen		270
99	**Polen, Zauber der Ostsee** – Fürstlich wohnen an der Küste		274
100	**Tschechien, Böhmische Schlösser** – Üppige Pracht in großen Parks		278

Register 284

Impressum 288

Romantischer Abschluss einer Radtour entlang der Helgelandsküste in Norwegen

Aktivreisen 01
Flandern

HIGHLIGHTS

Genter Altar: Das von Jan van Eyck geschaffene Meisterwerk schmückt die St.-Bavo-Kathedrale in Gent.

Gallo-Römisches Museum: Das »Europäische Museum des Jahres 2011« erinnert an die römische Glanzzeit in der Kleinstadt Tongeren.

Riesenumzug Katuit: Das Spektakel lockt Besucher jeden August nach Dendermonde.

Freilichtmuseum Bokrijk: Wer hierher ins Herz der Provinz Limburg reist, unternimmt eine Zeitreise in vergangene Tage.

Grote Markt in Brügge: Der von historischen Bauwerken umfasste »Grote Markt« bietet eine romantische Kulisse für Dinner im Freien.

DINNER FOR TWO

Empfehlenswert ist das flämische Nationalgericht *Waterzooi*, ein herzhafter Eintopf. – Beliebte Fisch- und Meerestiergerichte sind *Kabeljau, Seezunge, Schellfisch, Hering, Aal, Nordseegarnelen* und *Muscheln*. – Für Süßmäuler: *Cuberdon, Belgische Waffeln* und *Schokolade!* Unbedingt probieren sollte man eine der hochdekorierten *Biervariationen*.

Die Altstadt von Antwerpen zieht Besucher aus der ganzen Welt an.

Antwerpen, Gent und Brügge – Flandern bietet beste Voraussetzungen für Städtereisen. Wer sich an den von der UNESCO geschützten Beginenhöfen und den Belfrieden der mittelalterlichen Ortzentren satt gesehen hat, kann sich von parkartigen Landschaften zu ausgedehnten Streifzügen ins Umland animieren lassen.

Ausflug in die Geschichte

Flanderns Städte erlebten im Mittelalter dank des florierenden Handels einen wahren Bauboom, der heutige Besucher auf Schritt und Tritt zum Fotoapparat greifen lässt. Die Altstädte mit ihren kopfsteingepflasterten Gassen, den Türmen sowie ihren reich dekorierten Fassaden versprühen noch immer den Charme vergangener Tage. Zu jener Zeit erblühte die Malerei unter den flämischen Meistern wie Peter Paul Rubens, Pieter Bruegel oder Van Dyck, die Werke von Weltrang hervorbrachten.

Antwerpen, **Gent** und **Brügge** heißen die Sightseeingperlen der Region. Modern ausgestattete Museen, Galerien sowie eine vielschichtige Gastronomie bieten beste Voraussetzungen für erlebnis- und genussreiche Urlaubstage zu zweit. Selbst weniger bekannte Stadtzentren, etwa von **Leuven** (Löwen), **Mechelen** und dem Seebad **Oostende**, bilden lohnende Ausflugsziele. Was alle Städte in der Region verbindet, sind die zum UNESCO Welterbe ernannten **Begi-**

Belgien

nenhöfe und die **Belfriede**, historische Glockentürme, von denen man eine herrliche Aussicht genießt.

Fällt das Schlagwort **Flandern**, muss man unweigerlich auch an die lange Bierbrautradition, an köstliche Schokolade, hausgemachte Frieten und Belgische Waffeln denken, die einem allesamt den Aufenthalt versüßen.

Abseits der Historienkulisse der Städte punktet Flandern mit einem engmaschigen Radwegenetz sowie unzähligen Kanälen, die zu ausgedehnten Bootstouren einladen und das komplette Küstenhinterland für Freizeitkapitäne erschließen. Neue Energie für den nächsten Stadtbummel kann man an der nahe gelegenen **Nordsee** mit ihren kilometerlangen Badesträndern tanken. *TB*

Die Graslei in Gent ist nachts besonders romantisch.

Infos und Adressen

ANREISE
Bahn: Alle größeren Städte in Flandern lassen sich bequem mit dem **Zug** erreichen; **Auto:** Über die belgischen Autobahnen kommt man zügig ans Wunschziel.

BESTE REISEZEIT
April–Oktober

SEHENSWERT
»Madonna mit Kind«: Dieser kostbare Schatz von Michelangelo wird in der Liebfrauenkirche in Brügge behütet.
Kasteel Ooidonk: fotogenes Wasserschloss in einem bezaubernden Garten

ESSEN UND TRINKEN
Restaurant Infirmerie: besonders stilvoll im Beginenhof von Tongeren gelegen; St. Ursulastraat 11, Tongeren, www.infirmerie.be

Restaurant De Vlaamsche Pot: Mario Cattoor ist Besitzer der alten Gaststube und Kochbuchautor. Helmstraat 3, Brügge, www.devlaamschepot.be

ÜBERNACHTEN
NH Gent Belfort: moderne Herberge, nur wenige Gehminuten von den Highlights der Stadt entfernt; Hoogpoort 63, Gent, www.nh-hotels.com
Relais & Châteaux Hotel Heritage: Das stilvoll eingerichtete und zentral gelegene Haus bietet beste Voraussetzungen für romantische Stunden. Niklaas Desparsstraat 11, Brügge, www.hotel-heritage.com

WEITERE INFOS
Tourismus Flandern-Brüssel, Cäcilienstrasse 46, Köln, www.flandern.com

Zu zweit erleben

AUF DEN GRACHTEN VON BRÜGGE

»Perle Flanderns«, »Hauptstadt der Schokolade« oder »Venedig des Nordens« sind allesamt treffende Bezeichnungen für Brügge. Wie die Nachbarstadt Gent ist auch Brügge von alten Wasserstraßen durchzogen. Was liegt da näher, als die beiden Altstadtjuwelen bei einer Grachtenfahrt kennenzulernen? In Brügge kann man an einer von fünf Haltestellen ins Boot steigen. Die halbstündigen Fahrten bieten ungewöhnliche Perspektiven und sind gespickt mit Höhepunkten wie dem Beginenhof oder dem Rozenhoedkaai, der zahlreiche Postkarten und Buchcover ziert. In Gent verzückt allen voran der alte Hafen mit den geschlossenen Gebäudeformationen Graslei und Korenlei. Die schlanken Boote nutzen die weitverzwegten Arme des Flusses Leie. Sie durchschneiden lautlos das Spiegelbild der historischen Fassaden, die zu Füßen lebhafter Straßencafés kopfstehen. Nach wenigen Fahrminuten ragt der graue Stein der imposanten Festung Gravensteen auf, die heute ganzjährig besichtigt werden kann.

Aktivreisen

02 Wernigerode

HIGHLIGHTS

Historischer Marktplatz: gut erhaltenes niedersächsisches Fachwerkensemble mit prächtigem Rathaus als Mittelpunkt

Schloss Wernigerode: neugotische Höhenburg mit Museum hoch über der Stadt

Harzer Schmalspurbahnen: dampfbetriebene Eisenbahnnostalgie mit 140 km langem Streckennetz

Brocken: höchster Gipfel des Harzes mit spektakulärer Fernsicht nach Thüringen und ins Weserbergland

Wandern im Oberharz: Goetheweg, Hexenstieg und andere leichte bis anspruchsvolle Routen rund um den Brocken

DINNER FOR TWO

Brockensplitter: Kleine Dreiecke aus Haselnusskrokant, umhüllt von Zartbitterschokolade – *Harzer Pottsuse:* Gewürzter Brotaufstrich aus Schmalzfleisch, wegen seines hohen Fettgehalts ist er lange haltbar. – *Schierker Feuerstein:* aromatischer Kräuterlikör, benannt nach den bei Schierke gelegenen Feuersteinklippen

Mit den beiden Fachwerktürmen dominiert das Rathaus den gepflasterten Marktplatz.

Mit ihrer denkmalgeschützten Architektur und der einmaligen Lage unweit des Brocken zieht die kleinstädtische Harzmetropole viele Besucher an. Ob zu Fuß auf einem der vielen Wanderwege oder an Bord einer dampfbetriebenen Schmalspurbahn, die Stadt und ihre geschichtsträchtige Umgebung halten viele Entdeckungen bereit.

Entdeckungen am sagenhaften Brocken

Die bunte Stadt im Harz, so begeisterte sich der Heimatdichter Hermann Löns 1909 über **Wernigerode**, präsentiert überall in ihren Gassen Zeitzeugen ihrer jahrhundertealten Geschichte: Der Marktplatz mit dem imposanten Rathaus, das zu den schönsten Verwaltungsgebäuden in Europa gehört, das **Kleinste Haus**, das **Schiefe Haus** und die Kirchen prägen das Bild. Hoch über dem Ort thront das im neugotischen Stil umgebaute **Schloss Wernigerode**. Der Aufstieg zu Fuß oder mit der kleinen Bimmelbahn wird belohnt mit grandiosen Ausblicken und mit einem Museumsrundgang durch die ehemaligen hochadeligen Gemächer. Wernigerode ist auch Standort der Harzer Schmalspurbahnen, die als eine der letz-

Deutschland

Die Dampflok der Brockenbahn schlängelt sich bis auf eine Höhe von 1125 m den Blocksberg hinauf.

Infos und Adressen

ANREISE
Flug: über Hannover;
Bahn: über Hannover, weiter mit RE; **Auto:** aus Richtung Hamburg, Köln, Ruhrgebiet über A395, B6, B244, aus Richtung Frankfurt/M. über A5, A7, B82, B6, B244, aus Richtung Süden über A9, B6, L82

SEHENSWERT
Tropfsteinhöhlen in Rübeland: Baumannshöhle, Blankenburger Str. 36 und Hermannshöhle, Hasselfelder Str. 3.
Besucherbergwerk »Drei Kronen & Ehrt«: ehemaliges Eisenerz- und Schwefelkiesbergwerk mit Grubenfahrt, an der B27 zwischen Rübeland und Elbingerode

ESSEN UND TRINKEN
Kartoffelhaus Altwernigerode: regionale Küche in rustikaler Atmosphäre; Marktstr. 14, Wernigerode
Schlossterrassen: gehobene Küche mit Panoramablick; Am Schloss 2, Wernigerode

ÜBERNACHTEN
Gotisches Haus: Viersterne-Fachwerkhotel am Marktplatz Wernigerode
Am Anger: ruhiges Altstadthotel mit Schlossblick; Breite Str. 92, Wernigerode

WEITERE INFOS
Wernigerode Tourismus GmbH: Marktplatz 10,
www.wernigerode-tourismus.de

ten ihrer Art in Deutschland ihre Dampflokomotiven und Dieseltriebwagen auf drei verschiedenen Strecken zum **Brocken**, nach **Nordhausen** oder nach **Quedlinburg** schicken.
Mit seinen 1141 m Höhe überragt der rund 12 km von Wernigerode entfernte Brocken alle anderen Berge des Harzes. Der als Wolkenhäuschen, Teufelskanzel und Hexenaltar vielfach betextete und besungene Blocksberg ist seit jeher ein Besuchermagnet. Die Brockenbahn fährt bis zum Gipfel hinauf, wo der **Brockengarten** mit seltenen subalpinen Pflanzen, das **Museum Brockenhaus** und der urige »Brockenwirt« wartet. Für alle, die den Berg lieber aus eigener Kraft erwandern möchten, ist der Wernigeroder Ortsteil **Schierke** der perfekte Ausgangspunkt. Vom malerischen Städtchen mit seinen Feuersteinklippen führen verschiedene Wege, kurz und lang, steil und etwas flacher, auf den Berg hinauf. Wer noch weitere Attraktionen sucht, stößt in der Umgebung auf Schaubergwerke, Höhlen, Schlösser und Burgen. BL

Zu zweit erleben

WALPURGISNACHT: HEXENSPEKTAKEL IN SCHIERKE

Hexen, Teufel, Gaukler und Marketender, dazu Musik, Feuer und viel Magie: Alljährlich am 30. April und 1. Mai wird der kleine Wernigeroder Ortsteil Schierke mit viel Stimmung und Gesellschaft ins Mittelalter zurückkatapultiert. Grund dafür ist die Walpurgisnacht, in der sich – so heißt es in der Legende – die Hexen tanzend ums Feuer versammelten, um anschließend zum Blocksberg, also zum Brocken zu fliegen, wo die Vermählung mit dem Teufel wartete. Bis zum Beginn des 20. Jhs. durfte diese magische Nacht tatsächlich auf dem Brocken gefeiert werden, erst dann kam das Aus für das satanische Fest. Doch Schierke am Fuß des Blocksberg ist mit seinem Mittelaltermarkt und dem bunten Hexentreiben ein würdiger Nachfolger geworden.

Wer sich zuvor ein wenig auf das Spektakel einstimmen möchte, besucht den Hexentanzplatz in Thale, einen sächsischen Kultplatz, der sich auf einem mit der Seilbahn erreichbaren Hochplateau über dem Ort befindet.

Aktivreisen

03 Kanuwandern auf der Lahn

HIGHLIGHTS

Auf dem Wasser treiben: im Vogelschutzgebiet hinter Roth die grüne Stille auf sich wirken lassen

Schleuse in Dorlar: die großen Tore der Schleuse per Hand auf- und zukurbeln

Bootsrutschen bei Gießen: die Wehren ganz mutig mit dem Boot hinuntergleiten

Picknick am Lahnufer: auf dem lauschigen Rastplatz bei Lahnau-Atzbach eine kleine Stärkung genießen

Limburger Altstadt: den oberhalb der Lahn thronenden mittelalterlichen Stadtkern mit Dom und Burg besichtigen

DINNER FOR TWO

Ahle Wurscht (alte Wurst): Luftgetrocknete, lang gereifte Wurstspezialität mit Senfkörnern, Muskat oder Kümmel gewürzt – *Grüne Soße:* kalt zu heißen Kartoffeln servierte Soße aus sieben verschiedenen gehackten Kräutern – *Handkäs mit Musik:* in eine Marinade aus Zwiebeln, Kümmel, Essig und Öl eingelegter Sauermilchkäse

Auf der Lahn flussabwärts führt die Paddeltour an imposanten Bauwerken vorbei, wie hier an der Lubentiuskirche in Dietkirchen.

Auenlandschaften, Wälder, steile Hänge, weite Ebenen, Burgen, Schlösser und historische Altstädte – auf ihrem 246 km langen Weg von der Quelle im Rothaargebirge bis zur Rheinmündung bietet die Lahn ein vielfältiges Landschaftsbild. Vom Wasser aus lässt sich dieses Panorama wunderbar genießen.

Beschauliche Stille und ein wenig Nervenkitzel

Das Plätschern des Paddels im Wasser und vielleicht noch das Quaken einer Ente, vielmehr ist vom Boot aus oft nicht zu hören. Man gleitet im eigenen Tempo dahin, hat Zeit zum Träumen und viel Gelegenheit zu zweit allein zu sein. Hin und wieder taucht plötzlich ein Wehr oder eine Schleuse auf. Viele der Wehre lassen sich mit etwas Mut ganz einfach ohne auszusteigen per Wasserrutsche meistern. An den kleinen Schleusen muss meist selbst Hand angelegt werden. Dann heißt es raus aus dem Kanu und kurbeln, bis sich die Tore zur Schleusenkammer öffnen. Ein besonderes Erlebnis ist der Schifffahrtstunnel in Weilburg, der einzige seiner Art in Deutschland. Man taucht per Boot in die dunkle Röhre ein und paddelt unter der Stadt hinweg.

Der ruhige Mittelgebirgsfluss, der die natürliche Grenze zwischen Taunus und Westerwald bildet, ist auf einer Länge

Deutschland

Vom Wasser aus bietet sich eine prächtige Sicht auf den Limburger Dom.

Infos und Adressen

ANREISE
Auto: An der Lahn zwischen Weimar-Roth und Lahnstein sind verschiedene Einstiegs- und Ausstiegsstellen möglich; erreichbar über A45 oder A3.

SEHENSWERT
Burg Runkel: frühmittelalterliche Burganlage oberhalb der Stadt
Limburger Dom: Paradebeispiel spätromanischer Baukunst

ESSEN UND TRINKEN
Lahnbahnhof: zum Restaurant umgestalteter Lok-Bahnhof an der Lahn, auch Hotelzimmer; Bahnhofstr. 14, Weilburg, www.hotel-lahn-bahnhof.de
Landhaus Schaaf: Gasthof im Lahntal; Oberstr. 15, Runkel, www.landhaus-schaaf.de

ÜBERNACHTEN
Altes Eishaus: historisches Hotel und Pfannkuchenhaus mit Terrasse an der Lahn; Wißmarer Weg 45, Gießen, www.hotel-giessen.de
Lahntours-Campingplatz Runkel: direkt am Fluss mit Indianer-Tipi-Dorf; Runkel, www.lahntours.de

AUSGEWÄHLTE KANUANBIETER
Kanutours Gießen: Uferweg 8, Gießen, www.kanutours-giessen.de
Lahntours-Aktivreisen: Lahntalstr. 45, Roth, www.lahntours.de

von 146 km schiffbar. Paddeltouren sind vom Weimarer Ortsteil Roth südlich von Marburg bis zur Mündungsstadt Lahnstein möglich. Verschiedene Bootsverleiher bieten Kanus oder Kajaks an, machen mehrtägige Tourenvorschläge und organisieren Transfers und Übernachtungen. Vor dem Start gibt es auch noch eine praktische Einweisung in die Paddelkunst.

Der obere Teil der Lahn ab Roth ist urwüchsig mit sanfter Strömung, die das Kanu fast wie von selbst bewegt. Das Vogelschutzgebiet erinnert an exotische Flusslandschaften wie den Amazonas, und fast erwartet man, Alligatoren am Uferrand zu sichten. Am unteren Flussabschnitt erheben sich beeindruckende Hänge. Hier reihen sich auch die sehenswerten Lahnstädte **Wetzlar**, **Weilburg** und **Limburg** mit ihren Altstädten, den imposanten Kirchen und Schlössern aneinander.   BL

Zu zweit erleben

SPEISEN WIE RITTER UND BURGFRÄULEIN

Nach gelungener Bootstour hat man sich eine Belohnung mehr als verdient, denn die ungewohnte Bewegung macht zwar großen Spaß, ist aber körperlich eine besondere Herausforderung. Wer jetzt nicht hungrig und durstig ist, hat etwas falsch gemacht! In **Gießen** oberhalb der Stromschnellen direkt am Ufer der Lahn bietet die **Badenburg** (Inselweg 122), ein im 14. Jahrhundert errichteter Herrensitz, in ihrem urigen Ritterkeller oder auch auf der schönen Waldterrasse ein besonderes kulinarisches Erlebnis. Unter dem Motto »Lieber en Bauch zum Esse wie en Buckel zum Schaffe« präsentiert die Burgschmauskarte ritterliche Spezialitäten wie eine *Schippe Dreck* (gegrillte Schweinebrustspitzen), zünftige *Burgknochen im Blecheimer* oder *Burgschmaus*, das Festgericht der siegreichen Vasallen. Zum Abschluss gibt es einen hauseigenen *Burggeist*. Wird er brennend am Tisch serviert, geht im gesamten historischen Gewölbe das Licht aus. Die Badenburg (www.badenburg.de) zieht fahrendes Volk von nah und fern an, deshalb unbedingt vorher reservieren.

Aktivreisen

04 Kahnfahren im Spreewald

HIGHLIGHTS

Lehde: authentisches Dorf mit traditionellen Holzhäusern, zahlreichen Fließen und einem Freilandmuseum

Hochwald: Wanderung, Kahnfahrt oder Radtour durch die unberührte Natur im UNESCO-Biosphärenreservat

Spreewaldtherme in Burg: exklusive Pflegeöle mit Leinöl und Duschcremes mit Gurkenpresssaft

Burg Kauper/Burg Kolonie: der Spreewald in seiner Urform mit verstreuten Gehöften, traditionellen Holzhäusern und typischen Heuschobern

Fischerstübchen in Leipe: direkt am Groblafließ frischen Fisch und Ruhe genießen

DINNER FOR TWO

Leinöl: Das aus Leinsamen gepresste Öl wird hauptsächlich zu Quark, Kartoffeln oder Gurkensalat gereicht. – *Plinsen:* kleine Eierkuchen, die teilweise mit Quark zubereitet werden – *Spreewaldgurke:* frisch aus dem Glas ist sie im Sommer eine Köstlichkeit; ideal zum Picknick mit frischem Brot und *Spreewälder Wurst* oder *Schmalzstullen*.

Entspanntes Dahingleiten auf den zahlreichen Fließen – lange Zeit sind nur das Glucksen der Paddel beim Eintauchen und Vogelzwitschern zu hören.

Für sein Paddelrevier und die Kahnfahrer ist der Spreewald berühmt. Weitgehend unbekannt ist, dass man in der Kahnfahrschule der Familie Gahl das Staken eines echten Spreewaldkahns innerhalb eines einstündigen Kurses selber lernen kann. Danach beginnt die individuelle Fahrt durch den romantischen Spreewald.

Auf Wasserwegen durch mystisches Grün

Wie fast alle Häuser des 130 Seelendorfes **Lehde** liegt auch das Haus der Familie Gahl direkt am Fließ. Die am Steg dümpelnden Spreewaldkähne zählen noch heute zum wichtigsten Transportmittel. Normalerweise ist Wolfgang Gahl der Fährmann. Doch in der einzigen Kahnfahrschule des Spreewalds lehrt er Urlaubern das Staken sowie die wichtigsten Verkehrsregeln auf dem Wasser. Erst nach erfolgreicher Absolvierung des einstündigen Kurses, hat man die Berechtigung, einen Kahn selbst zu steuern.

Wer die Einsamkeit der Natur liebt, sollte gleich in den wenig befahrenen **Hochwald** abbiegen. In dieser Kernzone des Biosphärenreservats zeigt sich der **Spreewald** mit seinen mystischen Erlenbruchwäldern von seiner wildesten Seite. Bis auf das Vogelgezwitscher und die Waldgeräusche herrscht absolute Stille. Mit etwas Glück zeigt sich sogar ein Schwarzstorch oder ein Fischotter. Die zwei traditionellen Ausflugslokale »Wotschofska« und »Polenzschänke« sind am besten auf dem Wasserweg erreichbar. Typische Gerichte

Deutschland

Infos und Adressen

ANREISE
Flug: Nächstgelegene Flughäfen sind Berlin und Dresden.
Bahn: Direktzüge nach und von Berlin nach Lübbenau; **Auto:** A 13 bis Lübbenau

BESTE REISEZEIT
Ganzjährig; am schönsten im Frühjahr oder zum Herbstbeginn

SEHENSWERT
Schloss Lübbenau: Klassizismus-Schloss mit Parkanlage; wird als Hotel und Restaurant genutzt

ESSEN UND TRINKEN
Kolonieschänke: frische, regionale, kreative Bio-Küche; Ringchaussee 136, Burg, www.kolonieschaenke.de
Ferienhof Spreewaldromantik: ländliche Küche mit märkischen Spezialitäten; Waldschlösschenstraße 48, Burg, www.ferienhof-spreewaldromantik.de

ÜBERNACHTEN
Seehotel Burg im Spreewald: Romantik-Arrangements und Wellness; Willischzaweg 69, Burg-Kauper, www.seehotel-burg-spreewald.de
Bauernhof Gummelt: Kutschfahrten für Verliebte und Ferienwohnungen in ruhiger Lage; Wotschower Weg 4, Burg, OT Müschen, www.bauernhof-gummelt.de/zu-zweit

WEITERE INFOS
Touristinformation Lübbenau: Ehm-Welk-Straße 15, www.spreewald-online.de
Touristinformation Burg: Am Hafen 6, www.burg-spreewald-tourismus.de

---

Zu zweit erleben

SPREEWALD IM WINTER
Im Winter zeigt der Spreewald eine ganz eigene, verträumte romantische Seite. Hotels verwöhnen mit Langschläferfrühstück, Rosenbad und Candle-Light-Dinner. In dicke Decken eingehüllt und mit einem wärmenden Grog oder Tee ausgestattet geht es auf dem Kahn durch die Winterluft. Sollte es so kalt sein, dass die Fließe zufrieren, verwandelt sich die Landschaft in eine riesige Eisbahn. An den Ufern versorgen die Restaurants Spaziergänger und Schlittschuhläufer mit frischen Plinsen und warmen Getränken.

SPREEWALDTHERME
Typisches der Region wird in den Wellnessbereich integriert. So gibt es Pflegeöle mit Leinöl, Duschcremes mit Spreewaldsole und Gurkenpresssaft oder Badezusatz mit Spreewaldalge. Die Sole-Inhalation findet in großen Gurkenfässern statt und das individuelle Bad in einer kahnförmigen Holzbadewanne. Ein großer Saunabereich und verschiedene Wasserbecken stehen auch zur Verfügung.

HEUFAHRT
Bei dieser romantischen Kahnfahrt ist der Holzkahn komplett mit Heu gefüllt.

---

wie Schmalzstulle und Spreewaldgurken dürfen auf ihren Speisekarten natürlich nicht fehlen.

Viel belebter geht es zwischen **Lübbenau** und **Burg** zu. Das enge Netz der Fließe schlängelt sich an traditionellen Holzhäusern und Feldern vorbei. Ein Freilandmuseum im Lagunendorf Lehde informiert eindrücklich über Leben und Brauchtum der Bevölkerung. Der Exportschlager Spreewaldgurke besitzt ebenso ein eigenes Museum. Für den kulinarischen Abschluss bietet sich ein Besuch der »Speisenkammer« im Ferienhof »Spreewaldromantik« in Burg an. Der Gault Millau ehrte den regional kochenden Marco Giedow bereits mit 15 Punkten. ChD

Im Winter verwandeln sich die Fließe zu einer riesigen Eisbahn.

Aktivreisen

05 Mecklenburger Seen

HIGHLIGHTS

Kirchturm Röbel: fantastischer Blick auf die Müritz von der 48 m hohen Plattform der Marienkirche

Müritz Nationalpark: ein Naturparadies für Wanderer, Fahrradfahrer und Vogelliebhaber – mit Fischadlerkamera in Federow

Stadthafen Waren: absolutes Muss: ein Spaziergang an der mondänen Hafenpromenade mit hübschen Café- und Restaurantterrassen

Hubbrücke Plau: Die markante, blaue Eisenbrücke von 1960 fährt 1,60 m in die Höhe, um Boote passieren zu lassen.

Klosterkirche Malchow: Der neugotische Backsteinbau ragt imposant am Südufer des Sees empor.

DINNER FOR TWO

Für die Bordküche zu empfehlen ist *Müritzfisch:* Saibling, Maräne, Hecht, Zander und Aal gehen den Fischern ins Netz. Gebraten und sauer eingelegt sind sie eine regionale Köstlichkeit. – *Maränenkaviar:* Die orange- bis goldfarbene Delikatesse ist bei den Müritzfischern erhältlich.

Den größten Hafen an der Müritz besitzt die malerische Stadt Waren.

Die Seenplatte mit ihrem dicht verzweigten Wassernetz ist ein Dorado für Bootsurlauber. Verliebte Freizeitkapitäne ankern in einsamen, von Seerosenteppichen gesäumten Buchten, hören die Rohrdommeln und schauen den Libellen beim Tanzen zu. An den Ufern bieten moderne Gastliegestege jeglichen Komfort. Hübsche Hafenstädte laden zum Altstadtbummel ein.

Bootsurlaub im Land der 1000 Seen

Der Bootsurlauber hat seine Ferienwohnung immer dabei. Besonders reizvoll ist die Kombination von Stadtbesuch, Landpartie und Bootserlebnis: Ein Logenplatz beim Sonnenuntergang, ein Stadtbummel am Nachmittag, das Frühstück bei leichtem Wellengang und Vogelgezwitscher, ein Ausflug mit dem Fahrrad in den **Müritz-Nationalpark**, ein Wellnesstag in der **Müritztherme** oder im **Schlosshotel Klink**. Alle Orte empfangen in ihren Häfen die schippernden Yachten, Hausboote, Flöße oder Segler. Je nach Gusto lässt sich die Reise variabel gestalten. Der Sommer ist hervorragend geeignet, um in den glasklaren Seen zu baden. In der Vorsaison geht es eher beschaulich zu. Nur ab und zu kreuzen Boote den Weg. Wartezeiten an den Schleusen oder Andrang in den Häfen sind der Ferienzeit vorbehalten. Gelbe Rapsfelder leuchten im Mai in der weiten Landschaft. Im Herbst hält die Gemütlichkeit Einzug. Die Kraniche ziehen mit lautem Geschrei vorrüber. Morgennebel tauchen die

Deutschland

Landschaft in ein romantisches Gemälde und mit etwas Glück erwischt man einen der warmen Altweibersommertage. Sollte es kälter sein, wärmt die Heizung. Einige Boote besitzen sogar einen Kachelofen. Ruhe und Entspannung verspricht der Urlaub im Herbst.

Freizeitkapitän kann jeder werden. Alle Boote bis 15 PS sind komplett führerscheinfrei. Für die Miete einer großen Motoryacht bis 15 Meter Länge ist ebenfalls kein Führerschein notwendig. Um diese jedoch steuern zu können, absolviert man am Chartertag beim jeweiligen Bootsvermieter einen Charterschein. In einem dreistündigen, theoretischen und praktischen Kurs werden die wichtigsten Verkehrszeichen und Regeln erklärt, An- und Ablegen geübt und die Bedienung des Bootes gezeigt. Danach kann das Abenteuer beginnen.

Stadtbesuch entlang der großen Seen

Das Herz der Mecklenburgischen Seenplatte bildet die Müritz. Wie ein kleines Meer ruht der größte Binnensee Deutschlands eingerahmt in einer Wald- und Feldlandschaft. Im Hafen von Waren am Nordufer der Müritz pulsiert das Leben. Das Hafenbecken wird von Cafés und Restaurants gesäumt. Terrassenförmig steigen die Dächer zur Altstadt an. Zwei Backsteinkirchen ragen empor. Kleine, bunte Fachwerkhäuser stehen dicht an dicht. Jeden Freitag findet der »Grüne Markt« statt, auf dem lokale Erzeuger wie

Ruhe und gemeinsame Zeit beim Bootsurlaub genießen

Zu zweit erleben

Müritz-Therme: Einfach die Seele baumeln lassen und entspannen – dazu laden mehrere Schwimmbecken, ein Whirlpool und die Saunalandschaft ein.

Damerower Werder: Auf der bewaldeten Halbinsel leben 30 Wisente. Mit etwas Glück kann man sie im Morgengrauen vom Boot aus am Seeufer beobachten.

Kranichzeit: Mehrere Tausend Kraniche rasten im Oktober in der Seenplatte. Mit viel Geschrei fliegen sie bei Sonnenaufgang zu ihren Fressplätzen. Wer im Müritzarm zwischen Vipperow und Buchholz ankert, hat die besten Chancen dieses Schauspiel live zu erleben.

Gutshaus Ludorf: Für ein romantisches Dinner legt Küchenchef Thomas Köpke mit seinen Gaumenfreuden den Grundstein. Der Verfechter der Slow-Food-Küche kocht im Restaurant Morizaner mit regionalen und saisonalen Produkten.

Sonnenuntergang auf dem Fleesensee: Wunderschöne Sonnenuntegänge sind am Südufer des Fleesensees zu erleben. Im Yachthafenresort kann angelegt und die Abendsonne im Strandkorb der Beachbar oder auf der Restaurantterrasse genossen werden.

Der Logenplatz beim Sonnenuntergang ist garantiert.

Besondere Augenblicke

AUSFLUG ZUR LIEBESINSEL

Das Kontrastprogramm zu den großen Seen bildet die Kleinseenplatte mit ihrem eng verzweigten Netz. Um einen Eindruck zu bekommen, lohnt ein Ausflug nach **Mirow**. Das Bootsfahrerlebnis wird hier um eine Schleusenerfahrung erweitert, denn zwischen Plau und Mirow war die Fahrt schleusenfrei. Gleich hinter der Einfahrt im Mirower See befindet sich ein Fischer, der viele Varianten sauer eingelegten Bratfisches anbietet. Der schönste Anlegeplatz liegt direkt an der Schlossinsel. Hafenmeister Ole empfängt seine Gäste stets gut gelaunt und versorgt sie mit Kaffee, Eis oder Bier. Bis zum im Juni 2014 neu eröffnetem Schloss sind es nur ein paar Gehminuten. Die kostbaren Barockräume der Witwen- **und späteren Sommerresidenz der Großherzöge von Strelitz** können besichtigt werden. Eine gusseiserne Brücke führt zwischen Bäumen hindurch auf die **Liebesinsel**. Dort befindet sich das Grabmal Adolf Friedrich VI, der 1914 im Alter von nur 32 Jahren den Freitod wählte. Heute schlendern Spaziergänger über die Insel, und verliebte Paare genießen den Sonnenuntergang.

Die Brücke verbindet die Mirower Schloss- mit der Liebesinsel.

das **Ziegengut Kraase** ihre hausgemachten Produkte anbieten. Frau Kuhr verkauft selbstgemachten Fetakäse. Die Milch dazu liefern ihre 25 Ziegen, die Kräuter stammen von der Wiese vor ihrem Haus. Wer mit dem Boot weiter nach Eldenburg fährt, erkennt den Hafen an dem hübschen, reetgedeckten Bootshaus. Hier haben die Müritzfischer ihre Basis. Neben der Verkaufsstelle türmt sich ein großer Holzhaufen auf. Er liefert das Futter für die Räucherkammer. Täglich bekommen Saiblinge, Maränen oder Aale bei rauchigen 90°C ihr tiefes Aroma.

Ungewöhnliche Brücken

Auf der Fahrt zum Plauer See passiert man die **Inselstadt Malchow**. Ihr Stadtzentrum wird auf der Ostseite durch einen Damm und auf der Westseite durch eine Drehbrücke mit dem angrenzenden Stadtteilen verbunden. Die Ufer schmücken hübsche Restaurantterrassen. Wahrzeichen der Stadt ist die mächtige, Mitte des 19. Jh. erbaute **Klosterkirche**. Der Zisterzienserstift wurde 1298 gegründet. Der Kreuzgang und einige historische Gebäude sind noch erhalten. Kirche und Pfarrhaus werden als Orgelmuseum genutzt.

In **Plau am See** weist ein Leuchtturm die Einfahrt zur Stadt. An der belebten Hafenmole mit ihren Souvenirshops und Restaurants reihen sich einige Boote auf. Hier oder in den angrenzenden Marinas kann angelegt werden. Eine Attraktion ist die markante, blaue **Hubbrücke**. Wenn sie in die Höhe fährt, um Sportboote passieren zu lassen, beobachten links und rechts der Elde Schaulustige das Geschehen. Von dort schlängeln sich die Kopfsteinpflasterstraßen zum Markt, zur Kirche und zum Burgturm. Hinter seinen dicken Wänden verbirgt sich eine Ausstellung des Heimatvereins. Die obere Etage bietet gute Aussichten in die Umgebung. Im unteren Teil fällt der Blick in das 11 m tiefe Verlies.

Von Plau geht es wieder zurück zur Müritz. Nachdem **Schloss Klink** passiert wurde, steht ein Besuch der hübschen **Fachwerkstadt Röbel** auf dem Programm. 400 Jahre lang war der Ort in zwei Hälften geteilt. Die deutschen und slawischen Stämme verschmolzen nicht wie üblich, sondern lieferten sich erbitterte Rechtstreite, die erst im 19. Jh beigelegt wurden. Heute verbindet eine langgezogene Straße die Kirchen von ehemals Alt und Neu Röbel. 154 Stufen führen hinauf zum Turm der **Marienkirche** mit dem schönsten Blick auf die Müritz und Umgebung. *ChD*

Mecklenburger Seen

Infos und Adressen

ANREISE
Flug: Die nächstgelegenen Flughäfen sind Berlin und Rostock.
Bahn: RE bis Waren; **Auto:** über die A 19 bis Malchow/Waren.

BESTE REISEZEIT
Mai–Oktober

SEHENSWERT
Müritzeum: faszinierende Naturerlebniswelt der Seenplatte, eine Attraktion: der goldene Hecht; tgl. 10–18 Uhr; Zur Steinmole 1, Waren/Müritz, www.mueritzeum.de
Neues Rathaus: Stadtgeschichtliches Museum, Galerie und Standesamt befinden sich hinter der Tudorfassade. Mai–Okt. Mo–Fr 10–18 Uhr, Sa/So 14–17 Uhr, Nov.–März Mo–Fr 9–17 Uhr, Sa/So 14–17 Uhr; Neuer Markt 1, Waren/Müritz, www.waren-mueritz.de
Marienkirche Waren: Die heutige Gestalt der Kirche geht auf das 18. Jh. zurück; Turm mit Aussichtsplattform; April–Okt. Mo–Fr 10-18 Uhr, Sa 10–16 Uhr, So 11–16 Uhr; St. Mariengasse, Waren/Müritz
Burgturm: letzter Zeuge der Burg mit 11 m tiefem Verlies und Ausstellung; Ostern–Okt. tgl. 10–17 Uhr; Burgplatz, Plau am See, www.burgmuseum.de
Mecklenburgisches Orgelmuseum: Sammlung von Orgeln unterschiedlicher Herkunft mit Erklärungen zu Geschichte und Funktionsweise; April-Sep. tgl. 10–17 Uhr, Okt. tgl. 10–16 Uhr, Nov.–März Di–Fr 10–15 Uhr, Sa/So 11–15 Uhr; Kloster 26, Malchow, www.orgelmuseum-malchow.de
Schlossinsel Mirow: Barockschloss der Großherzöge von Mecklenburg Strelitz; April–Okt. tgl. 10–18 Uhr, Nov.–März Fr-Mo 10–16 Uhr; Schlossinsel 2a, Mirow, www.3koeniginnen.de

ESSEN UND TRINKEN
Plauder-Käseeck: italienische und französische Käsevariationen, Salate und Antipasti, Wein und Kunst; Wallstrasse 2, Plau am See
Restaurant Don Camillo: Italienisches Flair und mediterrane Küche in Malchow; Lange Str. 68, Malchow
Toplicht: Fangfrische aus heimischen Gewässern, auf Wunsch wird der eigene Fang zubereitet; Am Ufer 2, Jabel
Schloss Klink: mehrere Restaurants von ritterlich bis mediterran; Schlossstraße 6, Klink
Kleines Meer: frische, gehobene Küche mit Jakobsmuschel oder Zander; Alter Markt 7, Waren/Müritz
Hotel Müritzstraße: schöne Aussicht auf Hafen und Boothäuser bei Fisch, Rindersteak oder Gemüsepfanne; Straße der Deutschen Einheit 27, Röbel/Müritz
Restaurant Seglerheim: große Terrasse, herrliche Aussicht und gutes Essen: Zander, Ofenkartoffeln, Schnitzel; Fritz-Reuter-Str. 28, Rechlin

SHOPPING
Fußgängerzone Waren: schöne Flaniermeile mit zahlreichen Geschäften und Cafés
Müritzfischer: Fisch aus heimischen Gewässern in mehreren Varianten
Müritzer Bauernmarkt: Kunst und Krempel sowie einige lokale Produkte; tgl. 10–21 Uhr; Hafenstr. 3, Klink, www.mueritzer-bauernmarkt.de

ÜBERNACHTEN
Stadthafen Malchow: direkt neben der Drehbrücke und der Malchower Innenstadt; Am Stadthafen 6, Malchow, www.stadthafen-malchow.com
Marina Eldenburg: moderne Marina mit Restaurant, skandinavischen Ferienhäusern und Bootshaus der Müritzfischer; An der Reeck 1a, Eldenburg, www.marina-eldenburg.de
WWR Schloss Klink: Vom Hafen bietet sich ein fantastischer Blick über die Müritz. Bis Schloss Klink sind es nur ein paar Gehminuten. Hafenstraße 5a, Klink, www.gemeinde-klink.de
WWR Ludorf: Die Steganlage mit Strand wird vom angrenzenden Campingplatz mitbetreut, dort befinden sich auch die Sanitäranlagen. Müritzpark, Ludorf
Yachthafen Müritzsee: idyllischer Hafen in kleinem mecklenburger Dorf; Seepromenade, Buchholz, www.yachthafen-mueritzsee.de

WEITERE INFOS
Tourismusverband Mecklenburgische Seenplatte e.V., Turnplatz 2, Röbel/Müritz

Im Schlösserland Mecklenburg finden gar nicht selten Feste in historischen Kostümen statt.

Aktivreisen
06
Chiemgau

HIGHLIGHTS

Schloss Herrenchiemsee: Der bayerische Märchenkönig Ludwig II. ließ das Schloss auf der fast 240 ha großen Herreninsel im Chiemsee erbauen.

Kloster Herrenchiemsee: Das ehemalige Augustiner-Chorherrenstift zeigt 1200 Jahre Inselgeschichte.

Fraueninsel: Die 15 Hektar große Insel ist autofrei und mit ihren rund 300 ständigen Bewohnern eine der kleinsten Gemeinden Bayerns.

Kampenwand: Der 1669 m hohe Berg kann per pedes erwandert werden – oder per Seilbahn.

Geigelstein: rund 1800 m hoher Blumenberg mit prächtiger Aussicht und umgebendem Naturschutzgebiet

DINNER FOR TWO

Mandelforelle: in Mandelkruste gebratene Forelle – *Weißwurstsalat:* Salat aus Weißwurst, bissfest gekochten Linsen und Radieschen – *Chiemgauer Knödel:* von Kaspress- über Spinat- bis Specknödel – *Chiemgauer Schafs- und Bergkäse:* Regionale Spezialität diverser Käsereien – *Chiemgauer Schnaps:* köstliche Edelbrände aus der Region, von Williamslikör über Schlehenbrand bis Zwetschgenwasser.

Das Gipfelkreuz auf dem Hochries: immer ein lohnendes Wanderziel!

Heißt es nun »der« oder »das« Chiemgau? Laut Duden ist beides richtig. Und in puncto zweisames Urlaubsprogramm gibt es im Chiemgau sowieso nicht viel zu diskutieren: Bergfreunde, Wasserratten, König-Ludwig-Verehrer oder Feinschmecker – in dem schönen bayerischen Landstrich kommt jeder auf seine Kosten!

Berge und »Mee(h)r«

Der Chiemgau lockt mit zwei großen Attraktionen: zum einen mit seiner wunderschönen Voralpen- und Moränenlandschaft mit Erhebungen bis knapp 2000 m, zum anderen mit dem größten bayerischen See, dem Chiemsee – auch »bayerisches Meer« genannt. Und damit ist die Urlaubs- und Freizeitgestaltung auch schon vorgegeben: Wandern und Wassersport.

Bergsportler zieht es z. B. auf das **Sonntagshorn**, den mit 1961 m höchsten Gipfel der Chiemgauer Alpen, oder auf gut erschlossene Aussichtsgipfel wie **Hochries** (1569 m) und **Kampenwand** (1669 m). Wem der Aufstieg zu anstrengend ist, nimmt einfach die Seilbahn – und genießt in Ruhe das Panorama.

Mit fast 80 km² Fläche bietet der **Chiemsee** traumhafte Voraussetzungen für eine ganze Bandbreite an Wassersportmöglichkeiten: vom Schwimmen übers Tauchen bis zum Kitesurfen, vom Angeln übers Tretbootfahren bis hin

Deutschland

zum Segeln. Wer sich lieber von einem Boot mitnehmen lässt, fährt per Ausflugsschiff über den See. Die Schiffe der Chiemsee Schifffahrt bringen Ausflügler von **Prien** und **Gstadt** aus zur **Herreninsel** mit König Ludwigs **Prachtschloss Herrenchiemsee**, eine Kopie von Schloss Versailles, ebenso zur beschaulichen autofreien **Fraueninsel** mit dem **Benediktinerinnen-Kloster Frauenwörth**. Entspannt geplanscht wird im **Strandbad in Übersee** oder – etwas einsamer – am **Langbürgner See** bei Bad Endorf mit seinen ursprünglichen Badeplätzen.

Um den Tag gemütlich ausklingen zu lassen, hat man die Wahl zwischen einem Gourmetmenü in der **Residenz von Sternekoch Heinz Winkler** oder einer Vielzahl an urigen Gasthäusern, die regionale Spezialitäten wie Mandelforelle und Chiemgauer Knödeln servieren. *DH*

Auch kulinarisch ist der Chiemgau vorn mit dabei: ob Gourmetmenü oder rustikale Brotzeit.

Infos und Adressen

ANREISE
Flug: Direktflug bis München oder Salzburg und weiter per Regionalzug; **Auto:** A8 München-Salzburg

BESTE REISEZEIT
Ganzjährig

EINKAUFEN
Nils Holger Moormann: Designermöbel zum Schnäppchenpreis: der 2.-Wahl-Verkauf in der Festhalle in Aschau
Fraueninsel-Christkindlmarkt: Neben Punsch und Plätzchen locken Krippenfiguren, Holzschnitzereien und allerlei weiteres Kunsthandwerk.

ESSEN UND TRINKEN
Stoana Alm: leicht erreichbare Alm mit Tiroler Spezialitäten, auch ein lohnendes Ziel für laue Sommerabende; Erlerberg, Erl, www.stoana-alm.info
Residenz Heinz Winkler: Ein 5-Gänge-Abendmenü beim Sternekoch gibt es ab 155 Euro. Kirchplatz 1, Aschau, www.residenz-heinz-winkler.de

ÜBERNACHTEN
Residenz Vital Resort: Wohlfühlhotel in einer schick restaurierten, mittelalterlichen Anlage mit 32 Zimmern und Suiten; Kirchplatz 1, Aschau, www.residenz-heinz-winkler.de

WEITERE INFOS
Chiemsee-Alpenland Tourismus: www.chiemsee-alpenland.de

Zu zweit erleben
»BERGE«-AUSZEIT IM TAL

Diese Berge liegen nur 615 m über Normalnull, für Chiemgauer Verhältnisse also völlig ebenerdig. Auch haben sie nichts mit Wanderstrapazen zu tun, sondern vielmehr mit absoluter Erholung. Die stylisch-alpenromantische **Appartement-Unterkunft »berge«** ist eine Herberge der besonderen Art (www.moormann-berge.de). Der Möbeldesigner Nils Holger Moormann schuf sie in einem denkmalgeschützten Gebäude am Ortsausgang von Aschau: mit 16 individuellen Quartieren – komplett in seinem unverwechselbaren Stil ausgestattet. Doch anders als in anderen Designunterkünften sind die Gäste der »berge« für sich und können sich vorrangig selbst versorgen. Entsprechend besitzen fast alle Quartiere eine eigene Küche. Die Appartements bieten jeweils Platz für zwei Personen, manche auch für vier. Tagsüber locken Sonnendeck und Bauerngarten zum Sonnenbaden, eine Boulebahn zum Spielen und die Sauna zum Schwitzen. Und wer mag, darf natürlich gerne von hier in die umliegenden Berge aufbrechen.

Aktivreisen

07 Loire-Radweg

HIGHLIGHTS

Abtei Fontevraud: In der Grabeskirche liegt das Königspaar Heinrich II. und Eleonore von Aquitanien sowie deren Sohn Richard Löwenherz.

Höhlenwohnungen von Turquant: Die vor Hunderten von Jahren in Kalktuff geschlagenen Höhlen beherbergen heute Cafés und Ateliers.

Château Angers: Die Wandteppiche der Apokalypse sind der kostbarste Schatz des Schlosses.

Musée des Beaux-Arts de Nantes: Hier gibt es Werke der Florentiner Schule, der Moderne und zeitgenössischer Kunst zu sehen.

Château de Villandry: Neben dem Schloss ist der geometrisch angelegte Lustgarten eine Augenweide.

DINNER FOR TWO

Berühmt ist die Loire für ihre Fischgerichte: *frittierte Maifische*, *Hecht*, *Zander*, *Aal* und *Neunauge*. Beliebte Fleischgerichte sind *Huhn* und *gegarte Schweinebruststücke*. Die Käsevielfalt reicht von *Ziegenkäse* über *Port-Salut* bis zu *Cendré d'Olivet*. Weine: *Chinon*, *Muscadet* und *Mousseux* (Schaumwein).

Vom Château Saumur genießt man einen wunderbar weiten Blick über die gleichnamige Stadt.

Ordnet man Europas lohnendste Fahrradrouten in einer Rangliste, so nimmt der Loire-Radweg einen der vorderen Plätze ein. Den naturnahen Flusslauf stets im Blick radelt man vorbei an altehrwürdigen Schlössern, Klöstern und geschichtsträchtigen Stadtzentren, wie Orléans, Tours und Nantes in Richtung Atlantikküste.

Kulturpracht am Wegesrand

Mit einem Einzugsgebiet von 117 500 km² ist die **Loire** eines der bedeutendsten Flusssysteme **Frankreichs**. Von der Quelle im Zentralmassiv aus kommend strömt das Fließgewässer zunächst nach Norden und knickt bei **Orléans** nach Westen ab, um nach über 1000 km schließlich bei **Saint-Nazaire** in den **Atlantik** zu münden.

Angezogen von der Schönheit dieses Landstrichs ließ sich der Adel in der Renaissance prächtige Schlösser und Herrensitze im Loiretal erbauen. Die Fülle der kulturellen Zeugnisse bewog die UNESCO, das Tal zwischen den Städten **Sully-sur-Loire** und **Chalonnes-sur-Loire** im Jahr 2000 zum Weltkulturerbe zu küren.

Im Hinterland des großen Stroms versteckt sich das **Château de Chambord** in einem weitläufigen Waldgebiet. Es ist das größte aller Loireschlösser und wurde ab 1519 im Auftrag des kunstliebenden Königs Franz I. als Jagdschloss im Renaissancestil erbaut. Hinter den alten Mauern legen die über 400 Räume, Gemächer und Säle des riesigen Schlosses

Frankreich

Zeugnis vom unterschiedlichen Zeitgeschmack der mehrmals wechselnden Hausherren ab.

Neben den zahlreichen feudalen Residenzen begeistern auch die alten Stadtzentren von Orléans, **Blois**, **Tours**, **Angers** und **Nantes** mit einer Fülle an Sehenswertem. Immer wieder im Lauf der Geschichte zog dieser bezaubernde Landstrich Geistesgrößen an, so auch das Universalgenie Leonardo da Vinci, der seinen Lebensabend in **Amboise** verbrachte. Auch Jeanne d'Arc, die »Jungfrau von Orléans«, und der heilige Martin von Tours haben im Loiretal ihre Spuren hinterlassen und faszinieren durch ihre vergangenen Taten noch heute. *TB*

Das märchenhafte Château de Chambord ist eins der schönsten der Loire-Schlösser.

Zu zweit erleben

RADWANDERN AUF DEM LOIRE-RADWEG

Wo einst die französischen Herrschaften über ruppige Uferwege ritten, rollt heute das radelnde Volk über bestens präparierte Velowege. Zehn Jahre lang wurde an der neuen Vorzeigeradroute »La Loire à Vélo« gearbeitet und der Bau der Tourismusregionen »Loiretal der Schlösser« und »Pays de la Loire« vorangetrieben. Im Juni 2012 war es so weit, und der letzte Abschnitt wurde feierlich eingeweiht. Nun stehen Tourenradlern 800 bestens ausgebaute und lückenlos markierte Routenkilometer zur Verfügung, die meist dem Flusslauf folgen, aber auch Abstecher ins Hinterland erlauben. Die nahezu steigungsfreie Fahrradroute ist in beiden Richtungen durchgehend ausgeschildert und lohnt sich auch in Teilabschnitten. Beiderseits des Flusses reihen sich namhafte Städte, prunkvolle Schlösser und Klöster wie an einer Perlenschnur auf und lassen die Reise von Orléans nach Nantes zu einer Zeitreise werden. Für das leibliche Wohl sorgen die französische Küche und die erlesenen Loire-Weine.

Infos und Adressen

ANREISE
Bahn: Die City Night Line der DB befördert Sie samt Fahrrädern bis Paris. Von dort mit der Regionalbahn weiter bis Orléans; **Auto:** über die Autobahn via Nancy oder Paris

BESTE REISEZEIT
April–Oktober

SEHENSWERT
Château royal de Blois: bekanntes Königsschloss mit Kunstmuseum

ESSEN UND TRINKEN
Restaurant Girouet: leckere Bio-Produkte aus der Region, herrliche Aussicht direkt am Loire-Ufer; 14 quai du Châtelet, Orléans, www.legirouet.com
Restaurant Le Plantagenêt: erlesene lokale Weine und Spezialitäten; 5 Place des Plantagenets, Fontevraud-l'Abbaye, www.hotel-croixblanche.com/hotel,restaurant,fontevraud,99.html

ÜBERNACHTEN
Hôtel Le Clos d'Amboise: Das Herrenhaus aus dem 17. Jh. bietet gehobenen Komfort; 27 Rue Rabelais, Amboise, www.leclosdamboise.com
La Racaudière: Außer in einem Zimmer in der Herberge kann man hier auch romantisch im geräumigen Zelt nächtigen; Villandry, www.laracaudiere.fr

WEITERE INFOS
www.loire-radweg.org,
www.visaloire.com,
www.enpaysdelaloire.com,
www.eurovelo6.org
www.schlosser-der-loire.com
www.frankreich-info.de/reisen/loiretal

Aktivreisen
08 Toskana

HIGHLIGHTS

Alabasterwerkstatt in Volterra: Hier erfährt man, wie aus Gips Kunstwerke entstehen, und kann Stilvolles erwerben.
www.rossialabastri.com/laboratorio_deu.htm

Etrusker in Volterra: Imponierende Stadttore und das Museo Etrusco Guarnacci versetzen in die Zeit vor über 2000 Jahren.

Ferie delle Messi in San Gimignano: Jedes Jahr an einem Juniwochenende entführt das Fest in schönster Weise ins Mittelalter.

Torre Grosso in San Gimignano: Vom einzigen begehbaren Turm hat man einen fantastischen Blick.

Strada dei Castelli del Chianti: Ein Ausflug auf die Burgenstraße im Chianti Classico belohnt mit traumhaften Herrschaftssitzen und genussreichen Weinproben.

DINNER FOR TWO

Carpaccio vom Bündnerfleisch auf einem Bett aus Rucola und Parmesan – hausgemachte *Ravioli* in zerlassener Salbeibutter – Hühnchen mit Zwiebeln – für unterwegs: ein Picknick mit regionalem *Pecorino* und frischem Olivenbrot in den Weinbergen

Die magische Formel des Baron Bettino Ricasoli brachte einst den Chianti Classico hervor. Sein Familiensitz, das Castello di Brolio, gehört heute zu den ältesten Weingütern der Welt.

In einem historischen Alfa-Romeo-Cabrio durch die Toskana zu fahren ist für Autoliebhaber ein reines Vergnügen. Beschaulich zieht es die Oldtimer-Fahrer von Siena auf eine Landpartie, wo sie hinter wehrhaften Mauern kleine Ortschaften finden, die auch heute noch bewohnt sind. Ob Badesse oder Badesee? Da hilft nur ein Blick in den Routenplaner.

Mit Giulietta auf Nostalgie-Traumreise

Ohne Zweifel, sie hat Charakter, und einen wohlklingenden Namen hat sie auch: Giulietta. Fünf Monate hatte Alfredo Mazzuoli damals auf seine Giulietta warten müssen. Damals, das war 1961, als die Capri-grüne »Giulietta Sprint«, ein Hochzeitsgeschenk des Schwiegervaters, nach langer Lieferzeit endlich eingetroffen war. Die Flitterwochen konnten also beginnen, und die Mazzuolis machten sich alsbald mit ihrem neuen Automobil auf den Weg von Siena nach Barcelona und Madrid. Immer dann, wenn sie einen Stopp einlegten, stand schnell eine Menschentraube um ihren Wagen. Immerhin gab es selbst in Italien einen Alfa Romeo nicht so oft zu sehen, denn das Fahrzeug hatte damals in etwa den Gegenwert einer kleinen Eigentumswohnung. Drei Wochen dauerte die Rundreise, und Alfredo Mazzuoli erinnert sich noch sehr genau, dass jeden Abend zuerst eine Garage für Giulietta gefunden werden musste, bevor man sich auf Hotelsuche machte.

Italien

Beim härtesten Pferderennen der Welt in Siena siegt das schnellste Pferd – auch wenn es ohne Reiter ankommt.

Nicht nur für Cabrio- und Oldtimer-Fans gilt heutzutage gerade Mazzuolis Heimat, die Toskana, als Traumreiseziel. Doch diese Region mit der oder dem Liebsten zusammen in der (geliehenen) italienischen Automobil-Legende zu entdecken, gestaltet sich als besonders reizvoll. Die Königsetappe führt durch die **Crete Senesi**, die zwischen den Provinzen **Arezzo** und **Siena** liegt und sich bis zu den Hängen des **Monte Amiata** erstreckt. Die malerische Hügellandschaft lässt sich meist kilometerweit überblicken. Diese für die Toskana so typische Landschaft war einst von finanzkräftigen Kaufmannsfamilien als Gesamtkunstwerk gestaltet worden. Sie setzten Gehöfte auf die Hügelkuppen und pflanzten Zypressen, die hier ursprünglich gar nicht beheimatet waren, aus rein ästhetischen Gründen. Unsere Fahrt führt über sanfte Hügel und **Zypressenalleen**, über kaum befahrene Landstraßen vorbei an ockerfarbenen Feldern und in bezaubernde Städte wie das etruskische **Volterra** mit seinem verwinkelten mittelalterlichen Kern, das romantische **San Gimignano** und das prächtige **Siena**.

Auf dem Weg dorthin landet eine Singzikade im offenen Cabrio und stimmt von der Rückbank aus ein heiteres Konzert an. Ob es wohl in Siena auch eine Contrada der Zikade gibt? Die Stadt ist besonders für ihre geheimbündlerischen

Besondere Augenblicke

ALLES IN 100 SEKUNDEN

Schon in den Wochen vor dem weltberühmten Pferderennen **Palio in Siena** kann man die Teams bei den Proben für das große Rennen im Juli/August beobachten. In historischen Kostümen ziehen sie durch die Stadt und üben für den Einzug auf die **Piazza del Campo**, die sich fächerartig zwischen den Gassen auftut und Schauplatz des Spektakels ist.

Die geheimbündlerischen Züge der Stadt sind ein besonderes Phänomen, denn die Contrade Sienas sind weit mehr als nur verschiedene Stadtviertel. Es sind verschworene Clans, eine Art erweiterter Familienverband, dem es zu verdanken ist, dass die Stadt kaum Probleme hat. Denn in diesem sozialen Netzwerk kümmert man sich, während die Fehden zwischen den verschiedenen Stadtvierteln schon immer beim Palio ausgetragen wurden, einem der härtesten Pferderennen der Welt. Es dauert nur 100 Sekunden, geritten wird ohne Sattel und erlaubt ist alles, was den Gegner der anderen Contrada behindert. Es gewinnt das schnellste Pferd, selbst wenn es ohne Reiter ankommt. Daran als Zuschauer teilzunehmen, ist ein einmaliges Erlebnis.

Für eine Ausfahrt im Oldtimer-Cabrio ist die Toskana wie geschaffen, schließlich gibt es auf der Landpartie wahre Bilderbuchlandschaften zu sehen: sanfte Hügel und endlose Zypressenalleen.

Zu zweit erleben

WEIN VON ALTEM ITALIENISCHEN ADEL

Unvergesslich ist eine stilechte Weinprobe in einem der historischen Weingüter des Chianti Classico, etwa im **Castello di Brolio**, der zu den faszinierendsten Baudenkmälern im Zentrum des Chianti Classico gehört und auch besichtigt werden kann. Das Gut zählt zu den ältesten Weingütern der Welt und wird bereits seit dem 12. Jahrhundert von der Familie Ricasoli betrieben. Baron Bettino Ricasoli (1809–1880) hat die klassische Chianti-Formel erfunden, den Katechismus der Weinherstellung. Der »Kodex Ricasoli« aus dem Jahr 1870 gibt nicht nur die Rebsorten und deren besonderes Mischverhältnis roter und weißer Trauben an, sondern auch die Regeln für die Kelterung. Das Anwesen umfasst 1200 ha, davon sind 250 ha Weingärten. Auf mehr als 150 ha wird Sangiovese kultiviert. Der Rest ist mit Cabernet Sauvignon, Canaiolo Nero, Chardonnay, Malvasia del Chianti und Merlot bestockt. Nach einer Weinprobe sollte man das Auto jedoch lieber stehen lassen.
www.ricasoli.it, www.toskanazeiten.com/weintour-toskana.html

Abends auf der Piazza: in Sienas Altstadt findet sich immer ein schönes Plätzchen.

Züge bekannt, denn die sogenannten **Contrade** von Siena bezeichnen nicht nur verschiedene Stadtviertel, sondern verschworene Clans, die meist nach den Tieren auf ihrem Wappen benannt sind. Egal ob Gans, Adler oder Schnecke, die Sieneser glauben fest daran, dass es dieser Art erweitertem Familienverband zu verdanken ist, dass das soziale Netzwerk, sich um seine Nachbarn in der Stadt zu kümmern, auch funktioniert. Die Fehden zwischen den Stadtvierteln werden dagegen im **Palio di Siena** ausgetragen, einem der härtesten Pferderennen der Welt.

Reise mit Herz und allen Sinnen

Nach einem ausgiebigen Aufenthalt in San Gimignano, das wegen seiner **Geschlechtertürme** auch **Manhatten des Mittelalters** genannt wird, schafft man es dann gerade noch rechtzeitig nach **Volpaia** in die Osteria Bottega di Volpaia. Die Zutaten der köstlichen Speisen, die man dort schlemmen kann, stammen sämtlich aus der Chianti-Region, auch die des Kalbskarrees nach einem Geheimrezept der Chefin. Die traditionelle Küche ist hier ein sinnliches Erlebnis, so sinnlich wie die Fahrt in einem alten Alfa-Cabrio.

Sobald es auf dem weiteren Weg der Landpartie auf genaue Streckenführung ankommt, greift man am besten gleich zum Roadbook. Diesen Routenplaner zu lesen, ist allerdings eine Philosophie für sich. Meistens erledigen das die Beifahrerinnen, oft unter dem Gemäkel ihrer männlichen Begleiter. Er: »Du kannst einfach keine Karten lesen.« Sie: »Dann rück rüber, und lass lieber mich fahren.« Sie drückt ihm das Ringbuch in die Hand, und er sagt an: »Nächste Ausfahrt Badesee.« »Na, geht doch!«, sagt sie und verpasst glatt die Ausfahrt, weil **Badesse** ein Ort und kein See zum Baden ist.

Egal, schließlich findet irgendwann jeder Freizeit-Alfista den Weg zum Hotel. Dort bekommen die Giulias und Giuliettas dann auf dem Parkplatz graue und rote Schlafanzüge für die Nacht. Auch Alfredo Mazzuolis Giulietta ruht schon lange unter einer Schlafdecke. 30 Jahre dauert ihr Winterschlaf in der Garage nun bereits. Gerade mal 14 000 km zeigt der Tacho an. Niemand darf sie mehr fahren, auch Sohn Bruno nicht, der Rennfahrer bei Alfa Romeo ist. Für Alfredo ist seine Giulietta eine Herzensangelegenheit. Und die bewahrt er als Erinnerung auf, ganz wie eine Braut ihr Brautkleid.

MK

Toskana

Infos und Adressen

ANREISE:
Flug: bis Florenz, von mehreren Städten Deutschlands aus; der Flughafen von Siena wird nur unregelmäßig von Chartergesellschaften genutzt; **Zug:** Nachtzug von München nach Florenz, mit Anschluss am Morgen nach Siena.

BESTE REISEZEIT
April–Oktober

SEHENSWERT
Siena: Die Altstadt rund um die Piazza del Campo ist Weltkulturerbe. Der Platz gilt als einer der beeindruckendsten der Welt. Architektonisches Prunkstück der Stadt ist der Dom, erbaut aus schwarzem und weißem Marmor und eines der besten Beispiele gotischer Architektur in Italien.

San Gimignano ist bekannt für seine Geschlechtertürme. Von den ehemals 75 mittelalterlichen Türmen, die einst in die Höhe ragten, sind nur noch 14 übrig. Der höchste Turm ist die 54 m hohe Torre Grossa.

Volterra: schöne Altstadt in Hügellage mit Blick auf ein landschaftlich wunderschönes Toskana-Umfeld, mit etruskischem Museum, mitelalterlichem Stadtkern und dem Teatro Romano

Monteriggioni: Ein historischer, noch immer bewohnter Ort, der auf dem Berg Monte Ala thront und viele Sehenswürdigkeiten beherbergt. Eine davon ist die ringförmig angelegte, mittelalterliche Stadtmauer mit den zwei gegenüberliegenden Stadttoren, die Porta Franca und die Porta di sotto. Eine weitere Attraktion ist die einzige Kirche des Ortes, die Chiesa di Santa Maria Assunta.

Florenz: Vor oder nach einer Tour mit dem Alfa Romeo sollte man unbedingt mindestens einen Tag für eine der schönsten Städte Italiens einplanen.

FOTOTIPP
Der Schuss von der Torre des Palazzo Pubblico aus hundert Metern Höhe auf die Piazza del Campo in Siena gehört zu den besten Motiven auf der Tour. Aber natürlich sollte auch der Alfa Romeo, am besten bei warmen Spätnachmittagslicht, in einer Zypressenallee in Szene gesetzt werden.

SHOPPING
Das Olivenöl aus der Toskana gehört zu den besten Europas.

ESSEN UND TRINKEN
Osteria Bottega di Volpaia: Auf einer Terrasse mit weitem Blick über die Ländereien werden große Schüsseln aufgetragen, von denen sich die Gäste reichlich bedienen. www.labottegadivolpaia.it

Antica Osteria da Divo: bietet nahe der Piazza del Campo von Siena raffinierte Gerichte der toskanischen Küche; man speist in etruskischen Tuffstein-Gewölben und genießt beste toskanische Weine. www.osteriadadivo.it

ÜBERNACHTEN
Il Borgo di Vèscine: rustikales Viersternehotel in Radda, einer besonders reizvollen Ecke des Chianti; www.vescine.it

Palazzo Ravizza: historisches Herrenhaus, nur wenige Meter von der Piazza del Campo in Sienna entfernt mit Privatparkplatz für die Hotelgäste; www.palazzoravizza.it

WEITERE INFOS
Toscana Promozione: www.firenzeturismo.it und www.terresiena.it

Oldtimer-Reisen von Nostalgic mit Alfa Romeos gibt es als viertägige Reise durch die Toskana, www.nostalgic.de www.turismo.intoscana.it/de/

Für ein Picknick bleibt immer Zeit, schließlich kann man in der Toskana dafür die besten Zutaten ganz frisch auf den Wochenmärkten einkaufen.

Aktivreisen

09 Seiser Alm

HIGHLIGHTS

Almrauschblüte: Im Juni verwandelt sich die Seiser Alm während der Almrauschblüte in ein flächendeckendes Blumenmeer.

Ansitz Zimmerlehen: architektonisches Juwel nahe Völs, gelegen am Rande des Naturparks Schlern

Dibaita Hütte: Die Terrasse bietet einen herrlichen Blick auf den Sonnenuntergang in den Dolomiten.

Engelsrast: Vom Aussichtspunkt auf dem Puflatsch hat man einen unglaublichen Ausblick auf die gesamten Dolomiten.

Zallinger Hütte: Berggasthof mit Hochzeitskapelle und schönem Panoramablick

DINNER FOR TWO

Bergsteigen macht hungrig. Für eine zünftige Jause empfehlen sich: *Schlutzkrapfen:* halbmondförmige Teigtaschen, Südtirols Antwort auf Ravioli – *Speckknödel:* Die Spezialität kommt in verschiedensten Varianten auf den Tisch. – *Schüttelbrot:* knusprige Brotfladen aus Roggenmehl – *Graukäse:* fast fettfreier Käse, mit Zwiebeln, Essig und Öl serviert – *Strauben:* schneckenförmig ausgebackene Teigkringel

Zarte Blüten und bizarre Gipfel: Vor allem im Mai und Juni bildet die erblühende Alpenflora einen wundervollen Kontrast zur wildromantischen Bergwelt der Dolomiten – einzigartiges UNESCO-Weltkulturerbe.

Die Seiser Alm ist trotz des großen Andrangs ein dolomitisches Wunder. Mit fast 60 km² Ausdehnung und 2000 m mittlerer Höhe ist sie die größte Hochweide der Alpen: ein welliges Almmeer mit verstreuten Baumgruppen, Sennhütten und Heuschobern, das zum Wandern, Biken oder einfach nur zum Abschalten einlädt.

Europas größte und schönste Hochalm

Einen unvergesslichen Urlaub voller Gegensätze im UNESCO-Weltnaturerbe der **Dolomiten** verspricht die Seiser Alm: bequeme Panoramaspazierwege oder fordernde Bergpfade und Klettersteige, sanfte Wiesen und ein rotes Blumenmeer während der Almrauschblüte oder eine bizarre Bergwelt aus Zacken, Türmen und Felskaminen. Entspannung, etwa im Luxusspa der Alpina Dolomites Lodge, ist hier ebenso zu finden wie die Möglichkeit zu sportlichen Aktivitäten – zu Fuß, zu Pferd, mit Mountainbike, Gleitschirm oder Kletterseil – oder ein romantischer Ausflug mit der Kutsche. Intime Candle-Light-Dinners in preisgekrönten Restaurants, zum Beispiel in der Gostner Schwaige, oder eine zünftige Brotzeit auf der Hütte – auf der **Seiser Alm** muss kein Wunsch unerfüllt bleiben! Und das alles inmitten üppiger und malerischer Natur, die in den gesamten Dolomiten ihresgleichen sucht.

Die Einzigartigkeit des Almidylls wird durch die Umrahmung der schroffen Berggipfel ringsum noch gesteigert. Südwestlich wird sie von der mächtigen Berghochebene des **Schlern** überhöht, der nach einer Seite mit eindrucksvollen Felswänden abfällt und mit seiner massiven Blockgestalt das

Italien

Wahrzeichen der Region ist, flankiert von den zwei markanten Felstürmen der **Santner- und Euringerspitze**. Nach links schließt sich der zersplitterte Felszug der **Rosszähne** an, während der **Fassaner Kamm** die Verbindung mit dem majestätischen Felsstock des **Langkofel** herstellt, der sich hinter der Seiser Alm einem gewaltigen felsigen Hufeisen gleich auftut.

Dass die Seiser Alm nicht gänzlich überlaufen ist, ist der strengen Reglementierung der Zufahrtsstraße zu verdanken, die nur den Gästen des Hoteldorfs **Compatsch** vorbehalten ist, das auf fast 2000 m Höhe gelegen einen wahren Logenplatz in der theatralischen Dolomitenszenerie einnimmt und perfekter Ausgangspunkt für leichtere und schwerere Wanderungen zum und auf den Schlern ist. *TW*

Direkt vom 35 °C warmen Außenpool des Alpina Dolomites aus kann man die Gipfel der Langkofel-Gruppe bestaunen

Infos und Adressen

ANREISE
Flug: über Rom nach Bozen, weiter mit Bus oder Mietwagen; **Bahn:** über Innsbruck oder Salzburg; **Auto:** über Bozen nach Seis – Zufahrt zur Alm nur für Hotelgäste

BESTE REISEZEIT
Juni–September

SEHENSWERT
Sankt Franziskus: Die moderne Architektur der 2009 geweihten Kirche fügt sich gut ins Landschaftsbild ein.
Schloss Prössl: Das hübsche Renaissance-Schlösschen ist ein typischer Ausgangspunkt für Wanderungen.

ERLEBENSWERT
Eine sommerliche Kutschfahrt – www.kutschenfahrten-seiseralm.com

ESSEN UND TRINKEN
Gostner Schwaige: Candlelight-Dinner auf der Alm von Sternekoch Franz Musler, Via Saltria 4, Seiser Alm, 0039-04 71 70 96 00
Anna Stuben im Grödnerhof: Spitzenkoch Reimund Brunner serviert Südtiroler Sterneküche in anheimelndem Ambiente. Vidalong Str.3, St. Ulrich; www.gardena.it/de
Goldenes Rössl: 700 Jahre Gastlichkeit in alter Bauernstube – auch eine tolle Unterkunft; Krausplatz 1, Kastelruth, www.cavallino.it/de

ÜBERNACHTEN
Alpina Dolomites: Entspannender als in dem Wellness-Hotel kann man auf der Seiser Alm nicht wohnen. Compatsch 62/3, Seiser Alm, www.alpinadolomites.it
Zallinger: einsam gelegener gemütlicher Berggasthof; Saltria 74, Alpe di Siusi, www.zallinger.com

WEITERE INFOS
Tourismusportal Seiser Alm: www.seiseralm.it

Zu zweit erleben

ALPINA DOLOMITES: GENUSS AUF 1850 METERN HÖHE

Den perfekten Aufenthalt auf der Seiser Alm bietet die Alpina Dolomites Lodge, ein Wellnesstempel auf höchstem Niveau – nicht nur geographisch: winters wie sommers, für Skifahrer und Gipfelstürmer, für sportlich Aktive und Faulenzer. Das Hotel setzt bewusst auf moderne Gestaltungselemente, stilsicher und edel, in Zimmern und Restaurants – alle mit garantiertem Dolomitenblick – wie auch im wunderbar weitläufigen Spa-Bereich. Unterschiedliche Saunen, verschiedene Rückzugsorte oder Sprudelbecken laden ebenso zur Entspannung wie der große Innenpool mit Panoramafenster und Blick auf die majestätische Schönheit des Schlern-Blocks und seine zwei markanten Felstürme. Nach erschöpfender Wanderung gibt's für Körper und Seele nichts Wohltuenderes als sich hier treiben zu lassen – vor allem im beheizten Wasser des herrlichen Außenpools. Danach zum Aperitif auf die Aussichtsterrasse und zum Romantikdinner ins Gourmetrestaurant mit südtirolerisch-mediterraner Küche. Schöner kann ein Tag nicht ausklingen!
(www.alpinadolomites.it).

Aktivreisen

10 Masuren

HIGHLIGHTS

Johannisburger Heide: Das 1000 km² große Waldgebiet lädt zum Radeln, Wandern und Pilzesammeln ein.

Russisch-orthodoxes Kloster Wojnowo: Die Holzkirche der Altgläubigen ist von innen wie von außen äußerst sehenswert.

Bauernhaus mit Heimatmuseum in Zondern: Die Ausstellung bewahrt Gegenstände und Erinnerungen vergangener Tage.

Festung Boyen: Die 100 ha große Anlage ist komplett erhalten und gibt Einblicke ins 19. Jh.

Oberländischer Kanal: Höhepunkt der Passage bilden die fünf Rollberge, auf denen die Schiffe auf Schienenwagen über Land transportiert werden.

DINNER FOR TWO

Wie überall in Polen sind auch hier verschiedene Suppengerichte beliebt: *Suppe aus Roter Bete, aus Kutteln* und aus *vergorenem Roggenschrot*. Zum Hauptgang werden *Schmoreintopf, Piroggen* (gefüllte Teigtaschen), *Schweine-, Rinder- und Rehbraten* oder *Fleischwickel* gereicht. Die Gewässer liefern *Forellen, Karpfen, Hecht* und *Schleie*. Gerne getrunken werden *Bier, Wodka, Tee* und *Honigwein*.

Masuren ist ein Traumrevier für Freizeitkapitäne.

Wer die Masurischen Seen bereist, wird überwältigt von der anmutigen Landschaft. Von besonderem Reiz sind eine Bootstour oder auch eine Landpartie zu Fuß, auf zwei oder vier Rädern oder zu Pferde durch die von Wäldern durchzogene Hügellandschaft. Unterwegs erreicht man immer wieder historisch gewachsene Ortskerne, die zu ausgedehnten Entdeckungstouren einladen.

Sehnsuchtsziel zum Durchatmen

Vom versteckt im Wald gelegenen Weiher bis zum 22,1 km langen **Spirdingsee** umfasst die komplette **Masurische Seenplatte** etwa 3000 Seen. In diesem noch unverfälschten Wasserparadies tummeln sich neben Freizeitkapitänen auch Angler und Tierfreunde. Besonders beliebt ist die winzige Siedlung **Krutyn**, die früher Kruttinnen hieß. Von hier aus kann man zum Beispiel an einer beschaulichen Stocherkahnfahrt teilnehmen. Die flachen Holzboote befahren täglich das rund 100 km lange Fließgewässer **Krutynia**. Hoch oben schlägt das Blätterdach zusammen und unten sieht man in dem klaren Wasser die Fische davonjagen.

Eine besondere Anziehungskraft besitzen die verschlafenen Dörfer Masurens, in denen man auf den Dächern der von Holzzäunen umgrenzten Häuser unzählige Weißstorchnester erspäht. Die bis zu einem Meter großen Tiere

Polen

Die MS Classic Lady sorgt für romantische Urlaubstage.

Infos und Adressen

ANREISE
Bahn: Danzig und Warschau sind mit dem Zug via Berlin gut zu erreichen. Von dort aus geht es per Lokalbahn oder Fernbus weiter nach Masuren. **Auto:** Autobahn Richtung Warschau und weiter auf Landstraßen ans Wunschziel

BESTE REISEZEIT
Mai–Oktober

SEHENSWERT
Reservat am Luknajno-See: An dieser Stelle kann man die größte polnische Höckerschwankolonie fotografieren.
Tiergehege von Popiellnen: Hier werden Wisente, Biber, und Tarpane (Wildpferde) gezüchtet.

ESSEN UND TRINKEN
Restaurant Baszta: polnische und internationale Küche, vor allem Fischgerichte; Ul. Ratuszowa 14, Pisz, www.basztapisz.pl
Museum Masurisches Bauernhaus: Hier gibt es neben leckeren Kuchen nach ostpreußischen Rezepten auch alte Geschichten. Pension Christel, Sadry 3, Mragowo, www.christel.com.pl

ÜBERNACHTEN
Ferienanlage Aktiv-Resort Masurische Seen: liegt inmitten der Johannisburger Heide am Beldany-See; www.fahrrad-und-reisen.de

WEITERE INFOS
Polnisches Fremdenverkehrsamt: Kurfürstendamm 71, Berlin, www.polen.travel

Zu zweit erleben

WASSERANSICHTEN UND SCHIFFSKOMFORT

Die Masurische Seenplatte lässt sich bestens aus dem Fahrradsattel und an Deck eines Ausflugsschiffs erleben. Aus diesen Grund wurde die blütenweiße MS Classic Lady erbaut, die beide Urlaubsfreuden geschickt miteinander verbindet: Sie dient Radlern zugleich als Herberge, als fahrbarer Untersatz, als Speisesalon und als Liegeterrasse. 40 Passagiere können gleichzeitig den Komfort an Bord genießen. Geschlafen wird in heimeligen Zweibettkabinen, die durch ein eigenes Bad und ständig wechselnde Wasserpanoramen vor dem Fenster glänzen. Damit sich die Gäste rundum wohlfühlen, erfüllen der Kapitän und sein eingespieltes Team sämtliche Wünsche. Vom Schiff aus kann man an geführten Tagesausflügen zu historischen Festungen, idyllischen Badeseen und beschaulichen Dörfern teilnehmen. Neben den Fahrradtouren werden auf der MS Classic Lady auch Schlemmerreisen angeboten.

DNV-Touristik, Bolzstraße 126, Kornwestheim, www.dnv-tours.de

finden in der wasserreichen Landschaft ideale Futterplätze. Auch kulturell gibt es einiges zu sehen, wie etwa die barocke **Wallfahrtskirche Heiligelinde**. Das Gotteshaus liegt idyllisch zwischen zwei Gewässern und wurde gegen Ende des 17. Jh. errichtet. Taucht man anschließend in die riesigen nach Kiefer- und Fichtennadeln duftenden Wälder ein, erspäht man immer wieder altehrwürdige Gutshäuser. Hübsch restauriert und dekorativ eingerichtet, bieten sie eine ideale Bleibe für Ausflüge ins Umland. Angeboten werden auch Reiterferien, für die Masuren mit seinen wogenden Wiesen, den schattigen Alleen und spiegelnden Wasserflächen wie geschaffen ist. Hier erlebt man sie noch, die lieblichen Landschaften, in denen die Zeit still zu stehen scheint und sich ein Stück unverfälschtes Osteuropa entdecken lässt. *TB*

Aktivreisen

11

Trilho dos Pescadores

HIGHLIGHTS

Sonnenuntergang am Cabo Sardão: Störche sitzen in ihren Nestern, die Brandung tost, und die Möwen kreisen über dem Leuchtturm, während die Sonne im Atlantik versinkt.

Ponta da Atalaia: In der Nähe von Arrifana ragen die sagenumwobenen Felsen der Ponta da Atalaia aus dem Ozean.

Rundweg bei Carrapateira: Hier geht die Schieferküste in Kalkstein über, und man erblickt Fischer beim Sammeln von delikaten Entenmuscheln.

Picknick im Schatten einer Korkeiche mit Orangenkuchen, Oliven, Feigen und Kirschen

Leuchtturm am Cabo de São Vicente: Am südwestlichsten Punkt Europas stürzt sich das Land in den Atlantik. Hier endet auch der Fischerpfad.

DINNER FÜR TWO

Frischer Fisch aus dem Atlantik ist hier ein absolutes Muss. Als Vorspeise *Açorda de Bacalhau:* Brotsuppe mit Bacalhau, frischen Kräutern und Ei; als Hauptgang *Tamboril:* der Seeteufel wird in einem Eintopf mit Garnelen serviert, dazu Reis und ein Glas Weißwein aus dem Alentejo; zum Dessert gibt es eine frische *Zitronencreme.*

Am Leuchtturm Cabo de São Vicente endet der Trilho dos Pescadores.

Den Atlantik immer im Blick führt der Fischerpfad an den steilen Klippen der Südwestküste Portugals durch die unberührte Landschaft der Naturparks Costa Alentejana und Vicentina. Zerklüftete Schieferfelsen, ausgedehnte Sandstrände und mit Blumen bedeckte Dünenlandschaften wechseln sich mit kleinen Fischerorten und gemütlichen Unterkünften ab.

Auf dem alten Fischerpfad an der Westküste

Unberührt und ursprünglich ist die Natur an der südwestlichsten Küste Europas. Wind und Wellen haben die schroffe Schieferküste zu einem kunstvollen Relief geformt. Der Fischerpfad führt direkt oberhalb der eindrucksvollen Steilhänge entlang und bietet fantastische Ausblicke und eine romantisch-ruhige Zeit in einer der schönsten Landschaften Portugals.

Der Fischerpfad ist ein insgesamt 120 km langer Wanderweg an der Westküste Portugals. Er erschließt die Dünen und Klippen der wilden Küste und führt in vier durchgehenden Etappen von **Porto Covo** bis nach **Odeceixe**. Danach folgen fünf ergänzende Anschlussrouten zu einem Historischen Weg, der parallel zum Fischerpfad im Inland verläuft. Der »Historische Weg« und der Fischerpfad bilden gemeinsam die 2012 eingeweihte »Rota Vicentina«. Diese wiederum ist Teil des europäischen Fernwanderwegs »GR 11« bis nach Sankt Petersburg.

Bei Porto Covo, im Norden des Naturparks, beginnt die Wanderung. Der grün-blauen Markierung folgend geht es an weit-

Portugal

In den Dörfern im Hinterland scheint die Zeit stillzustehen.

Infos und Adressen

ANREISE
Flug: Direktflug nach Lissabon, von dort Weiterfahrt nach Porto Covo mit dem Bus »Rede Expresso« oder einem Mietwagen; während der Wanderung bis zum Cabo de São Vicente werden Auto- oder Gepäcktransport angeboten.

BESTE REISEZEIT
September–Juni: Der Frühling ist am schönsten.

SEHENSWERT
Markthallen von Aljezur und Vila do Bispo

Altstadt von Odeceixe: verträumte Gassen und kleine Lokale am Ufer des Flusses Seixe

ESSEN UND TRINKEN
O Sacas: alteingesessenes Fischerrestaurant; Entrada da Barca, Zambujeira do Mar, www.osacas.casasbrancas.pt

Restaurante Costa Alentejana: Spezialitäten aus dem Alentejo; Parque de Campismo São Miguel, São Miguel, www.campingsaomiguel.com

ÜBERNACHTEN
Naturarte Campo: bei São Luis gelegenes Landgut mit Lusitanerzucht; Estrada de Vila Nova de Milfontes, km1, São Luís, www.naturarte.pt

Monte das Alpenduras: kleines Hotel mit Garten bei Zambujeira do Mar; Monte das Alpenduradas, Zambujeira do Mar, www.alpenduradas.com

Monte Barranco da Baía: restauriertes Bauernhaus mit Garten und Schwimmteich; Estrada da Baía, Maria Vinagre, Rogil

WEITERE INFOS
www.rotavicentina.com

Zu zweit erleben

EINEN ABSTECHER INS INLAND

Der »Historische Weg« der »Rota Vicentina« ist eine ländliche Route durch das Hinterland der Westküste. Der rot-weiß markierte Weg führt parallel zum Fischerpfad bis zum Cabo de São Vicente im Süden. Hier sind nur wenige Wanderer unterwegs, und die Route ist wind- und sonnengeschützt. Besonders schön ist die Strecke von São Luis bis Odemira, wo später Korkeichen- und Olivenhaine, goldene Getreidefelder und Blumenwiesen den Weg säumen. Die Wanderung führt über Feldwege und schmale Trampelpfade. Schöner kann man weder den im dichten Grün versteckten Fluss Torgal entdecken noch das dörfliche Leben in Portugal kennenlernen. Rui Graça, Gastgeber des »Naturarte Campo«, zeigt Dressurvorführungen mit Livemusik auf seinem Lusitanerhengst – ohne Sattel und Zaumzeug . Wer möchte kann hoch zu Ross selbst das Dorf São Luis und die nähere Umgebung erkunden (www.naturarte.pt).
Candle-Light-Dinner auf portugiesische Art, zum Beispiel in einem Orangenhain mit Blick auf den Rio Mira oder auf der Terrasse eines alten Bauernhauses – an ausgefallenen Orten werden kreative Candle-Light-Dinners mit lokalen Spezialitäten organisiert.
Zwischen Odeceixe und Aljezur kann man sich einen Esel als Reisebegleitung ausleihen.

läufigen Sandstränden entlang auf die mächtigen Klippen zu, die sich bis in den Süden zum **Cabo de São Vicente**, dem südwestlichsten Punkt Europas, erstrecken. Versteinerte Dünen, grünes Macchie-Buschland, Kiefernwälder, goldene Sandstrände und kleine Bachläufe mit Auenlandschaft säumen den Weg. Raubvögel kreisen im Wind des Atlantiks, Störche nisten auf spektakulären Felsvorsprüngen. Mit viel Glück kann man Dachs und Ginsterkatze in den Dünen erblicken und sogar Delfine draußen in den Wellen springen sehen. Ruhige Dörfer und Kleinstädte mit gewundenen Gassen bieten den Wanderern am Ende jeder Tagesetappe schöne Übernachtungsmöglichkeiten mit herzlichem Empfang. Weiß getünchte Bauernhäuser mit roten Ziegeldächern oder restaurierte Landgüter mit Pferdezucht – die Unterkünfte sind so vielseitig wie die Küstenlandschaft. *ME*

Aktivreisen

12 Zermatt

HIGHLIGHTS

Kleines Matterhorn: Höher kann man kaum gondeln – eine Seilbahn führt auf 3820 m. www.matterhornparadise.com

Gornergrat: Zahnradbahnfahrt mit grandioser Sicht auf die vielen hohen Gipfel im Matterhorn-Umkreis

Findeln: gut 2000 m hoch gelegenes Dörfchen mit walserischer Tradition und Matterhorn-Blick

Gornerschlucht: Hier hat die Gornervispe in 220 Mio. Jahren den grünlichen Serpentinit gehöhlt. Holzstege führen durch die enge Gorge.

Alpsennerei Stafel: im Sommer öffnet die Sennerei im Zmutt-Tal bei Furi zwei Stunden täglich ihren Betrieb.

DINNER FOR TWO

Solche Höhe steigert den Kalorienverbruch. Dafür empfiehlt sich: *Fondue* zusammen aus einem Topf schnabeln – in Zermatt gibt es auch die Walliser Variante *Tomatenfondue.* – *Trockenfleisch:* der traditionelle Walliser Schinken vom Rind, nahrhaft und würzig; – die *Zermatter Nusstorte* füllt den Kalorienspeicher mit einer Walnuss-Haselnuss-Mischung im Mürbeteigmantel.

Wie ein Freiluftmuseum traditioneller Bergbauernarbeit: Findeln in gut 2000 m Höhe.

Das Matterhorn gilt als einer der weltweit schönsten Gipfel, dessen markante Silhouette das Alpendorf Zermatt adelt. Die raumhohen Panoramafenster des Hotels »Cœur des Alpes« ermöglichen den Bergblick aus vielen Perspektiven. Das Viersternegarni ist ein gelungenes Beispiel moderner Alpen-Architektur.

Von Schaumbergen und Gipfelstürmern

Die angenehmste Aussicht des Hotels bietet sich einem von der Badewanne aus: Umgeben von wohliger Wärme blickt man über Schaumberge hinweg direkt aufs **Matterhorn**, den markantesten Gipfel der Alpen. So schön ist dieser 4478 m hohe Felszacken, dass es Bilder (und Worte) kaum wiedergeben können. Wie muss das Matterhorn erst in vormedialer Zeit auf Erstbeschauer und -besteiger gewirkt haben? Im Juli 1865 wagte sich der Brite Edward Whymper auf das »Horu«, wie Einheimische den Berg nennen. Zum 150-Jahr-Gedenken erinnert ganz **Zermatt** 2015 an die Begehung und den tragischen Absturz von drei Gefährten Whympers.

Platzmangel macht erfinderisch

Wie jeder Alpenort hat auch Zermatt seinen Dorfadel; dazu gehören die Seilers, deren Vorfahr Alexander anno 1850 den Tourismus in Zermatt etablierte, oder die Julens mit dem Olympiasieger Max und dem kreativen Querdenker Heinz,

Schweiz

der unter anderem das Hotel »Coeur des Alpes« entworfen und mit scheinbar frei schwebenden Betten, Kronleuchtern aus Badezimmer-Armaturen und kuhfellbespannten Sesseln ausgestattet hat.

Bereits das Entree bietet Überraschendes: Durch einen Tunnel geht es per Lift zum Empfang, der zugleich als Bar und Treffpunkt der Gäste dient. Die sitzen im Karree auf bequemen Sofas, wärmen sich am Kamin und blicken durch den Glasboden auf den Pool im Wellnessbereich ein Stockwerk tiefer. Platz ist begrenzt im engen Alpental, daher setzt das Hotel auf eine intelligente Anordnung der Räumlichkeiten: mehrere Doppelzimmer, Suiten, Lofts und das Sky Appartement mit 4,40 m hohen Fenstern mit Blick aufs Matterhorn. *BM*

Per Zahnrad auf den Gornergrat

Infos und Adressen

ANREISE
Zermatt ist autofrei – die Anfahrt mit dem **Auto** endet in Täsch. Mit der **Bahn** gelangt man nach Zermatt, wo einen Pferdekutschen und Elektroautos durch den Ort chauffieren.

BESTE REISEZEIT
Ganzjährig (im Nov. und Mai sind viele Hotels geschlossen)

SEHENSWERT
Matterhorn Museum »Zermatlantis«: 40 000 Besucher tauchen jährlich in die Vergangenheit Zermatts ein und gruseln sich vor dem abgerissenen Strick der Whymper-Seilschaft. Kirchplatz, www.zermatt.ch.

ESSEN UND TRINKEN
The Omnia: das beste Lokal Zermatts: stilistisch, atmosphärisch und kulinarisch top; Auf dem Fels, www.the-omnia.com.
Chez Vroni: einst einfache Bergbauernhütte, nun stilvolle Einkehr mit Tradition – das ist Zermatt-Geschichte im Kleinen. Findeln, www.chezvrony.ch.

ÜBERNACHTEN
Hotel Coeur des Alpes: schöne Zimmer, tolles Design, feine Wellnesszone und trotz des Preisniveaus immer gut gebucht; Oberdorfstr. 134, www.coeurdesalpes.ch.
Hotel Matterhorn Focus: moderne Architektur am Fuße des Matterhorns; Winkelmattenweg 32, www.matterhorn-focus.ch.

WEITERE INFOS
www.zermatt.ch
www.myswitzerland.com

Besondere Augenblicke
IM FRÜHTAU ZU GRAT

Der Morgen dämmert, die Frühaufsteher reiben sich den Schlaf aus den Augen, durch die Gornergratbahn schallen die ersten Ansagen in diversen Weltsprachen: Eine Sonnenaufgangsfahrt mit der Zahnradbahn auf den Gornergrat ist nichts für Langschläfer, aber selbst sie fühlen sich voll entschädigt, wenn die Sonne Meter für Meter erst die Bergspitzen und dann den Rest der Landschaft berührt. An der Station Rotenboden steigen die Sonnenanbeter aus und erleben den eigentlichen Aufgang am Riffelsee. Von dort geht es noch knapp 300 Höhenmeter weiter auf den Gornergrat zum Frühstücksbuffet ins Kulmhotel. Seit 1898 klettert die Zahnradbahn über die knapp 10 km lange Strecke auf Schmalspurgleisen zum Gornergrat, dem zweithöchsten Bahnhof Europas. Kleiner Trick für Morgenmuffel: Wer seine Sonnenaufgangsfahrt auf Ende August/Anfang September verlegt, kann fast 90 Minuten länger schlafen als die Mittsommer-Passagiere.
www.gornergratbahn.ch

Aktivreisen

13 Jungfraujoch und Triftbrücke

HIGHLIGHTS

Jungfraujoch: Die Fahrt mit der Zahnradbahn ist ein einmaliges und sehr kostspieliges Erlebnis; www.jungfrau.ch

Triftbrücke: Die Hängeseilbrücke macht das schöne Gadmental besonders interessant.

Gelmerbahn: Hier geht's abwärts – und wie! Die Gelmerbahn ist mit 106 % Steigung die steilste Standseilbahn Europas. www.grimselwelt.ch

Reichenbachfall: Bis heute klappert die rote Werksbahn von 1899 am 120 m hohen Reichenbachfall entlang; www.grimselwelt.ch

Trotti Bike: den Berg hinunter auf einer Art Riesenroller mit fantastischer Aussicht von der Mägisalp auf die Drei- bis Viertausender; www.meiringen-hasliberg.ch

DINNER FOR TWO

Zu einem Imbiss auf dem Joch gehören: *Berner Zibelechueche:* Der gehaltvolle Zwiebelkuchen ist eine Herausforderung für Magen und Zunge – *Brienzer Mutschli:* Dem Hartkäse aus Kuhmilch geben die Almwiesen des Oberlandes seinen besonderen Geschmack – *Meringue:* Feingebäck aus Eiweiß und Zucker, benannt nach Meiringen

Allein der Anblick der 1800 m lotrecht abfallenden Eiger-Nordwand lässt keinen unberührt.

Im Berner Oberland sind die Freizeitmöglichkeiten selbst für moderate Alpinisten so vielgestaltig wie die Gipfel. Die Krönung eines Aufenthalts in der Schweizer Bergwelt dürfte aber die Fahrt aufs 3454 m hohe Jungfraujoch sein.

Das Höchste der Gefühle

Der Höhepunkt kommt fast unbemerkt: Gerade ist man noch durch den Tunnel geschunkelt, begleitet vom stetigen Fahrgeräusch der Zahnradbahn und den mehrsprachigen Durchsagen – und schon ist der höchste Bahnhof Europas erreicht. Gleich hinter ein paar Stufen und beleuchteten Gängen wartet von der Aussichtsterrasse aus ein außergewöhnliches Panorama, das bei gutem Wetter ganz besonders überwältigend ist: Die Perspektive auf die Bergriesen des **Berner Oberlands** ist hier, in knapp 3500 m Höhe, eine gänzlich andere, unten dehnt sich der gewaltige **Aletschgletscher** Richtung **Rhonetal** aus, und die dünne Luft macht den Begriff »Todeszone« spürbar. Der Respekt vor der Ingenieurs- und Arbeitsleistung im Jahr 1912, eine Bahn durch die Eiger-Nordwand in diese schwindelnden Eiswelt zu treiben, wächst beträchtlich. Ohne alpinistische Anstrengung gelangt man in Europa kaum höher: Kann es einen besseren Ort für Liebesschwüre geben?

Schön in den Seilen hängen

An symbolträchtigen Zielen herrscht kein Mangel zwischen **Schwarzer Lütschine** und **Aare**. Die **Triftbrücke** ist zum Bei-

Schweiz

Himalaya-Feeling im Trifttal: Die Hängebrücke über den Gletscherfluss ist 170 m lang.

Infos und Adressen

ANREISE
Flug: Nahe gelegene Flughäfen sind Zürich, Bern und Genf. **Zug:** Ab Interlaken-Ost verkehren die Züge der Berner Oberland-Bahn bis Lauterbrunnen oder Grindelwald zu den Talstationen der Wengernalpbahn, die den ersten Teil des Transports auf die Kleine Scheidegg übernimmt. Von dort startet die Jungfraubahn zum Jungfraujoch. **Auto:** A 6 aus Richtung Bern oder A 8 über Luzern.

BESTE REISEZEIT
Juni bis August

SEHENSWERT
Nicht nur das Panorama, auch die Erlebniswelten des Jungfraujochs überraschen – zum Beispiel der Eispalast oder der Rundgang »Alpine Sensationen«; www.jungfrau.ch

ESSEN UND TRINKEN
Gletscherrestaurant Crystal: die edle Alternative zum Selbstbedienungrestaurant; Jungfraujoch, Eigergletscher, www.gletscherrestaurant.ch
Trifthütte: Hier wird nepalesisch gekocht! Gadmen, www.trifthuette.ch

ÜBERNACHTEN
Mönchsjochhütte: von April bis Oktober bietet die Hütte warme, einfache Schlafplätze und ebensolche Mahlzeiten; Grindelwart, www.moenchsjoch.ch
Hotel Grimsel Hospiz: ältestes Gasthaus der Schweiz und heute ein Vier-Sterne-Ressort; Grimselstrasse, Guttannen, www.swiss-historic-hotels.ch

WEITERE INFOS
www.myswitzerland.com

---

spiel ein solcher Ort. Sie spannt sich als eine der längsten (170 m) und höchsten (100 m) Hängeseilbrücken des Kontinents über die **Triftschlucht**. Ihr Erscheiningsbild ähnelt dem der Dreiseilbrücken des Himalayas mit zwei Halte- und einem Tragseil, das glücklicherweise beplankt ist – sonst wäre das hintere **Gadmental** wohl kaum eine Anlaufstation für Wanderer und Schulklassen.

Eine schöne Wanderung führt von der Bergstation der putzigen Triftbahn bis zu der 2009 neu eröffneten Brücke, von der aus der Blick über das eisgrüne Wasser des geschmolzenen Triftgletschers und die steilen Felsklippen von **Windegg** und **Drosiegg** reicht. Und mitten auf der Seilbrücke stellt sich ein erstaunliches Gefühl von Sicherheit direkt über dem Abgrund ein.   BM

Besondere Augenblicke
EIGER-NORDWAND

Keine Sorge, jetzt kommt nicht die Empfehlung, eine romantische Seilschaft zu bilden und sich die ultimative Felswand vorzunehmen. Hier soll es um den besonderen »Augen-Blick« gehen. Von der Jungfraubahnstation »Eigerwand« in 2864 m Höhe führt ein Tunnel von der Bahnstrecke zu einem Aussichtsbalkon, der sich mitten in der Eigernordwand befindet. Selbstverständlich liegt er hinter Glas, weshalb das Kälteempfinden fehlt – der Schwindel aber bleibt. Unfassbar, dass der Extremkletterer Ueli Steck diese 1650 m Hohe, fast senkrechte Wand in den Jahren 2007 und 2008 in weniger als drei Stunden erklommen hat. Die erste, legendäre Besteigung der Seilschaft Heckmair, Vörg, Harrer und Kasparek hatte 1938 drei Tage in Anspruch genommen. Doch nicht nur das Rauf, auch das Runter lockt die Extremsportler: Im Jahr 2000 gelang der erste »Base-Jump« vom Felsturm am Westgrat.

Aktivreisen

14 Vierwaldstättersee

HIGHLIGHTS

Lucerne Festival: Jedes Jahr im Sommer bringt das Event die Stadt vier Wochen lang zum Klingen.

Sunset Dinner: Ein Abendessen mit atemberaubenden Sonnenuntergängen genießt man in einem der zwei Hotels auf dem Berg Pilatus.

Verkehrshaus: mit über 3000 Objekten das umfassendste Museum für Mobilität in Europa; südlich von Luzern

Rigi-Dampfzug: Die Rigi-Dampffahrt auf Schienen lässt sich wunderbar mit einer Dampfschifffahrt auf dem Vierwaldstättersee kombinieren.

Sammlung Rosengart: weit über 300 Kunstwerke von 23 verschiedenen Künstlern der klassischen Moderne

DINNER FOR TWO

Für Fleischesser: *Luzerner Chügelipastete*, *Stunggis* (Eintopf mit Schweinefleisch), *Urner Haferchabis* (Eintopf mit Kabis und Lamm) – auch schätzt man hier *Älpler Magronen*, *Chässchnitte*, *Zuger Rötel* (Saibling), *Ziigermaneschträ* (Käsesuppe), *Alpkäse* – für Süßmäuler: *Schokolade*, *Lozärner Birewegge*, *Muotathaler Rahmkirschtorte*, *Brischtner Nytlä* – zum Verdauen und Absacken: *Edel-Kirsch*

Die Kapellbrücke ist das Wahrzeichen der Stadt Luzern.

Im Herzen der Schweiz empfängt der Vierwaldstättersee seine Gäste mit einer liebreizenden Gipfelparade, die zum Radfahren und Wandern einlädt. Motivationsschübe für das Auf und Ab gibt es mehr als genug – seien es die aussichtsreichen Berghütten oder das Rigi-Kaltbad. Paare, die es gemütlich angehen möchten, bereisen die Postkartenidylle per Seilbahn und per Raddampfer.

Ein See wie ein Fjord

Die **Schweiz** ist gesegnet mit einer Vielzahl traumhaft gelegener Gewässer, doch eines ist etwas ganz Besonderes – der **Vierwaldstättersee**. Er zwängt sich eng in die Berge hinein und ähnelt mit seinen grünen Wiesen und den steil aus dem Wasser aufsteigenden Felswänden einem norwegischen Fjord. Sein Name geht auf die vier Waldstätten der Kantone Uri, Unterwalden, Schwyz und Luzern zurück. An seinem Ufer wurde vor Jahrhunderten auch jenes Bündnis geschmiedet, aus dem später die Eidgenossenschaft hervorging.

Täglich pendelt eine Flotte an Ausflugsschiffen nach einem eng getakteten Zeitplan von Anlegestelle zu Anlegestelle. Zu den Schmuckstücken gehören fünf historische Raddampfer, die das alte Zeitalter der »Belle Époque« wieder aufleben lassen. Ihr Heimathafen befindet sich am nördlichen Seeausgang in **Luzern**. Bedeutende Denkmäler der Spätrenaissance in Luzern sind die **Hofkirche**, das **Rathaus**

Schweiz

Grandioser Blick von der Aussichtsterrasse des Hotels Rigi Kulm auf die Schweizer Bergwelt

Infos und Adressen

ANREISE
Bahn: von Deutschland bis Zürich und von dort weiter nach Luzern oder Brunnen; **Auto:** Luzern verfügt über einen sehr guten Autobahnanschluss.

BESTE REISEZEIT
Mai–Oktober

SEHENSWERT
Jesuitenkirche: Der erste große sakrale Barockbau in der Schweiz ist bekannt für seine gute Akustik.
Weg der Schweiz: Die beliebte Wanderroute führt zu geschichtlichen Stationen der Eidgenossenschaft und bietet fantastische Tiefblicke auf den Vierwaldstättersee.

ESSEN UND TRINKEN
Lounge & Bar suite: Von hier oben genießt man eine herrliche Sicht auf Stadt, Berge und See. Pilatusstrasse 1, Luzern, www.suite-lounge.ch
Hotel Rigi First: Das hauseigene Restaurant Bärenstube ist gemütlich, die Speisen sind deftig. Firstweg 4, Rigi Kaltbad, www.rigifirst.ch

ÜBERNACHTEN
Campus Hotel Hertenstein: modern möbliertes Haus direkt am Ufer des Vierwaldstättersees; Hertensteinstraße 156, Weggis, www.campus-hotel-hertenstein.ch
Hotel Waldstätterhof: zentrale Lage in Luzern, wenige Gehminuten zur Kapellbrücke. Zentralstraße 4, Luzern, www.hotel-waldstaetterhof.ch

WEITERE INFOS
Schweiz Tourismus, Rossmarkt 23, Frankfurt/M., www.myswitzerland.com

Zu zweit erleben
BADETRÄUME MIT AUSBLICK

Der Vierwaldstättersee kann in den Sommermonaten Temperaturen bis zu 22 °C erreichen und besitzt Trinkwasserqualität. Wem das zu frisch ist, der findet rund um das malerische Gewässer mehrere gepflegte Badeanstalten mit Freibecken. Schon früh machte sich die Ferienregion als »Wohlfühl- und Wellnessregion« einen Namen und wird deshalb als »Luzerner Riviera« umworben. Kein Wunder, dass bereits Goethe, Queen Victoria und Mark Twain von den Vorzügen der Zentralschweiz schwärmten. Besonders stilvoll planscht man im hauseigenen Mineralbad & Spa des Hotels Rigi Kaltbad in einer Höhe von 1450 m. Dort hat das Badewasser, das direkt von der Heilquelle des »Drei-Schwestern-Brunnens« gespeist wird 35 °C. Eine Wohltat sind der Whirlpool, die Massagedüsen sowie der moderne Saunabereich. Das Beste hier oben ist das Candlelight-Nachtbaden, bei dem man einen fantastischen Ausblick auf die umliegenden Gipfel auskosten kann – entspannte Zweisamkeit pur!

Mineralbad & Spa Rigi-Kaltbad, www.mineralbad-rigikaltbad.ch

und der **Rittersche Palast**. Die vielbesuchte Stadt ist bekannt für ihre zwei gedeckten Holzbrücken, die den Fluss **Reuss** überspannen und Teil der weit sichtbaren Stadtbefestigung sind. Überall ragen kleine Türme und Mauern in den Himmel. Von hier aus erblickt man die beiden Hausberge **Pilatus** (2128 m) und **Rigi** (1797 m), die man bequem per Bergbahn erreicht.

Die **Pilatusbahn** gilt als steilste Zahnradbahn der Welt und die **Vitznau-Rigi-Bahn** wurde am 21. Mai 1871 als erste Bergbahn Europas in Betrieb genommen. Wer es ein wenig sportlicher mag und die Höhen aus eigener Kraft bezwingen möchte, der findet vorzüglich markierte Velo- und Wanderwege, die mit spektakulären Ausblicken glänzen. *TB*

Aktivreisen

15 Die Slowenische Riviera

HIGHLIGHTS

Piran: Beim Anblick der wunderschönen Altstadt, Heimat des Teufelsgeigers Giuseppe Tartini, fühlt man sich in venezianische Zeiten zurückversetzt.

Salinen: In den Salzgärten von Sečovlje wird seit 700 Jahren »weißes Gold« geerntet.

Hrastovlje: romanisches Kirchlein mit faszinierendem Freskenreigen mit dem Gevatter Tod

Škocjanske jame: Das faszinierende Grottensystem mit fantastischen Tropfsteinformationen zählt zum UNESCO-Weltnaturerbe.

Lipica: Hier werden die berühmten Lipizzaner für die Wiener Hofreitschule gezüchtet.

DINNER FOR TWO

Slowenische Küche mag es deftig: *Teran und Malvazija:* landestypischer Rot- und Weißwein – *Scampi buzara:* Riesengarnelen samt Schale in würziger Weinsauce gedünstet – *Ombolo:* Gepökeltes Schweinekotelett, mit Sauerkraut serviert – *Kruštule:* dünne, in Fett ausgebackene Teigstreifen – *Smokvenjak:* Früchtebrot mit Feigen und Walnüssen – *Pršutarna:* luftgetrockneter Karstschinken, zu erstehen in der Kraljeve Mesnine in Lokev nahe Lipica

Blick auf Piran, Sloweniens Küstenjuwel: Beim Wandern oder Radeln entlang des küstennahen Paranzana-Wegs eröffnen sich stets neue fantastische Ausblicke.

Bezaubernde Fischerstädtchen mit venezianischem Flair, ein sauberes Meer und erholsame Thermal-Spas locken Urlauber an die slowenische Riviera. Doch auch sportlich Aktive kommen auf ihre Kosten: beim Surfen oder Segeln in den kristallklaren Fluten, beim Wandern oder Radfahren im reizvollen Hinterland.

Italienisches Flair, Heilbäder und schroffe Berge

Gerade einmal 46 km misst die slowenische Mittelmeerküste – das sogenannte **Slowenisch Istrien**. Doch so klein der Landstrich auch ist, er präsentiert sich als ganz besonderes Schatzkästchen: Malerische historische Küstenstädtchen reihen sich wie kostbare Perlen auf einer Schnur. **Koper**, **Izola** und vor allem das architektonische Kleinod **Piran** bezaubern mit mittelalterlichen Gassen, perfekt erhaltenen Altstadt-Ensembles und Kirchtürmen, die deutlich ihr venezianisches Erbe verraten. Klar, dass die schmucken Orte als Venedigs kleine Schwestern bezeichnet werden.

Ganz mondän hingegen gibt sich **Portorož**, der »Rosenhafen«. Hier erhebt sich das altehrwürdige Grand Hotel, eine Legende des Mittelmeers: Ein schönerer Ort an der slowenischen Riviera, um seinen Urlaub zu verbringen, ist kaum zu finden. Zumal der angeschlossene stilvolle Wellnessbereich allen nur erdenklichen modernen Komfort bietet, im Innen-

Slowenien

Seafood-Liebhaber kommen voll auf ihre Kosten: Ob Fisch, Shrimps oder Jakobsmuscheln, alles kommt in den Küstenstädten fangfrisch auf den Tisch.

Infos und Adressen

ANREISE
Flug: Ljubljana und weiter mit Bus oder Mietwagen; **Bahn:** München–Ljubljana–Portorož; **Auto:** über Villach und Triest oder über Ljubljana

BESTE REISEZEIT
Mai–September

SEHENSWERT
Koper: Die malerische Altstadt mit schönem Prätorenpalast ist venezianisch geprägt.
Izola: In den engen Gassen prunkt der Besenghi-Palast.

ESSEN UND TRINKEN
Trattoria Verdi: tolle Atmosphäre und ausgezeichneter Fisch; Verdijeva 18, Piran
Marina: istrische Spezialitäten von Küste und Karst; Cesta Solinarjev 8, Portorož, www.marinap.si/de/restaurant
Ribič: gemütliches Gasthaus unter schattigen Bäumen nahe der Salinenfelder; Seča 143, Portorož

ÜBERNACHTEN
Grand Hotel Portorož: slowenische Hotellegende; Obala 45, www.kempinski-portoroz.com
Hotel Svoboda: gehört zum Thalassozentrum Strunjan; Strunjan 148, www.terme-krka.si/de/strunjan/hotel/svoboda
Bioenergie-Resort Salinera: oberhalb der Strunjan-Bucht mit großem Spa; Strunjan 14, Piran, www.bernardingroup.si/de/salinera
Hotel Tartini: altes Gemäuer mit Designer-Interieur in Piran, Tartinijev trg 15, www.hotel-tartini-piran.com/de

WEITERE INFOS
Touristeninfo: www.slovenia.info

und Außenpool, in den Saunen oder im Thalassozentrum. Was gibt es Schöneres, als dann den Tag beim edlen Dinner im prunkvollen Jugendstil-Spiegelsaal zu beenden?

Perfekt zur Entschleunigung aus dem gestressten Alltag geeignet ist auch die Bucht von **Strunjan**, ein Salinen- und Naturschutzgebiet zwischen Portorož und Izola mit seinem Thalassozentrum. In der Kuranlage mit beheiztem Meerwasserpool, gelegen in einem idyllischen Pinienhain, lässt es sich vortrefflich entspannen – vor allem nach einer der vielen gebotenen Aktivitäten: Windsurfen in Koper, Segeln in Izola, Radfahren auf dem **Parenzana-Weg**, Wandern in den schroffen Karstbergen des Hinterlandes oder Ausreiten auf einem weißen Lipizzaner des weltberühmten Gestüts in **Lipica**. *TW*

Zu zweit erleben

PARENZANA – »WEG DER GESUNDHEIT UND FREUNDSCHAFT«

Für Radfreunde wie auch für Wandervögel bietet der Parenzana-Weg eine einzigartige Möglichkeit, das Küstenhinterland, mit Start zum Beispiel in **Koper** oder **Portorož**, zu erradeln und zu erlaufen – herrliche Ausblicke garantiert. Dafür wurde mit großzügiger EU-Unterstützung die ehemalige Trasse der Schmalspurbahn Parenzana von Triest ins kroatische **Poreč** auf einer Länge von 123 km aufwändig zum Rad- und Wanderweg umgestaltet. Der slowenische Abschnitt vom Grenzübergang **Škofije** bis zu den Salzgärten von **Sečovlje**, insgesamt 35 km lang, ist einer der am besten ausgebauten. Der gut ausgeschilderte Parenzana-Weg, der teilweise auch durch – gut beleuchtete – Tunnels führt, überquert Täler und steigt an zu den Hügeln, wobei er immer wieder einzigartige Blicke auf pittoreske Dörfer und glitzernde Meeresbuchten, auf idyllische Wein- und Olivengärten und die mit duftiger Macchia bedeckte Karstlandschaft eröffnet, aus der bizarre Felsformationen ragen.

Aktivreisen

16 Kappadokien

HIGHLIGHTS

Dunkle Kirche: eine im Göreme Open Air Museum gelegene Kirche mit schönen, besonders farbenprächtigen Wandmalereien

Feenkamine im Devrenttal: außergewöhnlich schöne und skurrile Felsformationen und Tuffkegel

Zelve: Freilichtmuseum in einer Geisterstadt mit Kirchen, Klöstern und zahlreichen verschachtelten Wohnanlagen

Derinkuyu: neben Kaymaklı die bekannteste und größte der mehr als 50 unterirdischen Städte in Kappadokien mit ausgefeiltem Belüftungssystem für die acht Stockwerke

Soganlital: ein etwas abgelegenes Tal im Südosten von Kappadokien mit vielen gut erhaltenen Höhlenkirchen und -klöstern

DINNER FOR TWO

Zum kräftigen Wein passen gehaltvolle Gerichte. Schmorgerichte mit *Lammfleisch* und *Auberginen* sind eine Delikatesse. Viele Fleisch- und Gemüsegerichte kommen aus dem Lehmofen. Zum Nachtisch vielleicht *Pekmez*, ein eingedickter Traubensirup, mit der Sesampaste *Tahin;* in Kappadokien werden gute Weine erzeugt, z. B. die roten *Kalecik Karası* oder *Öküzgözü* und der weiße *Emir*.

Unvergleichlich ist ein Ballonflug über die Täler, hier nahe der Burgfelsen mit der Siedlung Uçhisar.

Kappadokien in Zentralanatolien gehört zweifellos zu den spektakulärsten Landschaften der Erde. Die bizarren Felspyramiden verdanken ihre Entstehung den Eruptionen einiger Vulkane vor Jahrmillionen und der Erosionskraft von Wind und Regen. Im weichen Gestein schufen die Menschen seit Jahrhunderten Wohnungen, Kirchen, Klöster, sogar ganze unterirdische Städte.

Mit dem Heißluftballon zu den Feenkaminen

Atemberaubend ist der Blick über die unzähligen Tuffkegel aus einem **Heißluftballon**. Schon für weniger als 200 Euro kann man sich für drei Stunden in das Abenteuer einer Ballonfahrt stürzen und das Ganze anschließend mit einem Glas Champagner begießen. Die Ballone starten frühmorgens in der Nähe von **Göreme**, einem idealen Standort für unvergessliche Tage in Kappadokien. Die vor langer Zeit bei mehreren Eruptionen herausgeschleuderte vulkanische Asche bedeckt ein Gebiet von rund 10 000 km². Winderosion und die zahlreichen Regengüsse modellierten aus den unterschiedlich festen Tuffschichten die Felsformationen heraus, die heute poetisch **Feenkamine** genannt werden. Sie werden eine Zeit lang durch obenliegende härtere Tuffschichten vor der Verwitterung geschützt.

In dem weichen Gestein legten die Menschen schon früh Siedlungen an. In frühchristlicher Zeit ließen sich zunächst Eremiten, später christliche Gruppen nieder, die die Einsam-

Türkei

keit und auch Schutz vor feindlichen Übergriffen suchten. Bei Göreme, **Ürgüp** und **Gülcehir** oder im **Ihlaratal** entstanden Höhlenkirchen und -klöster mit prächtigen Wandmalereien. Der in drei Tälern gelegene Ort **Zelve**, heute ein Freilichtmuseum, besteht fast ganz aus Höhlenwohnungen, Wirtschaftsräumen und Kirchen, die durch Gänge miteinander verbunden sind. Bei **Ortahisar** und **Uçhisar** überragen durchlöcherte Burgfelsen die Landschaft. Fast schon beklemmend ist ein Rundgang durch eine der unterirdischen Städte wie **Derinkuyu** oder **Kaymaklı**. Über mehrere Stockwerke reichen die Siedlungen in die Tiefe. Schwere Verschlusssteine konnten bei Gefahr vor die Eingänge gerollt werden. Typisch für die Region sind neben den Feenkaminen auch die **Taubenschläge** mit ihren farbig verzierten Einfluglöchern. *EA*

Den Nationalpark und das UNESCO-Weltkulturerbe Göreme erschließen zahlreiche spektakuläre Wanderwege.

Infos und Adressen

ANREISE
Flug: über Istanbul oder Antalya nach Kayseri oder Nevcehir, dann weiter mit dem Mietwagen oder einem Überlandbus

BESTE REISEZEIT
Frühling, Frühsommer, Herbst

SEHENSWERT
Göreme Open Air Museum: ehem. Klosteranlage aus dem 11. Jh; Frühling bis Herbst tgl. 8–19 Uhr, in den Wintermonaten bis 17 Uhr
Kulturmuseum in Ortahisar: volkskundliches Museum mit Restaurant in einer Höhlenwohnung.

ESSEN UND TRINKEN
Ziggys Cafe: Restaurant im Stil einer Karawanserei mit wunderschöner Terrasse; Tevfik Fikret Caddesi 24, Ürgüp, www.ziggycafe.com

Topdeck Cave Restaurant: Kellerlokal mit guter Regionalküche und familiärem Ambiente; Hafiz Abdullah Efendi Sokak 15, Göreme, www.facebook.com/TopdeckCave

ÜBERNACHTEN
Kayakapi Premium Caves: aufwendig restauriertes Fünf-Sterne-Hotel; Kayakapı Mahallesi, Kuscular Sokak 43, Ürgüp, hwww.kayakapi.com
Kelebek Hotel: Hotel in atemberaubender Lage; Aydinli Mahallesi, Yavuz Sokak 1, Göreme, www.kelebekhotel.com
Serinn House: charmantes Boutique-Hotel; Esbelli Sokak 36, Ürgüp, www.serinnhouse.com/

WEITERE INFOS
Informationen über Kappadokien: www.reiseinfo-tuerkei.de/Tuerkei/Kappadokien.htm

Zu zweit erleben
ZU FUSS DURCH DAS LIEBESTAL

Wem eine Fahrt mit dem Heißluftballon im wahrsten Sinn des Wortes zu »heiß« ist, der kann die Landschaft auf zahlreichen Wanderpfaden erkunden. Die phallusartig aufragenden Feenkamine gaben dem Liebestal bei Göreme seinen Namen. Das Rosental bezaubert durch seine in Rosa, Weiß oder Ockergelb leuchtenden Tuffwände. Wie eine Mondlandschaft wirkt das Taubental mit seinen weißen Feenkaminen. Der aus den vielen Taubenschlägen gekratzte Mist war früher ein begehrtes Düngemittel. Kulturelle Höhepunkte und herrliche Natur verspricht das steilwandige, bis 100 m tiefe Ihlaratal, der »Grand Canyon« von Kappadokien. 400 Treppenstufen führen von Ihlara in die etwa zehn Kilometer lange gewundene Schlucht. In den Wänden wurden vom 7. bis zum 13. Jahrhundert rund 50 Kirchen und Klöster angelegt. Besonders beeindruckend sind die farbig ausgemalten Kirchen von Agacalti, die Kirche unter dem Baum und die Schlangenkirche.

Inbegriff eines romantischen Urlaubsabends am Mittelmeer: ein Sonnenuntergang am Strand, hier in der Kvarner Bucht in Kroatien

Entspannen und Genießen

17 Klützer Winkel

HIGHLIGHTS

Marienkirche Wismar: herrliche Aussicht vom Kirchturm und sehenswerter Film über die Backsteingotik im Untergeschoss

Café Glücklich: Frühstück für Verliebte sowie hausgemachte Kuchen und Torten zum Genießen

Küste von Brook: einsame Strände mit traumhaften Sonnenuntergängen

Schweriner Schloss: Einige der prachtvollen Innenräume im Stil des Historismus können besichtigt werden. Besuch der Landtagsräume auf Anfrage

Candle-Light-Dinner: romantische Arrangements und Übernachtungen im Gutshaus Redewisch

DINNER FOR TWO

Mecklenburger mögen es deftig und gern süßsauer, z.B. *Sanddorn:* kleine, orangefarbene, saure Beeren, die wild wachsen und roh verzehrt werden können – *Mecklenburger Rippenbraten:* mit Backpflaumen, Nüssen und Äpfeln gefüllte Schweinerippe – *Himmel und Erde:* Speise aus gekochten Kartoffeln und Äpfeln – *Hornfisch:* grüngrätiger Fisch, der nur im Mai vorkommt

Abendsonne auf dem Zollhaus im Wismarer Hafen

Der Klützer Winkel zwischen Lübeck und Wismar gilt vielen noch als Geheimtipp. Einsame Steilküste und sommerlicher Trubel des Seeheilbads Boltenhagen liegen direkt nebeneinander. Im Hinterland verstecken sich zwischen sanften Hügelkuppen verträumte Gutsdörfer, herrschaftliche Schlösser und eine ausgedehnte Feldlandschaft.

Romantische Ecke an der Ostsee

Vor 1990 gehörten weite Teile des **Klützer Winkels** zum Sperrgebiet der innerdeutschen Grenze. Nur zögerlich kehrten alte und neue Gutsbesitzer in den fruchtbaren Landstrich zurück und sanierten die traditionsreichen Herrenhäuser. Heute bieten sie dem bewussten Urlauber ein Verwöhnprogramm mit regionaler Gutsküche, rustikal eingerichteten Zimmern und romantischen Arrangements. Für Selbstversorger sind die Hofläden eine zuverlässige Adresse. In Steinbeck widmet sich die Familie Mann voll und ganz der Landwirtschaft und Tierzucht. Das Fleisch der eigenen Kühe wird im Hofladen zum Verkauf angeboten, die Wurst nach originalen mecklenburgischen Rezepten zubereitet. Ein kleines Café versorgt die Gäste mit frischem Kuchen.

Noch ursprünglicher lebt Jörg Altmann auf seinem Hof in **Hohen Schönberg** sein Ideal von einer naturnahen Landwirtschaft. Im Garten wachsen nicht nur Mangold und wunder-

Deutschland

Gesunde Biokost kann man im stilvollen Gutshaus Stellshagen genießen.

schöne Rosen, auch das Futter für die Tiere wird selbst angebaut. Beim Betreten der Fachwerkscheune empfängt den Gast sofort der Duft der in der Mühle frisch gepressten Öle.

Die hübsche Kleinstadt **Klütz** ist Namensgeber der Region. Hier befindet sich das **Schloss Bothmer**, die größte Barockschlossanlage Mecklenburgs. Nach aufwendiger Sanierung soll 2015 die Neueröffnung stattfinden. Neben Kirche und Marktplatz lohnen auch das **Literaturhaus Uwe Johnson**, die **Alte Molkerei** und die **Klützer Blumenkate** von Julia Schmoldt einen Besuch. Ein Spaziergang durch die **mecklenburgische Feldlandschaft** Richtung **Gutshaus Stellshagen** führt den Besucher zu einem Bio- und Gesundheitshotel mit vegetarischem Restaurant.

Badetradition im Seeheilbad Boltenhagen

Highlight **Boltenhagens** ist der 4 km lange weiße Sandstrand. Ein im Kurpark stehender alter Badekarren von 1803 erinnert daran, dass bereits die Adelsfamilie Bothmer hier baden ging. Das alte Gefährt hat ausgedient. Heute schweift der Blick von der 290 m langen Seebrücke über ein Meer von Strandmuscheln, -körben und Sonnenschirmen. Sobald sich der Hochsommer verabschiedet, gehört der Strand den Muschelsammlern, Joggern und Spaziergängern. Viele zieht es wegen der salz- und mineralhaltigen Luft nach Boltenhagen, die dem Ort den Titel Seeheilbad verlieh.

Mit dem Dampfer nach Wismar

Für einen schönen Ausflug zu zweit bietet sich eine Fahrt mit dem Dampfer von Boltenhagen nach **Wismar** an. Die Einfahrt in die **Wismarbucht**, vorbei an der großen Dockhalle in das von Speicherbauten flankierte Hafenbecken hinterlässt Eindruck. Die 2002 von der UNESCO zum Weltkulturerbe erklärte Altstadt liegt nur einen Katzensprung entfernt. Kopfsteinpflasterstraßen schlängeln sich durch die historischen Gassen vorbei an stolzen Giebelhäusern und imposanten Backsteingebäuden. Für einen süßen Zwischenstopp empfiehlt sich das liebevoll eingerichtete Café »Glücklich«. Das Frühstück für Verliebte und die hausgemachten Kuchen und Speisen sind ein Genuss.

Nach einem Stadtbummel inklusive Marktplatz, Wasserkunst, **Schabbelhaus** und den mächtigen Backsteinkirchen sorgt ein Besuch in der **Hanse Sektkellerei**, der nördlichs-

ZU ZWEIT ERLEBEN

Ostsee-Therme Boltenhagen: Im Meerwasserthermalbad ist immer Sommer. Das Ostseewasser wird auf 30 °C erwärmt und sorgt für wohltuende Entspannung. Wer es noch wärmer mag, hat eine Bio-, Trocken- und Dampfsauna zur Auswahl.

SwinGolf: Oberhalb der Steilküste von Boltenhagen können Paare bei dieser Golfalternative mit 18 Löchern auf frischem Rasen gegeneinander antreten. Platzreife und Greenfee sind nicht notwendig. Gespielt wird mit einem dreiseitigen Schläger.

Kultursommer Schwerin: Die regelmäßigen Veranstaltungen im lauschigen Schlossgarten verwöhnen mal kulinarisch, mal musikalisch.

Fahrt zur Robbensandbank: Von der Weißen Wiek in Boltenhagen starten mehrmals täglich Fahrten zur **Sandbank Lieps**. Mit etwas Glück sind Seehunde, Robben und Adler zu beobachten.

Schloss Wiligrad: Das Neorenaissanceschloss von 1898 befindet sich in Lübstorf am Schweriner See. Im idyllisch gelegenen Hofladen wird in alten Gewächshäusern zwischen Blumengestecken und Gartenmöbeln selbstgebackener Kuchen serviert.

Besondere Augenblicke

STEILKÜSTENWANDERUNG BEI BOLTENHAGEN

Wer im Sommer dem Touristentrubel Boltenhagens entweichen möchte, braucht nur die weiten, feinsandigen Strandabschnitte Richtung Westen zu verlassen. Sobald die Steilküste beginnt und der Strand schmaler wird, flauen die Touristenströme merklich ab. Bis zu 30 m Höhe erreichen die imposanten, teils mit Sanddornbüschen bewachsenen Hänge. Am Ufer schlängelt sich ein kleiner, etwas steiniger Weg durch die wilde Küstenformation. Festes Schuhwerk und Proviant sollte nicht fehlen. Ein Aufstieg ist erst bei **Steinbeck** möglich, der schönste Rückweg führt dann direkt an der oberen Kante der Steilküste entlang. Zwischen mannshohem Rainfarn, Hagebutten- und Schlehenbüschen werden immer wieder spektakuläre Blicke auf die Ostsee frei. Große Personenfähren von Travemünde nach Schweden ziehen vorbei. Bei **Großklützhöved** taucht ein alter Grenzturm hinter Baumkronen auf und erinnert daran, dass vor 1990 das Betreten dieses Küstenabschnitts lebensgefährlich war.

Rad- und Wanderwege an der Steilküste des Klützer Winkels

Das romantische Schweriner Schloss bezaubert auch mit seiner großzügigen Parkanlage.

ten Kellerei Deutschlands, für Abwechslung. Hinter einer unscheinbar wirkenden Hausfassade werden in einem 10 m unter der Erde liegenden Gewölbe Weine aus der Pfalz nach traditionellem Flaschengährverfahren verarbeitet. Den Tag lässt man am besten bei Abendsonne am Hafen ausklingen. Fischliebhaber sollten sich einen Besuch in der Seeperle nicht entgehen lassen.

Märchenschloss als Landtagssitz

Die Landeshauptstadt **Mecklenburg-Vorpommerns** liegt eingebettet in eine malerische Seen- und Waldlandschaft. Meist fotografiertes Motiv ist wahrscheinlich das verspielte Märchenschloss auf der Burginsel – heute Sitz des Landtags und Museum. Dem Zeitgeschmack entsprechend verliehen die Herzöge im 19. Jh. ihrer Residenzstadt ein repräsentatives, klassizistisches Antlitz. Ein prachtvolles Ensemble liegt mit Staatskanzlei, Theater und Staatlichem Museum am **Alten Garten**. Die geschäftstüchtige Innenstadt zielt mit einigen guten Restaurants und Feinkostläden auf ein zahlkräftiges Beamtenpublikum. Ruhiger und beschaulicher zeigt sich die Schelfstadt mit ihren historischen Fachwerkhäusern, Galerien und kleinen Bars. Ein Erlebnis der besonderen Art verspricht ein Ausflug ins **Plattenbauviertel Dreesch** zum 136 m hohen **Schweriner Fernsehturm** mit Panoramarestaurant. Von hier schweift der Blick auf den **Schweriner See** mit der Insel **Kaninchenwerder** sowie über die Silhouette der Altstadt. *CD*

Klützer Winkel mit Wismar und Schwerin

Infos und Adressen

ANREISE
Flug: Rostock-Laage ab München, Stuttgart, Köln/Bonn, Friedrichshafen sowie Erfurt – Shuttlebusverkehr nach Wismar und Boltenhagen; **Bahn:** Schwerin, Wismar und Grevesmühlen verfügen über Bahnstationen. **Auto:** Schwerin ist über die A14, Wismar über die A20 erreichbar. **Fahrrad:** Wismar und Boltenhagen liegen am Ostseeküstenradweg.

BESTE REISEZEIT
Zur Ferienzeit sind die Küstenorte stark besucht. Im Hinterland geht es bedeutend ruhiger zu. Attraktive Arrangements in der Vor- und Nachsaison

SEHENSWERT
Galerie Alte und Neue Meister: Spitzenwerke der niederländischen und flämischen Malerei des 17. und 18. Jh., sehr gute Wechselausstellungen; Alter Garten 3, Schwerin, www.museum-schwerin.de
Schloss Kalkhorst: Das Aboretum mit Mammutbaum und Atlaszeder kann nach voheriger Anmeldung besichtigt werden. Am Park 5, Kalkhorst, www.schloss-kalkhorst.de
Alte Molkerei: Flamenco-Abende, Galerie und Mosterei; Lübecker Straße 3, Klütz, www.anasojor.de

ESSEN UND TRINKEN
Café Glücklich: liebevoll eingerichtetes Café mit hausgemachten Kuchenkreationen – auch zum Mitnehmen; Schweinsbrücke 7, Wismar
Seeperle/Oberdeck: Ein Muss für Fischesser! Feinschmeckerrestaurant direkt am Hafen; Schiffbauerdamm 3, Wismar, www.seeperle-wismar.de
New Orleans: Cocktails in amerikanischem Flair; Runde Grube, Wismar, www.hotel-new-orleans.de
Ruderhaus: frische, kreative Küche – besondere Empfehlung: Steaks und Desserts! Herrlicher Schlossblick; Franzosenweg 21, Schwerin, www.ruderhaus.info
café pralinchen & co.: hausgemachte Pralinen und leckere Torten; Ostseeallee 6a, Boltenhagen, www.cafe-pralinchen-boltenhagen.de

SHOPPING
Hanse Sektkellerei: Besichtigung der Produktionsstätte sowie Verkostungen, ein ideales Mitbringsel ist Wismarer Sekt. Turnerweg 4, Wismar, www.hanse-sektkellerei.de
De Fischer un sien Fruh: Fisch direkt vom Boltenhagener Fischer – roh, geräuchert oder auch im Fischbrötchen; Fritz-Reuter-Weg 5, Boltenhagen
Buch im Kurpark: Dauerausstellung und Buchhandlung an der Kurpromenade; Am Kurpark 1, Boltenhagen, www.boltenhagenverlag.de

ÜBERNACHTEN
Gutshaus Redewisch: Das Familiengeführte Hotel lädt ein zu Verwöhn-Dich-Wochenenden. Ideal für Ruhesuchende; Redewischer Straße 46, Boltenhagen, www.gutshaus-redewisch.de
Hotel Gutshaus Stellshagen: Ein erholsamer Aufenthalt ist im Bio- und Gesundheitshotel garantiert. Die Küche ist rein vegetarisch und setzt zu 100 % auf Bio-Produkte. Lindstr. 1, Stellshagen, www.gutshaus-stellshagen.de
Seehotel Großherzog von Mecklenburg: Luxushotel von 1845 mit Spa-Bereich, Wellness und Sportmöglichkeiten, mit hauseigenem Kräutergarten und Bio-Küche; Ostseeallee 1, Boltenhagen, www.seehotel-boltenhagen.de
Schlossgut Groß Schwansee: elegantes Hotel mit französisch angehauchter Küche; Am Park 1, Groß Schwansee, www.schwansee.de
Landhaus Sophienhof: Hübsche Zimmer im Fachwerkhaus von 1854 sowie einen Garten mit historischen Pflanzen und Café werden hier geboten. Wismarsche Straße 34, Klütz, www.landhaus-sophienhof.de

EVENTS
1. Jan.: Neujahrsbaden in der Ostsee in Boltenhagen
März: Bei den Wismarer Heringstagen dreht sich 2 Wochen lang alles um das Silber der Ostsee.
Aug.: Schweriner Schlossgartennacht mit Livemusik, Licht- und Wasserspielen, Feuerwerk
Aug.: Schwedenfest in Wismar mit Militärparaden und Jahrmarkttrubel

WEITERE INFOS
Kurverwaltung Boltenhagen, Ostseeallee 4, 23946 Boltenhagen, www.boltenhagen.de
Touristeninfo Schwerin, Am Markt 14, 19055 Schwerin, www.schwerin.com
Touristeninfo Wismar, Am Markt 1, 23966 Wismar, www.wismar.de

Frisches Obst und Gemüse im Hofladen in Steinbeck

Entspannen und Genießen

18 Bodensee

HIGHLIGHTS

Meersburg: malerische Unter- und Oberstadt mit Neuem und Altem Schloss

Insel Mainau: Sehenswert sind neben den großartigen Gartenanlagen auch das Schloss und das Schmetterlingshaus.

Konzilgebäude Konstanz: 1388 ursprünglich als Warenlager erbaut, heute Kongresszentrum und Festsaal mit Restaurant

Ober-, Mittel- und Unterzell auf der Reichenau: Bemerkenswert sind die karolingischen Wandmalereien in den drei frühmittelalterlichen Kirchen.

Schloss Salem: ehemaliges Zisterzienserkloster mit spätgotischem Münster und barocken Klostergebäuden

DINNER FOR TWO

Am Bodensee genießt man schwäbische Küche kombiniert mit lokalen Spezialitäten. Eine Delikatesse sind die im Bodensee lebenden *Kretzer* oder *Egli* (Flussbarsche). Dazu vielleicht *Kratzete*, in Stücke gerissene Pfannkuchen, und *Höri-Bülle*, auf der Höri-Halbinsel angebaute rote Speisezwiebeln mit feinem Aroma; eine leckere Begleitung sind die vollmundigen Bodensee-Weine.

Das ehemalige Handels- und Kornhaus Greth liegt an Überlingens langer und abwechslungsreicher Uferpromenade.

Das milde Seeklima, die sanfte Hügellandschaft vor dem Hintergrund der Alpen, kulturelle Glanzlichter und nicht zuletzt die kulinarischen Genüsse machen den einzigartigen Reiz der Bodenseeregion aus. Malerische Orte, idyllische Gasthöfe und perfekte Wellness-Oasen wetteifern um die Gunst der zahlreichen Besucher, die jedes Jahr an den Bodensee kommen.

Kultur und Natur in der Dreiländerregion

Mit Deutschland, der Schweiz und Österreich haben drei Länder Anteil an der Bodenseeregion. An den breiten Obersee grenzen Oberschwaben, das Allgäu, Vorarlberg und die Ostschweiz. Er geht nach Westen in den landschaftlich besonders reizvollen Überlinger See im Norden und den durch die Halbinsel **Höri** von ihm getrennten flacheren Untersee über. Die ruhige Höri ist ein perfekter Platz zum Ausspannen. Das wussten schon der Dichter Hermann Hesse und die Höri-Maler, die sich dort in den 1930-er und -40er Jahren ansiedelten. Ihre prominentesten Vertreter waren Otto Dix und Erich Heckel.

Einen optimalen Eindruck von der vielfältigen Bodenseelandschaft mit ihren sehenswerten Dörfern und Städten vermitteln **Schiffsausflüge** – mit dem nostalgischen Raddampfer oder dem schnellen Katamaran. Ein etwas teureres Vergnügen ist ein Rundflug mit einem der in Friedrichshafen stationierten **Zeppeline**. Für Gartenfreunde ist die Blumeninsel **Mainau** mit ihrem Schloss ein Muss, Liebhaber

Deutschland

Farbenprächtig bemalte Hausfassaden wie hier am Rathausplatz sind das Markenzeichen von Stein am Rhein.

Zu zweit erleben
STIPPVISITE IN DER SCHWEIZ

Der als Alpenrhein bei Bregenz in den Bodensee mündende Rhein verlässt ihn wieder als Hochrhein bei **Stein am Rhein**. Zuvor passiert er als Seerhein eine Engstelle bei Konstanz. Am Schweizer Ufer des Untersees liegen schmucke Fachwerkstädtchen wie **Steckborn** mit dem markanten Turmhof, heute ein Museum, und das winzige **Gottlieben**. Schloss Arenenberg, einst Wohnsitz von Hortense de Beauharnais und ihrem Sohn, dem späteren französischen Kaiser Napoleon III., liegt in einem wunderschönen englischen Landschaftsgarten und beherbergt ein Napoleonmuseum. Vom Aussichtspavillon hat man einen prächtigen Blick auf den Untersee. Stein am Rhein bezaubert mit seiner mittelalterlichen Altstadt, in der bemalte Häuserfassaden, Erker und Fachwerk das Bild bestimmen. Am nicht weit entfernten **Rheinfall bei Schaffhausen** stürzt sich der Rhein 20 m in die Tiefe. Mutige lassen sich vom **Schlösschen Wörth bei Neuhausen** mit einem Ausflugsboot ganz dicht an den Felsen mitten im Wasserfall heranfahren.

Infos und Adressen

ANREISE
Flug: direkt nach Friedrichshafen; **Bahn:** Konstanz, Friedrichshafen, Lindau und Radolfzell; **Auto:** über die A81, die A7 und die A96

BESTE REISEZEIT
Frühling, Sommer und Herbst

SEHENSWERT
Pfahlbaumuseum Unteruhldingen: Freilichtmuseum mit Pfahlbausiedlungen; virtueller Tauchgang im neuen ARCHAEORAMA; April bis Sept. tgl. 9–18.30 Uhr, Okt. tgl. 9–17 Uhr, Nov. Sa, So und an Feiertagen 9–17 Uhr
Wallfahrtskirche Birnau: das Barockjuwel; Sommer 7.30–19 Uhr, Winter 7.30–17.30 Uhr

ESSEN UND TRINKEN
Winzerstube zum Becher: beste regionale Speisen und Weine; Höllgasse 4, Meersburg, www.winzerstube-zum-becher.de
Schachener Hof: schwäbische Küche mit mediterranem Flair; Schachener Straße 76, Lindau im Bodensee, www.schachenerhof-lindau.de

ÜBERNACHTEN
Hotel Gasthaus Hirschen: romantischer Seeblick, großer Pool, feine Küche; Kirchgasse 3, Gaienhofen, www.hotelhirschen-bodensee.de
Hotel Lipprandt: hoteleigener Badestrand, gute Küche; Halbinselstraße 65, Wasserburg am Bodensee, www.hotel-lipprandt.de

WEITERE INFOS
Wissenswertes über die Bodenseeregion: www.bodensee.de

frühromanischer Kunst zieht es auf die Gemüseinsel **Reichenau** mit den drei Kirchen des Benediktinerklosters. Sehenswert sind nicht nur die größeren Städte wie die Konzilstadt **Konstanz**, **Überlingen** mit seiner schönen Uferpromenade, das malerische **Meersburg**, die Inselstadt **Lindau** oder die Festspielstadt **Bregenz** mit ihrem breiten kulturellen Angebot, sondern auch die vielen kleinen Perlen am Seeufer. Zu ihnen gehören die barocke Wallfahrtskirche **Birnau**, das Pfahlbaudorf **Unteruhldingen**, das Schweizer Fachwerkstädtchen **Gottlieben** oder das auf einer weit in den See ragenden Halbinsel gelegene **Wasserburg**. Der Aussichtsberg **Pfänder**, die Vulkankegel des **Hegau** und die Schlösser von **Heiligenberg** oder **Salem** verleiten zu Ausflügen in die Umgebung des Bodensees. *EA*

Entspannen und Genießen

19 Radebeul

HIGHLIGHTS

Ausflug nach Dresden: mit Zwinger, Frauenkirche und Semperoper eine der attraktivsten Städte Deutschlands und nur 10 km von Radebeul entfernt

Weinberge von Radebeul: Bei einem sonnigen Spaziergang lassen sich dort prächtige Gründerzeit-Villen bewundern.

Karl-May-Museum, Radebeul: Hier werden Jugenderinnerungen wach.
www.karl-may-museum.de

Himmelsleiter, Radebeul: Die längste Treppe Sachsens, entworfen vom Erbauer des Dresdner Zwingers, Matthäus Daniel Pöppelmann, führt 220 m durch den Weinberg »Goldener Wagen« und 365 Stufen hinauf zum Spitzhaus.

DINNER FOR TWO

Immer empfehlenswert: regionale *Fisch- und Wildgerichte* – eine besonders deftige Spezialität: *Sächsischer Sauerbraten in Rosinensauce mit Rotkohl und Klößen* – für Süßmäuler: *Quarkkeulchen* – auf dem Weihnachtsmarkt in Dresden *Glühwein* trinken und *Dresdner Stollen* schnabulieren!

Mit dem Schaufelraddampfer auf der Elbe geht es auch an Schloss Pillnitz vorbei.

Krise – welche Krise? Die Villa Sorgenfrei in Radebeul bei Dresden ist ein vorbildliches Beispiel dafür, wie man dem Unbill der Welt seit Jahrhunderten erfolgreich trotzen kann. Wie seine Erbauer kann man hier unbeschwerte Tage zu zweit verbringen und durch Parkanlagen und Weinfelder der Umgebung spazieren, denn die Villa ist heute ein Romantikhotel.

Villa Sorgenfrei: Ohne Sorgen um das Morgen

Der illustre Name »Sorgenfrei« ist nicht bloß ein schnöder Marketing-Gag. Der Dresdner Bankier Freiherr Christian Friedrich von Gregory, der das von seinem Vater geerbte Anwesen zwischen 1783 und 1789 als Weingut und Sommerresidenz umbauen ließ, vergab den Namen einst als Reminiszenz an das Potsdamer Schloss Sanssouci. »Sans souci«, ohne Sorge also, wollte auch der Bankier in seiner Villa leben und hatte für dieses Ansinnen seinerzeit scheinbar weit weniger Zorn des Volkes auf sich geladen als einige unserer sorglos agierenden Banker heutzutage.

Lustwandeln kann man noch immer in der Parkanlage von Sorgenfrei mit ihrem mehr als hundert Jahre alten Baumbestand, ihren Putten und Sphingen, denn die Villa beherbergt heute ein Romantikhotel. Die Zimmer des Hauses sind in Pastelltönen gehalten und mit Antiquitäten und dezentem Landhausmobiliar bestückt. Stilvoll dinieren oder frühstücken kann man im ehemaligen Gartensaal mit seinem sieben

Deutschland

Lustwandeln in der Parkanlage der Villa Sorgenfrei

Infos und Adressen

ANREISE
Per **Flugzeug, Bahn, Auto** oder **Bus** nach Dresden, die Villa Sorgenfrei liegt knapp 10 km nördlich der 500 000-Einwohner-Stadt.

BESTE REISEZEIT
Frühling bis Herbst, im Winter zum Weihnachtsmarkt in Dresden

SEHENSWERT
Die Moritzburg: In diesem grandiosen Wasserschloss vertrieb sich August der Starke die Zeit mit Seeschlachten mit eigens dafür gebauten Schiffen. Besonders attraktiv: das Federnzimmer mit mehr als einer Million farbiger Vogelfedern;
www.schloss-moritzburg.de

Schloss Weesenstein im Müglitztal: eine romantische Zeitreise durch 800 Jahre; www.schloss-weesenstein.de

ESSEN UND TRINKEN
Caroussel: Das Dresdner Sternerestaurant führt seit Jahren die Rangliste der kulinarischen Adressen in Sachsen an. Königstraße 14, Dresden, www.buelow-palais.de/caroussel

ÜBERNACHTEN
Villa Sorgenfrei: sehr romantisches Hotel mit Restaurant in Radebeul, Augustusweg 48, www.hotel-villa-sorgenfrei.de

WEITERE INFOS
Dresden Marketing:
www.marketing.dresden.de

Meter hohen, lichtdurchfluteten Raum. Auf den Kronleuchtern werden noch Kerzen angezündet, und zu festlichen Anlässen erklingt klassische Musik aus der Musikerloge, die über dem Saal auf der Galerie thront. Die sorgenfreie Zeit, hier auf herrlich altmodische Weise einfach so in den Tag hineinzutändeln, könnte ewig so weitergehen, müsste man nicht irgendwann zurück ins richtige Leben.

Zu den Kuriositäten rund um die Villa Sorgenfrei zählt etwa die Geschichte, dass das Pächterehepaar schon drei bis vier Familien mit dem – in Norddeutschland allerdings nicht so seltenen – Nachnamen Sorgenfrei zu Gast hatte. Die meisten Sorgenfreis sind übers Internet auf die Villa aufmerksam geworden. Einer schrieb hier sogar Gedichte im Stil von Loriot, sagt der Hotelchef. Und so ist der Satz »Herr Sorgenfrei dichtet sorgenfrei in Sorgenfrei« keineswegs als platter Scherz zu verstehen. *MK*

Zu zweit erleben
SPAZIEREN, SCHIPPERN, KLETTERN

In Deutschlands nordöstlichstem Weinanbaugebiet liegen bis heute lediglich 0,4 Prozent der deutschen Rebflächen, die meisten von ihnen an Steilhängen, die nur in aufwendiger Handarbeit bewirtschaftet werden können. Sächsische Weißweine gelten daher als Rarität. Manche Tröpfchen kommen so federleicht daher, als verliehen sie Flügel. Aber sie sind auch nicht ganz billig. Bei einem Spaziergang durch die Weinberge bekommt man einen guten Eindruck.

Eine Elbfahrt gehört natürlich auch zu den Erlebnissen, die sich kein Paar entgehen lassen sollte. Dresdens Bauwerke sind zum Greifen nah, die Weinberge scheinen in den Fluss zu wachsen, und man zweifelt an der UNESCO, die wegen dem Bau der **Waldschlösschenbrücke** dem Elbtal den Weltkulturerbestatus aberkannt hat.

Im **Nationalpark Sächsische Schweiz** wiederum kommen vor allem Kletterer auf ihre Kosten: Zerklüftete Felslabyrinthe, Steilhänge und der Elbcanyon locken. Höhepunkt ist der Besuch der Bastei, rund 200 m über dem Flusspegel.

Thüringen

HIGHLIGHTS

Goethes Gartenhaus: Goethes Rückzugsort im Park an der Ilm ist wie zu Lebzeiten des Dichters eingerichtet.

Belvedere: Im Park des barocken herzoglichen Sommersitzes lässt sich gut flanieren.

Bauhaus-Museum Weimar: 1919 von Walter Gropius gegründet; er arbeitete hier mit Avantgardekünstlern von Weltruf.

Krämerbrücke in Erfurt: Über die Gera führt die einzige bebaute Bücke nördlich der Alpen aus dem Jahr 1325.

Schloss Friedensstein in Gotha: Das Schloss in der ehemaligen Residenzstadt des Herzogtums Sachsen-Gotha ist die größte barocke Schlossanlage Deutschlands.

DINNER FOR TWO

Thüringer Rostbratwürste, am besten auf den Märkten – *Thüringer Klöße:* Aus rohen geriebenen und gekochten Kartoffeln hergestellt sind sie ein »Muss« zu *Rinderrouladen* oder *Braten.* – Zum Kaffee dann *Thüringer Blechkuchen,* die es mit jeder Torte aufnehmen können; am besten zu zweit in einem der traditionsreichen Caféhäuser genießen!

Im Park an der Ilm zu Weimar liegt Goethes Gartenhaus. Die schönen alten Bäume laden zum Picknick ein.

Mit allen Sinnen lässt sich Weimar erfahren, jene Stadt, in der Goethe mehr als eine Liebe fand. Kunst und Kultur sind allgegenwärtig, sei es in den historischen Bauten, auf dem Marktplatz oder bei den zahlreichen Möglichkeiten, die thüringische Küche zu genießen. Lauschige Gassen, traumhafte Parkanlagen und ein Luxushotel mit viel Privatatmosphäre schaffen das richtige Ambiente für Verliebte.

Auf Goethes Spuren

Leise plätschert die **Ilm** und schon von Weitem schimmert hell das **Goethesche Gartenhaus** durch das satte Grün des Parks, in dem sich Zweisamkeit so gut genießen lässt. Von 1776 bis 1782 wohnte und arbeitete Goethe hier, viele Einrichtungsgegenstände wurden originalgetreu nachempfunden. An den Wänden zeugen Silhouetten und Zeichnungen der Charlotte Buff, der Charlotte von Stein und der Gattin Christiane Vulpius von den Frauen, denen Goethe aufs Engste verbunden war. Im schmucken Garten hat der Meister wohl nicht nur mit liebreizenden Vertreterinnen des anderen Geschlechts geflirtet, sondern soll in Mondnächten von hier aus ein Bad in der Ilm genommen haben.

In den Gassen und auf dem Marktplatz der Stadt mit den bunten Blumen- und Bratwurstständen umfängt den Besucher fast südlicher Charme und munteres Treiben. Das Goethe-Schiller-Denkmal vor dem **Deutschen Nationaltheater**, Goethes Wohnhaus am **Frauenplan** mit dem »Christiane-

Deutschland

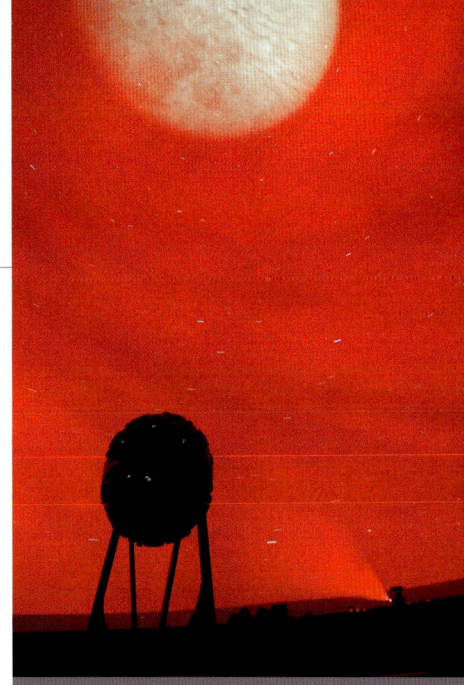

Blick ins All im Kuppelsaal des Zeiss-Planetariums Jena.

Infos und Adressen

ANREISE
Bahn: ICE-Verbindungen direkt nach Weimar; **Auto:** ab Kirchheimer Dreieck über A4 Richtung Berlin/Dresden/Erfurt

SEHENSWERT
Herzogin Anna Amalia Bibliothek: (17. Jh.) Di–So 9.30–14.30 Uhr, Platz der Demokratie 1, Weimar, www.klassik-stiftung.de
Kirms-Krackow-Haus: Renaissance-Haus mit Museum und wunderschönem Garten; Jakobstr. 10, Weimar, www.weimar.de/tourismus/sehenswuerdigkeiten/museen/kirms-krackow-haus

ESSEN UND TRINKEN
Anastasia im Grand Hotel Russischer Hof: elegantes Restaurant; Goetheplatz 2, Weimar, restaurant-anastasia.info
Frauentor, Café und Restaurant: Thüringer Spezialitäten und Torten mit Blick aufs Goethehaus; Schillerstraße 2, Weimar, www.cafe-frauentor.de
Zum Schwarzen Bären: echte Thüringer Küche; Am Markt 20 im ältesten Gasthaus Weimars. www.schwarzer-baer.de

ÜBERNACHTEN
Hotel Elephant: luxuriöses Fünf-Sterne-Hotel direkt am Marktplatz; Markt 19, www.hotelelephantweimar.com

WEITERE INFOS
Touristeninformation Weimar: Markt 10 und Friedensstr. 1, www.weimar-tourismus.de
www.klassik-stiftung.de
Burgplatz 4

Zimmer«, die **Herzogin Anna Amalia Bibliothek**, Schillers und Herders Wohnhäuser, das **Bauhaus-Museum** – es geriete zum Mammutprogramm, allen Spuren deutscher Kulturgrößen, darunter Wieland, Herder, Bach, Liszt oder Nietzsche, folgen zu wollen. Denn keinesfalls möchte man sich kulinarischen Genüssen in einem romantischen Café am Frauenplan, den Kauf eines von Goethe bedichteten Gingko-Bäumchens am Markt (»Sind es zwei, die sich erlesen, dass man sie als eines kennt?«) oder Ausflüge in die nicht minder geschichtsträchtigen Nachbarstädte **Erfurt**, **Jena** und **Gotha** versagen. Abends klingt der Tag im Hotel »Elephant« am Weimarer Markt, das Gäste von Rang und Namen seit 1696 verwöhnt, stimmungsvoll beim Candle-Light-Dinner im sternegekrönten Restaurant »Anna Amalia« aus. *SD*

Romantische Augenblicke

MONDSCHEINDINNER IN DER STADT DES LICHTS

Als Carl Zeiss und Ernst Abbe im 19. Jh. in Jena die feinmechanisch-optischen Betriebe aufbauten und der Industrie damit einen gewaltigen Entwicklungsschub gaben, konnten sie noch nicht ahnen, was mithilfe ihrer Erfindungen eines Tages möglich werden würde. Neben den zahlreichen Veranstaltungen, die ganzjährig im dienstältesten Planetarium der Welt, dem Zeiss-Planetarium in Jena, stattfinden, bietet dieser Ort Verliebten eine außergewöhnliche Möglichkeit, romantische Stunden zu verbringen. Denn mithilfe moderner Technik und einer 360-Grad-Projektionsfläche verwandelt sich der Kuppelsaal des Planetariums in eine echte »lover's location«: Mehrmals im Monat kann man hier nach vorheriger Anmeldung am exklusiven Mondschein-
dinner teilnehmen und die vier Gänge der sterneverdächtigen Haute Cuisine genießen, die in unvergesslicher Atmosphäre unter 9.135 Sternen serviert werden – wenn das kein Gefühl vom siebten Himmel verspricht!
www.planetarium-jena.de,
www.mondscheindinner.de

Entspannen und Genießen

21 Werdenfelser Land

Eine atemberaubende Natur, ein breites Sportangebot und alte Volkskunst wie die Lüftlmalerei machen den besonderen Charme des Werdenfelser Landes aus, das zwischen Garmisch-Partenkirchen und dem Wettersteingebirge im Schatten der Zugspitze liegt. Der ideale Ort zum Krafttanken für gestresste Städter!

Entspannen im Schatten der Zugspitze

In einem idyllischen Tal nahe Mittenwald steht in traumhaft abgeschiedener Lage auf 1000 m Höhe ein prächtiges Herrenhaus im feudalen Stil des Arts and Craft Movement. Vor 100 Jahren ließ es Mary Isabel Portman am Rand des **Wetterstein- und Karwendelgebirges** erbauen, so sehr hatte den exzentrischen britischen Adelsspross das Alpenpanorama fern der Heimat beeindruckt. Ihrer Hartnäckigkeit, das ehrgeizige Projekt inmitten der Wildnis zu verwirklichen, ist es zu verdanken, dass das einsame Tal im Schatten der **Zugspitze** zum erholsamen Rückzugsort wurde. Denn mit ihrem zinnenbekrönten Schlösschen wurde der Grundstein für »Das Kranzbach« gelegt: Wellness-Oase mit ganz persönlicher Note für erschöpfte Stadtbewohner, erholsames Refugium für Naturliebhaber, wie auch für Eltern, die sich ein paar Tage ohne die lieben Kleinen gönnen wollen.

Im »Kranzbach« werden alle Sinne verwöhnt. Im Badehaus des behutsam in die Landschaft eingepassten Designer-Anbaus lockt ein weitläufiger Spa mit neun Saunen und Dampfbädern, teils mit Bergpanorama, und einem nur für

HIGHLIGHTS
Zugspitze: Der beste Blick auf die herrliche Landschaft bietet sich vom 2962 m hohen Gipfelkreuz von Deutschlands höchstem Berg.
Mittenwald: Fast jedes Haus des malerischen Markfleckens ist bedeckt von bunter Lüftlmalerei.
Partnachklamm: wildromantische Schlucht umgeben von 60 m hohen Felswänden
Kloster Ettal: Weltberühmt ist das Kloster mit seiner hochbarocken Kuppelkirche.
Garmisch-Partenkichen: eine Stadt mit Gegensätzen – schindelgedeckte Gebirgshäuser und eine der größten Sprungschanzen Deutschlands.

DINNER FOR TWO
Murnau-Werdenfelser Rind: regionale Züchtung mit besonders aromatischem Fleisch – *Heumilchkäse:* naturbelassene Käsespezialität aus dem Tölzer Land – *Mittenwalder Privatbrauerei:* Die kleine Brauerei bietet unterschiedlichste Biersorten – *Kaiserschmarrn:* Die leckere Eierspeise ist Oberbayerns Dessertklassiker.

Während die Bergwelt zum Wandern einlädt, lässt es sich am beheizten Kranzbach-Pool gut entspannen.

Deutschland

Die urige Elmauer Alm, die zur berühmten gleichnamigen Nobelherberge Schloss Elmau gehört, lädt zur zünftigen Brotzeit – mit garantiertem Blick auf Wetterstein und Karwendel.

Infos und Adressen

ANREISE
Flug: München oder Salzburg, das Hotel bietet einen Shuttleservice; **Bahn:** mit der Mittenwaldbahn von München nach Klais; **Auto:** A 95 nach Garmisch-Partenkirchen, weiter B 2 nach Klais

BESTE REISEZEIT
Mai–Oktober

SEHENSWERT
Glentleiten, Großweil: Freilichtmuseum mit 60 historischen Gebäuden, www.glentleiten.de
Werdenfels Museum, Garmisch-Partenkirchen: Sammlung über Geschichte und Kultur der Region in einem alten Kaufmannshaus, www.werdenfels-museum.de
Geigenbaumuseum, Mittenwald: einzigartiges Museum über die Kunst des Instrumentenbaus, www.geigenbaumuseum-mittenwald.de

ESSEN UND TRINKEN
Café Krönner: beste Adresse für Kuchen und Pralinen aus eigener Herstellung; Achenfeldstr. 1, Garmisch-Partenkirchen, www.kroenner.com
Bräustüberl: Traditionsgasthof mit bayerischer Hausmannskost; Fürstenstr. 23, Garmisch-Partenkirchen, www.braeustueberl-garmisch.de
Klosterbräu: Traditionsgasthaus mit alpiner Küche in der Ritter Oswald Gourmetstube mit selbstgebautem Bier, Tiroler Tapas und Weinverkostungen im 500 Jahre alten Mönchskeller; Klosterstr. 30, Seefeld/Tirol, www.klosterbraeu.com

ÜBERNACHTEN
Das Kranzbach: Erholsamer kann man im Werdenfelser Land nicht wohnen.
In Kranzbach 1, Krün, www.daskranzbach.de

WEITERE INFOS
Offizielles Touristen-Portal: www.werdenfelserland.de

die Damen reservierten Bereich. Einen garantierten Traumblick bieten auch die fünf Innen- und Außenpools in verschiedenen Wärmestufen. Vor allem im wohl temperierten Solebad würde man am liebsten verweilen – gäbe es nicht auch noch das Angebot an sportlichen Aktivitäten. Den Kreislauf ordentlich in Wallung bringen kann man im gut ausgestatteten Fitnessraum. Oder der bereits Geübte joggt mit Personal Trainer die sanft ansteigenden Almwiesen hinauf. Der Appetit bei der Rückkehr lässt sich auf köstliche Weise stillen: Das Restaurant verwöhnt die hungrigen Gäste mit regional orientierter leichter Biokost auf allerhöchstem Niveau. *TW*

Zu zweit erleben

WANDERN MIT EINKEHR

Ein Wanderweg auch für ungeübte Bergsteiger führt durch herrliche Buckelwiesen auf 1200 m Höhe, wo die seit 1924 bewirtschaftete **Elmauer Alm** zur zünftigen Brotzeit einlädt, den atemberaubenden Panoramablick zum Karwendel- und Wettersteinmassiv und zur Zugspitze inklusive. Ein Rundweg zurück zum »Kranzbach« führt vorbei am eindrucksvollen Bau von **Schloss Elmau**, das als Nobelhotel mit anthroposophischer Ausrichtung und kulinarische Institution bekannt ist. Krönung ist ein Verwöhnmenü von Sternekoch Mario Corti im Gourmetrestaurant »Luce d'Oro«, in dem ein offener Kamin für viel Atmosphäre sorgt. Ob Fisch, hausgemachte Pasta, Spargel oder Carré vom Iberico-Schwein: Die edlen Speisen, begleitet von erlesenen Weinen, werden vom Küchenchef bis hin zu exquisiten Desserts und Käseauswahl so perfekt zubereitet und inszeniert, dass es einem die Sprache verschlägt. Wer würde nach diesen Köstlichkeiten wohl nicht im siebten Feinschmeckerhimmel schweben! (www.schloss-elmau.de)

Entspannen und Genießen

22 Bad Tölz

HIGHLIGHTS

Isarradweg: wunderschöne Radstrecke zwischen Scharnitz und Deggendorf

Rosentage: An Pfingsten treffen sich Rosenfreunde in den Klostergärten des ehemaligen Franziskanerklosters. www.rosentage.de

Blomberg: Hier trifft man sich zum Blitz- und Bockerlfahren, zum Rodeln (auch im Sommer), Skilaufen und Hochrennen.

Leonhardifahrt: Ein Lichtblick im November – festlich geschmückte Rosse, Reiter und Wagen umrunden die Leonhardikapelle.

Thomas-Mann-Haus: Acht Sommer verbrachte die Familie Mann in der Villa, deren Garten zugänglich ist.

DINNER FOR TWO

Rosenbowle: Das Mischgetränk mit Rosenblättern und -aromen stimmt die Genießer auch innerlich romantisch – *Forelle Müllerin,* die leichte Fisch-Mahlzeit, meist frisch aus dem Teich, lässt noch Platz für *Geeisten Kaiserschmarrn,* eine Kalorien-Sünde aus Eiern, Sahne und Rosinen.

In Rosengarten, Klostergarten und Franziskanerpark finden im Juni die „Rosentage" statt.

Bad Tölz ist Bayern wie aus dem Bilderbuch: die idyllische Lage an der Isar mitten im Alpenvorland, die Häuser geschmückt mit Lüftlmalerei, die Traditionen seit Jahrhunderten gepflegt. Was die Stadt im Isarwinkel darüber hinaus für Liebende zu bieten hat? Sie steht im Frühsommer in voller (Rosen)blüte.

Im Zeichen der Rose

Woher kommt diese Nähe zur Rose in Bad Tölz? Es muss mehr dahinter stecken als ein pfiffiger Marketinggedanke, auf dem seit gut 15 Jahren das Event der »Rosentage« gründet, das zu Pfingsten über 180 Aussteller nach Tölz lockt. Vermutlich gibt es eine tiefe Neigung zu dem duftenden Gewächs, die sich bis ins 17. Jh. zurückverfolgen lässt, als Franziskanermönche die Pflänzchen aus Italien mitbrachten und veredelten. Sie fanden ideale Wachstumsbedingungen vor: Trotz der Alpennähe gilt das Klima als angenehm gemäßigt, nie heiß, selten klirrend kalt. In derart wohl temperierten Breiten mit heilklimatischer »Champagnerluft« gedeihen die Rosen üppig. Im durchaus übersichtlichen Garten des **Gasthofs Zantl** blühen 100 historische Sorten.

Natürlich gibt es außer den duftenden Blumen und der »Tölzer Rose«, die rot auf blaugrünem Hintergrund auch

Deutschland

Die Tölzer Festtagstracht unterscheidet zwischen ledigen und verheirateten Frauen.

Infos und Adressen

ANREISE
Bahn: mit der Bayrischen Oberlandbahn von München Hbf. ca. 50 Minuten; **Auto:** von München über die A 8 oder die A 95

BESTE REISEZEIT
Mai–Oktober und zur Adventszeit

SEHENSWERT
Ellbach-Kirchseemoor: Das 800 ha große Ellbach-Kirchseemoor ist Lebensraum für seltene Pflanzen, Amphibien, Insekten und Vögel.

ESSEN UND TRINKEN
Gasthof Zantl: Traditionsgasthaus im historischen Stadtkern; Salzstr. 31, www.gasthof-zantl.de.
Forellenhof Walgerfranz: eines der besten Fischlokale Deutschlands; Bairerwieser Str. 43, www.forellenhof-walgerfranz.de.

ÜBERNACHTEN
Hotel Kolbergarten: Prädikat: Besonders liebenswert – das gilt sowohl für das im Jugendstil errichtete Hotel Kolbergarten als auch für die Betreiberin Margot Strötz. Fröhlichgasse 5, www.hotelkolbergarten.de.
Hotel Villa Bellaria: Das Hotel Villa Bellaria verwöhnt die Gäste von Kopf bis Fuß. Ludwigstr. 22, www.villa-bellaria.de

WEITERE INFOS
www.bad-toelz.de

Besondere Augenblicke

MARIONETTENTHEATER BAD TÖLZ: HIER TANZEN ALLE PUPPEN

Dass ein Ort mit 18 000 Einwohnern kein Opernhaus hat, in dem die Diven und Startenöre singen, versteht sich von selbst – aber es gibt wunderbaren Ersatz. Das **Tölzer Marionettentheater** holt die großen Stoffe auf die Bühne: »Die Zauberflöte«, »Die Entführung aus dem Serail« und »Der Barbier von Sevilla«, in dem sich Graf Almaviva sein hölzernes Herz aus dem Leib singt, um die schöne Rosina zu gewinnen. Mehr als 600 Puppen gehören zum Ensemble – mit fein geschnitzten Gesichtern und so viel Motorik, wie man sie einem Stück Holz und 2,70 m langen Fäden nur abgewinnen kann; auf das moderne Führungssystem sind die Spieler des TMT besonders stolz. Seit mehr als 100 Jahren unterhält das Theater Kinder und Erwachsene, zum Jubiläum 2008 wurden die knarzenden Holzbänke zugunsten weicher Kinosessel ausgemustert. Geblieben ist der schöne Garten und der Klassiker im Repertoire: Ludwig Thomas »Heilige Nacht« mit wertvollen Marionetten und einem 12 m langen Bühnenbild. Am Schlossplatz 1, www.marionetten-toelz.de

---

Bauernschränke und -truhen ziert, weitere Attraktionen: den **Kalvarienberg** mit der **Heilig-Kreuz-Kirche** zum Beispiel oder die Villa, in der die Familie von Thomas Mann ihre Sommertage verbrachte, bevor der Schriftsteller das Anwesen für Kriegsanleihen versetzte, oder auch die **Kuranlagen** mit der größten Wandelhalle Europas im schönsten Art déco.

Neben der grünlich schimmernden Isar ist die **Marktstraße** die längste Sehenswürdigkeit von Bad Tölz. Ein herrliches Bürgerhaus reiht sich in der vermutlich malerischsten Einkaufsstraße Deutschlands ans nächste, manche sprechen von der Marktstraße gar als dem »schönsten Festsaal des Oberlandes«. Nach dem großen Brand von 1453 entstanden die Häuser in kurzer Zeit einheitlich neu, den letzten Schliff gab ihnen der Münchner Großarchitekt Gabriel von Seidl zwischen 1900 und 1910. Zum Dank ist er seit 2014 Namenspatron einer Tölzer Rose. BM

Entspannen und Genießen

23 Bad Zwischenahn

HIGHLIGHTS:

Zwischenahner Woche: fünf Tage Mitte August mit Festen, alten Bräuchen und romantischer Lichternacht im Kurpark

Mainzelmännchen: Zum Gedenken an den Erfinder der Kultfiguren, Wolf Gerlach, gibt es die Plastik im Kurpark.

Bodenstation Moor: der Mikrokosmos Moor in anschaulicher Darstellung im Kayhauser Moor; Führungen möglich

Park der Gärten: über 90 Themengärten auf dem Areal der Landesgartenschau von 2002

Wellnessdorf: Zeit für Entspannung mit privaten Spas, Ruheinsel und Dampfbad

DINNER FOR TWO

Rustikale *Ammerländer Spezialitäten-Platte* mit Schinken, Mettwurst, Leberwurst, Käse, deftigem Brot und Korn; – *Zwischenahner Smoortaal*, filettiert mit Bratkartoffeln und Rührei; – *Mockturtle*: falsche Schildkrötensuppe aus Fleisch vom Hochlandrind und Bentheimer Schwein, scharf gewürzt, mit frischem Gemüse

Baumhäuser dienen als entspannt-romantische Oasen inmitten des Waldes.

Wohnen in einem Baumhaus – für manche Besucher erfüllt sich im Resort »Baumgeflüster« nachträglich ein Kindheitstraum! Das Retreat in Bad Zwischenahn macht es möglich, denn hier verbindet sich wild-romantische Abenteuerlust mit dem behaglichen Wohnkomfort eines exklusiven Ferienhauses in luftiger Höhe.

Im Baumhaus dem Himmel nahe

Der Aufstieg ins luftige Domizil erfolgt nicht etwa über eine Strickleiter, sondern über eine stählerne Treppe. Komfortabel geht es weiter, denn das Haus selbst vereint alle gewohnten Ausstattungsmerkmale eines Ferienhauses in sich: Fußbodenheizung, großzügige Wohnküche, geräumiges Bad in eleganter Marmoroptik – nur die moderne Kommunikation fehlt gänzlich. Statt Fernsehen zu gucken oder im Internet zu surfen, genießt man den Panoramablick auf die Natur, lauscht dem Säuseln des Windes und atmet die gute Luft. Ein perfekter Ort, um gemeinsam die Seele baumeln zu lassen!

In **Ammerland** und der Region um Bad Zwischenahn gibt es bundesweit das größte zusammenhängende Gebiet an Baumschulen, in denen u. a. die Kunst des Formschnitts, die

Deutschland

Der Park der Gärten bietet eine beeindruckende Spielweise für heimelige Garten- und Landschaftsgestaltung.

Infos und Adressen

ANREISE
Bahn: Regionalzüge über Bremen; **Auto:** mit dem PKW über die A1 und die A29

BESTE REISEZEIT
Ganzjährig

SEHENSWERT
Freilichtmuseum Ammerländer Bauernhaus: das älteste seiner Art in Deutschland mit 14 historischen Gebäuden aus der Region; Am Hogen Hagen, Bad Zwischenahn, www.ammerlaender-bauernhaus.de

ESSEN UND TRINKEN
Spieker, Gaststätte Ammerländer Bauernhaus: Am Hogen Hagen 4, Bad Zwischenahn, www.spieker-gaststaette.de

Ahrenshof: rustikales Gasthaus mit Spezialitäten von Aal über Grünkohl bis zur Moorschnucke; Oldenburger Straße, Bad Zwischenahn, www.der-ahrenshof.de

ÜBERNACHTEN
Baumgeflüster: Baumhaus-Resort in Ammerländer Parklandschaft; Brannenweg 22, Bad Zwischenahn, www.baumgefluester.de

WEITERE INFOS:
Bad Zwischenahner Touristik GmbH: Mo–Fr 10–13 Uhr und 14–17 Uhr, Sa 10–14 Uhr (nur 15. April bis 15. Okt.); Auf dem Hohen Ufer 24, www.bad-zwischenahn-touristik.de

Besondere Augenblicke

Ein Quell uriger Gemütlichkeit ist das **Restaurant Spieker** am Freilichtmuseum, das auf zwei Etagen rustikalen Charme unter schweren dunklen Holzbalken verströmt. Als Spezialität des Hauses genießt man den typischen *Zwischenahner Smoortaal*, einen sehr schmackhaften Räucherfisch, um dessen Zubereitung sich noch immer einige Geheimnisse ranken. Jeder Fisch, dessen Bestände in dem großen Binnensee sorgsam gepflegt werden, kommt zum Tagespreis auf den Tisch, serviert natürlich in Tracht und zusammen mit einem unvermeidlichen Korn, der – in Maßen verkostet - die Verträglichkeit des Fettgehaltes zu regulieren vermag. Das Ritual des Aalessens verlangt den abschließenden Löffeltrunk. Denn der klare Schnaps wird nicht einfach aus einem schnöden Glas getrunken, sondern begleitet vom zünftigen Trinkspruch aus einem Zinnlöffel. Unvergleichlich ist die abendliche Sicht in trauter Zweisamkeit am prasselnden Kaminfeuer über das Zwischenahner Meer.

ars topiaria, gelehrt wird. Die Ergebnisse können sich sehen lassen: Beim Spaziergang zum **Zwischenahner Meer** gibt es so manchen skurril zugeschnittenen Baum zu bewundern. Am Ufer des großen Sees, jedoch mitten in der Stadt, liegt das **Freilichtmuseum**, das ein typisches Ammerländer Dorfbild wie vor 300 Jahren vermittelt, mit Holländer-Windmühle, Schmiede, Kräutergarten und Bauernhof.

Wellness für Körper und Geist versprechen die Anwendungen im Spabereich der nahe gelegenen **Kurklinik**. Massagen und Moorbäder bringen wieder alles in Schwung. Das Rohmaterial dafür stammt aus dem nahegelegenen Moorgebiet und wird auf teilweise noch ganz traditionelle Weise abgebaut. Eine geführte Wanderung liefert interessante Informationen, etwa wie der Torf mit verschiedenartig geformten Spaten gestochen wird oder wie man die Stücke zu einem Bienenkorb aufstellt, um sie zu trocknen. *UH*

Entspannen und Genießen

24

Elsass

HIGHLIGHTS

Straßburger Münster: aus rotem Sandstein erbaute Kathedrale, beeindruckende Westfassade mit Fensterrosette und 142 m hohem Nordturm

Colmar: Mittelalterlicher Stadtkern mit Stiftskirche Sankt Martin, Dominikanerkirche, Fachwerkhäusern und Bürgerhäusern, besonders idyllisch ist das Viertel Klein-Venedig.

Altstadt von Kaysersberg: malerischer Stadtkern mit reizvollen Fachwerkhäusern unterhalb der Ruine einer Stauferburg

Odilienberg: bedeutendster Wallfahrtsort des Elsass auf dem 826 m hohen Odilienberg mit Kloster und keltischer Heidenmauer

Abteikirche von Ottmarsheim: bedeutende romanische Klosterkirche mit achteckigem, von einer Kuppel überwölbtem Zentralbau

DINNER FOR TWO

Schlemmen im Elsass kann man zu jeder Jahreszeit. Besondere Delikatessen zur Weihnachtszeit sind *Gänsebraten* mit, wer mag, Gänsestopfleber oder *Carpe frite* – knusprig gebratene Karpfenstücke. Neben den Weihnachtsplätzchen, den *Bredala*, darf der *Kugelhoupf* nicht fehlen. Die guten Elsässer Weine und zum Schluss ein feines *Eau de Vie* runden das Ganze ab.

Besonders bunt schillert der Adventsschmuck in Colmar mit seinen vielen Weihnachtsmärkten.

Reizvolle Weihnachtsmärkte und kulinarische Genüsse passen zur Adventszeit im Elsass gut zusammen. Straßburg hat gleich mehrere Weihnachtsmärkte zu bieten, Colmar einen besonders prächtigen und Kaysersberg einen sehr traditionellen. Bezaubernd sind auch die weniger bekannten Weihnachtsmärkte in den kleineren Orten an der Elsässer Weinstraße.

Lichterzauber im Advent

Weihnachtsdekorationen und Weihnachtsbeleuchtungen verwandeln zur Adventszeit die malerischen Fachwerkorte entlang der Elsässer Weinstraße in ein winterliches Märchenland. Die Weihnachtsmärkte verströmen den Duft von frisch gebackenen Bredala, von Lebkuchen, Crêpes und Glühwein, und viele Hotels im **Elsass** bieten Arrangements für eine vorweihnachtliche Genussreise an.

Weihnachtliche Bräuche haben im Elsass eine lange Tradition. Die ersten Beschreibungen eines geschmückten Weihnachtsbaums stammen aus **Straßburg**. Der dortige »Christkindelsmärik« um das gotische Münster besteht schon seit 1570. Etwa 300 Stände bieten an elf verschiedenen Plätzen in der Stadt Köstlichkeiten, Kunsthandwerk und Weihnachtsdekoration. Im Mittelpunkt steht der 30 m hohe Weihnachtsbaum. Besonders beliebt sind auch die Abendspaziergänge durch die Weihnachtshauptstadt.

In **Colmar** verspricht ein Rundgang durch das glitzernd

Frankreich

Im Sommer wie im Winter lockt das Weindorf Riquewihr zahllose Besucher an.

Infos und Adressen

ANREISE
Zug: von Frankfurt nach Straßburg mit dem TGV Richtung Marseille; **Auto:** A5, von Straßburg führen die A35 und die Elsässer Weinstraße weiter.

BESTE REISEZEIT
Adventszeit bis Silvester

SEHENSWERT
Museum Unterlinden: Kunstmuseum mit dem Isenheimer Altar; April–Okt. tgl. 9–18 Uhr, Nov.–April Mi–Mo 9–12 und 14–17 Uhr
Haus Kammerzell: sehr schönes gotisches Fachwerkhaus in Straßburg

ESSEN UND TRINKEN
Buerehiesel: zum Sternerestaurant ausgebautes Bauernhaus von 1607 mit intimen Alkoven; 4 Parc de l'Orangerie, Straßburg, www.buerehiesel.fr
Ferme Auberge du Saegersthal: im Nordelsass gelegene Ferme Auberge mit feiner Küche; 4 Rue du Saegersthal, Natzwiller, Tel. 033-88 04 50 61

ÜBERNACHTEN
Regent Petite France: luxuriöses Hotel mit Restaurant und Spa-Bereich; 5 Rue des Moulins, Straßburg, www.regent-petite-france.com
La Maison des Têtes: Fünfsternehotel im schönsten Bürgerhaus von Colmar; 19 Rue des Têtes, Colmar, www.la-maison-des-tetes.com
A l'Ami Fritz: Romantikhotel mit schönen Zimmern und hervorragender Küche am Fuß des Odilienbergs; 8 Rue des Châteaux, Ottrott-Le-Haut, www.amifritz.com/

WEITERE INFOS
Offizielle Tourismuswebseite des Elsass: www.tourisme-alsace.com

Besondere Augenblicke

WEIHNACHTEN IM ALTEN BAUERNGASTHOF

Fernab vom quirligen Treiben auf den bekannten Weihnachtsmärkten bieten einige Fermes Auberges, Berggasthöfe in den Vogesen, auch um die Weihnachtszeit Übernachtungsmöglichkeiten. Die oft einsam gelegenen Bergbauernhöfe entlang des Vogesenkamms waren früher Sennereien und produzieren auch heute noch Milch, zudem noch Ziegenmilch, Butter, Käse oder auch biologisch angebaute Kräuter. Eine Übernachtung hier verspricht pure Gemütlichkeit vor dem prasselnden Kaminfeuer und in den rustikalen Zimmern mit dicken Federbetten. Aufgetischt wird vorwiegend Deftiges: Münsterkäse, Baeckeoffe, Ententerrine, Pasteten, Siesskas (Weichkäse mit Kirschwasser) und hausgemachte Kuchen – hofeigene Produkte müssen es auf jeden Fall sein. Einige Fermes Auberges bieten aber fast schon Gourmetküche. Im Münstertal öffnen die weihnachtlich geschmückten Fermes de Noël an den Adventswochenende ihre Türen und schenken das starke und würzige Weihnachtsbier aus.

und bunt geschmückte Viertel **Klein-Venedig** beim »Marché de Noël« besonderes Flair. Weitere Standorte finden sich um und im alten **Koifhus**, am **Dominikanerplatz** und am **Platz Jeanne d`Arc**. Wer es etwas ursprünglicher mag, der sollte in **Kaysersberg** vorbeischauen. Im Innenhof des Arsenals und hinter der Heilig-Kreuz-Kirche gibt es viel traditionelles Kunsthandwerk, und am Rathausplatz bietet der Bauernweihnachtsmarkt regionale Produkte an. Aber auch die kleineren Weihnachtsmärkte sind sehr verführerisch, etwa der kulinarische Weihnachtsmarkt in **Obernai** in der Nähe des **Odilienbergs** und des charmanten Örtchens **Ottrott** oder der Kunsthandwerkermarkt in **Ottmarsheim** vor der achteckigen romanischen Abteikirche. Kulinarische Genüsse und stimmungsvolles Ambiente verspricht jedes Ziel.   EA

Entspannen und Genießen

25 Saintes Maries de la Mer

HIGHLIGHTS

Wochenmarkt an der Place des Gitans: jeweils montags und freitags von 8.00 bis 13.00 Uhr

Wallfahrtskirche Notre Dame de la Mer: Vom Dach des Kirchturms aus hat man den schönsten Panoramablick auf Saintes Maries mit Arena und Meer.

Salin-de-Giraud: Nachbarort, zu dem ein 25 km langer Weg durch das Naturschutzgebiet Étang de Vaccarès führt

Étang de Vaccarès: zu einem Naturschutzgebiet gehöriger flacher Salzsee, an dem man die legendären rosa Flamingos beobachten kann

Ritt auf einem Schimmel entlang der kilometerlangen Strände am Mittelmeer – Romantik pur!

DINNER FOR TWO

Gardiane: in Rotwein geschmortes Stierfleisch – *Fisch und Meeresfrüchte* aller Art – *Ziegenkäse* – und als Nachtisch köstliche *Melonen*; Kulinarische Spezialität zum Mitnehmen: *Stierwürste, Camargue-Reis* – es gibt 30 verschiedene Sorten –, *Kräuter der Provence* und das in einigen der umliegenden Salinen gewonnene Salz *fleur de sel*

Schöne Schimmel und ihre stolzen Reiter: Saintes Maries während der Marien-Wallfahrt.

Die Camargue ist bis heute ein Stückchen scheinbar unberührte Natur: Charakteristisch für diese besondere Region sind ihre flachen Seen (les étangs), in denen einbeinig Flamingos stehen, naturbelassene Sümpfe, die edlen Camargue-Pferde, die hier ebenso wild leben wie große Stierherden, und natürlich Les Saintes Maries de la Mer.

Wenn die Pilger kommen

Saintes Maries de la Mer nennt sich selbstbewusst »la capitale de la **Camargue**«, auch wenn diese »Hauptstadt« mit ihren weniger als 3000 Einwohnern eher ein größeres Dorf ist. Allerdings hat sich seit den 1960er-Jahren, als Saintes Maries noch 500 Einwohner zählte, die zum großen Teil als Fischer und Bauern arbeiteten, einiges verändert. Die berühmte Wallfahrt der Roma, die jährlich in Saintes Maries de la Mer ihrer Schutzheiligen Sarah gedenken, war damals noch ein Geheimtipp. Heute lockt dieses große Ereignis mindestens so viele Touristen wie Pilger an, die in den langen Sommernächten mit Musik und Tanz ausgelassen feiern. Die Einheimischen haben sich längst auf die vielen Besucher eingestellt und ihr Geschäft nach und nach in die Tourismusbranche verlegt.

Ende Mai herrscht jedes Jahr eine Art Ausnahmezustand, wenn Zehntausende zu den Feierlichkeiten strömen und die

Frankreich

Geradezu betörend anmutig: Flamingos im Naturschutzgebiet Étang des Vaccarès.

Infos und Adressen

ANREISE
Flug: Der nächste internationale Flughafen ist Nizza; **Auto:** Autobahn bis Arles, weiter auf D570

BESTE REISEZEIT
April–Oktober, Baden kann man ab Mai.

SEHENSWERT
Musée Baroncelli: ortsgeschichtliche, natur- und volkskundliche Sammlung im ehemaligen Rathaus an der Rue Victor Hugo (tgl. 10.00–12.00 und 14.00–18.00 Uhr, Okt.–März dienstags geschlossen)
Kleine **Stierkampfarena** am Meer mit verschiedenen Veranstaltungen

ESSEN UND TRINKEN
Le Piccolo: Terrassenrestaurant mit Meerblick, regionaler Küche und bezahlbaren Preisen; 7 Rue Léon Gambetta, www.lepiccolo.camargue.fr
Les Vagues: gute Fischsuppe, toller Meerblick, abends Flamenco; 12 Avenue Théodore Aubanel, www.restaurant-les-vagues.camargue.fr

ÜBERNACHTEN
Mangio Fango: ruhige Lage, gediegenes Ambiente und guter Komfort, vier Sterne; Rd 570, www.hotelmangiofango.com
Les Arnelles: angenehmes Viersternehaus mit Pool und Reitmöglichkeiten; Route d'Arles, www.lesarnelles.com

WEITERE INFOS
Tourismusbüro Saintes Maries de la Mer: www.saintesmaries.com/de/

Zu zweit erleben
TAGE UND NÄCHTE IN DEN DÜNEN

Ist es wirklich schon so spät? Das mögen sich Partygänger fragen, wenn es langsam zu dämmern beginnt. In den 1960er-Jahren wurde Saintes Maries de la Mer zu einem Geheimtipp der französischen und europäischen Bohème. Auch Hippies kamen, machten Musik, rauchten ihre Joints und fröhnten der freien Liebe – und das in einem stockkonservativen, vom Marienkult geprägten Dorf. Diese Zeiten sind längst vorbei. Und dennoch gibt es in den weitläufigen Dünen immer wieder die eine oder andere Party, als habe einer die Zeit zurückgedreht. Noch versteckter finden so manche Pärchen in den Kuhlen der Dünen ihr Plätzchen und ihr Glück. Gleiches gilt für die FKK-Fans in ihren Nischen. Und selbst der brave Wanderer kommt auf seine Kosten. Keine Frage: Saintes Maries hat sich stark verändert, und der immer weiter fortschreitende Ausbau der touristischen Infrastruktur macht bange. Doch neben Feierwütigen und Liebenden werden hier auch Naturfreunde fündig, zum Beispiel bei einer Wanderung auf dem 25 km langen Fußweg, der in Richtung Osten durch das Naturschutzgebiet **Étang de Vaccarès** bis **Salin-de-Giraud** führt.

heilige Sarah in einer Prozession zum Meer getragen wird. Geleitet wird sie von Männern auf stolzen Camargue-Pferden, die sich den Weg zum Wasser bahnen. Gitarrenklänge, fröhlicher Gesang und das Stakkato geklatschter Rhythmen vermengen sich mit den Fürbitten des Priesters, der ein Megafon benutzen muss, um gehört zu werden.

Die als schwarze Madonna dargestellte Sarah gelangte der Legende nach als Dienerin mit den beiden Heiligen Marie Jacobé und Marie Salomé, welche die Provence christianisierten, über das Meer in das Dorf, in dem sie so verehrt wird. Die seit dem 15. Jh. stattfindenden Prozessionen zu Ehren der beiden heiligen Marien im Mai und Oktober werden durch das Gedenken an ihre Dienerin längst in den Schatten gestellt.

JM

Cannes

26 — Entspannen und Genießen

HIGHLIGHTS

Poolparty: Baden im Pool der Stars.

Eine Cabana auf dem Gelände des Hôtel du Cap-Eden-Roc: ein sündhaft teurer, aber bezaubernd schöner Rückzugsort mit Meerblick

Duftzauber: In die Kunst des Parfümmachens kann man sich in Grasse bei Galimard, Fragonard und Molinard einweihen lassen.

Musikalische Nacht von Suquet: Auf dem Vorplatz von Notre-Dame d'Espérance finden im Juli und August Konzerte unterm Sternenhimmel statt.

Insel Saint-Honorat: eine der Îles de Lérins rund 6 km nördlich von Cannes, gut mit der Fähre zu erreichen; mit Klosteranlage, Weinbergen und parkähnlicher Landschaft.

DINNER FOR TWO

Bouillabaisse: Klassische Fischsuppe u.a. mit Drachenkopf (rascasse), Knurrhahn (grondin) und Seeaal (congre) sowie Knoblauch und Tomaten – *Pan Bagnat:* in Olivenöl gebackenes Weißbrot mit Salatblättern, Zwiebeln, Sardellen, Tomaten, schwarzen Oliven und Ei – *Pissaladiere*: Zwiebelkuchen

Am Alten Hafen von Cannes lässt es sich wunderbar promenieren, denn hier legen viele alte Segelschiffe und Yachten an.

Einen Hauch von großer Welt und Kino strahlt Cannes nicht nur zur Festspielzeit aus. Ganz wie ein Filmstar kann man sich im Hôtel du Cap-Eden-Roc fühlen, wo auch der wahrscheinlich berühmteste Swimmingpool der Côte d'Azur steht. Die Kulisse könnte gar nicht besser gewählt sein, sind doch gerade Pools Schauplätze vieler Hollywoodfantasien.

Glamour an der Côte d'Azur

Eine von Pinien gesäumte Promenade führt vom **Hôtel du Cap** hinab zur **Dependance Eden-Roc**. Wer sich hier während der Filmfestspiele von **Cannes** blicken lässt, weiß, dass draußen auf den Yachten Horden von Paparazzi nur darauf warten, Schauspieler und Promis abzulichten, selbst wenn die Sonnenliegen oberhalb des Pools von Felsen verdeckt sind. Doch sich wie im Film zu fühlen gehört im Hôtel du Cap-Eden-Roc zum Standard, und das nicht nur zu den Filmfestspielen im benachbarten Cannes. Normale Gäste kommen sich hier wie Hollywoodstars vor, während die tatsächlichen Filmstars sowie einige königlichen Häupter sich wie zu Hause fühlen.

Wer in den begehrten Sommermonaten im Hôtel du Cap-Eden-Roc wohnen will, sollte sich schon mal mit einem der Stammgäste anfreunden, denn ohne die Empfehlung eines solchen wird da kaum noch was zu machen sein. Das Hotel am **Cap d'Antibes** ist eine Legende schlechthin und zu einer sol-

Frankreich

Zu zweit erleben
AUSFLUG INS KÖNIGREICH

chen wird man nur mit hinreichend zahlungskräftigen Gästen, die im Lauf der Jahre bisweilen für jede Menge skurriler Geschichten sorgten. So waren etwa auch Berühmtheiten wie Madonna, Sharon Stone und Hugh Grant gerne bereit, zusätzlich zu den Suiten-Preisen von etwa 3000 Euro pro Nacht noch 30 Euro Eintritt extra zu zahlen, nur um den berühmten leuchtenden Meerwasser-Pool des Hauses benutzen zu dürfen. Bereits 1914 hatte man das Schwimmbecken aus dem Felsmassiv von Cap d'Antibes gesprengt. Inzwischen ist es sogar beheizt und zum sogenannten »Infinity-Pool« umgebaut. Eine Art Endlos-Pool, der kaum sichtbar mit dem azurblauem Meer der Bucht zu verschmelzen scheint. An ruhigen Tagen ist sein Wasser glatt wie ein Spiegel – ein Spiegel der wohlhabenden Gesellschaft, der schon viele Gesichter gesehen hat. Zum Beispiel das vom ägyptischen König Faruk. Laut Hotelchronik war es dessen Lieblingsbeschäftigung, eine seiner acht Frauen in den Pool zu schubsen. Besonderen Spaß habe ihm die Aktion immer dann bereitet, wenn die Dame gerade frisch onduliert vom Friseur kam.

In den vergangenen Jahren hat der neue Hotelchef Philippe Perd das Haus deshalb auch mit Investitionen der Oetker-Gruppe von 45 Mio. Euro für ein neues Zeitalter gerüstet. Der Lichtdesigner Didier Courbe hat den Pool mit LED-Leuchten ausgestattet und die Kugellampen in der darüberliegenden Bar dazu farblich synchronisiert. Der Hit der Filmfestpartys sind nun sogenannte Mottofeste, bei denen der Pool in der

Ein Abstecher in den zweitkleinsten königlichen Staat der Erde lohnt schon wegen der Fahrt über die kurvenreiche Küstenstraße Basse Corniche, von der man buchstäblich atemberaubende Blicke auf die Küstenlandschaft hat – nicht zu schnelle Fahrt und Zwischenstopps vorausgesetzt. Die besten Impressionen vom Fürstlichen Stadtstaat bekommt man auf dem **Place du Casino** mit dem Hôtel de Paris, dem legendären Casino von Monte Carlo und der Oper sowie bei einem Bummel durch die Altstadt, **Monaco-Ville**. Sie liegt auf dem sogenannten Fürstenfelsen, wo sich auch der Fürstenpalast der Grimaldis befindet und man den Blick auf einen der Yachthäfen unterhalb werfen kann. Sehenswert und etwas abseits des Trubels ist der **Jardin Exotique**. Bereits 1933 wurde der Kakteengarten mit seinen Panoramaterrassen und der Grotte von der Fürstenfamilie angelegt und fasziniert seitdem. Tgl. 9–18 Uhr, Nov./Dez. geschlossen, Bld. du Jardin Exotique 52, www.jardin-exotique.mc

Kunstbegeisterte kommen um einen Besuch im **Nouveau Musee National de Monaco** kaum herum. Rue Honoré Labande 8, www.nmnm.mc

Ein stilvoller Auftritt gehört im legendären Spielcasino von Monte Carlo immer dazu.

Den schönsten Blick aufs Meer hat man von der Terrasse des Hôtel du Cap-Eden-Roc.

Besondere Augenblicke
VERFÜHRUNG IN DER PROVENCE

Was ist das, die echte Provence? Strahlende Lavendelfelder und knorrige Olivenbäume? Römische Hinterlassenschaften, das Mekka der Düfte und des Lichts? Die viel gepriesene Küche? Pétanque-Spieler auf dem Dorfplatz? Oder inzwischen auch die gut betuchten Aussteiger auf der Suche nach dem wahren Sein? Die Provence ist von allem ein bisschen. Und sie ist großartig! Aus kultureller Sicht ist die Provence ein Fünfeck, das aus der päpstlichen und gegenpäpstlichen Trutzburg **Avignon**, dem Zusammentreffen von römischen Bauten und von Philippe Starck und Norman Foster geprägter Moderne in **Nîmes**, der letzten Stierkampfbastion Frankreichs in **Arles**, den Schickis und Mickis von Lourmarin sowie aus **Aix-en-Provence**, der Geburtsstadt von Paul Cézanne, besteht.

Unbedingt auf einem der grünen Märkte, ob in Antibes, Arles oder Aix, für ein Picknick einkaufen und alles genussvoll im Hinterland verzehren. Das ist – passend zum Thema – großes Kino!

Alles in Lila: Der typische Duft der Provence erfüllt zur Lavendelernte überall die Landschaft.

Flanieren wie die Filmstars: Die Promenade des Hôtels du Cap-Eden-Roc hat man außerhalb der Saison ganz für sich allein.

entsprechenden Firmenfarbe des Gastgebers leuchtet. Nur schade, dass Baden nach 19 Uhr nicht mehr erlaubt ist, egal ob der Pool dann rot, gelb, grün oder pink leuchtet.

Cannes für Normalsterbliche

Auch wer sich eine Unterkunft im weltbesten Hotel Eden-Roc nicht leisten kann oder möchte, darf als externer Gast das stilvolle Ambiente und die erlesenen Genüsse der Bars oder des Restaurants genießen. Wer auf Stars in Sichtweite keinen Wert legt, aber durchaus das Flair der berühmten Stadt erleben möchte, kommt sowieso außerhalb der Festspielzeit, um die 3 km lange, palmengesäumte **Croisette** entlangzuflanieren, vorbei an den großen, legendären Hotels, den Kasinos und den Marken-Boutiquen auf der einen Seite und den Sandstränden, dem Rosenpark, dem Hafen **Canto** und den schattigen Gärten auf der anderen, und dabei dem bunten Treiben zuzusehen. Einer der schönsten und stimmungsvollsten Orte ist der **Place de la Castre** oben auf dem **Suquet-Hügel**. Von hier aus hat man einen traumhaften Blick auf den Hafen, die Bucht von Cannes und die Croisette. Die spätgotische Kirche **Notre-Dame-d'Espérance**, in der während des Sommers auch Konzerte stattfinden, bildet das Zentrum des Platzes. Gleich daneben befindet sich das Festungsschloss der Mönche der **Lérins-Inseln** mit dem **Musée de la Castre**. Wenn man den Turm besteigt, wird man mit einem wunderschönen Blick über die ganze Stadt belohnt. Hier oben ist Cannes einst entstanden und hat sich dann langsam den Hügel hinuntergearbeitet. Denn bis zum Beginn des 19. Jhs. war Cannes nicht mehr als ein Fischerdorf.

MK

Cannes

Infos und Adressen

ANREISE
Flug: Direktflüge nach Nizza, häufig sogar tgl., die Transferzeit nach Antibes beträgt bei normalem Verkehr gut 20 Minuten, manchmal aber auch das Doppelte! **Bahn:** per TGV Direktverbindung nach Marseille, dann weiter mit dem Regionalzug nach Cannes; **Auto:** über Milano und Genova oder über Lyon, Orange, Aix en Provence

BESTE REISEZEIT
April–Oktober

SEHENSWERT
Antibes: die Altstadt und der Markt sowie besonders das Musée Picasso im Grimaldi-Schloss, wo rund 200 Originale des weltberühmten Künstlers zu sehen sind
Cannes: das Festspielhaus und der Palais des Festivals, aber auch der Cimetière du Grand Jas, der mit seiner eindrucksvollen Größe von 20 000 m² nicht nur Urlauber zum Flanieren einlädt
Nizza: Die Promenade des Anglais mit den großgewachsenen Palmen und prunkvollen Fassaden gilt als eine der schönsten und mondänsten Uferstraßen der Welt.
Musée des Beaux-Arts, Nizza: Hier gibt es Werke von Degas, Monet und Renoir sowie ein paar wenige von Picasso zu bewundern.
Saint-Tropez: ein lohnenswertes Ausflugsziel mit hübschen, verwinkelten Straßenzügen

ESSEN UND TRINKEN
Le Vauban: Die Lage ist eher unspektakulär, aber das Degustationsmenü mit zwei Vorspeisen, Fisch, Fleisch und Dessert unter 10 € pro Gang ist himmlisch. 7 Rue Thuret, Antibes, www.levauban.fr
Château Saint-Martin: Wenn man hier die ausgezeichnete Sterne-Küche am Abend genießt, kann man die Aussicht in den Sternenhimmel bewundern – doch auch tagsüber ist die Aussicht von einer der schönsten Terrassen in der Gegend um Antibes umwerfend. Avenue des Templiers 2490, Vence, www.oetkercollection.com
L'Oursin: Fisch, Fisch und nochmals Fisch! Dazu ein guter Service und ein nettes Ambiente in maritimen Stil, direkt im Zentrum von Antibes; www.restaurant-loursin.fr

AUSGEHEN
Baoli Beach Restaurant: Sehr eleganter Club mit gepflegter Gartenterrasse und exotischem Flair; es empfiehlt sich, vorher über das Hotel einen Tisch im Restaurant bestellen zu lassen. Port Canto, Croisette, www.lebaoli.com
Fototipp: Die Poolbeleuchtung von Gelb über Grün und Rot bis Magenta im Hôtel du Cap-Eden-Roc lässt Fotografen auf die verrücktesten Ideen kommen, vor allem, wenn die Liebste (oder der Liebste) als Model mitspielt ...

SHOPPING
Die größte Auswahl an Parfüms kann man in **Grasse** erschnuppern. Die Hauptstadt der Düfte ist lediglich 20 km von Antibes entfernt und einen Besuch auf jeden Fall wert!

ÜBERNACHTEN
Hôtel du Cap-Eden-Roc: Legendär! Dazu gehören auch das Schlosshotel du Cap, die Resort-Dependance Eden-Roc sowie zwei Villen in einem 8 ha großen Park. Eines der interessantesten Hotels der Welt! www.hotel-du-cap-eden-roc.com
Hotel Josse: modern eingerichtetes Dreisternehotel mit gutem Preis-Leistungs-Verhältnis; www.hotel-josse.com
Hotel Le Saint Paul: Das romantische Hotel mit traumhaften Zimmern im Stil des 16. Jhs. befindet sich mitten im Künstlerort Saint-Paul-de-Vence. www.lesaintpaul.com

WEITERE INFOS
Französisches Fremdenverkehrsamt:
de.rendezvousenfrance.com

Die engen Gassen der Altstadt von Cannes sind auch am Abend voller Leben. Da finden sich noch überall kleine Restaurants, um die französische Küche zu genießen.

Entspannen und Genießen

27 Burgund

HIGHLIGHTS

L'Hôtel-Dieu: Das Armenspital aus dem Mittelalter beeindruckt mit historischem Krankensaal, Tapisserien sowie Rogier von der Weydens Weltgerichts-Polyptychon.

Musée du Vin de Bourgogne: Das Weinmuseum in der Herzogsresidenz informiert über die Geschichte des Weinanbaus.

Cluny: Überreste und Rekonstruktionen der im Mittelalter bedeutendsten Abteistadt des Christentums laden zu Erkundungen ein.

Clos de Vougeot: Das Weinschloss zwischen Dijon und Beaune ist Sitz der Weinbruderschaft »Chevaliers du Tastevin«.

Château de Cormatin: In den Gartenanlagen des Renaissanceschlosses lässt es sich ungestört schlendern.

DINNER FOR TWO

Coq au vin: in hochwertigem Rotwein aus der Region mariniertes Hähnchenfleisch – *Bœuf bourguignon:* Feinste Rind- oder Kalbfleischstücke werden in Rotwein eingelegt und mit Speck, Schalotten und einem Bouquet garni zu einem reichhaltigen Hauptgericht. – *Kir:* Die Mischung aus Crème de Cassis und dem Weißwein Aligoté funkelt rot im Glas.

Das Weinschloss Clos de Vougeot inmitten von Weinreben

Auf sanften Hügeln drängen sich Reben mit ihrer Traubenlast, fruchtbare Felder wechseln sich ab mit malerischen Örtchen ... très français, die liebliche Landschaft der Bourgogne, die sich von Dijon im Norden bis Mâcon im Süden erstreckt. Ein Paradies voll erlesener Köstlichkeiten, wie gemacht für den Genussurlaub zu zweit!

Genießen wie Gott in Frankreich

Beaune, die »Hauptstadt des Weins«, lädt zum Schlendern durch ihre beschaulichen Gassen mit den verführerischen kleinen Delikatessgeschäften und Degustationskellern ein. Nun heißt es, vielen Verlockungen zu widerstehen, schließlich finden hier Charolais-Rind, Bresse-Huhn, Dijon-Senf, Époisses-Käse und andere Köstlichkeiten aus der Umgebung ihren Weg in Topf und Pfanne der vielen Restaurants. Sehr französisch wirken die hellen Bürgerhäuser mit ihrem Stuck und den schmiedeeisernen Zäunen oder das alte Kinderkarussel mitten auf einem verwunschenen kleinen Platz. Wer sich am späten Nachmittag in einem der romantischen Cafés cremige Éclairs gönnt oder sich draußen im Schatten der großen Bäume auf einen Kir Royal aus Champagner und Crème de Cassis an einem Tisch für Paare niederlässt, der fühlt sich schon selbst wie ein Franzose. In dem sonnenverwöhnten Städtchen geht es noch ohne jede Hektik zu. An Beaune grenzt das berühmteste Weinbaugebiet der Welt,

Frankreich

die **Côte d'Or**, und von Beaune aus ist es nicht weit zu den anderen Weinorten, die sich mit Spezialitäten in Rot oder Weiß einen Namen gemacht haben: **Nuits-Saint-Georges**, **Meursault, Mercurey, Beaujolais, Chablis, Pommard, Buxy** oder **Givry**, um nur einige zu nennen – und all diese Köstlichkeiten sind hier zu genießen.

Im Innenhof des zauberhaften **Hôtel-Dieu** inmitten des Ortes mit seinen bunt glänzenden Schindeln fühlt man sich in eine andere Zeit versetzt. In einem großen Innenraum des berühmten Armenspitals aus dem Mittelalter stehen sich die langen Bettenreihen mit für ihre Entstehungszeit moderner Ausstattung gegenüber. In einem anderen Raum befindet sich Roger von der Weydens Flügelaltar mit Szenen des Jüngsten Gerichts aus der Mitte des 15. Jh. Und wen wunderte es schon, dass auch das Hôtel-Dieu dem Wein verbunden ist!

Die Weine der zum Spital gehörigen Weinberge werden seit jeher alljährlich im November zugunsten des Hôtel-Dieu versteigert. Zisterzienser erbauten im 12. Jh. auf halbem Weg zwischen **Dijon** und Beaune mit Schloss **Clos de Vougeot** – natürlich – inmitten von Weinbergen das imposante Gegenstück zum Armenspital. In diesen Weinkellern trifft sich die Weinbruderschaft »Confrérie des Chevaliers du Tastevin« regelmäßig mit hochrangigen Gästen aus aller Welt zu rituellen Weinverkostungen.

Im kiesbedeckten Innenhof eines alten Gutshauses steht die lange Tafel, an der die Gastgeber Besucher verwöhnen.

Besondere Augenblicke

SEHR PRIVAT RESIDIEREN IN SCHLÖSSERN UND AUF GUTSHÖFEN

Romantische Tage zu zweit genießt man in schönster Umgebung auf einem der Schlösser oder Gutshöfe, die »chambre« und »table d'hôte« anbieten, wie das Lemonestier in **Saint-Denis-de-Vaux** (www.lemonestier.com), das hier nur als Beispiel für viele stehen soll. In idyllischen Dörfern inmitten von Weinreben gelegen schaffen die gediegenen Häuser den idealen Rahmen für eine entspannte Zeit zu zweit. Nur wenige, dafür aber wunderschöne ruhige Zimmer mit französischem Flair geben den Blick in die Landschaft frei. Morgens kräht der Hahn, mittags erklingt die Kirchenglocke und abends wird an der langen Tafel in kleinem Kreis geschlemmt. Die Gäste kommen aus allen Himmelsrichtungen, verstehen sich aber schnell in zwangloser Runde bei einem Glas Wein und dem gemeinsamen Lieblingsthema: gepflegt zu reisen und köstlich zu speisen. Die Hausherren kreieren mit frischen Spezialitäten aus der Region Menüs, die ihresgleichen suchen und geben so manchen Geheimtipp für Ausflugsziele. Oft passiert es sogar, dass Paare das ganze Schloss für sich allein haben – inklusive Service, versteht sich.

Eine Weinverkostung im burgundischen Morey-Saint-Denis.

Zu zweit erleben

AUF DEM HAUSBOOT ÜBER DEN CANAL DU NIVERNAIS

In den westlichen Ausläufern des Burgunds bietet sich die beste Gelegenheit, in wunderschöner Landschaft fernab der Welt Zeit ganz allein mit einem besonderen Menschen zu verbringen – der ideale Urlaub für Paare. **Loire- und Seinetal** werden durch den knapp 180 km langen **Canal du Nivernais** verbunden, der ebenso wie der Fluss **Yonne** mit Hausbooten befahren werden kann. Die Überwindung von Schleusen und Tunneln sind kleine, aber auch für Anfänger leicht zu bewältigende Herausforderungen. Sie werden belohnt durch das einzigartige Erlebnis einer der schönsten Wasserstraßen Europas, die an alten Schleusenhäuschen, endlos scheinenden Sonnenblumenfeldern und wild wuchernden Bauerngärten vorbeiführt. Wem der Sinn nach Boden unter den Füßen oder etwas Abwechslung steht, radelt mit dem »Bordfahrrad« über die Treidelwege rechts und links des Kanals oder unternimmt Abstecher in mittelalterliche Dörfchen, zu den Ausgrabungen in **Champs-sur-Yonne** oder zur Kathedrale Saint-Étienne in **Sens**.

Unter strahlend-blauem französischen Himmel schimmern die bunten Dachziegel des Hôtel-Dieu inmitten von Beaune.

Aus dem 12. Jh. stammt die Zisterzienserabtei Fontenay.

Glanzlichter der Architektur

Das Burgund kann nicht nur hinsichtlich des Genussfaktors und landschaftlicher Schönheit so manchen Superlativ für sich in Anspruch nehmen – es würde zu weit führen, alle architektonischen Highlights auch nur ansatzweise zu streifen. Ob **Tournus** mit der Abteikirche Saint-Philibert, **Autun** mit der Kathedrale Saint-Lazare, **Auxerre** mit der Kathedrale Saint-Étienne, **Vézelay** mit der Basilika Sainte-Madeleine oder die **Abtei Fontenay**, UNESCO-Welterbe, um nur einige zu nennen: An Kirchen, Klöstern und Schlössern ist die Region überreich, und in vielen Orten ziehen atemberaubende Beispiele meisterlicher, oft romanischer Baukunst Besucher in ihren Bann. In trauter Zweisamkeit durchwandert man das Terrain der ehemaligen Klosteranlage von **Cluny** in der ländlichen Umgebung nordwestlich von **Mâcon**. Im 11. und 12. Jh. wurde hier eine Abtei gebaut, die mit ihren vier Seitenschiffen und zwei Querschiffen 300 Jahre lang die größte Kirche der Christenheit, Zentrum des christlichen Glaubens und Ausgangsort der Reform des Benediktinerordens sein sollte. Heute sind kaum 10 Prozent der Substanz erhalten, diese lassen aber immer noch die ehemalige monumentale Größe erahnen – der heutige Dorfkirchturm beispielsweise war einst nicht mehr als ein »kleiner« Turm eines Querschiffs.

Als romantischer Ort für eine Verschnaufpause von so viel geschichtsträchtiger Architektur sei das kaum minder beeindruckende Schloss von **Cormatin** nordöstlich von Cluny erwähnt, dessen prunkvolle Innenräume aus dem 17. Jh. viele Besucher gar nicht sehen, weil sie im Labyrinth verweilen, den malerischen Küchengarten bewundern oder im herrlichen Renaissancegarten unter den alten Baumriesen in bequemen Liegestühlen die Zweisamkeit genießen. *SD*

Burgund

Infos und Adressen

ANREISE
Auto: Aus Deutschland von Norden kommend über A3 Richtung Luxemburg, dann A31 Richtung Metz/Nancy bis Dijon – von dort führt die A6 geradewegs nach Süden Richtung Mâcon.

SEHENSWERT
Vézelay: Ein reizvoller Wallfahrtsort mit mittelalterlichen Häusern; der höchste Punkt des Ortes wird gekrönt von der Basilika Sainte-Madeleine aus dem 11. Jh. – es heißt, die Anlage stehe dem Mont Saint-Michel mit seinem spektakulären Erscheinungsbild in nichts nach. Tourismusbüro Vézelay, Rue Saint-Etienne, Juni–Sept. 10–13 und 14–18 Uhr, www.vezelaytourisme.com

Le Creusot: Der bedeutende Industriestandort ist ein Kontrastprogramm zur lieblichen Landschaft des Burgunds, der den Besucher mit einem riesigen Dampfhammer begrüßt. Die Geschichte der Industriebarone ist im Renaissanceschloss Château de la Verrerie an der D89 nahe Oizon lebendig nachzuvollziehen. www.chateaudelaverrerie.com

Abtei Fontenay: Die als besterhaltenes Kloster der Zisterziensermönche geltende Abtei in der Nähe von Montbard liegt in ein schönes Tal gebettet und wurde im 12. Jh. vom heiligen Bernhard von Clairvaux gegründet. Sie ist heute UNESCO-Welterbe. April–Nov. tgl. 10–18 Uhr, Nov.–April 10–12 und 14–17 Uhr, www.abbayedefontenay.com

ESSEN UND TRINKEN
Weinverkostungen: im Burgund ein Muss – viele Winzer öffnen Besuchern nach Vereinbarung ihre Keller und verkaufen vor Ort. In den meisten Orten gibt es große Weinkeller mit Direktverkauf oder Kooperativen wie etwa in Buxy: Cave des Vignerons de Buxy, Les Vignes de la Croix, www.vigneronsdebuxy.fr

Boutique Maille, Dijon: Eine berühmte Spezialität der Region, die von hier ihren fein-würzigen Siegeszug in die europäische Welt antrat, ist der Dijon-Senf. Im Laden der Traditionsfirma Maille gibt es Informationen zur Geschichte des Hauses und zur Senfproduktion, man kann außerdem vorzüglich verkosten und Kostproben für daheim einkaufen. 32 Rue de la Liberté, www.maille.com

Supermärkte und Dorfbäckereien: Viele regionale Spezialitäten direkt aus der Region sind in großer Auswahl zu reellen Preisen ganz einfach in den Supermärkten größerer Orte zu finden. Brot und gefüllte Éclairs frisch vom Bäcker – ein Traum!

ÜBERNACHTEN
Chambre d'hôte/Table d'hôte: Diese Art zu übernachten kann im Burgund besonders charmant und intim ausfallen – in Schlössern oder hochherrschaftlichen alten Gutshäusern mit nur wenigen, oft sehr eleganten Gastzimmern sitzt man mit den für ihre Gäste kochenden Gastgebern am langen Tisch. Zum Beispiel unter www.chambreshotes.org, www.maison-hote.fr, www.gites-de-france.com

La Maison Blanche: schnörkellos-elegantes, (fast) ganz in Weiß eingerichtetes Hotel mitten in Beaune, alle Sehenswürdigkeiten fußläufig erreichbar; 3 Rue Jules Marey, www.lamaison-blanche.fr

EVENTS
Les trois Glorieuses: traditionsreiche Festtage im November in diversen Weinorten, u. a. Beaune, Nuits-Saint-Georges oder Dijon mit Umzügen, Weinauktionen, Degustationen und Verkaufsständen

Augustodunum: spektakuläre historische Aufführungen in Kostümen im Amphitheater von Autun alljährlich im Juli und August

WEITERE INFOS
Tourismus in Burgund:
www.burgund-tourismus.com
Hotels und Zimmervermietung, www.burgundurlaub.de
Tourismusbüro Beaune:
www.beaune-tourismus.com
L'Hôtel-Dieu:
hospices-de-beaune.com
Clos de Vougeot:
www.closdevougeot.fr

Süße Verführungen aller Art säumen den Weg des Reisenden im Burgund: Gefüllte Éclairs, aromatisierte Schokoladen, bunte Bonbons oder weißer Nougat erfreuen Genießer.

Entspannen und Genießen

28 Provence

HIGHLIGHTS

Parc naturel régional du Luberon: 185.000 ha großes UNESCO-Biosphärenreservat, dessen Herzstück der 1125 m hohe Mourre Nègre bildet

Vaison-la-Romaine: Den Besucher erwarten zwei Ausgrabungsorte, ein Archäologisches Museum sowie eine fast 2000 Jahre alte Brücke.

Mont Ventoux: Der 1912 m aufragende Bergriese bietet eine grandiose Fernsicht.

Orange, Stadt der Fürsten: Mit dem römischen Theater und dem dreitorigen Stadtgründungsbogen kann man gleich zwei Relikte aus der Antike bestaunen.

Verdonschlucht: mit einer Länge von rund 21 km und einer Tiefe von bis zu 700 m einer der spektakulärsten Canyons Europas

DINNER FOR TWO

Das Speiseangebot reicht von *Lammfleisch* über *Geflügel* bis zu vielfältigen *Fischgerichten*. Verfeinert werden die Gerichte mit *Trüffel*, frischen *Kräutern* sowie dem lokalen *Olivenöl*. Vegetarier können sich auf *Gemüseeintopf*, *Spargel* und *Käsevariationen* freuen. Beliebte Weine sind: *Barbaroux*, *Syrah* und *Bourboulenc*.

Wie hingegossen liegt das Dorf Saignon im Luberon Gebirge, am Horizont ist der Mont Ventoux zu erkennen.

Der lichtdurchflutete Süden Frankreichs ist ein wahres Schatzkästchen: Hier betören neben duftenden Lavendelfeldern auch flammend rote Ockerbrüche sowie langstielige Sonnenblumen die Sinne. Abgerundet wird der Provence-Besuch durch historische Städte und pittoreske Dörfer, in denen man herzhaft schlemmen kann.

Lichtzauber in Ocker und Lila

Provence – wer dieses Zauberwort vernimmt, der denkt sofort an sonnenbeschiene Hügelzüge, heimelige Dörfer und betörende Lavendelreihen. Seit jeher verzückte der Landstrich zwischen dem **Rhônetal** und den **Seealpen** verschiedenste Völker. Die Römer bauten Gallia Narbonensis zu einer ihrer Lieblingsprovinzen aus und gaben ihr so den heutigen Namen: Provincia – Provence. Später hinterließen Westgoten, Franken sowie Burgunder ihre Spuren in dem strategisch günstig gelegenen Territorium. Mitte des 19. Jh. beschrieb der Dichter Frédéric Mistral in seinem Nationalepos »Mirèio« das dörfliche Leben der Region und erhielt dafür den Literatur-Nobelpreis. Zu jener Zeit ließen sich die Maler Vincent van Gogh und Paul Cézanne vom Licht der Provence verzaubern und schufen Kunstwerke von Weltruhm, die »Le Midi« – den Süden Frankreichs – schlagartig bekannt machten.

Dank der idealen Wetterlage zwischen dem **Zentralmassiv** und den Seealpen bringt es die Provence auf bis zu

Frankreich

Der Papstpalast in Avignon gehört zum Weltkulturerbe.

Infos und Adressen

ANREISE
Flug: nach Marseille und von dort per Bus oder TGV weiter; **Bahn:** Der TGV hält in verschiedenen Städten entlang der Rhône. **Auto:** Durch das Rhônetal gelangt man zügig in die Provence.

BESTE REISEZEIT
April–Oktober

SEHENSWERT
Abtei Notre-Dame de Sénanque: Das Kleinod versteckt sich in einem abgeschiedenen Tal.
Festival d'Avignon: zieht mit seinen Theater-, Tanz- und Gesangsaufführungen jedes Jahr über 130.000 Zuschauer an

ESSEN UND TRINKEN
Chambres d'hôtes le Viguier: Die Herberge in Monieux ist berühmt für ihre Trüffelgerichte. Jas du Viguier, www.leviguier.com
83.Vernet: Das stylische Restaurant in der Altstadt von Avignon bietet eine gehobene Küche. 83 Rue Joseph Vernet, www.83vernet.com

ÜBERNACHTEN
Les tilleuls d'Elisée: charmantes Gästehaus im provenzalischen Stil mit Blick auf den Mont Ventoux; Avenue Jules Mazen, Vaison-la-Romaine, www.vaisonchambres.info
Hotel Le Mas du Colombier: bietet alles, was man für einen mehrtägigen Aufenthalt im Dorf Cadenet wünscht; Route de Pertuis, www.hotel-colombier84.com

WEITERE INFOS
Vaucluse Tourisme: 12 Rue Collège de la Croix, Avignon, Tel. 00 33-4 90 80 47 00, www.provence-tourismus.de; www.provence-a-velo.fr; www.veloloisirluberon.com

Besondere Augenblicke

DIE DÖRFER DER PROVENCE

Die Sonne des Südens und die Kulturlandschaften des **Parc naturel régional du Luberon** malen die Kulisse für romantische Dörfer wie etwa **Lourmarin**. Umgrenzt von Weinbergen und Olivenhainen trägt das bezaubernde Kleinod stolz den Titel als eines der »Plus beaux villages de France«. Im Jahr 1982 rief Charles Ceyrac die Vereinigung »Die schönsten Dörfer Frankreichs« ins Leben, um das historische Erbe des ländlichen Raumes und die intakte Dorfarchitektur des Landes zu bewahren. Seither hat man 156 Siedlungen ausgezeichnet, sieben davon liegen im Département **Vaucluse**. Der Siedlungskern von Lourmarin ist winzig und die wenigen Gebäude drängen sich dicht aneinander. Überall erblickt man steinerne Brunnen, blumengeschmückte Höfe und ansprechende Ladenschilder. Auch in den nahegelegenen Dörfern **Ansouis**, **Gordes**, **Menerbes**, **Roussillon**, **Séguret** und **Venasque** scheint die Zeit stillzustehen. Es ist immer dies eine verzückende Bild: Rings um ein altes Kirchlein ziehen sich schmale, von einem intakten Bauensemble flankierte Gassen in alle Himmelsrichtungen – ein Anblick, der zum Verweilen einlädt.

3000 Sonnenstunden im Jahr und zählt damit zu den beliebtesten Reisedestinationen des Kontinents. Die Gabentische sind hier reich gedeckt: In den Hanglagen reifen erlesene Weiß- und Rotweintrauben, Oliven für begehrtes Öl und köstliche Kirschen. Die Wälder liefern kostbare Trüffel, und aus den Talniederungen stammen verschiedenste Obst- und Gemüsesorten. Diesen Reichtum präsentieren die Landwirte wöchentlich auf den Märkten der Städte und machen einen Besuch zu einem sinnesfrohen Erlebnis. Spektakulär wird es nahe der Dörfer **Roussillon** und **Rustrel**. Hier beeindrucken canyonartige Ockerlandschaften, die von Lehrpfaden erschlossen werden. Wen es in verwinkelte Altstädte zieht, der ist in **Avignon**, **Orange**, **Aix-en-Provence** und **Arles** genau richtig. *TB*

Entspannen und genießen

29 Cornwall – St. Michael's Mount

HIGHLIGHTS

St Ives: Geburtsort von Rosamund Pilcher – in der Nähe liegen die Drehorte zu den »Rosamunde Pilcher«-Verfilmungen mit feinen Sandstränden, wunderschönen Gärten und kleinen, verwunschenen Häuschen.

Freilufttheater von Rowena Cades: bietet 750 Menschen am Rand eines steil abfallenden Granitfelsens Platz

Penzance: auf der Chapel Street bummeln und über das »Ägyptische Haus« staunen

Cornische Riviera: einen sonnigen Tag am Strand verbringen – möglichst windgeschützt, z. B. bei Penzance

Scilly-Inseln: von Land's End mit dem Fernglas nach Inseln suchen, die man bei klarem Wetter von den hohen Klippen sehen kann

DINNER FOR TWO

Unbedingt probieren: *Cornish Pasty* – eine deftige Fleisch- und Gemüsemischung, die langsam in einer Teigtasche gebacken wird. Ebenfalls sehr empfehlenswert sind frische *Meeresfrüchte* wie Hummer und Muscheln und natürlich *Fish and Chips*.

Lizard Point: am südlichsten Punkt Englands

Cornwalls mildes Klima lässt blühende Gärten gedeihen, aber auch die schroffe und düstere Klippenlandschaft der Küstenregion hat ihren mystischen Zauber. Der St. Michael's Mount sieht dem berühmten Mont St. Michel in Frankreich zum Verwechseln ähnlich, doch hier sind seine Bewohner noch weitgehend unter sich.

Wer einsame Zweisamkeit sucht

Am Ende der Welt ist man oft alleine. **Land's End**, die zerklüftete Steilküste im äußersten Westen Englands ist so ein Ort, denn die Briten lieben große Shoppingmalls und verschwinden schnell in einem der zahlreichen Souvenir- und Imbissläden. Kein Wunder, draußen ist es für gewöhnlich unwirtlich und windig, aber dafür umso menschenleerer. Genügend Freiraum also, um entlang des Küstenpfades zu wandern und den gigantischen Ausblick auf vom Meer umtoste Felsformationen zu genießen. Weiter westlich liegen nur noch die **Scilly-Inseln**, die man bei klarem Wetter von den hohen Klippen aus manchmal sogar sehen kann. Das Heidekraut steht hier oben auch im Winter noch in voller Blüte, und die Flechten auf den Felsen leuchten orangegelb.

Großbritannien

Cornwall, dieser kleine Zipfel des britischen Königreichs, könnte dem Rest des Landes unähnlicher nicht sein. Subtropisch, keltisch und mystisch ist es hier. Kein Tag gleicht dem anderen, manchmal ändern sich die Launen des Wetters sogar stündlich. Eben war die Sonne noch da, dann ist sie plötzlich verschwunden, und eine dicke weiße Nebelwand hat die Felsen vor der Küste von Land's End verschluckt. Nur die Möwen krächzen wild gegen den Nebel an. »Die Vögel« von Alfred Hitchcock kommen einem da unweigerlich in den Sinn, lebte doch auch die Autorin der legendären Geschichte, Daphne du Maurier, in Cornwall.

Mystische Insel

Eine andere von Mysterien umwobene Stätte thront ebenfalls auf einem Felsen mitten im Meer: der **St. Michael's Mount**. Als Dependance des bekannteren Mont St. Michel in der Normandie sieht er diesem zum Verwechseln ähnlich. Auf dem begrünten Felsen draußen in der Bucht vor Marazion präsentiert sich eine veritable Schloss- und Abteianlage. Der Inselberg wurde zur Zeit der normannischen Herrschaft über England Ende des 11. Jhs. tatsächlich den Benediktinermönchen des französischen Mont St. Michel übereignet. Auf dem Gipfel des Inselbergs entstand eine

Besondere Augenblicke

ZUM TEE UM FÜNF IN TREGOTHNAN

Was wäre England ohne Tee? Dabei ist die Teepflanze alles andere als ein britisches Gewächs. Um 2700 vor Christus tranken die Chinesen schon Tee. Doch Dank **Tregothnan** kann Englands Nationalgetränk nun auch tatsächlich aus England. 2005 konnte dank des milden Klimas in Cornwall mit der Produktion von Englands erstem und einzigem wirklich britischem Tee begonnen werden.

Tregothnan, an den Steilhängen des Flusses Fal gelegen, ist der Familiensitz der Boscawen-Familie, die schon seit dem Jahre 1335 botanische Pionierarbeit leistet und deshalb auch mit der Anpflanzung ihres einzigartigen Teegartens begann. Dieser Tee, »Camellia sinensis«, geerntet in Tregothnan in Cornwall, gilt inzwischen als eine der beliebtesten Teesorten auf der Insel, sobald es fünf Uhr schlägt (www.tregothnan.co.uk/).

Tea Time auf britische Art: mit Scones, Clotted Cream und Erdbeermarmelade

Cornwalls St. Michael's Mount sieht Frankreichs Mont St. Michel zum Verwechseln ähnlich.

Zu zweit erleben

SCHMUGGLERVERSTECKE ENTDECKEN

Ein romantisches Plätzchen fernab der Massen mit tiefblauem Wasser, weißem Sand und wilden Klippen findet man bei **Prussia Cove** im Osten der **Mounts Bay Bucht**. Der Weg dorthin führt über die A394 von Marazion in östlicher Richtung. Bei Rosudgeon biegt man dann in die Trevean Lane. Besonders interessant macht Prussia Cove, dass es einst Schmugglergeschichte schrieb. Bevor im 18. Jh. John Carter mit seinen Brüdern hier auftauchte, hieß der Ort King's Cove. Die Brüder zogen ein Schmugglergeschäft mit Salz, Schnaps und edlen Stoffen auf und ließen sich auch von Beschlagnahmungen nicht abschrecken: Sie holten sich ihr Schmuggelgut einfach wieder zurück. Da John Carter dem damaligen König von Preußen sehr ähnlich sah, wurde die Bucht in »Prussia Cove« umbenannt. Das Auto muss ein wenig entfernt von der Bucht geparkt werden, da sie nur durch einen knapp 1 km langen Küstenpfad zu erreichen ist.

Kirche, die auch St. Michael's Mount zu einer Pilgerstätte werden ließ. Im Gegensatz zu seinem französischen Geschwisterberg leben auf dem St. Michael's Mount heute keine Mönche mehr. Stattdessen bewohnt die Familie St Aubyn schon in zwölfter Generation die Schlossanlage: James St Aubyn, Lord St Levan, und seine Frau Mary. Schon James Großvater ist vor 60 Jahren eine vorausschauende Kooperation mit dem »National Trust« eingegangen, dem britischen Denkmalschutz. Diesem hat er seinerzeit den St. Michael's Mount samt einer nicht unerheblichen Spende vermacht, um das langfristige Überleben des Inselbergs zu sichern. Die Familie St Aubyns erhielt für 999 Jahre ein Wohnrecht im Schloss und die Option, auch das Tourismusgeschäft zu führen. Immerhin 30 000 Besucher hat St. Michael's Mount jedes Jahr. Sobald allerdings die Flut einsetzt, müssen die Besucher die Gezeiteninsel verlassen.

Besonders der **Hafen von St. Michael's Mount** war Mitte des 19. Jhs. strategisch bedeutend, denn über die Berginsel wurde Zinn aus den nahe gelegenen Minen verschifft, das Cornwall einst zu großem Reichtum verhalf. Aus der Zeit des Bergbaus sind nur Ruinen geblieben – und eine kulinarische Spezialität: die Cornish Pasty – ein deftiger Fleisch- und Gemüseeintopf, der fest in eine Teigtasche eingebacken wird. Da es früher keine Möglichkeit gab, sich die Hände zu waschen, nutzten die Minenarbeiter den eingerollten Teigrand zum Halten der Pastete.

Eine Landschaft für jede Stimmung

Die meisten Reisenden kennen jedoch eher die lieblichere Seite von Cornwall mit seinen Gärten voller Blumen und Palmen, die dank des warmen Golfstroms hier recht üppig gedeihen. In ihrer romantisierten Form ist diese Bilderbuchlandschaft vielen Zuschauern auch durch die zahlreichen »Rosamunde Pilcher«-Verfilmungen in Erinnerung geblieben. Geboren ist die Schriftstellerin ganz in der Nähe des Küstenortes **St Ives**, den sie in ihren Romanen in Porthkerries umbenannt hat. Langgezogene feine Sandstrände und eine besondere ultraviolette Lichtstimmung ließen nicht nur viele Künstler immer wieder hierher kommen. Denn auch das ist Cornwall: Je nach Jahreszeit und Wetterstimmung in ein ganz anderes Licht getaucht, so sieht jeder, was er sehen will. Und genau das ist es, was diese Landschaft ausmacht. *MK*

Der Ort St. Ives ist als Künstlerkolonie und aus Rosamunde Pilchers Romanen weltbekannt.

Cornwall

Infos und Adressen

ANREISE:
Flug: Direktflug nach London; mit dem **Mietwagen** sind es von London nach Marazion knapp 500 Kilometer, für die man auch gut fünf Stunden einplanen sollte.

BESTE REISEZEIT
April–November

SEHENSWERT
Marazion: Das älteste kornische Städtchen mit zahlreichen Pubs und Läden und einem Friedhof mit Grabsteinen aus dem 4. Jahrhundert ist einen ausgiebigen Besuch wert.
Tate St Ives: Die Kunstgalerie wurde Im Jahr 1993 errichtet und ist ein Ableger der berühmten Londoner »Modern Tate«. Sie ist ein Anziehungspunkt für Kunstinteressierte in ganz Südwestengland. Mai–Okt. 10–17.20 Uhr, Nov.–Feb. 10–16.20 Uhr, www.tate.org.uk/visit/tate-st-ives
St. Anthony Gardens: ein blühendes Beispiel für die vielfältige Gartenkunst in Cornwall; Battery Road, Penzance
Land's End: Großartige Ausblicke auf abenteuerliche Felsformationen
The Land's End Experience: Zu sehen gibt es eine 4D-Filmvorführung mit dem Titel »The Journey to the Centre of Earth«, ein virtuelles Aquarium mit Seemonstern und vieles mehr. Ostern bis Okt. 10–17 Uhr, Nov. bis März 10.30–15.30 Uhr, www.landsend-landmark.co.uk

ESSEN UND TRINKEN
Godolphin Arms: Das familiengeführte, gepflegte Restaurant und Hotel bietet einen unvergleichlichen Blick auf St. Michael's Mount. West End, Marazoin, www.godolphinarms.co.uk
Ben's Cornish Kitchen: Mehrfach ausgezeichnetes Restaurant im Zentrum von Marazoin; die Speisen werden mit viel

Liebe und frischen Zutaten gekocht. West End, Marazion, www.benscornishkitchen.com
Turk's Head: In den Räumlichkeiten des ältesten Pubs der Stadt war schon im 13. Jh. ein »Public House« zu finden. Der »Turk's Head« wird seinem guten Ruf gerecht: In gemütlicher Pub-Atmosphäre kann man hier hervorragend speisen. Chapel Street, Penzance, www.turksheadpenzance.co.uk
The Alba: Eines der ersten Gourmet-Restaurants des Ortes; helles Holz und weiße Tischdecken bestimmen das Ambiente, Fisch und Meeresfrüchte die Speisekarte. Old Lifeboat House, Wharf Road, St Ives
www.thealbarestaurant.com

ÜBERNACHTEN
Godolphin Arms wird von Familie St Aubyn geführt und liegt auf dem Festland direkt gegenüber dem St. Michael's Mount. West End, Marazoin, www.godolphinarms.co.uk
Mount Haven Hotel: Die Terrasse dieses Hotels bietet wahrscheinlich einen der schönsten Ausblicke auf den St. Michael's Mount. Turnpike Road, Marazion, www.mounthaven.co.uk
Blue Hayes Private Hotel: in der Nähe von St Ives in Carbis Bay gelegen, sehr ruhig, mittlere Preislage, mit tollem englischen Frühstück und schönen Zimmer mit umwerfendem Ausblick auf Carbis Bay bis hin zur Gwithian Beach; Trelyon Avenue, Carbis Bay, www.bluehayes.co.uk

WEITERE INFOS
www.stmichaelsmount.co.uk,
Britische Zentrale für Tourismus: www.visitbritain.de

Der Küstenort Marazion in der Mount's Bay bietet nette kleine Restaurants und Cafes zum Ausgehen und einen direkten Blick zum St. Michael`s Mount.

Entspannen und Genießen

30 Knockinaam Lodge

HIGHLIGHTS

Port Logan: weiße Fischerhäuser hinter Deich und Strand

Drummore: südlichstes Dorf des Landes mit Schottlands erster und letzter Poststelle, langem Strand und Palmen

Glenluce Abbey: Klosterruine mit eigentümlichem Kapitelsaal, der mit seiner tollen Akustik zum Singen und Lauschen animiert

Portpatrick Putting Green: kleiner Golfplatz für Spaß zu zweit auf Rasen mitten im Hafenstädtchen

Southern Upland Way: Der längste Langstreckenwanderweg des Landes führt bis an die Küste Berwickshires.

DINNER FOR TWO

Scotch broth: Graupensuppe mit Rüben, Möhren und Porree und anderem Gemüse (bereits seit dem 18. Jh. bekannt) – *Ham & haddy:* Pastete aus Bacon und geräuchertem Schellfisch mit Tomaten und Cheddar-Käse – *Cranachan:* schmackhafter Pudding aus gerösteter Hafergrütze mit Sahne und evtl. Früchten (Himbeeren) und *Whisky*

Flora und Fauna sorgen für den romantischen Rahmen der luxuriösen Unterkunft Knockinaam Lodge.

Romantik in Schottlands Süden: Eine eigene Bucht mit breitem Strand, von Felsen gesäumt und mit unverstelltem Blick vom Garten übers Meer – wovon andere nur träumen, wird für die Gäste der luxuriösen Villa Knockinaam Lodge am südwestlichen Zipfel Schottlands wahr. Der Genuss des Nachmittagstees auf der Terrasse wird so geradewegs zur Offenbarung.

Schottisches Idyll

Mit Auszeichnungen überhäuft, darunter zweimalig mit dem Scottish Hotel Award als »Scottish Romantic Hotel of the Year« und einer exquisiten Küche im stilvollen Ambiente. Zudem fand hier das für die Weltgeschichte nicht unerhebliche Rendezvous des amerikanischen Generals Eisenhower mit dem britischen Premier Winston Churchill im Vorfeld des D-Days statt. Daran erinnert eines der zehn großzügigen Zimmer, der Churchill-Room, und das dazugehörige Bad mit der eleganten Wanne und den Original-Armaturen.

Knockinaam liegt trotz der idyllischen Abgeschiedenheit des **Rhinns of Galloway** nahe am Küstenwanderweg, der mit Möglichkeiten für gepflegten Müßiggang aufwartet. Vorbei an der spektakulären Burgruine von **Dunskey Castle** spaziert man, umschmeichelt von klarer Luft, oberhalb der

Großbritannien

Klippen durch üppiges Blütenmeer und begleitet von Möwen, die den steten Aufwind der Felsen für gewagte Flugmanöver nutzen und den Spaziergängern dabei mitunter recht nahe kommen. Auf den sanft gewellten Weiden grasen friedlich die Belties, eine Variante der zotteligen Galloway-Rinder, schwarz mit einer weißen Bauchbinde.

Der Pfad führt nun abwärts zum alten verträumten Hafenstädtchen **Portpatrick**, das vor langer Zeit wichtigster Fährhafen von und nach Irland war. Kleine Häuser gruppieren sich entlang der Hafenpromenade. Im Wasser dümpeln ein paar Yachten und einige Fischerboote, die Töpferwerkstatt im alten Leuchtturm präsentiert hochwertiges Kunsthandwerk. In der Mitte des Hafens weht auf einem felsigen Eiland die schottische Fahne. Ein idealer Platz, um gemeinsam am weißgetünchten Mast gelehnt bei *Fish and Chips* den Sonnenuntergang zu erleben und die zurückkehrenden Seefahrer beim kniffligen Anlegemanöver zu beobachten. *UH*

Stolze Landmarke im äußersten schottischen Süden: der Leuchtturm am Mull of Galloway.

Zu zweit erleben:

Den ultimativ südlichsten Punkt Schottlands bildet der Mull of Galloway. Strahlendweiß reckt der Leuchtturm seine rotierende Lichtkuppel 26 m hoch in den Himmel oberhalb der geschützten schroffen Küstenformation. 114 Stufen braucht es, um dem Himmel näher zu kommen. Zugig ist es dort oben. Doch der Ausblick nach Irland und zur Isle of Man entschädigt. Außerdem lassen sich Basstölpel blicken. Den großen Seevögeln kommt man näher, wenn man dem Pfad bis zum gigantischen Nebelhorn folgt. Und auf den Wiesen ringsum blühen wilde Orchideen, die von bunten Schmetterlingen heftig umworben werden. In der ehemaligen Wohnstube des Leuchtturmwärters berichtet die »Mull of Galloway Experience« aus der Geschichte des ikonischen, bald 200 Jahre alten Bauwerkes. Leibliches Wohl verspricht das kleine Besucherzentrum mit Shop und Cafeteria, an den rustikalen Holztischen auf der Terrasse bleiben bei dampfendem Tee und warmen Scones Meer, Küste und Leuchtturm im Blickfeld. www.mull-of-galloway.co.uk/

Infos und Adressen

ANREISE
Flug: nach Glasgow (Lufthansa von Düsseldorf); **Auto:** entlang der Küste von Ayrshire bis Portpatrick und Knockinaam Lodge (ca. 2 Stunden)

BESTE REISEZEIT
April–Oktober

SEHENSWERT
Ardwell Gardens: prächtiger Blütenzauber aus Rhododendren, Camelien und Azaleen; Ardwell House, Stranraer Wigtownshire

ESSEN UND TRINKEN
Torrs Warren Country House Hotel: Im hübschen Wintergarten des Familienbetriebes servieren Jim und Cindy frisch zubereitete, regionale Produkte der Saison. Stoneykirk, Stranraer, www.torrswarrenhotel.co.uk

ÜBERNACHTEN
Knockinaam Lodge: Mitglied der Luxus-Hotelgruppe Connoisseurs Scotland, 10 stilvolle Zimmer, Restaurant und Whisky-Bar,
The Portpatrick Hotel: Heugh Rd, Stranraer, Wigtownshire, www.schottlandberater.de/artikel/knockinaam-lodge-dumfries-and-galloway.html
Corsewall Lighthouse Hotel: Leuchtturm an der Nordspitze des Rhinns of Galloway, 11 stilvolle Zimmer, romantisches Restaurant; www.lighthousehotel.co.uk

Entspannen und Genießen

31 Hebriden

HIGHLIGHTS

Talisker Distillery: Die derzeit einzige Whiskybrennerei auf Skye gehört zu den Classic Malts. www.discovering-distilleries.com/talisker

Eilean Donan Castle: schottische Vorzeigeburg in traumhafter Lage, bekannte Filmkulisse; www.eileandonancastle.com

Harris Tweed: Stoffe für hochwertige Markenprodukte, die noch immer in Handarbeit hergestellt werden; www.harristweed.co.uk

Flughafen von Barra: Der wahrscheinlich einzige Strandflughafen der Welt ist für Linienflüge nur bei Ebbe zu nutzen, da er auf dem Strand Traigh Mhor liegt.

Luskentyre Beach: sensationeller Sandstrand karibischer Anmutung auf Harris

DINNER FOR TWO

Chicken Bonnie Prince Charlie: panierte Hühnerbrust mit warmen Apfelscheiben, Sahne und gerösteten Mandeln; *Caledonian Cream:* Frischkäse, Orangenmarmelade und Sahne mit Orangenscheiben garniert und einem Schuss Brandy; *Gaelic Coffee:* aus starkem Kaffee, braunem Zucker und Sahne sowie mit *Drambuie* verfeinert, rundet jedes Menü perfekt ab

In der Abenddämmerung überträgt sich das stimmungsvolle Ambiente an Bord des Kreuzfahrtschiffes wie von selbst auf die Umgebung.

Das Luxuskreuzfahrtschiff Hebridean Princess ist dem Namen nach zwar nur eine Prinzessin, doch das Gefühl, mit ihr unterwegs zu sein, ist eher königlich. Auf einer unvergesslichen Reise erlebt man von Bord aus den Facettenreichtum der faszinierenden Inselwelt der Inneren und Äußeren Hebriden im Nordwesten Schottlands.

Kreuzfahrt mit einer Prinzessin

Im Hafen von **Oban**, dem Tor zu den Hebriden, beginnt die Reise mit der **Hebridean Princess**. Die malerische Hafenfront der Stadt, in der sich schon 1794 eine renommierte Whiskybrennerei etabliert hat, überragt der unfertige Nachbau des römischen Kolosseums, mit dem sich der ansässige Bankier Stuart McCaig 1897 ein Denkmal hatte setzen wollen. Da die Bankiersfamilie jedoch verarmte, wurden die Bauarbeiten 1904 eingestellt. Das unvollendete Monument ist jedoch ein perfekter Aussichtspunkt für verträumte Blicke in den Sonnenuntergang.

An Bord selbst herrscht ein intimes, stilvolles Ambiente, was sicherlich auch den bescheidenen Ausmaßen des eleganten Schiffes zu verdanken ist. Aus dem ehemaligen Fährschiff wurde ein schwimmendes Fünfsternehotel der Extraklasse. Es mangelt nicht an Komfort in den auf fünf Decks verteilten, geräumigen Suiten, von denen einige sogar über einen Balkon verfügen. Denn dem eindrucksvollen Schauspiel einer unvergleichlichen Landschaft, das sich vor den großen Fens-

Großbritannien

tern in immer neuen, immer anderen Bildern zuträgt, sollte die ungeteilte gemeinsame Aufmerksamkeit gelten.

Strände, Buchten, kleine Häfen, schroffe wie liebliche Küsten, Leuchttürme, Wale, Seehunde und Delfine sind die Darsteller inmitten dieser sich stetig verändernden Kulisse unter dem Panorama eines Himmelszeltes, das so gut drohen kann wie es hingebungsvoll zu lächeln vermag und manchmal mit einem prächtigen Regenbogen grüßt. In den Salons der Prinzessin herrscht die noble Atmosphäre aristokratischen Understatements, im Restaurant regieren feinste Haute Cuisine und eine erlesene Auswahl edler Weine und Whiskys. Landausflüge führen an lauschige Plätze und märchenhafte Strände ebenso wie in renommierte Destillerien, auf romantische Burgen und Schlösser oder in wunderbare Gärten.

Unterwegs in faszinierenden Inselwelten

Gleich gegenüber liegt **Kerrera**, ein autofreies Inselkleinod, ein Puppenstuben-Schottland, prädestiniert für erholsame Wanderausflüge. **Lismore**, der Große Garten, bildet einen felsigen, fast baumlosen Inselstreifen im **Loch Linnhe**. An der Südspitze präsentiert sich der für die hiesige Schifffahrt bedeutsame **Stevenson-Leuchtturm** von 1833 als markantes Seezeichen. Er grüßt hinüber nach **Duart Castle**, am östlichsten Punkt der Halbinsel **Mull**. Die Burg diente schon mehrfach, u. a. auch Sean Connery, als Filmkulisse.

Die Hebridean Princess geht in **Tobermory**, dem Hauptort Mulls, vor Anker. Unterhalb des Western Isles Hotels erstrecken sich die bunten Hausfassaden der Promenade im Halbrund um den Hafen. Es lohnt, in den kleinen Läden zu stöbern.

Besondere Augenblicke

Staffa im **Sound of Mull** verdankt sein einzigartiges Aussehen einer Laune der Natur, einer bizarren Begebenheit der Erdgeschichte. Ebenbilder sind nur in Irland und auf Porto Santo zu finden. Der ungewöhnlich langsame Abkühlprozess vulkanischer Lava gegen Ende der Kreidezeit sorgte für die Entstehung vertikaler, gleichmäßiger fünf- oder sechseckiger Steinsäulen. Der schwarze Basalt ragt bis zu 40 m in die Höhe. Über die Jahrhunderte wusch das Meer Höhlen aus dem Gestein, wodurch **Fingal's Cave** weltweite Berühmtheit erlangte. Den Komponisten Felix Mendelssohn-Bartholdy inspirierte die ungewöhnliche Geräuschkulisse in der riesigen, kathedralenartigen Kaverne zu seiner bekannten Hebriden-Ouvertüre. Ausgestattet mit einer Taschenlampe kann man die Höhle über einen schmalen Pfad erkunden. Das Meerwasser rauscht stetig hinein und erzeugt eine fast übersinnliche Klangwelt, deren Genuss man Hand in Hand und mit geschlossenen Augen in sich aufnehmen sollte.

Schon die legendäre Königin Victoria besuchte gemeinsam mit Prinzgemahl Albert die Insel Staffa. Auch Jules Verne und Theodor Fontane waren hier.

Eilean Donan Castle in Loch Duich gilt als Inbegriff schottischer Schlossromantik im Sinne Sir Walter Scotts.

Zu zweit erleben

Die gälische Sprache hat in Schottland allen Widerständen trotzen können und erlebt derzeit eine wahre Renaissance. Besonders auf den Äußeren Hebriden hat dieser elementare Bestandteil schottischer Kulturgeschichte eine große Bedeutung. Großen Anteil an diesen Umstand haben schottische Folkmusiker, die das seit Generationen überlieferte Liedgut sensibel aufarbeiten und in modernes Gewand kleiden. Das seit 1996 allsommerlich (im Juli) in **Stornoway** auf **Lewis** über vier Tage stattfindende **HebCelt-Festival** ist ein ausgelassenes Ceilidh, ein Fest mit viel Tanz und guter Laune, und unterstreicht nachdrücklich die besondere Affinität der Menschen auf den Hebriden zu ihrer Geschichte. Wenig verwunderlich zudem, dass viele Musiker hier ihre Wurzeln haben. Obwohl man die Texte nicht versteht, ist die innige und vibrierende Harmonie zwischen Gesang, traditionellen Instrumenten und Melodie deutlich spürbar. Ein sehr intensives Erlebnis.

Als Zwischenmahlzeit empfehlen sich die mehrfach ausgezeichneten Fish and Chips vom mobilen Stand an der Hafenmole. Im idyllischen Szenario wird der frittierte frische Schellfisch, der auf der Zunge zergeht, zu einem kulinarischen Liebesgedicht. **Iona** ist eine Pilgerstätte für Wallfahrer, da von hier aus der Heilige Columba 563 die Christianisierung der Pikten begann. Auf dem kleinen Friedhof neben der Abteikirche liegen zahllose gekrönte Häupter. Darunter Macbeth (1005–1057) als letzter schottischer König. Mindestens ebenso interessant aber sind die schönen Strände der Insel.

Portree, die Hauptstadt der **Isle of Skye**, schmiegt sich ebenfalls um eine kleine Bucht, in der friedlich nebeneinander Segelyachten und Fischerboote dümpeln und brav dem Tidenhub zu Willen sind. Vom Ruf Skyes als Touristenmagnet ist vom Sonnendeck der Prinzessin wenig zu spüren. Stattdessen rücken immer wieder die auffälligen, gezackten und runden Bergformationen der **Cuillin Mountains** ins Blickfeld. Und die Felsnadel des **Old Man of Storr**, wenn die Schiffspassage vorbei an **Raasay** hinüber zu den Äußeren Hebriden geht, deren Silhouette sich deutlich am Horizont abzeichnet.

Von **Barra** im Süden über **South Uist**, **Benbecula** und North Uist bis zur Doppelinsel **Harris und Lewis** bildet dieser Archipel eine ganz eigene, einsame und ungewöhnliche Welt, die rau und unerbittlich, aber gleichzeitig von geradezu aufreizender, erhabener Faszination sein kann. Ein Abend im sanft wogenden Dünengras auf dem warmen Sand des **Luskentyre Beach** ist ein Moment für die Ewigkeit. Gäbe es Palmen, wären viele Strände nicht von der Karibik zu unterscheiden, so weiß der Sand, so türkisblau das Wasser. Und die verblüffende Mystik der geheimnisvollen stehenden Steine von **Callanish**, über deren Sinn die Wissenschaft noch rätselt, ist von ergreifender Schönheit. UH

Der Leuchtturm von Neist Point markiert den westlichsten Punkt der Isle of Skye. Er ist beliebt bei Schafen, Seevögeln und Fotografen.

Auf den Äußeren Hebriden werden die traditionellen Blackhouses sorgsam bewahrt, teilweise dienen sie als gemütliches Ferienhaus.

Hebriden

Infos und Adressen

ANREISE
Flug: bis Glasgow Airport;
Bahn: die Luxusalternative: mit dem Royal Scotsman von Glasgow nach Oban; **Auto:** von Glasgow Airport bis Oban (Fahrzeit ca. 90 Minuten)

BESTE REISEZEIT
April–Oktober

SEHENSWERT
Arduaine Gardens: farbenprächtige Flora aus aller Welt in klimatisch begünstigter Gartenanlage direkt an der Küste; Geöffnet tgl. 9.30 Uhr bis Sonnenuntergang, Arduaine, Oban, Argyll, www.nts.org.uk/property/arduaine-garden
Kilmartin House Museum: umfangreiche Sammlung archäologischer Fundstücke aus der Region, zahlreiche neolithische Steinkreise und Standing Stones; Öffnungszeiten: 1. März–31. Okt. 10–17.30 Uhr; Kilmartin, Argyll, www.kilmartin.org
Dunadd Fort: gut erhaltener Siedlungsplatz aus der Eisenzeit, die Hochburg der Dalriada, des Königreichs der Scoti, uralte »Fußabdrücke« im Felsgestein des markanten Hügels oberhalb des Moine Mhors; an der A816, Lochgilphead, www.historic-scotland.gov.uk
Castle Stalker: typisches Towerhouse aus dem Beginn des 14. Jhs. majestätisch auf einer Schäre an den Gestaden des Loch Linnhe vor der Kulisse der Isle of Mull thronend, nur nach Absprache zu besuchen; Appin, Argyll, www.castlestalker.com
Staffa Tours: Die Fähre fährt 3 x tgl. zwischen April und Okt. von Fionnphort nach Staffa (1 Stunde Aufenthalt). www.staffatours.com
Duart Castle: Die Burg aus dem frühen 14. Jh. ist bereits seit Generationen Sitz des Maclean-Clans. Isle of Mull, Argyll, www.duartcastle.com
The Gearrannon Blackhouse Village: Freilichtmuseum mit typischer historischer Siedlung; 5a Gearrannan, Carloway, Isle of Lewis, www.gearrannan.com

ESSEN UND TRINKEN
Pierhouse Hotel: rustikales Lokal am Anleger der kleinen Passagierfähre zur Insel Lismore, bekannt für ausgezeichnete Fischgerichte; Port Appin, Appin, Argyll, www.pierhousehotel.co.uk
Oban Distillery: Etwas versteckt residiert die traditionsreiche Whisky-Brennerei mitten im Zentrum Obans. Stafford Street, Oban, Argyll, www.discovering-distilleries.com/oban/
Three Chimneys: feinste Adresse der Hebriden mit fantastischen Meeresprodukten, Reservierung obligatorisch; Colbost, Dunvegan, Isle of Skye, www.threechimneys.co.uk

ÜBERNACHTEN
The Airds Hotel & Restaurant: Das kleine, aber feine Luxus-Hotel liegt romantisch am Loch Linnhe unweit des malerischen Castle Stalker. Port Appin, Appin, Argyll, www.airds-hotel.com
Western Isles Hotel: Oberhalb des malerischen Tobermory gelegen, verzaubert das Hotel noch immer mit dem Charme glamouröser Tradition. Tobermory PA75 6PR, www.westernisleshotel.co.uk
Duisdale House & Toravaig House Hotel: moderne Ausstattung mit hohem Komfort und wunderbaren Aussichten auf die Sleat-Halbinsel. Auf Wunsch bietet der Besitzer Tagesausflüge für die Gäste auf seiner Yacht an. Isleornsay, Sleat, Isle of Skye IV44 8RE, www.duisdale.com
The Cabarfeidh Hotel: schönstes Hotel auf Lewis in ruhiger Lage; Manor Park, Perceval Road South, Stornoway, Isle Of Lewis, www.cabarfeidh-hotel.co.uk

WEITERE INFOS
Hebridean Princess: www.hebridean.co.uk
Mull: www.isle-of-mull.net
Iona & Staffa: www.isle-of-iona.net
Skye: www.skye.co.uk
Äußere Hebriden: www.visitouterhebrides.co.uk

Die Kabinen auf der Hebridean Princess lassen keine Wünsche offen. Glanzlicht zweifellos, trotz allen Komforts, aber immer der Blick aus dem Fenster.

Entspannen und Genießen

32 Golf von Salerno

HIGHLIGHTS

Positano: Eine Kaskade von bunten, würfelförmigen und durch Treppenwege miteinander verbundenen Häusern zieht sich die Hänge empor.

Paradieskreuzgang: Ein Schmuckstück ist der orientalisch anmutende Kreuzgang des Doms von Amalfi mit seiner imposanten Treppe.

Villa Cimbrone: Von der »Terrazza dell Infinito« des Landschaftsgartens bietet sich der vielleicht malerischste Blick auf die Amalfiküste.

Atrani: Das winzige Städtchen mit seinen dicht gedrängten Häusern beeindruckt durch seine exponierte Lage.

Dom von Salerno: normannischer Dom mit Campanile, arkadengeschmücktem Atriumhof und zwei prachtvollen, mit Mosaiken verzierten Kanzeln.

DINNER FOR TWO

Die sich südlich an Salerno anschließende Küstenebene ist die Heimat der schwarzen Wasserbüffel, deren Milch Ausgangsstoff für *Mozzarella* ist. Die männlichen Tiere liefern zartes, mageres Fleisch. Zum Abschluss wird gern ein *Limoncello* getrunken, ein erfrischender Likör, gewonnen aus der Schale der hier kultivierten Zitronen.

Vom Garten der Villa Ruffolo blickt man über die Kirche von Ravello auf die Küste bei Amalfi.

Für viele ist die Amalfitana die schönste Küstenregion der Welt oder zumindest von Italien. Die gleichnamige, rund 40 km lange atemberaubende Küstenstraße führt von Positano nach Vietri sul Mare und erschließt die spektakuläre Steilküste mit ihren malerischen Ortschaften und terrassenförmig angelegten Wein- und Zitronenhainen.

Traumhafte Amalfitana

Etwas Geduld sollte man bei einem Besuch der Amalfitana schon mitbringen, denn sie ist ein absoluter Touristenmagnet und entsprechend gut besucht. Von Neapel aus gelangt man mit dem Mietwagen über das reizvolle, aber doch sehr überlaufene **Sorrent** und eine kleine Passstraße über die **Monti Lattari**, die kalkweißen »Milchberge«, auf die Südseite der **Sorrentiner Halbinsel**. Ab hier sollte man als Fahrer gute Nerven haben. Am Urlaubsziel angekommen, lässt man das Auto am besten stehen und vertraut sich den öffentlichen Verkehrsmitteln an. Die Fahrer der kleinen Linienbusse kennen die enge, überaus kurvenreiche Straße wie ihre Westentasche. Einige Orte sind nur zu Fuß oder auf kleinen Stichstraßen zu erreichen, wie zum Beispiel **Praiano**, das sich mit seinen bildhübschen kleinen Hotels mit Meerblick, einer Kirche mit der typischen Majolikakuppel und einem kleinen feinen Badestrand auch hervorragend als Übernachtungsstation eignet. Von hier aus lassen sich die bekannteren Orte wie das treppenreiche **Positano** mit seinen kubischen Häusern oder **Amalfi** mit seinem herrlichen Dom sehr gut erreichen. Gut

Italien

In unzähligen Windungen führt die schmale Küstenstraße bei Positano entlang steiler Abhänge und über tiefe Schluchten.

Infos und Adressen

ANREISE

Flug: von allen größeren Flughäfen Direktflüge nach Neapel, weiter mit dem Mietwagen an die Amalfiküste

BESTE REISEZEIT

Frühling, Frühsommer und Herbst

SEHENSWERT

Museo della Carta: Museum zur Papierherstellung in Amalfi; März bis Okt. tgl. 10–18.30 Uhr, Nov. bis Feb. Di–So 10–15.30 Uhr

Giardino della Minerva: mittelalterlicher Lehrgarten in der Altstadt von Salerno; April bis Sept. Di–So 10–13 Uhr und 17–20 Uhr, Okt. bis März Di–So 9–13.30 Uhr

ESSEN UND TRINKEN

La Brace: Trattoria mit vielen hausgemachten Spezialitäten, toller Blick auf Positano; Via G. Capriglione 146, Praiano, www.labracepraiano.com/

A' Paranza: alteingesessenes Fischrestaurant am Meer; Traversa Dragone 2, Atrani, www.ristoranteparanza.com

Il Brigante: rustikale Osteria in der Altstadt von Salerno; Via Fratelli Linguiti 4, Salerno 2, Atrani

ÜBERNACHTEN

Locanda Costa Diva: geschmackvolles Hotel mit sehr guter Küche, Bootsausflüge werden organisiert; Via Roma 12, Praiano, www.hotelspraiano.com

Villa Maria: traditionsreiches Hotel zwischen Ravello und der Villa Cimbrone; Via Santa Chiara, Ravello, www.villamaria.it

WEITERE INFOS

Ausführliche Informationen über die Amalfitana: www.amalfikuesteitalien.de

ausgebaute Wanderwege eröffnen immer wieder neue Aussichten und führen in tiefe Schluchten oder zu winzigen Badebuchten. Durch das **Dragonetal** führen enge Spitzkehren hinauf nach **Ravello**, wo die paradiesischen Gärten der **Villa Cimbrone** oder der **Villa Ruffolo** fantastische Ausblicke auf die Küstenlandschaft bieten.

Die quirlige Provinzstadt **Salerno** hat sich in den letzten 20 Jahren von einer schmuddeligen Hafenstadt in eine schmucke Einkaufsstadt mit herausgeputzter Altstadt, exquisiter Fußgängerzone und großzügiger Küstenpromenade verwandelt. Gute Restaurants, schicke Bars, viele kleine Geschäfte und Galerien lohnen ebenso einen Besuch wie der normannische Dom mit dem durch seine Spitzbögen arabisch anmutendem Campanile sowie der idyllische **Giardino della Minerva**, einer der ältesten botanischen Gärten Europas mit heilkräftigen Pflanzen.   EA

Zu zweit erleben

SENTIERO DEGLI DEI

Der »Götterpfad« zählt sicher zu den schönsten Wanderwegen an der Amalfitana. Ausgangspunkt der aussichtsreichen Wanderung ist **Bomerano**, ein Ortsteil von **Agerola**, in den **Monti Lattari** im Hinterland der Küste. Die Hochebene ist bekannt für ihre Käsespezialitäten. Von Amalfi führt ein Linienbus nach Bomerano. Schmale Straßen in der wilden Felslandschaft, die zu Maultierpfaden werden, bieten an vielen Stellen grandiose Aussichten über die Sorrentiner Halbinsel bis nach Capri und auf die kleinen **Sireneninseln**. Der Wanderweg führt durch die Ortschaften **Nocelle** und **Montepertuso** zum Teil auf Treppenwegen bis nach Positano.

Ebenfalls im Hinterland von Amalfi liegt das romantische **Valle dei Mulini**, das Mühlental. Ein schattiger Weg führt an kleinen Wasserfällen und den Ruinen alter Papiermühlen vorbei hoch in die Weingärten und Zitronenhaine von **Pontone**. Wer will, kann weiter ins luxuriöse Ravello oder ins ländliche **Scala** aufsteigen. Dabei sind allerdings 500 Höhenmeter zu bewältigen.

Entspannen und Genießen

33 Val d'Orcia – Toskana

HIGHLIGHTS

Museo dell'Opera del Duomo: Die Ausstellung in Siena beherbergt auch Duccios berühmte Madonna. www.operaduomo.siena.it

Montalcino: Hier gibt es sowohl die besondere Rotweinsorte »Montalcino« als auch eine sehenswerte Festung.

Madonna di San Biagio: Die Kirche unterhalb von Montepulciano war jahrhundertelang Ziel von Wallfahrten.

Crete Senesi: ein niederschlagsarmes Gebiet südlich von Siena mit sichtbaren Tonschichten.

Monte Amiata: Dichte Kastanien- und Mischwälder bedecken die Hänge des erloschenen und 1738 m hohen Vulkans.

DINNER FOR TWO

Antipasto mit luftgetrocknetem Schinken und gebratenem, in Olivenöl eingelegtem Gemüse – *Ribollita* (Gemüsesuppe), *Scottiglia* (Schmortopf mit verschiedenen Fleischsorten) oder *Bistecca fiorentina* (Steak vom Chianina-Rind) – *Panforte* (Gewürzkuchen), oder Panna Cotta, dazu ein *Sangiovese* oder *Brunello di Montalcino*

Inbegriff toskanischer Landschaft: ein Landhaus mit Zypressen unter blauem Himmel im Val d'Orcia, sanft umwogt vom Morgendunst.

Die Toskana verzaubert: Egal, in welche Stadt man auch fährt, die Kunstschöpfungen sind einfach überwältigend. Wer seinen Kulturlaub mit Natur- und Wellnessfreuden kombinieren möchte, der reist ins Val d'Orcia. Hier findet man sanft geschwungene Hügelketten mit den vielfach fotografierten Zypressenreihen und noch dazu reizende Badeorte.

Ideal einer Kulturlandschaft

Das liebliche **Val d'Orcia** lockt mit seinen mediterranen Düften und den zauberhaft schönen Landschaften. Überall kann man kleine Dörfer auf sonnenbeschienenen Hügelflanken erblicken. Ein besonderes Erlebnis ist die alte Römerstraße **Via Cassia**. Wo einst Legionäre und später Pilger durch die **Toskana** in Richtung Rom zogen, erfreuen sich heute Wanderer und Radfahrer an malerischen Wegen, die sich durch wogende Wiesen schlängeln und von Zeit zu Zeit in ein schattiges Wäldchen eintauchen. Zwischendurch passiert man offene Getreidefelder, Weinreben sowie Olivenhaine, die mal zu stattlichen Landgütern oder auch zu wehrhaften Burgen führen. Wer hier unterwegs ist, kann eine tiefe Ruhe genießen und vielleicht sogar seinen Seelenfrieden finden. Dies hat die UNESCO schon im Jahr 2004 erkannt und das Val d'Orcia mit der höchsten Auszeichnung prämiert – dem Weltkulturerbe.

Italien

Spektakel mit Traumkulisse

Bereits in der Renaissance zogen die Maler der Sieneser Schule immer wieder in die betörende Landschaft und machten sie über die Landesgrenzen hinaus einen Namen. Schon allein aus diesem Grund sollte man dem ehemaligen Stadtstaat einen Besuch abstatten. Besonders berühmt ist **Siena** für den »Palio di Siena«. Das packende Pferderennen wird zweimal im Jahr, am 2. Juli und am 16. August, ausgetragen. Als stilgerechte Kulisse dient der **Piazza del Campo**. Die Ursprünge dieses Spektakels reichen bis ins Mittelalter zurück, und noch heute kleiden sich die Reiter der 17 Stadtteile in historische Gewänder. Doch auch abseits des Palio hat die Stadt eine Menge zu bieten – allen voran den aus schwarzem und weißem Marmor erbauten **Dom von Siena**. In seinem Innern schreitet man zwischen den hohen Säulen hindurch und lässt den Blick vom detaillierten Mosaikboden hinüber zur **Piccolomini-Bibliothek** wandern, die in einem Seitenflügel untergebracht ist und Werke von Pinturicchio beherbergt. Einen ganz besonderen Ausblick auf die prächtige Schönheit der Stadt mit ihren 53 000 Einwohnern bietet die Aussichtsplattform des Doms. Von hier aus erblickt man bereits das nächste Ziel, den **Palazzo Pubblico**. Das filigrane Gebäude, dessen Bau im Jahr 1297 begann, wird vom schlanken **Torre del Mangia** bewacht, auf den man ebenfalls hinaufsteigen kann. Der Palast selbst präsentiert dem kulturbegeisterten

Zu zweit erleben

WELLNESSOASE DER EXTRAKLASSE

Ein idealer Ort, um Kraft zu tanken, ist das Hotel »Adler Thermae« (www.adler-thermae.com) in Bagno Vignoni. Die zwei großzügig angelegten Pools, der moderne Saunabereich sowie der Spa-&-Beauty-Bereich dieser exklusiven Anlage sorgen für großen Komfort und unbeschwerte Urlaubstage. Hier kann man entspannende Behandlungen für Paare wie Massagen, Ayurveda oder Vinotherapie buchen. Auch Leihräder, E-Bikes und Rennräder stehen bereit, und es besteht die Möglichkeit an einer geführten Wanderung teilzunehmen. Besonders interessant sind die Kulinariktouren, auf denen man die Spezialitäten der Region kennenlernt. Gäste, die auf eigene Faust losziehen, bekommen die hauseigene App mit Streckenempfehlungen mit auf den Weg. Wer tagsüber im Hotel bleiben möchte, der blickt von seinem Zimmer aus auf den Garten und die dahinter liegenden Hügelzüge mit ihren charakteristischen Zypressenalleen. Ein Stockwerk höher genießt man die Köstlichkeiten des »ADLER Kulinarium«, das seine Speisen vornehmlich aus lokalen Produkten kreiert, die von ausgewählten Erzeugern im Val d'Orcia stammen.

Plausch im Straßencafé in Bagno Vignoni, bei San Quirico d'Orcia.

Das Hotel »Adler Thermae« in Bagno Vignoni bietet Erholung in traumhafter Umgebung.

Besondere Augenblicke

AKTIVTOUREN IM VAL D'ORCIA

Die Südtoskana verfügt über ein dichtes Netz an Nebenwegen, die regelrecht dazu einladen, die Gegend zu erkunden. Bei seiner Routenwahl sollte man aber bedenken, dass das Gelände überwiegend hügelig ist. Daher empfiehlt sich ein Fahrradtrip mit einem E-Bike. So kann man selbst in dieser anspruchsvollen Landschaft ausgedehnte Rundtouren machen. Lohnende Ziele sind etwa die **Abtei Sant'Antimo**, der **Kurort Bagni San Filippo** oder **Castiglione d'Orcia**. Touren mit wenig Steigung findet man in den Tälern der Flüsse **Asso**, **Formone**, **Orcia**, **Vellora** und **Vivo**. Hier haben auch Rennradtouren ihren besonderen Reiz, denn der 1738 m hohe **Monte Amiata** ist eine echte Herausforderung. Spaziergänger werden an der historischen **Via Francigena** Gefallen finden, die sich fernab der Hauptverkehrsstraßen von einer Hügelkuppe zur nächsten zieht.

Frühjahr und Herbst sind zum Wandern in der Toskana am schönsten.

Die Via dell'Amore führt auch durch das pittoreske Städtchen Pienza.

Besucher im Stadtmuseum berühmte Fresken, welche die hohen Säle kunstvoll ausschmücken.

Bagno Vignoni – ein Platz zum Erholen

Nachdem man sich von Siena losreißen konnte, findet man auch auf dem Land viele kleinere Städte, die einen Besuch lohnen. Gerade einmal 50 km sind es von Siena nach **Pienza**. Der winzige Ort sitzt erhaben auf einer lang gestreckten Anhöhe, und sein historisches Zentrum wurde schon 1996 zum Weltkulturerbe erklärt. Der Süden der Toskana bietet jedoch neben der Landschaft und der Kunst noch ein drittes Highlight: die Thermalquellen von **Bagno Vignoni**. Das Wasser dringt aus einer Tiefe von rund 1000 m durch heiße, vulkanische Schichten an die Erdoberfläche und erreicht dabei Temperaturen von um die 50 Grad. Auf seinem Weg durch das Erdreich wird es mit Salzen, Kalzium, Eisencarbonat, Sulfaten, Natrium und Magnesium angereichert, weshalb dem Wasser eine heilende Wirkung nachgesagt wird. Bereits der Volksstamm der Etrusker entspannte in den warmen Becken. Später machten hier Lorenzo de' Medici, die Heilige Caterina und Papst Pius II. halt und erholten sich von ihren Reisestrapazen. Im Jahr 1983 rückte Bagno Vignoni im sowjetisch-italienischen Film »Nostalghia« ins Rampenlicht. Teile des Films spielen in dem kleinen Kurort, in dessen Mitte das riesige Thermalbecken aus dem 16. Jh. alle Blicke auf sich zieht. Auch im Kloster Sant'Anna in **Camprena** können Filmfreunde auf Kulissensuche gehen, denn dort wurden Szenen des mit neun Oscars prämierten Meisterwerks »Der englische Patient« gedreht. Doch ob man nun im Val d'Orcia Filmgrößen nachspürt oder einfach nur die Alltagssorgen vergessen möchte – hier in der Südtoskana spielt jeder für ein paar Tage die Hauptrolle in seinem privaten Urlaubstraum. *TB*

Toskana

ANREISE
Flug: Die nächsten Flughäfen liegen bei Florenz (Aeroporto Vespucci) und Pisa (Aeroporto Galileo Galilei). **Zug:** CityNight-Line ab München zum Bahnhof Chiusi-Chianciano Terme. (9–10 Std. Fahrtzeit). Von Florenz erreicht man auch per Regionalbahn sein Reiseziel.
Auto: via Brenner, Bologna und Florenz

BESTE REISEZEIT
für Outdooraktivitäten und Kultur: April–Mai, September–Oktober
für den Badeurlaub an der Küste: Juni–August
Für Kulturreisende ist auch der Winter interessant, wenn es in den Museen deutlich ruhiger ist. Zudem zeichnen sich die Wintermonate in den toskanischen Flussniederungen oft durch ein mildes Klima aus.

SEHENSWERT
Tomba Ildebranda: Auf das einzige erhaltene Exemplar eines etruskischen Tempelgrabes stößt man in der Ortschaft Sovana, die auf einer Anhöhe aus Tuffstein liegt.
Abbazia di Monte Oliveto Maggiore: Die einsam gelegene Abtei ist das Stammkloster und der Sitz des Generalabtes der Olivetaner, eines benediktinischen Zweigordens.
Siena: Auch ohne das legendäre Pferderennen ist diese Stadt eine der schönsten Italiens. Der Palio zu Ehren der Madonna di Provenzano (Palio di Provenzano) findet am 2. Juli, der zu Ehren Mariä Himmelfahrt am 16. August statt.
Prozessionen in der Karwoche: In der »Settimana Santa« finden in vielen Orten feierliche Prozessionen und Passionsspiele statt.

ESSEN UND TRINKEN
Ristorante il duomo Siena: Das Restaurant beglückt seine Gäste mit typisch toskanischer Küche und das nur wenige Schritte vom Zentrum entfernt. Via die Fusari 19, Siena, www.ristoranteilduomo.it
La Locanda del Castello: Das Restaurant dieser Herberge ist im ältesten Teil des Gebäudes untergebracht. Piazza Vittorio Emanuele II 4, Siena, www.lalocandadelcastello.com

ÜBERNACHTEN
Hotel Palazzo Ravizza: charmante Unterkunft ganz in der Nähe der Altstadt; Pian dei Mantellini 34, Siena, www.palazzoravizza.it
Piccolo Hotel La Valle: Neben dem Haus selbst imponiert auch die Panoramaterrasse mit Blick auf Pienza und das Umland. Via Circonvallazione 7, Pienza, www.piccolohotellavalle.it

SHOPPING
Besonders beliebt sind die Wochenmärkte, die im Freien oder in großen Hallen stattfinden. Als kleine Reisemitbringsel aus der Toskana bieten sich vor allem lokale Erzeugnisse wie Olivenöl, Wein, Grappa, Kräuterlikör, Honig und Nudeln an. Neben Lebensmitteln kann man zudem Kleidung, Kunsthandwerk wie beispielsweise bemalte Keramiken, Schmiedearbeiten, Holzerzeugnisse oder Schmuck sowie Antiquitäten erwerben. Letztere findet man auf eigenen Antiquitätenmärkten oder in Spezialgeschäften. Auch in den Modegeschäften und Boutiquen drängen sich die Kunden: Neben diversen Kleidungstücken bekommt man hier hochwertige Lederschuhe und Stiefel.

WEITERE INFOS
Offizielle Internetseite des Italienischen Fremdenverkehrsamtes: www.italia.it; I.A.T. Siena, Piazza Duomo 1, www.terresiena.it

Der Piazza del Campo in Siena ist allabendlich ein beliebter Treffpunkt.

Entspannen und Genießen

34

Apulien

HIGHLIGHTS

Valle d'Itria: Die betörende Kulturlandschaft ist gespickt mit den fotogenen Steinbauten der Trulli.

Castel del Monte: Das spektakuläre Bauwerk stammt aus der Zeit des Stauferkaisers Friedrich II.

Nationalpark Gargano: Neben den alten Pinienwäldern verzaubert hier vor allem der Blick auf die tiefblaue Adria.

Kathedrale Santa Annunziata: Das Gotteshaus in Otranto ist berühmt für seine Bodenmosaike sowie die Krypta.

Ostuni: Die »weiße Stadt« sitzt aussichtsreich auf einer Hügelkuppe und lockt Besucher mit einem pittoresken Gewirr von Gassen und Stiegen an.

DINNER FOR TWO

Das Meer und der Einfallsreichtum der Köche bereichern die Landesküche Apuliens mit Delikatessen wie *Miesmuscheln, gegarter Zahnbrasse, Fischsuppe* oder *überbackener Fleischbrühe*. Typische Fleischgerichte sind *Schweinebraten* und *Pferdefleischrouladen*. Außerdem sind *Tiella* (geschichtete Ofenaufläufe), *Pasta aus Hartweizenmehl, Pizza, Bohnenpüree* sowie *Ziegen- und Schafskäse* beliebt.

Die Küste präsentiert bei Otranto fotogene Felsformationen.

Traumhaft schöne Küstenabschnitte, blühende Wiesen und einsame Landstraßen – der Frühling am »Absatz« des italienischen »Stiefels« verzaubert. Obendrein warten sehenswerte Städte mit einem reichen Kulturerbe nur darauf, erkundet zu werden. Weitere Glanzpunkte sind zweifellos die Weine Apuliens sowie die bodenständige Landesküche.

Traumküste am »Absatz des Stiefels«

Die Herzen der Sonnenanbeter schlagen bei der bloßen Erwähnung des Namens **Apulien** schneller: Im Land von Pizza und Pasta schmeichelt unser Zentralgestirn an durchschnittlich 300 Tagen im Jahr der Haut. Eine faszinierende Schönheit entfaltet die Küstenlandschaft am **Golf von Tarent** mit einsamen Sandstränden, Felsenklippen und lauschigen Badeorten. Apulien erlebte in den letzten 2500 Jahren eine wechselvolle Geschichte – Griechen, Römer, Byzantiner, Normannen sowie Staufer drückten der strategisch günstig am Mittelmeer gelegenen Region ihren Stempel auf. Sie alle hinterließen der Nachwelt bedeutende Bauwerke und schufen damit ein reiches Kulturleben.

Ein wunderbares Beispiel für die verschiedenen Einflüsse bietet **Gallipoli**. Die »schöne Stadt« wurde 265 v. Chr. von griechischen Kolonisten als Kallipolis gegründet. Die Kirche haben die Spanier erbaut, und das Castello Angioino wurde unter der byzantinischen Herrschaft begonnen und von einem Baumeister der Krone Aragons vollendet.

Italien

Ein komplett anderes Bild zeigt sich in **Alberobello**. Die Welterbestätte ist berühmt für die sonderbaren Kegelbauten, von denen es in der Stadt rund 1400 Stück gibt. Die Bewohner nennen die fotogenen Behausungen mit ihren spitz zulaufenden Dächern liebevoll Trulli. Ebenfalls unter dem Schutz der UNESCO stehen die Höhlensiedlung **Sassi di Matera** und das ergreifende **Castel del Monte**.

Ein paar Stunden weiter südlich erreicht man **Lecce**. Die Hauptstadt der gleichnamigen Provinz gleicht einem steinernen Geschichtsbuch. Kunstexperten sprechen hier vom Lecceser Barock, der auf das 17. und 18. Jh. zurückgeht. Der opulente Baustil zeichnet sich durch die Vielfalt der plastischen Dekorationen aus. *TB*

Hochzeitsgesellschaft vor dem Dom San Martino in Martina Franca

Infos und Adressen

ANREISE
Flug: nach Bari-Palese oder Brindisi-Casale; **Bahn:** Direktverbindungen nach Matera und Lecce; **Auto:** Fahrt entlang der Adraiküste

BESTE REISEZEIT
April–Oktober

SEHENSWERT
Tremiti-Inseln: fünf Eilande, bewohnt sind nur San Domino und San Nicola
San Giovanni Rotondo: In diesem Pilgerort verbrachte Pater Pio sein Leben.

ESSEN UND TRINKEN
Gelateria-Caffetteria Arte Fredda: In Italien gibt es das beste Eis der Welt, und es schmeckt auch hier in Alberobello. Largo Martellotta 47, www.artefredda.com
Ristorante Zia Fernanda: für seine Meeresfrüchtemenüs bekanntes Speiselokal inmitten der bezaubernden Altstadt von Otranto; Via XXV Aprile, www.ziafernanda.it

ÜBERNACHTEN
Relais Corte Palmieri: Gasthaus in einer Stadtvilla von 1700; Corte Palmieri 3, Gallipoli; www.hotelpalazzodelcorso.it
Hotel San Giuseppe: nur 100 m zum Stadtzentrum und 500 m zum Stadtstrand; Via Ottocento Martiri 60, Otranto, www.charmingpuglia.com

WEITERE INFOS
Offizielle Internetseite des Italienischen Fremdenverkehrsamtes: www.italia.it; **Italienische Zentrale für Tourismus ENIT:** Barckhausstraße 10, Frankfur/M., Tel. 069-23 74 34, www.enit.it; www.viaggiareinpuglia.it

Besondere Augenblicke

BADEFREUDEN

Wer die Basilika Santa Maria De Finibus Terrae an der Südspitze Apuliens erreicht, betritt besonderen Boden: Vor dem im 17. Jh. errichteten Gotteshaus liegt ein weitläufiger Platz, hinter dem ein schlanker Leuchtturm das Kap markiert. Rechts breitet sich das schimmernde Blau des Golfs von Tarent aus und links schlagen die Wellen des Ionischen Meeres ans Ufer und wecken die Vorfreude auf einen entspannten Strandtag. »Baia Verde« nennen die Apulier diesen Küstenabschnitt. Er ist gespickt mit großartigen Meeresgrotten, steil in die See abfallenden Kalksteinmassiven und bizarren Karstbögen. Die Luft ist erfüllt vom Wohlgeruch der Macchiasträucher, die wie gelbe Farbtupfer aus den grünen Hängen leuchten. Dazwischen krallen Pinienwälder und Kakteen ihre Wurzeln in die trockenen Böden. Apulien verfügt über eine sagenhafte Küstenlinie mit einer Länge von 800 km. Hier und dort leuchtet das erfrischende Nass bei Lichteinfall türkisfarben, und die Strände sind betörend weiß gepudert.

Entspannen und Genießen

35 Piemont

HIGHLIGHTS

Isola Bella im Lago Maggiore: Neben dem Palazzo Borromeo gibt es hier auch hinreißende Gartenanlagen zu bestaunen.

Wallfahrtskirche Superga: Der imposante Kuppelbau wacht seit annähernd 300 Jahren auf einer aussichtsreichen Anhöhe über Turin.

Acqui Terme: Die historische Altstadt wurde direkt auf einer schwefelhaltigen Thermalquelle erbaut.

Museo Egizio: Tausende Artefakte der Ägyptologie werden im Herzen Turins ausgestellt.

Grande Traversata delle Alpi: Der rund 1000 km lange Weitwanderweg erschließt eine der ruhigsten Regionen des Alpenkamms und kann auch zu Tagestouren genutzt werden.

DINNER FOR TWO

Beliebte Fleischgerichte: *Rinderschmorbraten*, *Kalbfleischtatar*, *Truthahn*, *Schinken* und *Speck* – für Vegetarier: *Pasta* und *andere Hartweizenmehlgerichte*, *Trüffel*, *Steinpilze*, *Risotto*, breite Palette an *Frischkäse* – für Süßmäuler: *Schokolade* und *Nusskuchen*. Zum Essen werden *Barolo, Barbaresco, Barbera, Dolcetto, Freisa, Gavi, Arneis, Asti Spumante, Moscato d'Asti* gereicht.

Viele Ortschaften im Piemont wurden auf Hügeln des Alpenvorlandes errichtet.

Im Piemont sind Geschichte und Kultur allgegenwärtig: Zwischen den beschaulichen Hügellandschaften liegen sonnenverwöhnt namhafte Städte wie Turin, Asti und Alba. Sie locken Besucher mit einer alten Bausubstanz und spannenden Museen an. Für das leibliche Wohl sorgen die italienische Küche und die erlesenen Weine dieses malerischen Fleckens Erde.

Schlemmerparadies am Fuß der Alpen

Piemont bedeutet aus dem Lateinischen übersetzt »am Fuß der Berge«. Diesen Namen trägt die flächenmäßig nach Sizilien größte Region Italiens zu Recht. Schaut man in der Landeshauptstadt **Turin** gen Westen, erblickt man das majestätische Zackenband der **Cottischen Alpen**. Dort finden Sie ein weitverzweigtes Wanderwegenetz, das kaum Wünsche offen lässt. Im Angesicht des **Monte-Rosa-Massivs** mit dem **Grenzgipfel** (4618 m, höchste Erhebung auf italienischer Seite), des **Gran Paradiso** (4061 m) sowie des perfekten Dreiecks des **Monviso** (3841 m) legt man staunend den Kopf in den Nacken und trägt ein Lächeln im Gesicht. Zu ihren Füßen zeichnen Hügel eine sanfte Linie am Horizont, auf deren Kuppen sich charmante Dörfer sonnen.

In der Mitte Piemonts liegt die Provinz **Asti**: Hier erspäht man überall Rebzeilen, die von kleinen Waldflächen durchsetzt sind, und dazwischen immer wieder eine Gelegenheit, den Leckereien am Wegesrand zu frönen. In den Hochlagen

Italien

Im legendären Cafe Platti in Turin werden zum Aperitiv leckere Häppchen gereicht.

Infos und Adressen

ANREISE
Flug: Direktflüge nach Turin; **Bahn:** alle großen Städte im Piemont per Zug erreichbar; **Auto:** durch den Schweizer Kanton Tessin und via Mailand ans Ziel

BESTE REISEZEIT
Mai–Oktober

SEHENSWERT
Castello di Grinzane Cavour: Hinter den alten Mauern sind ein Ethnografisches Museum, eine Önothek und ein Restaurant untergebracht.
Nationalpark Val Grande: Auf einer Fläche von 146 km² kann sich die Bergnatur ungestört entfalten.

ESSEN UND TRINKEN
Agriturismo Cascina Vignole: köstliche Viergängemenüs; Via Vignole 2, Montafia, www.cascinavignole.com
Relais dei Poderi Einaudi: Der Weinkeller kann im Rahmen einer Führung samt Verkostung besichtigt werden. Borgata Gombe 31, Dogliani, www.relaiseinaudi.com

ÜBERNACHTEN
Relais Cascina Falcona: Die spektakulär über dem Tal von Mombarcaro gelegene Herberge verspricht romantische Stunden zu zweit. Valtortagna, www.briatore.org/siti_clienti/lafalcona/main
Hotel Roma Imperiale: stilvolle Bleibe am Rand des Badeorts Acqui Terme; Via Passeggiata dei Colli, www.roma-imperiale.com

WEITERE INFOS
Turismo Torino e Provincia: Via Maria Vittoria, Turin, Tel. 00 39-01 18 18 50 11, www.turismotorino.org, www.piemonteitalia.eu

Besondere Augenblicke

HISTORIENKULISSE ZUM TRÄUMEN

Wer seine Piemontreise in der Gourmetstadt Turin beginnt, den erwarten Schmuckstücke wie die **Piazza San Carlo** mit ihren Zwillingskirchen Santa Cristina und Sant Carlo. Von hier aus schreitet man durch die von Arkaden begleitete Via Roma in Richtung **Palazzo Reale**. Der Königliche Palast wurde 1997 mit weiteren Repräsentationsbauwerken unter der Bezeichnung »Residenzen des Hauses Savoyen« in den Status des UNESCO-Weltkulturerbes aufgenommen. Nebenan behütet der **Dom** in einer Seitenkapelle eines der großen Rätsel der Christenheit – das Turiner Grabtuch.

Kulturinteressierte Besucher zieht es zudem nach Alba und Asti. Stolz ist man im **Tal des Tanaro-Flusses** neben der bestens erhaltenen Bausubstanz auch auf den **Palio**. Jedes Jahr am dritten September-Sonntag verwandelt sich Asti in eine Historienkulisse, deren Herzstück die **Piazza Alfieri** ist. Auf diesem dreieckigen Platz künden in traditionelle Trachten gekleidete Fahnenschwinger und Trommler ein Pferderennen an, dessen Geschichte bis ins Jahr 1275 zurückreicht.

cicloTours bietet romantische Weinreisen sowie Aktivreisen zu Fuß und per Fahrrad an. Beethovenstraße 47, Konstanz, www.ciclotours.com

wachsen Haselnusssträucher, auf den Weiden sieht man das weiß-gelbliche Piemonteser Rind, und die Felder liefern weitere Zutaten für sorgfältig gehütete Familienrezepte. Im Herbst, wenn sich die Wälder und Weinstöcke in einen gelbroten Farbenrausch verwandeln, wird das Piemont auch zum Pilgerziel für Feinschmecker. In dieser Jahreszeit steht die gesamte Region Kopf und feiert auf den gut besuchten Käse-, Wein- sowie Haselnussfesten die Schätze der Landwirtschaft.

Trüffelfans zieht es im Oktober nach **Alba**. Dort gedeiht mit dem Weißen Albatrüffel der König des Schlaraffenlands, der die norditalienischen Traditionsgerichte mit seinem unverwechselbaren Aroma verfeinert.   TB

Entspannen und Genießen

Istrische Halbinsel

HIGHLIGHTS

Poreč: In der malerischen Altstadt prunkt die Basilika Euphrasius, UNESCO-Weltkulturerbe, mit Istriens schönstem byzantinischem Mosaik.

Rovinj: Auch »Perle Istriens« genannt, ist die Altstadt ein perfektes Beispiel des venezianischen Erbes.

Amphitheater in Pula: Die sechstgrößte römische Arena der Welt ist in großen Teilen gut erhalten.

Opatija: Nirgends sonst lässt sich das k.u.k. Erbe mit seinen Prachtbauten besser erspüren.

Beram: Die Friedhofskapelle des Dorfes mit ihrem fantasievollen Freskenreigen ist unvergleichlich.

DINNER FOR TWO

Trüffel: Im Herbst gibt's den König der Pilze in Istrien in allen Variationen. – *Šulice:* hausgemachte Nudeln, die im Aussehen variieren – *Peka:* Lamm- oder Ziegenfleisch gegart im gusseisernen Topf unter der »Peka«, einer Metall- oder Tonglocke, die mit Asche und Glut bedeckt ist – *Pršut:* luftgetrockneter Schinken aus Dalmatien

Rovinj, die „Perle Istriens" ist wohl das vollkommenste Beispiel einer venezianischen Stadtgründung. Davon zeugt auch der Kirchturm, der dem Campanile von San Marco in Venedig nachempfunden ist.

Es gibt viele Gründe, nach Istrien zu reisen: die glasklaren Fluten der azurblauen Adria, die mediterrane Sonne, ein traumhafter Küstensaum mit malerischen Buchten, duftende Pinienhaine und Hafenstädtchen mit großer Geschichte sind nur einige von ihnen. Das bergige Hinterland mit uralten Olivenbäumen und knorrigen Steineichen ist ebenso sehenswert.

Das »Blaue Istrien«, Venedigs kleine Schwester

Istrien ist ein wunderschönes Fleckchen Erde. Kein Wunder, dass der Landstrich über die Jahrhunderte von einer Herrschaft zur anderen wanderte. Eroberer aus allen Himmelsrichtungen kamen, siegten, regierten und hinterließen bei ihrem Abschied ein reiches Erbe: Traditionen, Kulturen und Baustile, die noch heute jeder einzelnen Stadt ihre unverwechselbare Prägung geben. Die lebhafte Westküste zwischen **Umag**, dem »Tor zur Adria« und **Pula**, Istriens südlichster Stadt, ist touristisch am besten erschlossen. Es ist das »Blaue Istrien«, so genannt wegen der azurfarbenen **Adria** – kristallklar, weil sie an Land nicht auf Sand, sondern auf Fels und Kiesel trifft.

Pittoreske Hafenstädtchen reihen sich auf wie kostbare Perlen, und ihr Gesicht zeigt deutlich das venezianische und römische Erbe. Der Stadtkern von **Novigrad**, erbaut auf ei-

Kroatien

ner kleinen Landzunge, hat seine mittelalterliche Struktur bis heute erhalten. Nicht so sehr einzelne gotische Bürgerhäuser reizen hier, vielmehr ist es die stimmungsvolle Atmosphäre der verwinkelten Gassen und sich plötzlich öffnender Plätze, die den Ort so anziehend machen, wie auch die **Basilika St. Pelagius**, die zu den ältesten istrischen Denkmälern zählt, mit ihrer romanischen Krypta.

Die »Perle Istriens«

Ebenfalls auf einer Landzunge erstreckt sich die Altstadt von **Poreč**, deren Hauptattraktionen aus venezianischer Zeit stammen. In der Altstadt drängen sich gotische Häuser neben Palästen aus Renaissance und Barock. Größte Sehenswürdigkeit ist die zum UNESCO-Weltkulturerbe erklärte **Euphrasius-Basilika** aus dem 6. Jh. mit ihren prachtvollen byzantinischen Mosaiken und einem Kirchturm, von dem sich ein herrlicher Blick über die Altstadt zum Meer bietet.

Rovinj, die wohl bezauberndste Stadt an der Westküste, »Perle Istriens« genannt, erstreckt sich mit hohen, ineinanderverschachtelten Häusern und einem Geflecht winkeliger Gassen über eine hügelige Halbinsel. Gekrönt wird das Bilderbuchstädtchen von der Euphemia-Basilika, die der 61 m hohe, dem Campanile von Venedigs San Marco nachgebildete Glockenturm flankiert.

Pulas größte Attraktion ist das altehrwürdige Amphitheater, das zu den besterhaltenen der Welt zählt.

Besondere Augenblicke

FAŽANA UND DIE BRIJUNI-INSELN

Wenn der pittoreske Fischerort **Fažana** im August plötzlich aus allen Nähten platzt, dann weiß der Eingeweihte: Das große und vergnügliche Fest zu Ehren der Sardelle hat seinen Anfang genommen. Die restliche Zeit geht es auf dem Hauptplatz zwischen Kirche und Hafen sehr viel beschaulicher zu. Besucher schauen nur vorbei, um eines der Boote zu besteigen, die zu den nahen **Brijuni-Inseln** übersetzen. Es sind dies kleine paradiesische Inseln mit herrlicher Natur, die zu Titos Zeiten streng abgeriegeltes Gebiet waren. Nur illustre Staatsgäste durften die Schönheit des Archipels mit seinem kristallklaren Wasser genießen. Heute ist das anders, es darf übersetzen, wer will, um beim Ablegen das hinreißende Panorama von Fažana zu bestaunen und sich bei der Ankunft am Anblick der Bucht von **Veli Brijun**, der größten der 14 Inseln, zu erfreuen. Mit der Inselbahn tuckert man zu den Inselattraktionen, zu alten Kirchen, römischen und byzantinischen Ausgrabungen und einem Safaripark (www.brijuni.hr, www.fazana.hr).

Das Boutique-Hotel Phasiana liegt direkt am malerischen Hauptplatz des kleinen Fischerorts Fažana.

Zu zweit erleben

ISTRIENS GRÜNES HERZ

Wer genug vom Trubel an der Küste hat, ist gut damit beraten, sich dem herrlichen grünen Bergland im Inneren Istriens zuzuwenden. Das Hinterland mit Olivenhainen, Eichenwäldern und mittelalterlichen, von trutzigen Steinmauern umringten Dörfern erinnert an die Toskana. Und tatsächlich spricht man hie und da noch Italienisch. Das heute meistbesuchte Dorf ist **Motovun**, das 277 m hoch über dem Tal der **Mirna** thront und aus dem ein venezianischer Campanile herausragt. Ebenso beliebt ist das Dorf **Grošnjan**, das um 1960 noch fast ausgestorben war, inzwischen jedoch von Künstlern zu neuem Leben erweckt wurde. Im Grüngürtel der Mirna liegt auch das größte der Bergdörfer, **Buzet**, mit seinen verwinkelten Gassen, ebenso wie »die kleinste Stadt der Welt«, **Hum**, die man durchlaufen hat, noch bevor man es gemerkt hat. Roč, ein Städtchen ganz in der Nähe, war einst das Zentrum literarischen Schaffens in glagolitischer Schrift, erfunden von den Nationalheiligen Kyrill und Method. Verschiedene Denkmäler entlang der 6 km langen Auffahrtsstraße erinnern an sie.

Die kleine, aber feine Villa Astra in Lovran: Herrschaftlicher kann man an Istriens Meeresufer kaum wohnen.

Am geschichtsträchtigsten gibt sich **Pula**: Je ein Drittel Rom und Wien, je ein Sechstel Venedig und Byzanz, heißt es. Die Stadt an der Südspitze Istriens ist über Jahrtausende gewachsener Kulturboden. So wundert es nicht, dass Pulas Wahrzeichen ein römisches Amphitheater ist. Der monumentale elliptische Bau aus gleißend weißem istrischen Kalkstein stammt aus Kaiser Vespasians Regierungszeit und ist die sechsgrößte Arena der Welt. Einst Schauplatz blutiger Gladiatorenkämpfe dient sie heute, als Kulisse für Opernaufführungen und ein Internationales Filmfestival, viel friedlicheren Zwecken.

Seebad zu Kaisers Zeiten

Deutlich wilderer Natur ist die Ostküste Istriens. Steile Felshänge aus Kalkgestein prägen das Bild, und flache Strände sind rar. Auf halber Höhe zwischen Pula und der **Kvarner Bucht** schmiegt sich das mittelalterliche **Rabac** in eine tief eingeschnittene Bucht. Am Hafen, wo heute Boote auf Kundschaft für Rundfahrten warten, erahnt man noch heute den Charakter des ehemaligen Fischerdorfes. Viel ursprünglicher ist das Zwillingsstädtchen **Labin** auf 300 m Höhe mit fabelhaftem Ausblick auf das **Učka-Gebirge** im Herzen Istriens und über die Kvarner Bucht. Im Mittelalter errichteten die Venezianer Labins Wehrmauern, Bastionen und Türme, und in venezianischer Gotik geben sich auch Rathaus und Mariendom, die Loggia, die Wohnhäuser und Palais.

Ganz anders ist das Erscheinungsbild der Riviera von **Opatjia**, das nur geographisch zu Istrien zählt, politisch aber zur Region Kvarner Bucht. Noch in der ersten Hälfte des 19. Jh. war das damalige Abbazia (»Abtei«) ein bescheidenes Fischerdorf. Sein Aufstieg begann 1845, als sich ein Kaufmann eine prachtvolle Villa baute und Maria Anna, Kaiser Ferdinands I. Gemahlin, einige Tage zu Gast weilte. Es war der Startschuss für die steile Karriere des Küstenstrichs, der bald schon in nur wenigen Stunden direkt per Bahn von Wien und Triest aus erreichbar war. In der Folge entstanden Luxushotels, weitere Prachtvillen, eine Kuranstalt und üppige Parks – auch im benachbarten beschaulichen **Lovran**. Dorthin führt die wohl idyllischste Flaniermeile der gesamten Küste Istriens: die **Franz-Josef-Promenade**, die 10 km direkt am Meeresufer entlangführt, an denen die herrlichen Fin-de-siècle-Villen aller Stilrichtungen liegen. *TW*

Kroatien

Infos und Adressen

ANREISE
Flug: in der Hauptsaison Direktflüge von München und Frankfurt nach Pula; **Bahn:** Fernzüge bis Pula und Pazin; **Auto:** Anreise über Salzburg und Villach nach Ljubljana und weiter auf der Autobahn nach Umag oder Pula

BESTE REISEZEIT
Mai–Mitte Oktober

SEHENSWERT
Grošnjan: In dem malerischen, perfekt restaurierten Künstlerdorf leben heute wieder 80 Einwohner.
Motovun: Inmitten von Weinbergen thront das hübsche alte Dörfchen über dem grünen Tal der Mirna.
Hum: mit 20 Bewohnern ganz offiziell die »kleinste Stadt der Welt« mit alten Stadtmauern und romanischer Kirche
Labin: Ein geflügelter venezianischer Löwe empfängt seine Besucher schon am Eingangstor des stimmungsvollen historischen Städtchens.
Brijuni-Inseln: einst für hohe Staatsgäste reservierte Sperrzone mit herrlicher Natur
Tropfsteinhöhle Baredine: geheimnisvolle Schatzkammer der Unterwelt mit skurril geformten Stalaktiten und Stalagmiten

ESSEN UND TRINKEN
Restaurant Zigante: Luxuslokal für Trüffelfans – von der Vorspeise bis zum Dessert veredelt die Luxusknolle hier jedes Gericht. Livade-Levade 7, Livade, www.restaurantzigante.com
Konoba Damir e Ornela: kulinarische Kultstätte mit maritimen Gerichten auf höchstem Niveau; Via delle Mura 5, Novigrad, www.damirornella.com
Sveti Nikola: Die Lage an der Uferpromenade und das ausgezeichnete Essen machen das Restaurant zur besonderen Erinnerung. Marčala Tita 23, Poreč, www.svnikola.com
Konoba Batelina: 2014 zum besten Restaurant Kroatiens geküretes Feinschmeckergasthaus; Šimulje 25, Banjole/Medulin
Puntulina: kreative istrische Küche über den Badefelsen mit einmaligem Blick auf die Altstadt; Ulica Sv. Kriša 38, Rovinj
Monte: kulinarische Hochgenüsse im romantischen Restaurant am Altstadthügel; Montealbano 75, Rovinj, www.monte.hr
Bevanda: Top-Kulinarikadresse auf stylisher Meerterrasse des Lungomare; Lido, Opatjia, www.bevanda.hr/en
Humska Konoba: Mit Spezialitäten wie Trüffelkäse hat sich das Gasthaus in der kleinsten Stadt der Welt einen Namen gemacht. Hum 2, Roč
Marino: In der herbstlichen Hochsaison der weißen Trüffel genießt das Restaurant größte Beliebtheit. Kremanje 96b, Buje
Konoba Toklarija: Der kulinarische Liebling istrischer Prominenz versteckt sich in den Bergen. Sovinjsko Polje 11, Buzet

SHOPPING
Trüffel: besonders lecker bei Trüffelkönig Zigante in Livade, auch in Buzet, Buje, Pula und Grošnjan
Olivenöl: Beste Qualität von Istriens grünem Gold gibt's bei Irena und Klaus Ipča in Livade und bei Sandi Chiavalon in Vodnjan.
Pršut: Den berühmten luftgetrockneten Rohschinken ersteht man am besten auf dem Bauernhof von Familie Fatorič. Vičinanda, Ferenci 36 a

ÜBERNACHTEN
Villa Tuttorotto: Boutiquehotel in der Altstadt mit Blick auf die Bucht. Dvor Massatto 4, Rovinj, www.villatuttorotto.com
Villetta Phasiana: edles Boutiquehotel nahe dem Hafen des reizenden Fischerörtchens Fačana; Trg Sv. Kuzme i Damjana 1, www.villetta-phasiana.hr
Villa Astra: herrschaftliche Villa im venezianischen Stil an der Uferpromenade Lovrans mit Pool; Viktora Cara Emina 11, www.lovranske-vile.com
Miramar: am Lungomare in der Villa Neptun untergebrachtes Hotel mit Spa, Pool, Park und hervorragender Küche; Ive Kaline 11, Opatjia, www.hotel-miramar.info
Mozart: rosafarbenes Jugendstilhotel, das von einstigem Glanz zeugt; M.Tita 138, Opatjia, www.hotel-mozart.hr
Grand Hotel Palazzo: Traditionshaus in traumhafter Lage an der Altsstadtspitze; Obala Maršala Tita 24, Poreč, www.hotel-palazzo.hr

WEITERE INFOS
Istrisches Informationszentrum: www.istra.hr

Die mosaikgeschmückte Apsis der Euphrasius-Basilika in Poreč gehört seit 1997 zum UNESCO-Weltkulturerbe und ist nicht nur für Kunstliebhaber eine Augenweide.

Entspannen und Genießen

Von Oslo bis Bergen

HIGHLIGHTS

Edvard-Munch-Museum, Oslo: die wichtigsten Werke des berühmten Expressionisten als Dauerausstellung

Wikingerschiff-Museum, Oslo: Das Museum beeindruckt mit dem 21,5 m langen Oseberg-Schiff aus dem 9. Jh.

Holmenkollbakken, Oslo: Eine fantastische Aussicht bietet die berühmte 60 m hohe Sprungschanze.

Bryggen, Bergen: Das Ensemble spitzgiebeliger Hanse-Häuser aus Holz ist die Hauptattraktion der Stadt.

Flåmsbahn: Die steilste Zugstrecke der Welt überwindet auf nur 20 km einen Höhenunterschied von 860 m.

DINNER FOR TWO

Graved Lachs: in Salz, Pfeffer, Zucker und Dill gebeizte Lachsspezialität – *Tørrfisk:* Stockfisch, der – aufgezogen auf einem Gestänge – luftgetrocknet wird – *Rentier:* Der Geschmack des Fleisches liegt zwischen Hirsch und Kalb. – *Rømmegrøt:* Grießbrei mit Sauerrahm, Zucker oder Honig, Rosinen und Zimt

Eine Zugfahrt durch Norwegens wilde Berglandschaften und endlose Wälder, vorbei an See und Wasserfällen, ist eines der schönsten Naturerlebnisse in Skandinavien.

Keine Bahnstrecke Europas führt ihre Fahrgäste höher hinauf: Auf 1222 Metern liegt der höchste Punkt, den die »Bergensbahn« von Oslo nach Bergen auf der Hochebene von Hardangervidda erreicht. Kombiniert mit der Flåmsbahn hinunter in die Fjordwelt, bekommt man die besten Eindrücke von Norwegens faszinierender Natur.

Die schönste Zugfahrt der Welt

Oslo, Skandinaviens älteste Hauptstadt, wartet mit vielen Attraktionen unterschiedlicher Epochen auf, angefangen vom wundersam erhaltenen Wikingerschiff aus dem 9. Jh. bis hin zum neuesten Stolz des Landes, dem spektakulären 2008 eröffneten Opernhaus, das gleich einem Ozeandampfers im Oslofjord zu schwimmen scheint. Doch vor allem reiches Grün zeichnet die Stadt aus: Kaum eine Metropole hat so viel Wald und so viele Seen innerhalb ihrer Grenzen. Die reiche Natur erschließt sich nicht nur auf einem der zahllosen Wanderwege im Stadtgebiet, sondern lässt sich auch perfekt auf einer Bahnfahrt nach Bergen erkunden. Nur früh aufstehen sollte man, der erste Zug fährt zeitig los.

Die Vororte Oslos hat man schnell hinter sich gelassen, da beginnt sich das Land schon von seiner schönsten Seite zu zeigen: bunte Holzhäuser, inmitten grüner Wiesen und Wälder, an Hochmooren oder den Ufern kleiner Seen. Immer höher hinauf führt die Fahrt, Laubbäume werden seltener,

Norwegen

Je mehr man sich dem offenen Meer nähert, desto lieblicher wird die schroffe Kulisse des Sognefjords mit seinen steil ins Wasser abfallenden Felswänden.

Infos und Adressen

ANREISE
Flug: nach Oslo oder Bergen;
Fähre: nach Oslo von Kiel (20 Std.), Frederikshavn (8,5–12 Std.) oder Kopenhagen (16,5 Std.)

BESTE REISEZEIT
Juni–August

SEHENSWERT
Kon-Tiki-Museum, Oslo: Mit dem hier ausgestellten Floß erreichte der Forscher Thor Heyerdahl die Osterinsel.
Vigelandsparken: Den Osloer Park schuf Bildhauer Gustav Vigeland für eigene Skulpturen.
Håkonshallen: prächtige Gotik in Bergen: die königliche Festhalle aus dem 13. Jh.

ESSEN UND TRINKEN
Gamle Raadhus: historisches Gourmetrestaurant in Oslos erstem Rathaus; Nedre Slottsgate 1, www.gamleraadhus.no
Bryggeloftet & Stuene: norwegische Hausmannskost in stimmungsvollem historischem Ambiente; Bryggen 11, Bergen, www.bryggeloftet.no
Argent Fine Dining: ans Opernhaus angeschlossenes nobles Restaurant mit neu interpretierter Skandinavienküche; Kirsten Flagstads pl. 1, Oslo, www.argentfinedining.no

ÜBERNACHTEN
Grand Hotel: Oslos traditionsreiches Nobelhotel, Karl Johans Gate 31, www.grand.no/de
Det Hanseatike Hotel: edles Boutiquehotel im Herzen Bergens, Finnegården 2A, www.dethanseatikehotel.no/en

WEITERE INFOS
Visit Norway:
www.visitnorway.com

Zu zweit erleben

DURCH DIE WELT DER FJORDE

Der **Sognefjord** ist mit 205 km Norwegens längster Fjord. Eine perfekte Möglichkeit, ihn zu erkunden, bietet ein Tagesausflug über die Bahnstation **Myrdal**. Dort besteigt man die **Flåmsbahn**, die sich in haarsträubenden Kurven 860 m in die Tiefe schraubt. Das Naturerlebnis jäher Gipfel und Wasserfälle wird getoppt, wenn man unten beschaulich in **Flåm** am **Aurlandsfjord** die Fähre Richtung Bergen besteigt. Denn spätestens wenn das Schiff in den majestätischen Sognefjord einfährt, verschlägt es einem den Atem. Hunderte von Meter hohe Felswände fallen senkrecht ab in die Fluten – ein unvergessliches Spiel von Licht und Schatten. Seitenarme zweigen ab, wie der schmale **Nærøyfjord**, und bieten neue, überraschende Einblicke. Und immer wieder säumen Bilderbuchdörfer und Streuobstwiesen malerisch die Ufer, stürzen Wasserfälle in den Abgrund, bis die Berge nahe der Mündung flacher werden und kleine Schäreninseln die blauen Fluten unterbrechen (www.visitflam.no/flaamsbana).

bis selbst die letzten Birken Nadelhölzern weichen, und hinter jeder Kurve warten neue Ausblicke in tiefe Schluchten, auf glitzernde Bergseen und schneeige Gipfel. Nach vier Stunden Fahrt wird die Märchenlandschaft deutlich karger. Nur noch Moose, Flechten und Gräser bedecken den schrundigen Boden und trotzen Wind und Wetter. Die 1222 m hohe Station Finse auf der felsigen Hochebene **Hardangervidda** ist erreicht, die selbst im Sommer von Schneefeldern bedeckt ist. Die Luft ist eisig, der Wind pfeift gnadenlos. Nur zwei Stunden dauert es nun noch bis zum Ziel: das charmante und wunderschöne Bergen, europäische Kulturhauptstadt 2000, mit der UNESCO-Sehenswürdigkeit **Bryggen** und seinen alten Hanse-Holzhäusern, die das Hafenbecken säumen.   TW

Entspannen und Genießen

38 Tristacher See

HIGHLIGHTS

Schloss Bruck: schönes Ambiente mit der größten Ausstellung des bedeutendsten Malers Osttirols, Albin Egger-Lienz; www.museum-schlossbruck.at

Stadtpfarrkirche St. Andrä: Lienz' älteste Kirche mit sehenswertem Friedhof

Bezirksgedächtniskapelle: Grabmal des Malers Egger-Lienz geschmückt mit dessen ergreifendem Bilderzyklus

Dolomitenstraße und Dolomitenhütte: Die Mautstraße führt ins Herz der Lienzer Dolomiten zu einer Bilderbuchhütte.

Galitzenklamm: Ein Wasserschaupfad ermöglicht einen direkten Blick auf imposante Wasserfälle.

DINNER FOR TWO

Gerstensuppe: kräftige Suppenspezialität mit Speck – *Tiroler Leber:* Leberscheiben mit Speck in Wein geschmort – *Kaspressknödl:* Semmelknödel mit Graukäse, oft in Suppe serviert – *Zelten:* Weihnachtlich-würziges Früchtebrot – *Scheiterhaufen:* überbackene Brötchen mit Milch, Äpfeln, Rosinen und Zucker

Idyllischer kann ein Hotel kaum liegen: Das Parkhotel am Tristacher See ist eine Wohlfühl-Oase für gestresste Städter und wahre Genießer.

Osttirols südlich geprägte Metropole Lienz liegt zu Füßen der wildromantischen Lienzer Dolomiten, die ganz zu Unrecht stets im Schatten ihrer berühmten Schwestern jenseits der italienischen Grenze stehen. Ein besonderes Kleinod ist der Tristacher See, wärmster Badesee ganz Tirols, unweit der Stadtgrenze.

Zu Füßen der Lienzer Dolomiten

Von ihrer schönsten Seite zeigen sich die **Lienzer Dolomiten**, westlichster Teil der **Gailtaler Alpen**, wenn man – von der Großglocknerstraße kommend – die Kehren des **Iselsberges** abwärts fährt und die Osttiroler Landeshauptstadt **Lienz** im weiten Tal der **Drau** vor dem überwältigenden Panorama der Dolomitengipfel ausgebreitet vor sich liegen sieht. Geradezu märchenhaft wird es, wenn man die Tirolmetropole durchkreuzt und weiter zum nahen **Tristacher See** fährt, einem bezaubernden Kleinod in einer Lage, wie sie feierlicher kaum sein kann, ragt dahinter doch jäh die von mehr als 250 Dreitausendern gekrönte Landschaftskulisse auf. Es ist ein wahrer Hort der Ruhe, ganz nah und doch so fern der Zivilisation.

Wie das Parkhotel Tristachersee, das in der abgeschiedenen Waldsenke als einziges Steingebäude direkt ans Ufer gebaut wurde, eine Genießerherberge für Körper und Geist, das seinem Namen schon seit über einem Vierteljahrhundert alle Ehre macht: beim Baden im bis zu 25 Grad warmen Wasser

Österreich

Abendliches Romantik-Gourmetdinner in der gemütlichen Gaststube: Dass im Parkhotel auch der Gaumen verwöhnt wird, dafür sorgt Haubenkoch Christian Hofer.

Infos und Adressen

ANREISE
Flug: nächste Flughäfen (150–200 km Entfernung) in Klagenfurt, Innsbruck, Salzburg; **Bahn:** über Bozen, Brixen und Sillian, alternativ über Spittal; **Auto:** über den Felbertauerntunnel nach Osttirol

BESTE REISEZEIT
Juni–September

SEHENSWERT
Aguntum: die Überreste der einzigen Römerstadt auf Tiroler Boden
Riepler Schmiede: mittelalterliche Werkstatt, in der man selbst schmieden darf

ESSEN UND TRINKEN
Tirolerhof: kreative Gourmetküche mit herrlicher Panoramaterrasse; Dölsach 8, Lienz, www.tirolerhof.or.at/de/restaurant
Gannerhof: In gemütlichen Stuben wird beste kulinarische Tradition geboten. Gasse 93, Innervillgraten, www.gannerhof.at
Haidenhof: Traditionsgasthof mit hervorragender Osttiroler Küche und traumhaftem Bergblick; Grafendorferstraße 12, Lienz, www.haldenhof.at

ÜBERNACHTEN
Parkhotel Tristachersee: in idyllischer Lage am See; Tristachersee 1, Lienz, www.parkhotel-tristachersee.at
Grandhotel Lienz: altehrwürdige Luxusherberge direkt an der Drau; Fanny-Wibmer-Pedit-Straße 2, www.grandhotel-lienz.com

WEITERE INFOS
Tourismusverband Lienzer Dolomiten:
www.lienzerdolomiten.info;
www.lienz-tourismus.at

Besondere Augenblicke

EIN TAG AUF DEM LIENZER SONNENDACH

Direkt oberhalb der Waldgrenze auf 1800 m liegt das **Zettersfeld** in südlicher Hanglage, weshalb es auch gerne das Sonnendach von Lienz genannt wird. Die Landeshauptstadt erstreckt sich zu Füßen des Zettersfelds vor dem grandiosen Panorama des weiten **Drautals**, das von den hohen Dolomitengipfeln begrenzt ist. Am schnellsten erreicht man das herrliche Wanderparadies mit seinen sattgrünen Almböden und blühenden Bergwiesen mit der **Sommergondelbahn**. Schon bei der Auffahrt bieten sich einzigartige Ausblicke auf die Lienzer Dolomiten. Ein bequemer, etwa zweistündiger Rundweg führt über gut begehbare Pfade von der Seilbahnstation Richtung Osten zum Alpengasthof Bidner und weiter über die Faschingalm zur Naturfreundehütte. Eine empfehlenswerte Wanderung ohne größere Anstrengung geht bis auf 2400 m zu den **Neualplseen**, sechs versteckte Naturschönheiten in reizvoller Muldenlandschaft, die faszinierende Überreste aus der Eiszeit sind (www.lienzer-bergbahnen.at).

vom Hotelsteg aus, beim Relaxen in der Saunalandschaft, beim Schwimmen im Hallenbad – wenn's mal unbeständig ist – oder bei einer entspannenden Massage nach einer Wanderung oder einer Radtour. Krönung aber ist die hochprämierte Küche. Für die kulinarischen Erlebnisse auf der Sonnenterrasse und in den vier Tiroler Gaststuben sorgt die Brigade rund um Küchenchef Christian Hofer, der österreichische Klassik ideenreich mit moderner Leichtigkeit kombiniert, ohne dabei die Harmonie zu stören. Zu den Highlights der kreativen Küche zählen Fischspezialitäten aus eigenen Quellteichen, darunter Alpenlachs und Stör, ergänzt durch eine kluge Auswahl an österreichischen Spitzenweinen und feinstem Mineralwasser aus eigener Felsquelle. *TW*

Entspannen und Genießen

39 Alentejo

HIGHLIGHTS

Weinroute im Alentejo: Der Alentejo wird auch das »Kalifornien Portugals« genannt. Eine Route verbindet die Weingüter der acht DOC-Regionen. www.vinhosdoalentejo.pt

Vogelbeobachtung: Es empfiehlt sich, Ferngläser mitzunehmen! Zugvögel und seltene Arten können hier beobachtet werden.

Adega-Besichtigung: Auf der Herdade dos Grous bei Beja kann ein traditioneller portugiesischer Weinkeller, eine Adega, besichtigt werden. www.herdadedosgrous.com

Burg in Mértola: eine Zeitreise zurück in die maurische Epoche Portugals; www.visitmertola.pt

Geschenke aus Kork: Hier gibt es die größten zusammenhängenden Korkeichenwälder der Welt. Taschen, Schmuck und Accessoires werden z.B. bei »Cortiça & Sabores Regionais« in Beja gefertigt.

DINNER FOR TWO

Mit der ländlich deftigen Küche im Alentejo ist der Wein eng verbunden. Als Aperitif ein Glas frischer Weißwein, dazu *Pão Recheado*: ein Käsefondue in einem Laib Landbrot aus dem Alentejo. Koteletts vom *Porco Preto*, dem schwarzen Alentejoschwein, mit Gemüse und Kartoffeln. Zum Dessert *Käse aus Serpa*, mit einem Glas Portwein.

Das Weingut Herdade do Vau liegt im Herzen des Alentejo.

Korkeichen, Olivenhaine und Weinberge bis zum Horizont, dazwischen goldene Getreidefelder und weiße Dörfer. Bei einer Ballonfahrt über dem Alentejo im Südosten Portugals zeigt sich die Landschaft aus einem neuen Blickwinkel. Fernab vom Tourismus an der Küste bietet das Hinterland mit seinen Weingütern bei der Stadt Beja alles für eine romantische Auszeit zu zweit.

Wohnen auf dem Weingut – schweben über den Reben

Bei Sonnenaufgang liegt noch Dunst über dem Tal des **Guadiana**. Es wird ein klarer, warmer Tag im **Alentejo**, der weiten Ebene im Südosten Portugals. Der gelb-rot-blau gestreifte Ballon bläht sich auf und gewinnt an Höhe. Unter dem Korb breitet sich ein Puzzle von Feldern und kleinen weißen Dörfern aus. Grüne Korkeichen, silberglänzende Olivenbäume, goldenes Getreide wiegen sich leicht im Wind. Unter den Steineichen weiden Pferde, Schafherden und Rinder ziehen über die Wiesen. Störche nisten auf hohen Dächern, und Adler kreisen in luftigen Höhen. Es ist ruhig, die Zeit scheint stillzustehen – blauer Himmel und rote Erde, so weit das Auge reicht.

Der Heißluftballon fährt über das Landgut **Herdade do Vau**, ein von Weinbergen umgebenes, getreu dem Alentejostil renoviertes Anwesen aus dem 19. Jahrhundert. Im Tal fließt der Guadiana, der weiter im Süden die Grenze zu Spanien bildet.

Portugal

Am Ufer des Rio Guadiana kann man ungestört wandern.

Infos und Adressen

ANREISE
Flug: von Lissabon oder Faro;
Auto: mit dem Mietwagen in Richtung Beja; ab Quintos folgt man den Wegweisern der Herdade do Vau.

BESTE REISEZEIT
Ganzjährig

SEHENSWERT
Convento de Nossa Senhora de Conceição: Schauplatz der berühmten »Portugiesischen Briefe«, die die Nonne Mariana Alcoforado hier im 17. Jh. an ihren Geliebten schrieb
Wasserfall »Pulo do Lobo«: Zwischen den Städten Beja und Mértola stürzen die Wassermassen des Wolfssprungs 13 m tief in eine Schlucht.

ESSEN UND TRINKEN
Vovó Joaquina: Traditionelle portugiesische Küche, gemütliches Ambiente; alle Weine stammen aus der direkten Umgebung Bejas.
Mestre Cacau: Gourmet-Schokolade, verfeinert mit Spezialitäten aus dem Alentejo (z. B. Olivenöl, Wein oder Medronho, dem Schnaps des Erdbeerbaums); www.mestrecacau.pt

ÜBERNACHTEN
Herdade do Vau: Liebevoll restauriertes Weingut, umgeben von Weinbergen und Olivenhainen; auch Hochzeiten können hier gefeiert werden.
www.herdadedovau.com

BALLONFAHRT
Emotion Portugal: organisiert Ballonflüge, Kanufahrten, Ausritte, geführte Wanderungen sowie Vogelbeobachtungen;
www.emotionportugal.com

WEITERE INFOS
Tourismusinformation der Region Alentejo: www.visitalentejo.pt

Ruinen am Fluss markieren eine Furt, auf Portugiesich »Vau«, die dem Weingut seinen Namen gab. Bei den Stromschnellen des Guadiana ragen Wassermühlen in den Fluss. Hier wurde früher das Getreide der Kornkammer Portugals gemahlen. Der Nordwind lässt den Ballon gemächlich in Richtung des Naturparks Guadiana fahren, wo sich im Süden die Burg der maurisch geprägten Stadt **Mértola** erahnen lässt.
Versteckt zwischen den sanften Hügeln des Alentejo liegen die mit viel Detailliebe restaurierten Weingüter der Stadt **Beja**. Ländliche Gemütlichkeit, komfortabler Luxus und die portugiesische Gastfreundschaft lassen in der Abgeschiedenheit den Rest der Welt vergessen. Die gut sortierten Weinkeller können bei Führungen entdeckt werden. Private Weinproben finden hier unter wuchtigen Korkeichen statt. Nichts passt dazu besser, als die herzhafte Gourmet-Küche des Alentejo. ME

Besondere Augenblicke

PICKNICK AM FLUSS GUADIANA

Gutes Essen und bester Wein sind mit dem Alentejo untrennbar verbunden. Mit einem Picknickkorb voller Spezialitäten aus der Region um Beja empfiehlt es sich, an dem schönen Flussufer des Guadiana entlangzuwandern. Mit im Gepäck: Käse aus Serpa, Schinken aus Barrancos, Oliven, das portugiesische Brot, frische Mispeln und hausgemachter Mandelkuchen. Eine Flasche Wein von einem der Alentejo-Weingüter darf natürlich nicht fehlen, z.B. der in Portugal prämierte Wein des Jahres 2013 »Riso«, auf Deutsch »Lachen«. Für eine Rast eignen sich die alten Wassermühlen. Sie sind weit in den Fluss hineingebaut, die warmen, grauen Steinen sind ein guter Sitzplatz, um zugleich die Füße ins Wasser zu halten und den Duft der dort wachsenden Zitronenmelisse zu genießen.

ROMANTISCHE BALLONFAHRT

Eine exklusive Ballonfahrt für zwei Personen mit Frühstück auf dem Land, Champagner und einer Luftikus-Urkunde.
www.emotionportugal.com

Entspannen und Genießen

40 Göta-Kanal

HIGHLIGHTS

Festung Bohus: Sie erhebt sich ebenso bedrohlich wie majestätisch über dem Göta Älv.

Schloss Läckö: eines der schönsten Barockschlösser des Landes auf der Halbinsel Kållandsö im Vänern.

Kanalpassage: Die Passage durch den See Viken gleicht einer Reise durch eine urwaldähnliche Wald- und Wasserlandschaft.

Kanalmuseum Motala: anschauliche Darstellung der abwechslungs- und entbehrungsreichen Geschichte aus der Frühzeit des Kanals.

Brauchtum auf dem Wasser: Die Begegnung zweier Kanaldampfer ist begleitet von lauten Signalhörnern und dem Abklatschen durch Crew und Kreuzfahrer.

DINNER FOR TWO

Das *Smörgåsbord* zu Mittag ist der Klassiker der schwedischen Küche, es besteht aus üppig, warm oder kalt belegten Broten mit Fisch, Fleisch, Pasteten, Salat und Obst. *Köttbullar:* Kleine runde Hackbällchen, werden serviert mit neuen Kartoffeln und zartem Gemüse; *Sennapspiggar:* in Essig und Zuckerwasser eingelegte Birnen zum Dessert

Majestätisch gleitet die Grande Dame des Göta Kanals, die MS Juno, durch das Wasser.

Als Baltzar von Platen den künstlichen Wasserweg zwischen Göteborg und Stockholm zu Beginn des 19. Jhs. realisierte, sollte der Göta-Kanal schlicht als Transportverbindung dienen. Heute sind es Lustreisende und Freizeitkapitäne, die entspannt durch eine wunderbare schwedische Landschaft gleiten.

Nostalgische Kreuzfahrt durch licht-bunte Landschaft

Das hohe Alter ist der schlanken Dame im strahlenden Weiß nicht anzusehen. Immerhin zählt die M/S JUNO bereits 140 Lenze und gilt damit als der Welt ältestes im Liniendienst befindliches Passagierschiff. Seit ihrem Stapellauf im Sommer 1874 verkehrt sie regelmäßig auf dem Göta-Kanal, erst als Frachtschiff, aber bald schon – adäquat umgebaut und modernisiert – als elegantes Transportmittel für Ausflügler und Urlauber auf einer Kreuzfahrt durch die zauberhafte Landschaft des südlichen Mittelschweden.

Der Weg ist das Ziel – das arg strapazierte Zitat trifft auf diese Reise ganz besonders zu. Alle typischen Klischees, die das nordeuropäische Land zu bieten hat, haben auf dem maritimen Trip zwischen den Metropolen zu irgendeinem Zeitpunkt ihren spektakulären Auftritt. Da sind die rot-weiß ge-

Schweden

tünchten Häuser mit ihren bunten Gärten, große Wälder, saftig grüne Wiesen von Mohn- und Kornblumen gesäumt, mit friedlich grasenden Kühen unter einem tiefblauen Himmel, der sich mit weißen Wolken schmückt. Sanft ruhende Seenflächen spiegeln diese Bilder auf kunstvolle Weise wider. Speziell zur ganz frühen Stunde wirkt die Landschaft wie dem Märchenbuch entsprungen.

Dann sollte man die Koje des Schiffs verlassen und einen Spaziergang auf dem Treidelpfad in der kühlen Frische des Morgentaus unternehmen. Das Schiff fährt, nein, es schwebt fast traumwandlerisch auf dem unbewegten Wasser, das sich in der Bugwelle bis zur nächsten Schleuse friedlich kräuselt. Einzig an das sonore Brummen des Dieselmotors muss man sich gewöhnen. Die Bäume werfen lange Schatten, während die Sonnenstrahlen sich ihren Weg durch das dichte Laubwerk bahnen. An Bord wird den Frühaufstehern extra starker Kaffee serviert, der die morgendliche Kälte flugs vergessen lässt. Mit etwas Glück erspäht man um diese Zeit auch einen König der schwedischen Wälder: den Elch.

Die Langsamkeit entdecken

Zu der Gemütlichkeit der nostalgischen Kreuzfahrt quer durchs Land, über die beiden großen Seen **Vänern** und **Vättern**, durch Flussläufe und mühsam von Hand geschaffener Kanaltrassen, gesellen sich eine Vielzahl an Begegnungen längs des Weges und an den insgesamt 65 Schleusen. Einmal

Zu zweit erleben

Keinesfalls versäumen sollte man beim Besuch Göteborgs den lebendigen **Freizeitpark Liseberg**. Neben einer abenteuerlichen, hölzernen Achterbahn gibt es eine Vielzahl an fröhlichen, unkomplizierten Betätigungsfeldern, Wasserrutschen, Aussichtsturm, Wurfbuden und diverse Restaurants. Darüber hinaus auch verträumte Wanderwege unter hohen Baumwipfeln und alles in verschnörkelter, höchst liebenswerter Schwedenromantik. Das Stockholmer Pendant dazu, **Gröna Lund** (der grüne Hain), liegt auf der Halbinsel **Djurgården**. Der älteste Vergnügungspark Schwedens verfügt auch über diverse Kleinkunstbühnen, auf denen Nachwuchs Pippilottas und Herr Nilssons ihr Publikum erfreuen. **Skansen**, das älteste Freilichtmuseum der Welt, liegt gleich gegenüber. Hier scheint die Zeit spätestens seit dem 19. Jh. stehengeblieben zu sein. Schweden en miniature in Leben, Kultur und Handwerk repräsentiert diese einzigartige Sammlung aus über 150 Häusern und Gebäuden, die aus allen Landesteilen zusammengetragen und wieder aufgebaut wurden.

Musik und Tanz in traditionellem Gewand im Stockholmer Freilichtmuseum Skansen.

Der Freizeitpark Liseberg im Herzen Göteborgs bietet Vergnügungen für Groß und Klein, für Jung und Alt.

Besondere Augenblicke:

Am Ostufer des Vättern macht die Göta Kanal Kreuzfahrt einen Zwischenstopp. **Vadstena** heißt der idyllische Ort, in dessen mittelalterlichem Stadtkern das älteste Rathaus Schwedens steht während den lauschigen Hafen das mächtige Schloss Vadstena mit seinen dicken Mauern aus grobem Feldstein dominiert. Der Ort ist gemeinhin bekannt als Rom des Nordens, da von hier aus um 1320 das Wirken der Heiligen Birgitta ausging. Birgitta war eine Powerfrau. Neben ihren Visionen mit denen sie die nachfolgende Religionsgeschichte beeinflusste, nahm sie in ihren Ansichten und Meinungsäußerungen kein Blatt vor den Mund. Sie kritisierte Kirche wie Adel und hohe Politik gleichermaßen und engagierte sich für die Rechte der Unterdrückten. Birgitta verfolgte sogar schon den Gedanken der Ökumene. Ihre verehrte Aura weht noch immer durch die dreischiffige Klosterkirche, die auf den jeweils gegenüberliegenden Seiten einen Chor für Nonnen wie für Mönche aufweist. Eine Kraft, die jeder spürt, der das Gotteshaus besucht.

Im Herzen Stockholms liegt die Altstadt Gamla Stan. Der dortige Riddarholmskai ist Anlegeplatz für die Göta-Kanal-Schiffe.

erfüllen zarte Violinenlaute die Luft, ein anderes Mal bringen in der alten Bergbaustadt **Forsvik** die Schleusensänger dem Schiff und der Besatzung ein Ständchen und kredenzen im Anschluss den ergriffenen Kreuzfahrern Blumen in den Landesfarben. Die kleine Personenfähre Lina in **Töreboda** feiert 2019 ihren 100. Geburtstag. Sie quert den hier 24 m breiten Kanal, Fahrtzeit 20 Sekunden. Ein weiteres kanaltechnisches Unikum stellt das **Aquädukt von Ljungsbro** dar. Dort überquert die Wasser- eine Bundesstraße.

Beinahe zwei Stunden dauert die Passage der eindrucksvollen Schleusentreppe von Berg. Mittels 15 Schleusenkammern überwindet das Schiff hier, üblicherweise unter gefälliger und bewundernder Anteilnahme zahlreicher Ausflügler, einen Höhenunterschied von 37 m. Da bleibt fast genug Zeit für ein kleines Picknick am Schleusenrand, zumindest aber für ein leckeres Eis vom Kiosk. Das Öffnen und Schließen der Schleusentore, das Schwenken von Brücken übernimmt längst moderne Technik, doch mancherorts kann man noch immer selbst Hand anlegen. An den Schleusen von **Borensberg** und **Tåtorp** ist Muskelkraft gefragt. Eine Aufgabe, die sich prima zu zweit lösen lässt und den begeisterten Beifall der mitreisenden Kreuzfahrer garantiert.

Die Städte an Anfang oder Ende

Göteborg stellt das Tor Schwedens zum Westen dar, die Verbindung zum Nordatlantik. Obwohl zweitgrößte Stadt des Landes verfügt sie durch ihre freizügige Anlage südlich der Mündung des **Göta Älvs** und der malerischen Schärenwelt aus rötlichen Felseninseln der Provinz **Bohuslän** über eine sehr offene Atmosphäre mit einem geschäftigen Hafen, weitläufigen Parkanlagen und lebendigen Einkaufsboulevards, in denen Shopping ein schlichtes Vergnügen ist.

Mit **Stockholm**, der Landeshauptstadt, verhält es sich ganz ähnlich. Erbaut auf mehreren Inseln – den Holmen –, ist sie umgeben vom hinreißenden Idyll des Schärengartens, der aus unzähligen, überwiegend bewaldeten Eilanden besteht. Darauf gibt es oft nur ein, natürlich rot-weißes Holzhaus und einen Bootsanleger, perfekte, ungestörte Rückzugsorte für Seele, Geist und Körper. Die Keimzelle Stockholms ist die Altstadt **Gamla Stan**, ein spätmittelalterliches Kleinod durchzogen von schmalen Kopfsteinpflastergassen, stolzen Hausfassaden in warmen Farbtönen und flankiert vom königlichen Schloss.

UH

Schweden

Infos und Adressen

ANREISE
Flug: je nach Startpunkt der Kreuzfahrt nach Stockholm oder Göteborg; **Fähre:** Kiel nach Göteborg

BESTE REISEZEIT
Mai–September

SEHENSWERT
Feskekörka (Fischkirche): ein Sakralbau für Meeresfrüchte-Auktionen von 1874, heute tgl. geöffneter Fischmarkt; Rosenlundsvägen Göteborg, www.feskekörka.se
Opernhaus: die moderne Oper der Stadt am Göta Älv in gewagter Architektur und mit toller Akustik; www.opera.se
Universeum: innovative Präsentationen von Natur und Botanik; Södra Vägen 50, Göteborg, www.universeum.se
Göteborgs Konstmuseum: schwedische und internationale Kunst seit dem 17. Jh., dazu spannende Wechselausstellungen; www.konstmuseum.goteborg.se
Maritiman Göteborg: handfeste Einblicke in die Geschichte der Seefahrt; Highlight ist das begehbare U-Boot; www.maritiman.se
Haga: die hübsche Altstadt von Göteborg mit vielen Holzhäusern, Restaurants und Shops; www.goteborg.com
Vasa Museum: imposantes Museum um das rekonstruierte Kriegsschiff aus dem 17. Jh.; Galärvarvsvägen 14, Stockholm, www.vasamuseet.se
Abba Museum: Für Fans der schwedischen Popikonen ein Muss! Djurgårdsvägen 68, Stockholm, www.abbathemuseum.com
Historiska Museum: schwedische Geschichte von der Antike bis zur Neuzeit; www.historiska.se
Dramaten (Königliches Dramatisches Theater): prächtiger Jugendstil; im Foyer hängen Bilder u. a. von Carl Larsson; Nybroplan, Stockholm, www.dramaten.se
Centralbadet: eindrucksvolles Hallenschwimmbad in Jugendstilarchitektur; Drottninggatan 88, Stockholm, www.centralbadet.se
Stadshuset: im streng formellen Rathaus der Stadt empfängt der König alljährlich die aktuellen Nobelpreisträger, fantastische Aussicht vom 106 m hohen Turm; Hantverkargatan 1, Stockholm

ESSEN UND TRINKEN
Sjömagasinet: sensationelles Göteborger Fischrestaurant im 250 Jahre alten, ehemaligen Lagerhaus der ostindischen Kompanie; Adolf Edelsvärds Gata 5, Göteborg, www.sjomagasinet.se
Operakällaren: schwedische, französische und internationale Cuisine im stilvollen, 200 Jahre alten Gasthaus an der Stockholmer Oper, Vorausbuchung empfehlenswert; Operahuset, Karl XII:s torg, www.operakallaren.se

ÜBERNACHTEN
Palace Hotell: stilvolles Haus nah am Stadtzentrum Göteborgs, nur 15 Minuten vom Anleger des Göta Kanals entfernt, gutes Restaurant; Södra Hamngatan 2, Göteborg, www.palace.se
Hotell Liseberg Heden: modern-funktionelles Viersternehaus mit Konferenzzentrum in der Nähe des Freizeitparks Liseberg; Sten Sturegatan 1, Göteborg, www.liseberg.se
Hotel Lady Hamilton: romantisches kleines Haus mitten in der Stockholmer Altstadt Gamla Stan; Storkyrkobrinken 5, Stockholm, www.thecollectorshotels.se/en/lady-hamilton
Hotell Tre Sma Rum: Obwohl der Name etwas anderes verheißt, verfügt das ungewöhnliche kleine Hotel im Stadtteil Södermalm mittlerweile über 7 gemütliche Zimmer. Högbergsgatan 81, Stockholm, www.tresmarum.se
Hotel Hasselbacken: historisches Haus mitten auf der beschaulichen Halbinsel Djurgården; Hazeliusbacken 20, Stockholm, www.scandichotels.com

WEITERE INFOS
Rederi AB Göta-Kanal: Pusterviksgatan 13, Göteborg, www.stromma.se/de/Gota-Kanal
Schwedisches Fremdenverkehrsamt:
www.visitsweden.com

Die Schärenwelt an der schwedischen Westküste besteht aus unzähligen felsigen Inseln und Inselchen, die immerhin auch einmal Platz für ein Leuchtfeuer und ein typisches Schwedenhaus bieten.

111

Bei Tag kann man den Blick von der Aussichtsterrasse dieser Bar an der Höhle Cova d'en Xoroi in Cala en Porter auf Menorca in Ruhe genießen.

Inselromantik

41 Liselund

HIGHLIGHTS

Faszinierende Kalkmalereien: zu finden in den Kirchen von Elmelunde, Fanefjord und Keldby

Heringsroute: Stadtrundgang durch die Inselhauptstadt Stege auf den Spuren glorreicher Historie

Møns Klint: sensationelle weiße Küstenformationen mit GeoCenter und Ausstellung zur Erdgeschichte

Hünengräber: zahlreiche prähistorische Relikte in der Landschaft wie Hünengräber und Langdolmen (Kong Askers Høj, Grønsalen)

Danmarks Smykkemuseum: ein beeindruckendes Spektrum dänischen Schmuck-Kunsthandwerks im Møn Museum von Stege

DINNER FOR TWO

Dansk HotDog (Pølser): sehr lecker an frischer Luft mit gerösteten Zwiebeln vom mobilen Würstchenstand; *Gebratener Hering:* dazu hausgemachte Rote Bete und gebratene Zwiebeln auf Schwarzbrot; *Rødgrød med Fløde:* Rote Grütze mit Sahne, der kulinarische Zungenbrecher für Nichtdänen, ist ein wahrer Gaumenschmeichler

Romantisches Idyll im verträumten Hafen von Nyord.

Die französische Revolution strebt dem ersten Höhepunkt zu, als Antoine de la Calmette nach gestalterischer Inspiration für das alte dänische Königsgut Sømarkegård sucht. Es entstand ein romantischer Landschaftspark im Sinne von Rousseaus Motto »Zurück zur Natur«, den er liebevoll seiner Ehefrau widmete: Liselund.

Der Park der Liebe

Die Insel **Møn** ist das dänische Pendant zu Rügen. Dort wie hier ragen imposante Kreideklippen aus dem Meer. Perfekte Kulisse also für diese fantasiereiche, scheinbar zufällig angelegte Parkanlage in der man im wahrsten Wortsinn lustwandeln kann. Das Kernstück stellt das einzige reetgedeckte Schloss der Welt dar, Glanzlicht eines märchenhaften Puppenstubenidylls, das seinesgleichen sucht. Obwohl seine bescheidene Ausmaße eher auf ein Gartenhaus als ein hochherrschaftliches Anwesen schließen lassen. So gibt es nur einen schlichten, aber eleganten Gartensaal mit großen Fenstertüren und ein dahinter liegendes Speisezimmer sowie jeweils zwei angeschlossene Ruheräume.

Es überblickt aus seiner exponierten Lage kleine Teiche, Brückchen und den reichen Baumbestand. Darunter mäch-

Dänemark

Das strohgedeckte Märchenschloss inspirierte schon H. C. Andersen.

Infos und Adressen

ANREISE
Auto: über die Vogelflugline nach Puttgarden; **Fähre:** nach Rødby (Scandlines)

BESTE REISEZEIT
Ganzjährig

SEHENSWERT
Kunsthal 44 Moen: Ausstellungen lokaler und internationaler Künstler in alter Maschinenhalle; www.44moen.dk
Møns Museum: Geologie und Lokalhistorie im alten Kaufmannshof nahe dem Stadttor; www.empiregaarden.dk

ESSEN UND TRINKEN
Lollesgaard: rustikaler Dorfkrug im idyllischen Nyord mit regionaler Küche; Hyldevej 1, Stege, www.lolles.dk
Bryghuset Møn: Mikrobrauerei, Menüs teils auf Biersorten des Hauses abgestimmt; Søndersti 3, Stege, www.bryghusetmoen.dk

ÜBERNACHTEN
Liselund Ny Slot: 16 Zimmer und romantische Turmsuite am Liselund Park; www.liselundslot.dk
Feriepartner Møn: individuelle Ferienhäuser; www.feriepartner.dk/moen

WEITERE INFOS
Dänisches Fremdenverkehrsamt: www.visitdenmark.de

Zu zweit erleben

Erfolgreich widerstand das 40-Seelen-Dorf **Nyord** im äußersten Norden Møns den Versuchungen moderner städtebaulicher Innovationen, blendender Leuchtreklame und bunter Werbetafeln. Ganz anachronistisch präsentiert der Ort typisch dänisches Dorfidyll aus dem 19. Jh., ohne dabei jedoch museal oder gar antiquiert zu wirken. Bei einem erholsamen Spaziergang durchs autofreie Dorf ist der Besuch des bürgerlichen Dorflokals **Lolles Gård** ein Muss. Der Schankraum ist mit typisch dänischen Kleinigkeiten dekoriert, von verspielten Porzellanfigürchen bis zu den unvermeidlichen blauen Blechkaffeekannen. Aal aus den Gewässern ringsum bildet den Schwerpunkt des kulinarischen Angebotes, das mit einem Aquavit hinterher abgerundet wird. Rund um die Tische im Garten des Lokals tragen die Stockrosen ihren alljährlichen Wettbewerb um größte Höhe und schönste Farbe aus und verneigen sich sanft im Wind vor den Gästen, die nebst starkem Kaffee das *Wienerbrød*, ein fantastisches Plundergebäck, genussvoll verspeisen.

tige Esskastanien und ein von Königin Margarethe gepflanzter Maulbeerbaum, der alljährlich wohlschmeckende, dunkle Früchte trägt. Das Schweizerhaus, das Norwegerhaus und ein chinesischer Pavillon komplettieren das zauberhafte Landschaftsensemble, das 1877 durch das Neue Schloss behutsam ergänzt wurde. Seine geliebte Frau verewigte de la Calmette auf mannigfache Weise, so in dem Bildstein mit den beiden Elfen, die auf eine Dritte, Lisa de la Calmette, warten.

Unter den vielen berühmten Besuchern ragt der Poet Hans Christian Andersen heraus, der dem Charme des Parks und der Szenerie ein ums andere Mal erlag, das Anwesen wiederholt besuchte und hier schließlich das bekannte Märchen vom Feuerzeug erdachte. Vom Park aus ist der Weg an die Kreideküste nur kurz. Besonders zum gemeinsamen Genuss des Sonnenaufgangs lohnt der Abstieg über die lange Treppe hinunter zum Wasser. Dann erstrahlen die Felsen in all ihrer Schönheit über türkisblauem Wasser. *UH*

Inselromantik

Helgoland

HIGHLIGHTS

Klippenrandweg: von grandiosen Ausblicken gekrönter Rundgang um das Oberland mit den Highlights Lange Anna und Lummenfelsen

Baden auf der Düne: weißer, feiner Sand zum Sonnenbaden und eine kühle Erfrischung im Meer

Seehund- und Robbenbeobachtung: auf den Stränden der Düne den Tieren ganz nahe kommen

Sonnenuntergänge: romantisches Panorama auf dem Oberland, wenn das letzte Licht der Sonne verschwindet

Mare Frisicum: Wellness und Entspannung pur in der Schwimm- und Saunalandschaft

DINNER FOR TWO

Helgoländer Angeldorsch: heimische Fischspezialität gedünstet oder gebraten – *Helgoländer Eiergrog:* schaumig geschlagene Rum-Geheimwaffe für jedes Wetter – *Helgoländer Welle:* ungewöhnliches Mixgetränk aus Wasser, Rum und Rotwein – *Hummer:* fangfrisch meist mit verschiedenen Dips und Baguette serviert – *Knieper:* delikates Scherenfleisch des Taschenkrebses.

Die in vielen Farben leuchtenden Hummerbuden am Hafen dienten früher den Fischern als Werk- und Lagerstätten.

Weit draußen im offenen Meer, 70 km vom Festland entfernt, ist die schroffe Felseninsel seit jeher ein beliebtes Ausflugsziel. Wer sich mehr als den üblichen halben Tag Zeit nimmt, um das bizarre rote Buntsandsteingebilde zu erkunden, kann umgeben von Wind, Meer und Sonne unvergessliche Momente der Ruhe erleben.

Zweisamkeit auf hoher See

Vom Piratennest zum Seeheilbad – könnte die Insel sprechen, hätte sie eine bewegende Geschichte zu erzählen. Nur etwa 2 km² groß, trotzt Helgoland seit langem den rauen Wellen. Eine schwere Sturmflut trennte 1751 das Eiland in zwei Teile. Zurück blieb die in Unter-, Mittel- und Oberland aufgeteilte Hauptinsel und die kleinere, heute per Fährboot erreichbare Düne. Dieses feinsandige Paradies, das vom Tagestourismus fast unberührt bleibt, lädt zum Strandspaziergang, zum Baden und zum Fossiliensammeln ein. Die Düne gefällt nicht nur menschlichen Besuchern, sondern auch Seehunden und Robben. Die Tiere aalen sich hier gerne in der Sonne und lassen sich dabei hautnah beobachten.

Kommt man mit dem Seebäderschiff vor der Insel an, wartet bereits die erste Attraktion: das Ausbooten in die kleinen Bördeboote, die ganz gemütlich das Unterland mit seinen Lädchen für den zollfreien Einkauf und seinen bunten Hum-

Deutschland

Täglich laufen die großen Bäderschiffe Helgoland an. Kurz vor der Insel müssen die Passagiere in kleine Boote umsteigen.

Infos und Adressen

ANREISE
Flug: von Bremerhaven und Heide/Büsum; **Schiff:** Ab Büsum, Bremerhaven, Wilhelmshaven, Cuxhaven und Hamburg

SEHENSWERT
Museum Helgoland: Ausstellungen zur Inselgeschichte. Tgl. 10–14.30 Uhr; Kurpromenade, www.museum-helgoland.de
Bunkerführung: unterirdische Relikte aus der Festungsgeschichte Helgolands. In der Saison tgl. Führungen; Voranmeldung und Karten bei Helgoland Touristik im Rathaus

ESSEN UND TRINKEN
Nautilus: Traditionslokal mit Fischspezialitäten wie Knieper und Hummer; Mittelweg 368
Benno's Café Krebs: Hausgemachte Torten, unzählige Teesorten und deftige Speisen; Am Falm 321
Bunte Kuh: maritime Hafenkneipe mit frischen Fischgerichten; Hafenstraße 1013–1018

ÜBERNACHTEN
Dünenblick: exklusives Apartmenthaus mit Blick auf die Düne; Prof.-Heinke-Straße 30
Bungalowdorf: bunte Holzbungalows auf der Düne, buchbar April–Okt.

WEITERE INFOS
Helgoland Touristik:
Lung Wai 28,
www.helgoland.de

---

merbuden ansteuern. Von den Klippen des Oberlands aus bietet sich der beste Blick auf Helgolands Wahrzeichen, die **Lange Anna**. Der rote Buntsandsteinblock ragt als einzigartiges Naturdenkmal bis zu 61 m hoch aus den Wellen. Helgoland ist auch ein Paradies für Seevögel, wie der Lummenfelsen sofort erkennen lässt. An den steilen Klippen nisten Tausende Trottellummen. Beim spektakulären Lummensprung stürzen sich alljährlich im Juni ihre noch flugunfähigen Küken von der Felswand hinunter ins Meer. Besonders in der Abenddämmerung, wenn die Ströme der Tagestouristen die Insel verlassen haben, erlebt man zu zweit oben auf den Klippen beeindruckende Momente.

Eine Wohltat für Körper und Seele sind auch die Wellnessangebote im Sauna- und Schwimmparadies **Mare Frisicum**. Ob am oder im Wasser, auf den Liegewiesen und in den Becken lässt es sich herrlich entspannen – der beeindruckende Ausblick auf die Insel und das Meer ist inklusive.   *BL*

Zu zweit erleben

PER BÖRTEBOOT IN DEN »HAFEN DER EHE«

Eine Eheschließung gehört zu den wichtigsten Tagen im Leben. Möchten Sie Ihr Jawort zu einem ganz besonderen und unvergesslichen Erlebnis machen, bietet Ihnen Helgoland dazu die besten Voraussetzungen. Das Fleckchen Land weit draußen im Meer war schon immer ein beliebtes Ziel für Heiratswillige. Früher kamen sie auch, weil ihnen die Insel, was die amtlichen Bestimmungen betraf, keine großen Steine in den Weg legte. Statt Aufgebotsfristen zu wahren, wurde man hier schnell und unkompliziert zu Mann und Frau. Heute gelten für eine Eheschließung die in Deutschland üblichen gesetzlichen Voraussetzungen. Direkt am Binnenhafen in der historischen Hummerbude des Museumsvereins werden Sie im maritimen Rahmen getraut. Auf Wunsch stehen Ihnen zwei Helgoländer Trachtendamen zur Seite. Nach dem Jawort geleitet Sie eines der traditionellen Börteboote ganz stilvoll in den »Hafen der Ehe«. Natürlich steht das Helgoländer Standesamt auch für die Gründung einer Lebenspartnerschaft bereit.

Inselromantik

43

Sylt

Sylt ist nicht nur teure Promi-Insel, sondern auch Natur pur: Wattenmeer, weitläufige Sandstrände, imposante Steilküsten und strandhaferbewachsene Dünen versprechen totale Entschleunigung. Vor allem, wenn man abseits des Touristenrummels – etwa in den stürmischeren Herbsttagen – auf die Insel kommt.

Ellenbogen, Odde und Kliffs

Gummistiefel und Friesennerz gehören zur Grundausstattung im Reisegepäck – zumindest wenn man Sylt im Herbst besucht: Dann ist die Insel perfekt für Paare, die auch mal unter sich sein möchten. Hand in Hand die langen Sandstrände entlangspazieren, den Salzgeschmack der Nordsee im Mund schmecken und sich dabei die Haare vom Wind zerzausen lassen!

Doch welche Strände bieten sich hierfür an? Allen voran natürlich der **Lister Ellenbogen**, ein Naturschutzgebiet im Inselnorden und zugleich die nördlichste Landesstelle Deutschlands. Mit etwas Glück entdeckt man beim Strandspaziergang neben mutigen Wind- und Kitesurfern sogar einen Seehund in der Nordseebrandung. Im Süden der Insel lockt die **Hörnum-Odde** – aufgrund ihrer exponierten Lage besonders von der Gezeitenströmung umspült; jedes Jahr wird das Land hier etwas weniger. Wer das **Weltnaturerbe Wattenmeer** mit seinen Salzwiesen, den zahlreichen Zug-

HIGHLIGHTS

Uwe-Düne: mit 52,5 m die höchste Erhebung der Insel

Altfriesisches Haus: 1739 als Bauernhaus errichtet und Wohnsitz des Sylter Chronisten Christian Hansen, heute Museum der Alt-Sylter Wohnkultur

Erlebniszentrum Naturgewalten: eine Ausstellung zum Anfassen am Lister Hafen

Kirche Sankt Severin: Ältester Sakralbau Schleswig-Holsteins. Ein Tipp sind die Mittwochskonzerte im Gotteshaus.

Sansibar: Kulinarisch wertvolle »Bretterbude« am Rantumer Strand. Ohne Reservierung geht hier nichts.

DINNER FOR TWO

Sylter Royal: Zuchtauster aus dem Lister Wattenmeer – roh mit Zitrone, gebacken, gegrillt oder paniert – *Nordseekrabben:* selbst pulen oder schon fertig auf einem Brötchen genießen, am besten von Gosch – *Rote Grütze:* Kompott aus roten Beeren mit geschlagener Sahne – *Sylt-Quelle:* Mineralwasser, das südlich von Rantum aus 100 Metern Tiefe gewonnen wird.

Lauschig am Meer: Sylt hält so manches idyllische Plätzchen bereit.

Deutschland

Im Hörnumer Leuchtturm finden Verliebte ihren Platz im »Siebten Himmel«.

Infos und Adressen

ANREISE
Flug: ganzjährig von vielen deutschen Flughäfen; **Bahn:** per IC-Zug oder Nord-Ostsee-Bahn bis Westerland; **Auto:** bis Niebüll, dort per Sylt-Shuttle auf die Insel

BESTE REISEZEIT
Ganzjährig

ESSEN UND TRINKEN
Morsum-Kliff: edles Hotel-Restaurant im Naturschutzgebiet; Nösistig 13, Morsum, www.hotel-morsum-kliff.de
Kupferkanne: eine verwunschene Adresse für Kaffee-, Tee- und Kuchengenuss; Stapelhooger Wai 7, Kampen, www.kupferkanne-sylt.de

ÜBERNACHTEN
Budersand: Sylts Fünfsterneadresse mit Spa und eigenem Golfplatz; Am Kai 3, Hörnum, www.budersand.de
ApartHotel Seepferdchen: 15 individuell und liebevoll detailliert eingerichtete Appartements; Odde Wai 1, Hörnum, www.seepferdchen-sylt.de
Litzkow Appartementvermietung: Vom exklusiven Reetdachhaus bis zum schnuckeligen 2-Personen-Appartement ist hier alles im Angebot. www.litzkow-sylt.de

WEITERE INFOS
Sylt Marketing: www.sylt.de

Zu zweit erleben

LEUCHTTURMTRAUUNG

Für Paare, die ihre Liebe mit dem Jawort besiegeln möchten, hält Sylt eine ganz besondere Location bereit: das **Trauzimmer im Hörnumer Leuchtturm**. Im siebten Stock geleiten Leuchtturmwärter und Standesbeamter Heiratswillige in den siebten Himmel. Im gemütlichen Rund, ausgestattet mit friesischen Holzmöbeln, folgt die feierliche Zeremonie. Romantischer geht es kaum! Sieben weitere Gäste dürfen dem Ganzen beiwohnen, mehr lässt die Statik des Turms nicht zu. Nach dem Jawort erwartet die kleine Hochzeitsgesellschaft ein Ausflug zur obersten Leuchtturmetage – mit grandiosem Ausblick aus fast 50 m Höhe auf die Hörnum-Odde. Und in einer kleinen Hütte an der Grundstückszufahrt zum Leuchtturm warten bereits die restlichen Hochzeitsgäste, um mit den Frischvermählten auf ihr Glück anzustoßen. Möglich ist diese Trauung in luftiger Höhe jedes Jahr von April bis Oktober, jeweils freitagvormittags und montagnachmittags. Termine vergibt das Standesamt Sylt.

vögeln und den vielen kleinen maritimen Lebewesen ausführlich bestaunen will, nimmt den Spazierweg am **Morsum Kliff** im Inselosten. Bei Keitum wandert man entlang von Geest und Marsch am **Grünen Kliff**, und von Kampen bis Wenningstedt verläuft der Sandstrand an der Steilküste des **Rotes Kliffs**. Natürlich kann man den einen oder anderen Spaziergang ebenso barfuß unternehmen – im stürmisch-kühlen Herbst ist das allerdings nur Heißverliebten zu empfehlen.

Zum Aufwärmen kuschelt man sich zwischendurch am besten in einen der gemütlichen Strandkörbe – windgeschützt, dem Meer zugewandt und vielleicht mit einem entspannenden Glas Wein aus dem nächsten Strandcafé in der Hand. Und abends geht es dann zum romantischen Candle-Light-Dinner – schließlich wird Sylt für seine Sterneküche gelobt. Oder man teilt sich an der Fischbude – bei **Gosch** oder **Blum** – ein Backfischbrötchen. Auch das ist für viele ein Liebesbeweis. *DH*

Inselromantik

44 Halligen

HIGHLIGHTS

Heimat- und Halligmuseum Hooge: eine typische friesische Wohnstube auf der Hanswarft mit Fundstücken aus dem Wattenmeer

Halligkirchen: auf den Kirchwarften errichtete Kirchen mit hübscher Innenausstattung, oft mit freistehenden hölzernen Glockentürmen, den Glockenstapeln

Mensch & Watt: Erlebniszentrum bei der Schutzstation Wattenmeer auf der Hallig Hooge, bietet interaktive Begegnungen mit dem Watt

Friedhof auf Nordstrandischmoor: Der historische Friedhof beeindruckt durch seine einsame Lage auf der Halligwiese.

Biikebrennen: Traditionelles friesisches Volksfest am 21. Feb.; die brennenden Holzstapel oder Strohpuppen sollen den Winter vertreiben.

DINNER FOR TWO

Fisch- und Krabbengerichte stehen ganz oben auf der Speisekarte. Zur *Porenpann*, Nordseekrabben auf Rührei mit Bratkartoffeln, passt ein *Bier mit Köm* (Aquavit), zum *Mehlbüddel*, einem süßen lockeren Mehlkloß, eine *Tote Tante*, heiße Schokolade mit Rum und Sahne. Die bekanntere Variante mit Kaffee ist der *Pharisäer*.

Die kleine Hallig Südfall ist in Privatbesitz und kann nur bei geführten Wattwanderungen kurz betreten werden.

Ein Urlaub auf einer Hallig verspricht Gänsehautfeeling pur, auf jeden Fall, wenn die Flut kommt. Fünf der Halligen – Gröde, Hooge, Langeneß, Nordstrandischmoor und Oland – sind noch bewohnt und werden bewirtschaftet. Alle bieten Übernachtungsmöglichkeiten.

Schwimmende Träume

So hat Theodor Storm die Halligen genannt. Die vom Meer umspülten und bei Sturmflut überspülten Inseln im Wattenmeer sind einzigartig. Die kleinen Inseln besitzen keinen Winterdeich und werden bei einer Sturmflut, die besonders in den Herbst- und Wintermonaten auftritt, überflutet. Nur die auf künstlichen Aufschüttungen, den Wurten oder Warften, liegenden Gebäude ragen noch aus dem Wasser. Dann ist es an der Zeit, sich behaglich aneinanderzukuscheln, vielleicht bei einem Gläschen Grog.

Im Paket kann man einen mehrtägigen Urlaub auf den beiden Halligen Hooge und Langeneß buchen. Auf **Hooge** locken die kleine Halligkirche aus dem 17. Jh., das **Sturmflutkino** mit dramatischen Landunter-Aufnahmen oder das **Heimat- und Hallig-Museum**. Spaziergänge führen zum Halligzentrum **Hanswarft**, zum **Königspesel**, einem Kapitänshaus aus dem 18. Jahrhundert, oder dem Erlebniszentrum **Mensch & Watt**. Sehenswert auf **Langeneß** sind das **Kapitän-Tadsen-Museum** und das **Wattenmeerhaus**. Mit der Lorenbahn erreicht man die kleine Hallig **Oland** mit ih-

Deutschland

Gemütlich geht es mit der Pferdekutsche bei Ebbe durch das Watt.

Infos und Adressen

ANREISE
Fähre: von Schlüttsiel, Dagebüll oder Nordstrand; **Bahn:** Die Lorenbahn fährt ab Dagebüll zu den Halligen Oland und Langeneß. **Auto:** über Husum oder Flensburg

BESTE REISEZEIT
Frühling, Sommer und Herbst

SEHENSWERT
Königspesel: ehemaliges Kapitänshaus; Hauptsaison: tgl. 10–17 Uhr, Nebensaison: tgl. 10–16.30 Uhr

Sturmflutkino: dramatische Sturmflutaufnahmen, vorgeführt auf der Hanswarft von Hooge

ESSEN UND TRINKEN
Zum Seehund: halligtypische Gerichte im reetgedeckten Friesenhaus; Hanswarft 8, Hallig Hooge, www.zumseehund.de
Hiligenley: leckere Krabben- und Fischgerichte; Hiligenley 4, Langeneß, www.hilligenley.de

ÜBERNACHTEN
Frerk's Buernhus: schöne Zimmer und Ferienwohnungen; Lorenzwarft, Hooge, www.hallighotel.de
Haus am Landsende: zwei charmante Ferienwohnungen in einer reetgedeckten Halligkate mit Bauerngarten; Ockenswarft, Hooge, www.landsende.de
Anker's Hörn: einziges Viersternehotel der Halligen, geschmackvoll eingerichtet, großer Saunabereich; Mayenswarf 2, Langeneß, www.ankers-hoern.de

WEITERE INFOS
Informatives über die Biosphäre Halligen: www.halligen.de

Besondere Augenblicke

BIG FIVE UND SMALL FIVE

Kein Halligbesuch ohne eine Wattwanderung, z. B. von **Oland** nach **Dagebüll** und zurück. Man kann eine Strecke auch mit dem Schiff oder dem Bus zurücklegen. Zweimal am Tag fällt das Wattenmeer wegen der geringen Wassertiefe trocken, und der Meeresboden gibt seine Geheimnisse preis. Als unerfahrener Gast sollte man sich auf jeden Fall einem Nationalpark-Wattführer anvertrauen, der weiß, wo die tiefen Priele liegen und bei plötzlich auftretendem Seenebel nicht die Orientierung verliert. Die Führer machen die Gäste auch mit den besonderen Lebensgemeinschaften im Watt vertraut. Die »Big Five« des Wattenmeers – Seehund, Kegelrobbe, Schweinswal, Seeadler und Europäischer Stör – wird man wohl nicht alle sehen können, bestimmt aber die »Small Five«, das sind der allgegenwärtige Wattwurm, die Herzmuschel, die Strandkrabbe, die Wattschnecke und die Nordseegarnele. Vielleicht lässt auch einer der »Flying Five« blicken, der Alpenstrandläufer, die Brandgans, der Austernfischer, die Silbermöwe oder die Ringelgans.

rem reetgedeckten Leuchtturm. Auf **Gröde**, genauer Gröde-Appelland, eine der kleinsten Gemeinden Deutschlands, kann man sich auf Bernsteinsuche begeben. Im Sommer machen auch Festlandkühe Urlaub auf der Hallig wegen der saftigen Salzwiesen. Auch **Nordstrandischmoor** ist über einen Lorendamm von Lüttmoorsiel zu erreichen. Auf dem von einem Wassergraben umgebenen historischen Friedhof liegen 20 Grabplatten aus Carrara-Marmor. Ein besonders beeindruckendes Naturschauspiel bieten im Frühjahr die riesigen Schwärme von Ringelgänsen auf den saftigen Halligwiesen. Seit 1998 finden von Mitte April bis Mitte Mai auf den Halligen die **Ringelganstage** statt mit Vogelkiek und speziellen Wattexkursionen. Mitte Juli steht der Halligflieder in voller Blüte. *EA*

Inselromantik

45

Rügen

HIGHLIGHTS

Putbus: 1810 gründete der Fürst von Putbus die Weiße Stadt; herrliche Spaziergänge im Park mit Wildgehe und Orangerie.

Jagdschloss Granitz: umwerfender Panoramablick von Schinkels erbautem Mittelturm mit freitragender Wendeltreppe

Rasender Roland: Seit 1895 ist die Schmalspurbahn mit 30 km/h zwischen Putbus, Binz, Sellin, Baabe und Göhren in Betrieb.

Seebrücke Sellin: Der Aufbau macht die Brücke unverkennbar und zu einer der schönsten der Ostseeküste.

Königsstuhl: Bis zu 120 m ragen die weißen Kolosse am Strand zwischen Sassnitz und Lohme empor.

DINNER FOR TWO

Fischbrötchen: Geräucherter oder marinierter Fisch, garniert mit einem Salatblatt und Zwiebel in einem knusprigen Brötchen – *Hornfisch:* grüngrätiger, aalförmiger Fisch, der nur im Mai gefangen wird und im Sud gedünstet eine Delikatesse ist – *Rügener Karpfen* dagegen wird gebacken und mit extrascharfem Meerettich und Gemüse serviert.

Rügen verbindet reizvolle Landschaft mit Spitzengastronomie: die Ostsee mit ihrem leicht hügeligen Hinterland und eine Steilküste, die bereits Caspar-David-Friedrich faszinierte, bieten endlose Spazierwege. Gastronomisch liegt Binz mit seinen Zweisternerestaurants ganz weit vorne.

Über die Brücke in eine andere Welt

Wer mit dem Auto über die Rügenbrücke auf der Insel ankommt, hat den Alltag hinter sich gelassen. Denn schnell hat man das Gefühl, in einer anderen, früheren Welt gelandet zu sein. Dafür sorgt nicht zuletzt die weiße verspielte Bäderarchitektur des Seebads **Binz**, das als Perle der Ostsee gilt. Beim Anblick des ornamentalen Stils mit seinen Erkern, Veranden und Loggien kann man sich gut vorstellen, wie Anfang des 20. Jahrhunderts weißgewandete Sommergäste mit Hut, Handschuhen und Sonnenschirmchen auf der Promenade, parallel zum bis zu 50 Meter breiten Strand, und durch den Kurpark mit dem 1908 erbautem Kurhaus wandelten, das heute als Hotel genutzt wird. Die zahlreichen Geschäfte an der Mittelpromenade sind allerdings eindeutig wieder im 21. Jahrhundert verortet. Die Promenade führt direkt auf die 370 m lange Seebrücke zu.

Ganz ähnlich ist der Eindruck im Nachbarort **Sellin**, dessen 394 m lange Seebrücke die längste der Insel ist. Südlich liegt die **Halbinsel Mönchgu**t mit Göhren und Thiessow

Die schönste und längste Seebrücke Rügens steht in Sellin.

Deutschland

Romantische Ausblicke bei einer
Steilküstenwanderung

Infos und Adressen

ANREISE
Flug: nach Berlin und Rostock;
Bahn: RE oder IC bis Bergen;
Auto: über die A 20 bis Grimmen/Stralsund

BESTE REISEZEIT
Mai–Oktober

SEHENSWERT
Ozeaneum: faszinierende Einsichten in die Unterwasserwelt; Jan.–Mai tgl. 9.30–19 Uhr, Juni–Sep. tgl. 9.30–20 Uhr, Okt.–Dez. tgl. 9.30–18 Uhr; Hafenstr. 11, Stralsund, www.ozeaneum.de
Binzer Bäderarchitektur: filigrane Fassaden aus der Jahrhundertwende; Haus des Gastes, Heinrich-Heine-Straße 7, Binz, www.villen.ichbinzwieder.de

ESSEN UND TRINKEN
Freustil: Frische, regionale Zutaten und ein vielfältiges Angebot, das auch Vegetarier erfreuen wird! Zeppelinstrasse 8, Binz, www.freustil.de
Rugard Gourmet: Romantik-Dinner mit traumhafter Aussicht; Lange Str. 68, Malchow, www.rugard-strandhotel.de

ÜBERNACHTEN
niXe: Design-Hotel mit Wellnessoase und Sternerestaurant; Strandpromenade 10, Binz, www.nixe.de
meerSinn: modernes Hotel mit umfangreichem Wellness- und Gesundheitsangebot; Schillerstraße 8, Binz, www.meersinn.de

WEITERE INFOS
Tourismuszentrale Rügen GmbH: Ringstraße 113-115, Bergen auf Rügen, www.ruegen.de

Zu zweit erleben

SPAZIERGANG SASSNITZ

Sobald die Fischrestaurants an der Hafenpromenade passiert sind, türmen sich die Kreidefelsen auf. Zu ihren Füßen durchforsten viele Wanderer den steinigen Grund nach Fossilien wie »Donnerkeilen« und »Hühnergöttern«. Zu nah sollte man sich den Steilwänden allerdings nicht nähern, da es besonders nach regenreichen Perioden oder im Frühjahr zu Abbrüchen kommen kann. Oberhalb der Steilküste verlaufen Wanderwege durch die zum UNESCO-Weltnaturerbe gehörenden Buchenwälder.

SONNENUNTERGANG IN BAKENBERG

Ein besonders romantischer Ort ist die hinter der Bungalowsiedlung Min Herzing liegende Steilküste in Bakenberg. Der Westblick garantiert die besten Sonnenuntergänge. Kiefernwälder, blühende Heide- und Dünenlandschaften laden tagsüber zu ausgiebigen Spaziergängen ein, hier findet man auch in der Hochsaison noch einsame oder zumindest ruhige Badestrände.

und ursprünglicher Wiesen- und Hügellandschaft, die zu langen Spaziergängen lockt. Im nördlichen Teil der Insel erwartet einen der legendäre **Nationalpark Jasmund** mit seinen leuchtenden Kreidefelsen und uralten Buchenwäldern, die man auf dem Hochuferweg von **Sassnitz** aus bewundern kann. Zwar sind die Spitzen der **Wissower Klinken**, die lange, aber fälschlich als Vorlage von Caspar David Friedrichs berühmtem Gemälde galten, inzwischen abgerutscht, doch die übrigen Felsformationen, wie etwa der **Königstuhl**, sind nicht weniger sehenswert.

Besonders feinsandige Strände liegen an der bis zu 100 m breiten und 12 km langen **Schaabe** im Norden der Insel und sind zur Hauptsaison meist gut besucht. Etwas mehr Ruhe versprechen dann die Abendstunden: Was gibt es Romantischeres, als in eine Decke im Strandkorb gekuschelt dem sanften Wellenrauschen zuzuhören! *RT*

Inselromantik

46 Hiddensee

HIGHLIGHTS

Zeltkino am Hafen von Vitte: Zwischen Ostern und Oktober gehört ein Besuch des Inselkinos zum Hiddensee-Urlaub unbedingt dazu.

E-Bike-Tour rund um die Insel: überall zu mieten, erleichtern sie den Ritt gegen den Wind

Inselmuseum: Informationen zu Sturmfluten, Strandpiraten, Schätzen und den Menschen auf der Insel

Inselkirche: Malereien und kunstvoll gearbeitet Grabsteine erzählen die Geschichte des ehemaligen Klosters.

Eine Kutschfahrt über die Insel kann unterhaltsam sein. Vorausgesetzt, der Kutscher ist gesprächiger als seine beiden Haflinger.

DINNER FOR TWO

Wer ein paar Tage auf der Insel verbringt, sollte auch die typischen Inselkulinaria probieren: *Boddenzanderfilet, Hiddenseer Schmoraal* und *Räucherfisch*. Für »Süße« gibt es Köstlichkeiten aus *Sanddorn:* von Saft, Marmelade und Likör bis Torte und Eis.

Der Leuchtturm Dornbusch im Norden der Insel bietet einen schönen Rundumblick.

Nur Wind, Landschaft und Meer – auf Hiddensee gibt es nicht nur keine Autos, sondern auch sonst keine Hektik, keinen Lärm, keinen Alltagsstress – und kaum Ablenkung von den wirklich wichtigen Dingen des Lebens. Dafür findet man hier Kunst und kleine Kostbarkeiten – ein Stück Bernstein am Strand etwa.

Insel der Strandpiraten und Künstler

Hiddensee ist seit jeher voller kleiner und großer Kostbarkeiten. Grund genug, den eigenen Schatz einmal auf diese einsame Insel zu entführen. So kuschelig wie **Vitte** und **Kloster** auf Hiddensee sind, so verschwiegen sind die Bewohner seit jeher. Als nach den Sturmfluten 1872 und 1874 das Meer einen über ein halbes Kilo schweren Goldschmuck aus der Zeit der Wikinger freigab, hängte das niemand an die große Glocke. Nicht zuletzt, weil zu Zeiten, als es noch keine Seenotretter auf der Insel gab, die Bergung von gestrandeten Schiffen, Ladung und Besatzungen für viele Inselbewohner bis Mitte des 19. Jhs. ein Zubrot zum kargen Einkommen war. Manchen mag das dazu verleitet haben, dem Seelenheil der Besatzung gestrandeter Schiffe nicht unbedingt Priorität einzuräumen. So munkelt man, dass das Handwerk der Küsten- und Strandpiraterie auf Hiddensee erst mit dem Eintreffen der ersten Touristen ein Ende nahm. Das Strandrecht erlaubte es den Menschen an der Küste, zu behalten, was man fand. Duplikate der Goldschmiedearbei-

Deutschland

Zeesenboot in den Boddengewässern vor Hiddensee

Infos und Adressen

ANREISE
Fähre: April–Okt. sowie zwischen Weihnachten und Neujahr. Fahrräder kann man gegen Gebühr mitnehmen. **Bahn:** bis Strahlsund; **Auto:** Mit dem Auto bis Rügen über Schaprode (Pkw muss hier abgestellt werden)

BESTE REISEZEIT
Juni–September

SEHENSWERT
Gerhard-Hauptmann-Haus: Mai–Okt. tgl. 10–17 Uhr; Kirchweg 13, Kloster, www.hauptmannhaus.de
Heimatmuseum Hiddensee: April–Okt. tgl. 10–16 Uhr, Nov.–März Sa./So. 11–15 Uhr; Kirchweg 1, Kloster, www.heimatmuseum-hiddensee.de
Das Karussell: Das kreisrunde Gebäude galt in den 1920er Jahren als Künstlertreff. Am Hafen, Vitte

ESSEN UND TRINKEN
Godewind: urgemütlich speisen! Tgl. 11–24 Uhr, Südersende 53, Vitte, www.hotelgodewind.de
Zum kleinen Inselblick: Restaurant mit Trödelladen. April–Okt. Mo, Mi–So 12–23.30 Uhr, Birkenweg 2, Kloster
Cafe Wieseneck: Vegetarisches, Hausgemachtes, Eisbecher. Kirchweg 18, Kloster, www.wieseneck-hiddensee.de

SHOPPING
Bilder, Bücher, Buntes: Kirchweg 19, Kloster
Schatzkiste: Bernsteinschmuck. Mai–Sept. Tgl.10–18 Uhr, Kirchweg 38, Kloster

ÜBERNACHTEN
Hotel Hitthim: Schöne Zimmer und Ferienwohnungen. Hafenweg 8, Kloster, www.hitthim.de

WEITERE INFOS
www.seebad-hiddensee.de

Zu zweit erleben

BERNSTEINKUNST UND FAHRTEN MIT DEM ZEESENBOOT

Dieser Bootstyp mit der roten Gaffeltakelung und dem geringen Tiefgang wurde traditionell zum Fischen in den flachen Boddengewässern eingesetzt. Viele dieser Boote werden heute für Freizeitzwecke genutzt. So auch die »Sophia Theresa«, auf der Tagestörns oder Sonnenuntergangstouren angeboten werden. An Bord gibt es warme Verpflegung und heiße Getränke. Decken, Pullover und Jacken gibt es auch, sollte man aber besser selbst mitbringen. Die Touren finden ganzjährig ab Vitte-Hafen statt. Im Sommer im offenen Boot, von Juni bis September wird die »Mittelplicht«, wo einst der Fang gelagert wurde, überdacht. Die riecht aber nicht mehr nach Fisch, es sei denn, er wird dort serviert. Nicht nur die Suche nach Bernstein am Strand, sondern auch die Weiterverarbeitung macht Spaß, besonders, wenn man es gemeinsam mit dem Partner macht. Einige der Werkstätten bieten Kurse und die Möglichkeit an, seinen Bernstein selbst zu schleifen, z. B. www.bernsteinwerkstatt-vitte.de

ten, die auf das Jahr 970-980 v. Chr. datiert wurden, befinden sich im Heimatmuseum in Kloster.

Heute bestehen die Kostbarkeiten wohl eher aus den Werken der vielen Künstler, die das Eiland bewohnen und bewohnt haben. Von illustren Persönlichkeiten wie der Schauspielerin Asta Nielsen oder Billie Wilder, Thomas Mann und Albert Einstein erzählen die literarischen Inselführungen. Einige haben bis heute ihre Spuren auf der Insel hinterlassen. Das Sommerhaus von Gerhart Hauptmann ist zu einem Literaturmuseum umgestaltet worden. Sein ehemaliges Arbeitszimmer mit Blick auf den Garten mag so manchen inspirieren, selbst ein paar Zeilen an seine Liebste oder seinen Liebsten zu verfassen. *CD*

Inselromantik

47 Ålandinseln

HIGHLIGHTS

Schloss Kastelholm: liegt herrlich am Ende einer tief ins Land greifenden Bucht und lockt zu einem ausgedehnten Besuch

Freilichtmuseum Jan Karlsgarden: Das Areal bietet einen unterhaltsamem Ausflug ins 19. Jh., als die Ålandinseln zusammen mit Finnland dem russischen Zarenreich angehörten.

Ålands »konstmuseum«: präsentiert in Mariehamn die Kunst des Archipels ab der Mitte des 19. Jh.

Badestrände: Das saubere Wasser der Ostsee lädt an vielen Stellen zum Baden ein.

Golfplätze: Åland verfügt über drei komplette 18-Loch-Bahnen.

DINNER FOR TWO

Die frischen Fischgerichte sind eine kulinarische Verführung: *Ostseehering (Strömling)*, *Lachs* und *Lachsforelle*. – Für Fleischesser: *Fleischpirogge* und *Elchgerichte*, oft so üppig, dass eine Platte für zwei reicht – für Süßmäuler: *Pfannkuchen mit Pflaumenmarmelade* und Schlagsahne – als Verdauungshelfer: *Wodka, Lakka-Likör, Stallhagen Bier*.

Die Ålandinseln wurden während der Eiszeit modelliert.

Die Ålandinseln erheben sich zwischen Stockholm und Turku aus dem tiefblauen Wasser der Ostsee. Sie wurden einst von den eiszeitlichen Gletschern modelliert und gelten noch als Geheimtipp für Naturliebhaber. Wer seinen Urlaub fernab des hektischen Alltags verbringen will, ist hier genau richtig.

Stille Ostseeperlen

Das Schärenarchipel der autonomen finnischen Region **Åland** ist wie geschaffen zum Abschalten: Rund 6700 Inseln warten nur darauf, erkundet zu werden. Vor allem Radfahrer, Paddler und Ferienhausliebhaber finden in der weitläufigen Wasserwildnis ihren Seelenfrieden. Die einsamen Eilande sind vom **Bottnischen Meerbusen** umspült und mit Tannen- und Fichtenbäumen bestanden.

Dort, wo sich eine felsige Bucht oder eine mit langstieligen Gräsern bewachsene Lichtung öffnet, sieht man charmante, farbenfroh angestrichene Holzhäuser, die regelrecht zu einem romantischen Urlaub einladen. Kleine Brücken und kostenfreie Fähren, die mehrmals täglich von Anlegestelle zu Anlegestelle pendeln, verbinden die Inseln miteinander. Die 27 000 Åländer sprechen überwiegend schwedisch und sind stolz auf ihre eigene Flagge.

Finnland

Ein stimmungsvoller Sonnenuntergang im finnischen Schärenmeer.

Infos und Adressen

ANREISE
Flug: Per Flugzeug steuert man zunächst Stockholm oder Turku an, um von dort aus per Fähre nach Mariehamn weiterzureisen (ca. 5,5 Stunden bis zu den Ålandinseln).

BESTE REISEZEIT
Mai–September

SEHENSWERT
Viermaster »Pommern«: Das stolze Museumsschiff ist Teil des Åland Schifffahrtsmuseums.
Festungsruine Bomarsund: Die Anlage wurde 1854 zerstört und erinnert an die Vergangenheit der strategisch bedeutenden Inseln.

ESSEN UND TRINKEN
Restaurang F. P. von Knorring: speisen auf einem Restaurantschiff; Box 204, Mariehamn, www.fpvonknorring.com
ÅSS Paviljongen: Im Westhafen gelegen wird man hier neben den Gerichten auch von stimmungsvollen Sonnenuntergängen verwöhnt. Strandpromenaden, Mariehamn, www.paviljongen.ax

ÜBERNACHTEN
Hotel Savoy: zentrale Lage im Herzen von Mariehamn; Nygatan 10-12, www.alandhotels.fi
Kvarnbo Gästhem: auf dem Land, stilvoll eingerichtet; Kyrkvägen 48, Saltvik, www.kvarnbogasthem.com

WEITERE INFOS
Visit Åland, Storagatan 8, Mariehamn, www.visitaland.com

In **Mariehamn** wohnt knapp die Hälfte der Einwohner. Hier gibt es ein vielseitiges Unterkunftsangebot, spannende Museen und günstige Schiffsverbindungen nach **Turku** und **Stockholm**. Wer in der Hauptstadt des Archipels an Land geht, erliegt sofort der Magie von **Fasta Åland**. Weiter draußen scharen sich traditionelle Gebäude um mittelalterliche Feldsteinkirchen und historische Windmühlen. Über ihnen scheint an 1900 Stunden im Jahr die Sonne. Die Sommertage sind lang und lau. Zum Erkunden ist der Schärenweg die erste Wahl, denn er folgt einem alten Postweg zwischen **Schweden** und **Finnland**. Hier erlebt man sie, die packenden Momente in der erhabenen Natur des Nordens, die einen bewegen, und die man nie vergisst. Am schönsten ist eine Reise auf die Ålandinseln zum Mittsommerfest, das in jedem Ort ausgiebig gefeiert wird. *TB*

Zu zweit erleben
INSELHÜPFEN ZU JEDER JAHRESZEIT

Beim Betrachten des Ålandarchipels auf einer Landkarte fällt sogleich auf, dass die Eilande meist dicht beieinanderliegen und sich bestens miteinander verbinden lassen. Paare, die es in den milden Sommermonaten an die Ostsee zieht, werden Gefallen an einer mehrtägigen Inselhüpf- und Radtour finden. Die Topografie der Landschaft ist weitestgehend flach und die Straßen kaum befahren. Für entdeckungsfreudige Radler hat der Tourismusverband verschiedene Strecken ausgeschildert. In den kleinen Siedlungen bieten Cafés und Restaurants Stärkungen an. Unvergesslich wird eine Ålandreise im Mittsommer. Zu jener Jahreszeit springen einem überall wunderschön geschmückte Maibäume ins Auge, und abends flammen romantische Feuer auf. Mit dem Boot von Insel zu Insel schippern, um die unverbauten Naturlandschaften von Seeseite aus zu genießen, ist ebenfalls ein Traum. Im Winter, wenn die Gewässer auf den Ålandinseln zufrieren, ergeben sich unzählige Routenoptionen zum Schlittschuhlaufen – ein besonderes Vergnügen.

Bei RO-NO RENT, können Sie Fahrräder, Mopeds, Boote sowie Kanus mieten.
RO-NO RENT, Mariehamn, www.rono.ax

Inselromantik

48

Korsika

HIGHLIGHTS

L'Île-Rousse: Spaziergang bei Sonnenuntergang zum Genueser- oder Leuchtturm auf der vorgelagerten Île de la Pietra

Pigna: Bergdorf mit zahlreichen Künstlerateliers

Sant Antonino: eines der schönsten mittelalterlichen Dörfer Korsikas hoch über der Aregno-Ebene und dem Reginu-Tal

Feliceto: In der Verrerie Corse kann man Glasbläser David Campana über die Schulter schauen.

Occi: Ruinendorf mit 180-Grad-Panoramablick auf die Küste in 377 m Höhe; in einer kurzen Wanderung ab Lumio zu erreichen.

Piana: idyllisches Bergdorf mit Panoramablick auf den Golf von Porto

DINNER FOR TWO

Cap Corse: korsischer Aperitif aus Muskatwein und Chinarinde – *Figatellu:* frische Wurstspezialität aus Schweineleber – *Aziminu:* Suppe aus mindestens sieben verschiedenen Fischsorten – *Cannelloni au Brocciu:* Teigrollen mit Brocciu-Käse-Füllung – *Fiadone:* korsischer Zitronen-Käsekuchen mit frischem Brocciu aus Schafs- oder Ziegenmilch – *Cédratine:* Digestif aus den Früchten der Zitronatzitrone

Der malerische Quai in Calvis lockt mit zahlreichen Restaurants und Cafés.

Île de Beauté – Insel der Schönheit – wird die kleine französische Mittelmeerinsel seit jeher genannt. Abgeschiedene Sandbuchten, idyllische Dörfer, traumhafte Aussichtspunkte, romantische Sonnenuntergänge, verführerische Köstlichkeiten, Abenteuer und Romantik pur gibt es insbesondere an der Nordwestküste zu erleben.

Balagne: Malerische Dörfer mit Blick aufs Meer

Ein Sonnenbad in den Buchten von **Lozari** und **L'Île-Rousse** oder ein Bummel entlang herrlicher Strandpromenaden kann durchaus erholsam sein, doch romantischer ist es, die kleinen Bergdörfer im Hinterland der **Balagne** zu erkunden. In dieser Hügellandschaft im Nordwesten von Korsika bauen die Bauern duftende Orangen, Mandeln, Oliven und die besten Vermentinu-Trauben der Insel an. Für einen Tagesausflug in das idyllische Umland gibt es keinen besseren Ausgangsort als L'Île-Rousse – nicht nur weil das jüngste Städtchen Korsikas, gegründet 1758 vom Freiheitskämpfer Pascal Paoli (1725–1807), mit vorgelagerter ockerroter Insel malerisch am azurblauen Meer liegt. Ab dem Hafenstädtchen führen auch die landschaftlich reizvollen **Routes Départementales D151** und **D71** durch unberührte Täler und grüne Weinberge zu einigen der charmantesten Dörfern der Insel.

Frankreich

Corbara, der einstige Hauptort der **Balagne**, wartet mit engen Gassen, einem kleinen, aber feinen Musée Privé und einem Franziskanerkloster aus dem 15. Jh. auf, das nach seiner Zerstörung während der Französischen Revolution im 19. Jh. von den Dominikanern wieder aufgebaut wurde. Nicht weniger idyllisch zeigt sich das wenige Kilometer weiter liegende **Pigna** mit herrlichem Blick über die Balagne bis hinunter zur Küste. Durch die schmalen Dorfstraßen weht ein Hauch von Kunst: Töpfer, Bildhauer und Restauratoren stellen in Ateliers ihre Arbeiten aus. Kleine Läden präsentieren verführerische Leckereien wie Honig, Marmelade und Olivenöl, aber auch echte korsische Charcuterie.

Wie ein Adlerhorst hoch über der Landschaft thront **Sant Antonino**, das bei wolkenlosem Himmel einen 360-Grad-Panoramablick auf die Berge und das blaue Meer bietet. Auf einem Felssporn in 570 m Höhe lockt **Speloncato** mit verwinkelten Häusern und Gassen, Treppen mit Torbögen und zwei kleinen Cafés auf dem Dorfplatz. Ein weiterer Stopp lohnt sich in **Belgodère**, dem »Dorf für Genießer«, mit großer Barockkirche und herrlicher Aussicht auf das **Reginu-Tal**.

Calvi – Hafenstadt mit Panorama

Lebhaft geht es in **Calvi** zu, der knapp 25 km von **L'Île-Rousse** entfernten Hauptstadt der Balagne. Die Küstenstadt mit malerischem Jachthafen ist gleich in doppelter Hinsicht spannend: erstens wegen ihres langen, flach abfallenden Sandstrandes und zweitens aufgrund ihrer mittelalterlichen

Zu zweit erleben

RÉSERVE NATURELLE DE SCANDOLA

Im Naturreservat **Scandola** bei **Girolata** verwandeln sich Alltagsstress und Hektik in Ruhe und träumerische Gelassenheit. Das einzigartige Schmuckstück im Nordwesten von Korsika ist nur mit dem Boot oder per Wanderung zu erreichen und ragt zwischen dem **Golf von Galéria** und dem **Golf von Girolata** in das tiefblaue Meer hinein. Mächtige Gesteinsblöcke, bizarr geformte Felsen, schmale Canyons, steile Klippen, eindrucksvolle Felsentore, Mini-Eilande und ein einzigartiges Farbenspiel zwischen den Blautönen des glasklaren Wassers und den wunderschönen Rotschattierungen des Gesteins lassen die Halbinsel wie die Kulisse eines surrealen Traumes erscheinen. Besonders außerhalb der Saison kann man auf einer Tagestour mit dem Katamaran hier unvergessliche Stunden verbringen und von einem Leben im autofreien, nur wenige Seelen zählenden Fischerdorf Girolata träumen. Mitte Mai bis September Abfahrt ab dem Quai Landry in Calvi (www.colombo-line.com)

Sonnenuntergang am Meer lässt sich am schönsten zu zweit genießen.

Die atemberaubenden, karminroten, von Wind und Wetter zerklüfteten Calanches lassen sich wunderbar zu Fuß erkunden

Besondere Augenblicke

AUF DEM GENUESERTURM AM CAPO ROSSO

Der Golf von Porto im Norden, der **Golf von Sagone** im Süden sowie die wild zerklüftete Calanche de Piana – man kann sich kaum satt sehen. Der Blick von dem 331 m hohen Genueserturm **Tour de Turghiu** im westlichsten Zipfel der Insel ist atemberaubend. Bei klarer Sicht reicht das Panorama sogar bis zum Gipfel des **Paglia Orba**. Der Turm aus dem 17. Jh. thront westlich von Piana auf einem porphyrrotem Felskap, das den Golfe de Porto im Süden begrenzt.

Der Wanderpfad führt durch eine duftende Landschaft aus Macchia und Zistrosen, zuweilen auch an steilen Felswänden entlang. Die Sonne brütet erbarmungslos vom Himmel, kein schattenspendender Fels oder Baum in Sicht, doch die Mühe lohnt. Wer nach der Tour noch Lust zum Baden hat, kann das an der **Plage d'Arone**, einem wunderschönen Strand tun. Zwei Tauchgänge und ein Sonnenbad später fühlt man sich wie neu geboren! Von Piana aus ist der Wachturm über die D824 zu erreichen, wenn man in Richtung Plage d'Arone fährt. Wanderzeit für den Hin- und Rückweg: 3,5 bis 4 Stunden.

In Calvi kann man auch am Abend einkaufen: Neben Wein, Olivenöl, Kastanienhonig etwa edles Kunsthandwerk oder Kosmetik.

Zitadelle mit wunderschöner Altstadt. Beschaulich zeigt sich das 5500-Einwohner-Städtchen außerhalb der Saison. Dann erwarten den Besucher eine beeindruckende Burg mit Waffenplatz, Kaserne, Kapelle, romanischer Kirche, engen Gassen und fantastischem Panorama auf die Unterstadt und das Meer. Maritimes Flair lässt sich hingegen am Quai Landry, der Flaniermeile am Hafen genießen. Von den Cafés und Restaurants kann man ganz entspannt die ein- und auslaufenden Fischkutter, Jachten und Ausflugsschiffe beobachten.

Wer Lust auf einen besonderen Badetag zu zweit hat, kann mit einem Ausflug mit der Tramway de la Balagne eine schöne Überraschung erzielen. Zur Saison pendelt die kleine Schmalspurbahn mit vielen Stopps an paradiesischen Stränden zwischen Calvi und L'Île-Rousse. Abends aber sollte man rechtzeitig am Leuchtturm auf der **Revellata-Halbinsel** sein: Dort einen Sonnenuntergang Arm in Arm zu genießen ist ein unvergessliches Erlebnis.

Golf von Porto: Flammende Felsen und Sonnenuntergang mit Meeresrauschen

Die Stunde der Romantiker schlägt außerdem im felsigen **Golf von Porto**. Für die letzten Tage auf Korsika sollte man sich einen Ausflug in die zauberhafte Landschaft im Westen der Insel gönnen, die zudem zum UNESCO-Welterbe gehört. Das Meisterwerk der Natur mit der von Fischadlern bewohnten **Halbinsel Scandola** im Norden, den von Wind und Wetter bizarr zerklüfteten, karminroten Felsformationen der **Calanche de Piana** im Süden und dem tiefblauen Meer im Westen liegt knapp 70 km südlich von **Calvi**. Im Felsengarten bei **Piana** kann man nicht nur den faszinierenden Farbkontrast zwischen dem Orangerot der Felsen, dem Grün der Macchia und dem Dunkelblau des Wassers bewundern, sondern auch die durch Witterungseinflüsse entstandenen bizarren Märchengestalten und Fabelwesen der Tafoni aufspüren. Vermutlich erst in der Abenddämmerung entdeckt man das »Cœur«, einen Felsen mit herzförmigem Loch, nun ausgefüllt vom glühenden Rot der untergehenden Sonne. Traumhaft sind auch die Sonnenuntergänge am Strand von Porto. Während die Abendsonne langsam im Wasser verschwindet, tauchen ihre letzten Strahlen die Calanche in ein goldenes Licht.

AB

Korsika

Infos und Adressen

ANREISE
Flug: ganzjährig mit Umsteigeverbindung über Frankreich, zur Saison Direktflüge nach Bastia, Ajaccio, Calvi und Figari; **Fähre:** ab Frankreich, Norditalien und Sardinien ganzjährig oder zur Saison nach Bastia, Calvi, L'Île-Rousse, Ajaccio, Propriano, Bonifacio oder Porto Vecchio

BESTE REISEZEIT
Mai–Oktober

SEHENSWERT
Parc de Saleccia: 7 ha große mediterrane Parkanlage bei L'Île-Rousse – auf dem Romantikpfad kann man zwischen duftenden Rosen lustwandeln.
Monte Tolu: Die Wanderung auf den 1332 m hohen Berg südlich von Speloncato belohnt mit grandiosen Ausblicken auf die Balagne und das Meer.
Fiera di l'Alivu: Alljährlich im Juli lädt das 450-Seelen-Dorf Montegrosso zum Olivenölfest.
Calvi Jazz Festival: Jedes Jahr im Juni beschert das mehrtägige Festival herausragende musikalische Momente. www.calvi-jazz-festival.com.
Rencontres de Chants Polyphoniques de Calvi: Im September singen hochklassige Vokalmusiker Liturgien und Chorwerke im Zitadellenviertel Madrigale.
Forêt de Bonifatu: Kiefernwald südlich von Calenzana mit Wandermöglichkeiten und schattigen Badegumpen
Notre Dame de la Serra: Kapelle mit dem schönsten Panorama Calvis

ESSEN UND TRINKEN
Casa Musicale: Top-Adresse für ein unvergessliches korsisches Abendessen, Sonnenuntergang inklusive; Pigna, www.casa-musicale.org
L'Oggi: Feinschmecker-Restaurant des Hotel Chez Charles mit einem Michelin-Stern – teuer, aber hervorragend! Lumio, www.hotelcorse-chezcharles.com
Le Mata Hari: direkt am Wasser gelegenes Restaurant mit einfacher, leckerer Küche; Plage de Arinella, Lumio, www.lematahari.com
Restaurant Le Pain de Sucre: Strandlokal in einer kleinen Bucht bei Calvi; Plage de Sainte-Restitude, Lumio, www.le-pain-de-sucre.com
Restaurant Pardina: charmantes kleines Lokal am Fuße der Zitadelle mit exzellenter korsischer Küche; 15 Rue Georges Clemenceau, calvi.fr-fr.facebook.com/Pardinacalvi
Le Café de la Plage: herrliches Strandrestaurant mit Loungebereich; Plage d'Arone, Piana, www.lecafedelaplage.com

SHOPPING
Route des Artisans: korsisches Kunsthandwerk und feinste Spezialitäten entlang einer Atelier-Route, die durch die gesamte Balagne führt; www.routedesartisans.fr
Scatt'a Musica: Spieldosen zum Verlieben, mit vielen unterschiedlichen Motiven verziert, gibt es in Pigna. www.scattamusica.fr

ÜBERNACHTEN
Hôtel Escale: modernes Haus in perfekter Lage zum Strand und zur City mit Restaurant für Gourmets; Rue Notre Dame, L'Île-Rousse, www.hotelilerousse.com
Hôtel de charme Cas'Anna Lidia: romantisches Hideaway in ruhiger Lage mit Pool, Garten und herrlicher Aussicht in Feliceto; Feliceto Village, www.hoteldecharme-corse.com
Hostellerie de l'Abbaye: elegantes Hotel in historischen Gemäuern, fußläufig zum Hafen und zur Zitadelle; Montée de l' Abbaye BP 18, Calvi, www.hostellerie-abbaye.com
Hôtel Le Subrini: Dreisternehaus vor dem Genueserturm – perfekt für wunderbare Sonnenuntergänge; La Marine de Porto, Porto-Ota, www.hotel-lesubrini-corse.com

WEITERE INFOS
Visit-Corsica: offizielle Seite des Fremdenverkehrsamtes (Agence du Tourisme de la Corse) mit Sitz in Ajaccio; 17 Boulevard du Roi Jérôme, www.visit-corsica.com/de
Korsika.fr.: virtuelles Reisemagazin mit vielen Infos, Tipps und Veranstaltungen; www.korsika.fr

Seit dem 16. Jh. wacht ein Genueserturm mit viereckigem Grundriss über Porto. Kurz vor Sonnenuntergang lohnt der Blick von der Aussichtsplattform auf den Golf und den Strand

Inselromantik

49 Santorin

HIGHLIGHTS

Fira: Hauptstadt und Hauptanziehungspunkt – die Terrassenlage ist fantastisch!

Oia: thront auf dem Kraterrand mit seinem weiß-blauen Häuserlabyrinth, den typischen Windmühlen und dem Sonnenuntergangsplatz

Open Air Cinema in Kamari: Das stimmungsvolle Ambiente und eine populäre Auswahl von Filmen ergeben ein einmaliges Urlaubserlebnis.

Alt-Thera in Kamari: antike Stätte mit fantastischer Sicht über Santorin und die Caldera

Byzantinische Schlossruinen in Oia: atemberaubender Sonnenuntergang vor historisch-romantischem Ambiente – aber nur außerhalb der Hochsaison

DINNER FOR TWO

Stifado, ein aromatisches Gulasch mit viel Zwiebel sowie reichlich Rotwein und Gewürznelken, wird in vielen Tavernen gereicht. Zu einem romantischen Sonnenuntergang sollten Sie unbedingt einmal *Nykteri* probieren – das ist ein Santoriner Wein aus Trauben, die in der Frische der Nacht geerntet und umgehend gepresst werden.

Ein Dorf mit Windmühle und Kirche wie gemalt: Oia gehört zu den schönsten Inselorten.

Santorin sieht ja wirklich aus wie aus dem Bilderbuch: weiß-blau die Architektur, tiefblau die Ägäis und strahlend blau der Himmel darüber. Die romantischen Sonnenuntergänge dagegen sind orange, rot, manchmal sogar blutrot ... Bei solchen Anblicken ist klar: Santorin ist eine Trauminsel!

Symphonie in Weiß und Blau

»Yamas« – Prost –, sagt Nikos und gibt statt einer Rechnung zwei Ouzo aus. Den Touristen gefällt das, typisch griechisch halt und gemäß der Devise: Das Leben lieben und den Tod nicht fürchten. Der Zauber der lauen Sommernächte entfaltet sich aber auch ohne Gratisschnaps. Die Kreuzfahrtriesen sind wieder in See gestochen. Es kehrt Ruhe ein. Und Einwohner wie Feriengäste, die auf der Insel nächtigen, teilen sich die gar nicht kitschige Stimmung mit Musik, Tanz und griechischem Wein. Udo Jürgens besang einst den Rebensaft, der in der Urlaubsatmosphäre von Hellas so wunderbar schmeckt – und zu Hause allenfalls als Sauerampfer durchgeht.

Alles fing auf **Santorin** mit einem mächtigen Knall an. Ein gewaltiger Vulkanausbruch vor rund 3500 Jahren sprengte die Insel auseinander. Zum größten Teil versank sie im Meer.

Griechenland

Die Kraterränder aber stehen größtenteils noch. Sie gleichen einer Sichel, die zusammen mit den kleineren Nachbarinseln fast einen Kreis bildet. Und sie bieten Ausblicke, die zu den schönsten in Europa gehören. Weiße Dörfer schmiegen sich an Felsen, Esel trotten auf schmalen Wegen, und im Krater kann man baden, segeln oder den Motor anwerfen – das heißt, im tiefblauen Meer, in das die steilen, schwarzen Kraterwände stürzen, auf denen Kirchen mit blauen Kuppeln thronen. Auch deshalb ist Santorin einmalig. Das gilt von **Oia** am nördlichen Ende für die ganze Inselsichel bis **Akrotiri** im Süden. Zumindest, wenn man oben bleibt, auf bis zu 360 m Höhe. Santorin ist Griechenland, wie man es von Postern und Wandtapeten kennt. Einfach zu schön, um wahr zu sein! Nikos gibt inzwischen noch einen aus. Leben und Leben lassen lautet schließlich die Insel-Devise – nicht nur in der Kneipe oder beim Backgammon-Spiel in den engen Gassen von **Fira**. JM

Jeden Abend ein ganz großes Spektakel: Sonnenuntergang auf Santorin ...

Infos und Adressen

ANREISE
Flug: Deutsche Charterairlines fliegen in der Saison von den meisten deutschen Flughäfen nach Santorin.

BESTE REISEZEIT
April–Oktober, Badesaison: Mai–September

SEHENSWERT
Imerovigli: liegt auf dem Kraterrand, nationales Kulturgut mit Kirchen und der Burg Skaros
Firostefani: nettes Dorf mit einem der aufregendsten Plätze am Kraterrand

ESSEN UND TRINKEN
Tsipouradiko: Meze plus Trester wie Tsipouro, Tsikoudia oder Ouzo und Dachterrasse; Fira Santorini, www.santotsipouradiko.blogspot.gr
King Neptune: toller Ausblick auf die Caldera, traditionelle Küche; Oia, www.neptune-restaurant.gr

ÜBERNACHTEN
Agali Houses: romantisch an der Kraterwand, Honeymoon Suite mit privatem Pool, traumhafte Sonnenuntergänge; Firostefani, www.agalihouses.gr
Nikos Villas: traditionelle Höhlenwohnungen in der Kraterwand; Oia, www.nikos-villas.com

WEITERE INFOS
Griechische Zentrale für Fremdenverkehr: www.santorini.net

Besondere Augenblicke

DER KNALLROTE MOMENT

Auf Santorin wird ein Sonnenuntergang zelebriert, denn die Natur gibt ihr Bestes. Und dabei gilt: Sonnenuntergang ist nicht gleich Sonnenuntergang! Fast jeder hat schon einmal von den spektakulären Sonnenuntergängen gehört, die sich am Ende eines jeden Tages abspielen auf dieser Insel. Jeden Abend ist die Kulisse atemberaubend schön. Und jeden Abend ist sie anders. Die Farben am Himmel ändern sich von Ocker zu Golden, von Gelb zu Orange, von Rot zu Blutrot, wenn die Sonne langsam zum Meer hin sinkt und schließlich eintaucht. Zusammen mit den umliegenden Inseln ergibt sich eine unglaubliche Szenerie, die man an verschiedenen Orten allabendlich neu für sich entdecken kann. Von Oia sieht das Spektakel anders aus als von Fira oder vom 210 m hohen Südzipfel oder gar von **Nea Kameni** mit der Steilküste der Hauptinsel im Rücken. Vielleicht zelebriert man das Naturschauspiel auch jeden Abend mit einem anderen Fläschchen? Sicher ist: Der Sonnenuntergang von Santorin gehört zu den magischsten der Welt!

Inselromantik

50 Isola del Garda

HIGHLIGHTS

Eis essen in der Casa del Dolce: Das beste Eis am See: und alles Bio!

Sardellata al Chiar di Luna: Schlemmervolksfest rund um die Gardasee-Sardine, immer im Juli und immer kurz vor Vollmond

Markttag am Lungolago von Garda: einer der schönsten Märkte im Süden mit köstlichem Obst und Gemüse; immer freitags, 8–13 Uhr.

Nightlife in Bardolino: Zentrum der Nachtclubs und Diskotheken

Caneva Aquapark: ein Paradies für Wasserratten; Localita Fossalta 58, Lazise, www.canevaworld.it

DINNER FOR TWO

Die regionale Küche am südlichen Gardasee hat einiges zu bieten! Zarte *Tortellini*, köstliches *Risotto* oder *Grigliata mista*, Grillmix mit Rind, Schwein, Huhn und Bauchspeck – *Salsiccia* mit hausgemachter Polenta oder *Bigoli mit weißem Ragout*.

Traumschloss mitten im Gardasee: die Cavazza-Villa auf der wunderschönen Isola del Garda

Am Gardasee gibt es viele romantische Ecken zum Träume und Schwelgen. Wer die wunderschöne Isola del Garda besucht, betritt eine andere Welt, zu der jahrelang der Zutritt verboten war. Doch nun öffnete die Besitzerfamilie ihre Insel, ihren paradiesischen Park und ihre Schlosstüren.

Ein kleines Reich im Gardasee

Für Gardasee-Fans verströmte diese Isola vor der **Bucht von Saló** schon immer einen Zauber und den Flair des Verbotenen: Der ein oder andere ruderte daran vorbei und guckte sich die Augen wund. Aber auch die Stars des Sees lugten von ihren eleganten Riva-Booten zur Insel. Majestätisch langsam glitten sie vorbei und bestaunten das Schloss. Der Familienbesitz wurde von Hunden bewacht, über deren Lust am Vertreiben ungebetener Gäste schaurige Geschichten existieren. Nur wer die richtigen Personen kannte, hatte eine Chance bei den Cavazzas willkommen geheißen zu werden.

Die Schilder »Accesso vietato« – betreten verboten – stehen zwar immer noch, aber gegen Voranmeldung und Gebühr machen die Isola-Besitzer jetzt regelmäßig Ausnahmen. Konjunkturflaute und Wirtschaftsmisere stoppen auch vor dem Adel nicht. Die Besitzerin Alberta sagt offen: »Wir brauchen

Italien

Besondere Augenblicke

BOOTSFAHRT ZUR ISOLA DEL GARDA

In voller Fahrt schaufelt die »MS Italia« an der »San Nicolò« vorbei. Der Schaufelraddampfer ist eine Zierde für den See, 1908 gebaut, 50 m lang. Seit 1975 treibt ein neuer Dieselmotor die Schaufelräder an. Die San Nicolò ist das letzte Vollholzboot auf dem Gardasee, das dem Schutzheiligen von Bardolino gewidmet ist und dort 1926 als Handelsschiff gebaut wurde. Heute steht bei jedem Törn von Kapitän Aldo Valente auch die **Isola del Garda** auf dem Ausflugsprogramm – der schönste Weg, die Insel vom See aus zu genießen. Gemächlich gleitet die San Nicolò Richtung Isola. Außer dem Knarzen und dem Segeltuch, wenn sich der Wind darin verfängt, ist kein Geräusch zu hören.

Von 8 Ortschaften fahren Ausflugsboote zur Isola del Garda, wo eine Gruppenführung angeboten wird. Wer aber vor der Insel baden will, der mietet sich für erschwingliches Geld selbst ein Motorboot, das ohne Führerschein benutzt werden darf.

das Eintrittsgeld, um eine neue Stromanlage zu installieren.« Früher lag die Zahl der Gefolgschaft bei 20 Personen. Heute sind nur vier Angestellte übrig geblieben. Dafür kommt jetzt Besuch: von März–Oktober wird der Inselzauber gelüftet.

Die **Isola del Garda** liegt wie eine Banane im Südwesten des Sees. Stufenförmig angelegte Zypressen geben der Insel die Silhouette von Zinnen, Zacken und Spitzen. In der Mitte, nur von Süden einsehbar, dominiert das gräfliche Schloss, das Alberta bescheiden als »Villa« bezeichnet: ein Palazzo in neugotisch-venezianischem Stil. Die Treppen, Terrassen und Gärten fallen bis zum See hinab. Eingewebt ist der 1903 fertig gestellte Bau von üppiger Vegetation: von einheimischen und exotischen Pflanzen, Sträuchern und Blumen, von einem Wald aus Kiefern und Zypressen, Akazien und Zitronenbäumen, Magnolien und Agaven. Besonders morgens, wenn die Vögel zwitschern und der See sich noch nicht in seinen typischen Dunst verkrochen hat, ist die Insel von umwerfender Schönheit.

Seine heutige Gestalt verdankt das kleine Reich der Liebe: Charlotte Chetwynd Talbot, Engländerin, hatte sich während einer Romreise verliebt, ohne mehr von jenem Mann zu wissen als seinen Namen, Camillo Cavazza. Er war der einzige Besitzer der Isola del Garda. »Amore – verliebt in Roma – ja, so begann alles für uns ... « Camillo ist gestorben und Charlotte und ihre sieben Kinder sind die Erben der Insel. »Oma Livia hat den Inselgarten angelegt und über 50 Jahre gepflegt. Sie hat ein Paradies erschaffen.« Die »Villa« mitten im Paradies besitzt 80 Zimmer. 17 Räume werden von Alberta und ihren Geschwistern bewohnt, der Rest kann besichtigt werden.

Schiff ahoi: Eine Kreuzfahrt auf dem Gardasee gehört zu den eindrucksvollsten Erlebnissen.

200 Meter über dem Lago: Der Fernblick von La Rocca reicht an klaren Tagen bis in den Norden des Sees.

Zu zweit erleben

FESTE AM SEE

Feste gibt es fast das ganz Jahr über am Gardasee: Neben den vielen Festen, die irgendwelchen Kirchenpatronen gewidmet sind, gibt es vor allem zahlreiche Weinfeste. Am bekanntesten ist das »Festa dell'Uva«, jedes Jahr Anfang Oktober in **Bardolino**. Etwas ganz Besonderes ist das »Festa nodo d'amore«, das Tortellinifest auf der langen **Visconti-Brücke** in Valeggio, das jedes Jahr am dritten Dienstag im Juni stattfindet. Das Fest ist mittlerweile derartig beliebt, dass die Karten dafür oft schon Anfang des Jahres ausverkauft sind. Etwa ein Dutzend Gastronomen aus Valeggio und Borghetto bereiten direkt auf der Brücke Tortellini und viele andere Köstlichkeiten zu, die dann gemeinsam an der langen Tafel verspeist werden. Höhepunkt ist das gigantische Feuerwerk direkt vor der mächtigen Scaligerburg. www.valeggio.com

Eines der schönsten und romantischsten Feste ist »La Notte d'Incanto«: Am italienischen Nationalfeiertag Ferragosto (15. August) findet alljährlich das Lichterspektakel statt, bei dem unzählige, mit Kerzen geschmückte Schiffchen auf den See hinausgelassen werden, u. a. in **Desenzano**.

Bummeln und Shoppen gehört auch am Gardasee dazu, besonders in den eleganten Gässchen von Saló, hier beim Weinfest.

Blick auf das elegante Städtchen Saló

Reize des Festlands

Zugegeben, der Abschied von der Insel fällt nicht leicht. Doch auch die der Insel am nächsten liegenden Orte auf dem Festland haben ihre Qualitäten: Ruhig und verträumt geht es zu in dem Fischerdorf **San Felice del Benaco**, das aus mehreren kleinen Ansiedlungen zwischen Olivenbäumen und Zypressen und einem charmanten alten Ortskern besteht. 2 km vom Seeufer entfernt bummelt man hier durch noch ursprünglich wirkende alte Gassen mit hübschen Palazzi ohne Gedränge selbst in der Hochsaison oder zur etwas außerhalb des Ortes liegenden Karmeliterkirche aus dem 15. Jh. mit erstaunlich reichen Fresken. Am kleinen Hafen vorbei fährt man an der Küstenstraße entlang weiter Richtung Westen nach **Salò**, einer der größten Städte der Region und ein lohnendes Ziel für einen großzügigen Einkaufsbummel. Hier ist alles ein bisschen schicker: die Mode- und Schuhläden in den schmalen Gassen, die Palazzi – und das Publikum am von stilvollen Kolonnaden gesäumten Lungolago, der Uferpromenade. Ein riesiger über 200 m hoher Felsbrocken, der **Rocca**, ragt wie ein Wahrzeichen bei dem weiter südlich gelegenen **Manerba** aus dem See, auf dem sich Reste einer Burgruine befinden. Die fantastische Aussicht über den südlichen Gardasee lohnt den Spaziergang hinauf. Eine weitere Attraktion Manerbas ist der **Archäologische Naturpark**, in dem man nicht nur viel über die Geschichte der Region erfährt, sondern auch die landschaftliche Schönheit und die einzigartige Flora und Fauna genießen kann. Nicht zu vergessen: Manerba hat sein eigenes Inselchen – 200 m vor der Haustür liegt die **Isola San Biagio**, die man zu Fuß durch kniehohes Wasser erreichen kann, um sich dort zu sonnen und an der Bar einen Drink zu genehmigen. JM

Isola del Garda

Infos und Adressen

ANREISE
Flug: von Frankfurt, München, Berlin und Düsseldorf nach Verona; **Bahn:** Direktverbindung bis Verona mit Anschlusszug nach Desenzano; **Auto:** Vom Norden über die Brennerautobahn nach Verona; die Ausfahrt Rovereto Süd führt an den nördlichen Gardasee. Vom Süden aus über die A4 Mailand–Verona, Ausfahrten zum Gardasee bei Desenzano, Sirmione und Peschiera

BESTE REISEZEIT
April–Oktober
Badetemperaturen herrschen in der Regel von Juni–September

SEHENSWERT
Sirmione: Die Scaliger-Wasserburg, die Grotten des Catull und die engen Gassen im Ortskern sind ein Muss!
Salò: hat eine der schönsten Promenaden am See – und wegen Mussolini eine unrühmliche Episode in den Geschichtsbüchern
Gargnano: Ein romantisch-verträumter Ort, an dem die Zeit stillzustehen scheint.
Bardolino: Das hübsche Örtchen erwartet seine Besucher mit einer schmucken Fußgängerzone.
Garda: Die alten Häuser mit Vorderfassaden im venezianischen Stil sind typisch für den Namensgeber des Gardasees. Herausragend ist der Palazzo dei Capitani aus dem 15. Jh.
Malcesine: Liegt zwar im nördlichen Teil des Sees, ist mit seinen beschaulichen Gassen und der auf einem Felsvorsprung thronenden Burg aber einen Ausflug wert.
Fotoparadies Gardasee: Die Westküste sollte man stets morgens und die Ostküste für den Nachmittag einplanen. So hat man immer die Sonne bei sich. Bei einer Rundfahrt, machbar an einem Tag, hilft die Autofähre Maderno – Torri del Benaco als Abkürzung.

ESSEN UND TRINKEN
Osteria Valesana: vorzügliche regionale Küche in einem lauschigen Hof am Rand von Lazise
Trattoria Al Graspo: »Die Speisekarte bin ich«, lautet das Motto des hiesigen Küchenchefs. Serviert wird vor allem Fisch, viel, frisch und sehr lecker. Piazza Calderini 12, Garda, www.graspo.it
Vecchia Lugana: Stilvoll genießen auf der überdachten Terrasse; das Vecchia Lugana gilt als eine der Feinschmeckeradressen am Gardasee; Via Vecchio Mulino, Sirmione

SHOPPING
Weinkellerei Zeni: Im Hinterland von Bardolino liegen, inmitten der Weinberge und Olivenhaine, einige Weingüter. Seit 1870 produziert die Weinkellerei Zeni feine Tropfen, aber auch Alltagsweine, die nur ab Hof verkauft werden. Mit angeschlossenem Museo del Vino; www.zeni.it
Lonardi: Mit dem Slogan »Tutto per il Giardino«, also »Alles für den Garten«, wirbt Lonardi auf seiner Webseite für seine Plastiken. Auf der großzügigen Anlage kann man zwischen verkäuflichen Statuen, Brunnenschmuck, Säulen und Tierkeramiken lustwandeln. Handgepäckfreundliche Souvenirs gibt es im anliegenden Geschenkshop. Località Mandella, Peschiera, www.lonardituttoperilgiardino.it

ÜBERNACHTEN
Lefay Resort & Spa: das beste Spa am See; Via Angelo Feltrinelli 118, Gargnano, www.lefayresorts.com
Romantik Hotel Laurin: Außergewöhnliches Viersternehotel; Viale Landi 9, Saló, www.laurinsalo.com
Aqualux: exklusives Spa-Hotel mit 6 Pools und Saunen, LGBT Friendly; Via Europa Unita 24/b, Bardolino, www.aqualuxhotel.com
Principe di Lazise: hübsches Landhotel am Ortsrand; Strada Delle Greghe 7, Lazise, www.hotelprinicipedilazise.com

WEITERE INFOS
www.isoladelgarda.com und www.gardasee-info.com; es gibt kein übergeordnetes Fremdenverkehrsamt für den Gardasee.

Seit 1870 produziert die Weinkellerei Zeni feine Tropfen, die nur ab Hof verkauft oder in ausgewählten Restaurants getrunken werden können. Das angeschlossene Museo del Vino ist ebenfalls einen Besuch wert.

Inselromantik

51 Ponza

HIGHLIGHTS

Cala del Cuore: Rot, gelb und weiß färben Sedimente das zerklüftete Felsgestein, das von altrömischen Bewässerungskanälen durchzogen ist.

Cala Fonte: Die Bucht mit pittoreskem Felstor lädt zum Bad in kristallklaren Fluten ein.

Bagno Vecchio: eine Grotte, die bei Sonneneinstrahlung smaragdgrün leuchtet

Grotte di Pilato: ein Labyrinth unterirdischer Meeresbecken und Gängen direkt unter dem Stadtfriedhof in den Tuff geschlagen

Palmarola: Der Bootsausflug zur naturbelassenen Inselschwester ist ein Muss.

DINNER FOR TWO

Zu den Spezialitäten der Insel, die man unbedingt probieren sollte, gehören: *Spaghetti al ragu di ricciola:* Nudeln mit Sugo aus Tomaten und einer bestimmten Thunfischart – *Gefüllte Tintenfische:* Calamari mit einer Farce aus Pinienkernen, Parmesan und Rosinen in Tomatensugo – *Riso nero:* mit der Tinte von Kalmaren schwarz gefärbtes Risotto – *Limoncello:* Süßer Zitronen-Digestif

Schöner kann sich eine Stadt nicht präsentieren: Einem Amphitheater gleich erstreckt sich Ponza-Stadt über eine weit geschwungene Naturbucht.

Mag sein, dass selbst Italienkenner stutzen bei der Frage nach Ponza und ihren Schwestern, mit denen sie im Golf von Gaeta einen Archipel bildet. Die Italiener aber lieben sie: Weil sie nostalgisch und mondän ist, und weil ihre unberührte Natur, die Strände und das azurblaue Meer zum Träumen einladen.

Insel der Sehnsucht

Ponza, die 7,3 km² große Hauptinsel der **sechs Pontinischen Inseln**: Es ist ein Schwelgen in Farben und Genüssen, eine perfekte Mischung aus Natur und Zivilisation, schon wenn man mit der Fähre in die Bucht von Ponza einläuft. Die Häuser strahlen in Himmelblau, Terrakotta oder Zartgelb, und man glaubt, eine Zeitreise ins Italien der 60er-Jahre zu machen, so bühnenartig und malerisch ist die Architektur, so beschaulich das vom Fischfang geprägte Hafenleben, so erholsam die Gelassenheit der insgesamt 3300 Einwohner.

Die Schönheit Ponzas erschließt sich am besten während eines Bootsausflugs rund um die Insel. Gleich nach Verlassen des Hafens fasziniert die **Grotte di Pilato**: Um ihren Fisch fangfrisch zu halten, schlugen die Römer Salzwasserbecken in den weichen Tuffstein – ein wahres Felslabyrinth, das man nur mit Führung besuchen sollte. Zu den unvergesslichen Eindrücken zählen auch **Capo Bianco** mit schneeweißen Klippen oder **Cala Felci** mit schwefelhaltigem Gestein. Vor der Rückkehr in den Hafen lädt der Strand

Italien

Atemberaubende Ausblicke - so wie auf die Bucht von Chiaia di Luna - lassen sich am besten mit der Vespa auf einer Fahrt über die Insel entdecken.

Infos und Adressen

ANREISE
Flug: nach Neapel oder Rom, zum Fährhafen mit Taxi oder Bus; **Fähre:** von Formia oder Anzio (1–3 Std.), Terracina (2–3 Std.), in der Hochsaison von Neapel oder Rom nach Fiumicino (3 Std.)

BESTE REISEZEIT
April–Oktober

SEHENSWERT
Frontone: Kiesstrand gegenüber von Ponza-Stadt mit altrömischem Badebecken und originellem Museum
Chiaia di Luna: Strand mit azurblauer Grotte, begrenzt von hohen Felswänden

ESSEN UND TRINKEN
A Casa di Assunta: schlichte, aber köstliche Fischgerichte mit reichlich Gemüse, fantastischer Blick auf die Hafenbucht; Via Aversano, Ponza
Aqua Pazza: Sternedekorierte Fischgerichte, Pasta und Brot hausgemacht, Hafenblick von der Terrasse; Piazza Pisacane 10, Ponza
Da Igino: Sonnenuntergang, Fisch aus eigenem Fang und hausgemachter Fenchel-Digestif; Cala Fonte, Le Forna

ÜBERNACHTEN
Grand Hotel Chiaia di Luna: renommiertes Hotel mit Pool; Via Panoramica, Ponza, www.hotelchiaiadiluna.com
Villa Laetitia: Boutique-Hotel in einer Villa aus den 20er-Jahren; Via Scotti di Basso, Ponza, www.ponza.com/villalaetitia

WEITERE INFOS
Associazione Isole Ponziane: www.isoleponziane.it

Zu zweit erleben
MIT DER VESPA ÜBER DIE INSEL

Ponzas Küste und Landesinnere zu erkunden macht mit einer Vespa am meisten Spaß. Da ist der Weg schon fast das Ziel. Und so muss es auch sein, denn die nur gut 3 km lange Insel besitzt lediglich eine Straße, die schnell abgefahren ist. Zwischenstopp ist der Strand **Lucia Rosa**, nach einer unglücklich Verliebten benannt, die sich hier von den Klippen stürzte. Die schroff aus dem Meer aufragenden Felstürme bieten im Abendlicht einen märchenhaften Anblick. Wundervoll baden lässt es sich in der **Cala Feola**: Unterhalb des hübschen Örtchens **Le Forna**, wo Fischer malerisch Keller in den Fels gehauen haben, laden nicht nur ein wundervoller Sandstrand, sondern auch eine Anzahl von natürlichen Meerwasserbecken zum Bad in azurblauen Fluten. Auch die **Cala Fonte** mit ihrem charakteristischen Felstor ist einen Abstecher wert. Von hier ist es nicht mehr weit bis zur Nordspitze, wo man Rast einlegen sollte, um den Blick übers Meer hin zum wilden Inselchen **Gavi** schweifen zu lassen.

von **Frontone** zu einem erquickenden Bad in kristallklaren Fluten.

Doch auch zu Fuß lässt sich manche Bucht von **Ponza-Stadt** aus erkunden, so wie die **Chiaia di Luna**, ein Kiesstrand, den man direkt durch einen antiken Tunnel erreicht. Jähe Felswände türmen sich um die Bucht im Halbrund auf, oben am Klippenrand die Reste einer hellenistischen Nekropole. Keinesfalls sollten Sie eine Fahrt im Tretboot zu den Grotten versäumen. Eine Märchenwelt tut sich hier auf. Unwirklich leuchtend rollen die Wellen azurblau hinein in die Höhlen. Wenn sich die Sonne darin bricht, ist es ein Funkenregen aus Saphiren, der die Haut des Badenden in schönstem Aquamarin schimmern lässt. *TW*

Inselromantik

52 Sardinien

HIGHLIGHTS

Mercato San Benedetto: mit 238 Ständen die größte Markthalle Cagliaris

Area Marina Protetta Capo Carbonara: Naturreservat bei Villasimius mit phänomenalen Stränden

Chia: Naturjuwel an der Südwestküste mit altem Befestigungsturm, Traumbuchten, Lagunenseen und Wasser wie Glas

Capo Malfatano: Das weit vorspringende Kap mit Sarazenenturm aus dem 16. Jh. bietet einen herrlichen 360-Grad-Blick über die Südwestküste.

Dune d'Ingurtosu: Über 50 m türmt sich der goldgelbe Sand am Spiaggia di Piscinas.

DINNER FOR TWO

Sa Cassola: Fischsuppe aus verschiedenen Fischen und Meeresfrüchten – *Spaghetti alle Arselle e Bottarga:* Spaghetti mit Venusmuscheln und geriebenem Meeräscherogen, dem sardischen Kaviar – *Is Caschettas:* Hochzeitsgebäck aus hauchdünnen mit Honig, Nüssen und Zimt gefüllten Teigblättern – *Mirto:* Likör aus den Beeren oder Blättern der Myrte.

Sardinien lockt mit schneeweißen Traumstränden. Wer am Strand von Tueredda Einsamkeit und Ruhe sucht, findet sie aber erst im Frühling oder Herbst

Sardinien ist mehr als strahlender Sonnenschein, Sand unter den Füßen, Salzluft in der Nase und ein endlos blaues Meer: Im Süden lockt das zweitgrößte Eiland Italiens mit einer charmanten Inselhauptstadt, traditionellen Hochzeitsbräuchen, atemberaubenden Sonnenuntergängen und Drinks unter Palmenzweigen.

Traditionsreiche Hafenstadt und Puderzuckerstrände

Entspannt und leidenschaftlich zugleich – das ist **Cagliari**, die Hauptstadt ganz im Süden der Insel! Die romantische Atmosphäre erschließt sich am besten im wunderschönen Schlossviertel. Wie das alte Rom wurde die Stadt auf sieben Hügeln erbaut, mitunter mühsame Aufstiege führen zu malerischen Aussichtspunkten. Mittelalterliche Gassen mit winzigen Ateliers, feine Herrenhäuser, prächtige Kirchen, lauschige Plätze, schöne Cafés und ein lebhaftes Nachtleben machen die Stadt vom Frühjahr bis in den Herbst hinein attraktiv.

Im **Casteddu**, wie die Sarden ihre Burg nennen, hat man an der **Bastione di Santa Croce** oder von der **Torre di San Pancrazio** den perfekten Ausblick. Dazu passt ein Besuch des **Elefantenturms** und der **Bastione di Saint Remy**. Abends sind die Basteien ein wunderbarer Treffpunkt, an dem man in warmen Nächten in trendigen Lokalen das Dolce Vita genießen kann. Für ein romantisches Dinner mit exquisiter Fischküche empfiehlt sich ein Spaziergang durch das Gassengewirr

Italien

der **Marina** am Hafen. Dort reiht sich eine Taverne an die andere und alle bieten sardische Spezialitäten an.

Wem der Kopf nicht nach Sightseeing und Piazza steht, kann sich am nur einen Steinwurf entfernten Poetto, einem kilometerlangen Sandstrand erholen oder die Kolonie wilder Flamingos in der dahinter liegenden Saline beobachten. In warmen Nächten lässt sich der Strand im **Golfo degli Angeli**, der sogenannten Engelsbucht, in einem der vielen **Baretti** auskosten: Die Salzgärten im Rücken, den feinen Sand unter den Füßen, das Meeresrauschen im Ohr und einen coolen Drink in der Hand trifft man in den Strandbars auf ein bunt gemischtes Publikum.

Einsames Inland und paradiesische Strände im Sarrabus

Nur etwa eine Autostunde von der Inselhauptstadt entfernt, liegt im Südosten von Sardinien die Region des **Sarrabus**. Der einsame Landstrich fasziniert mit traumhaften Buchten, puderzuckerweißen Stränden und einer verwunschenen Bergwelt, überzogen von duftender Mittelmeer-Macchia und knorrigen Eichenwäldern im Inland. Einen ganz eigenen Charme versprüht das Küstenstädtchen **Villasimius** mit einem kilometerlangen Sandband, einer alten Festung und einem malerischen Turm, der den Schriftsteller Ernst Jünger (1895–1998) in den 1950-er Jahren zu seinem Büchlein »Am Sarazenenturm« inspirierte. Der Aufstieg auf die **Torre di Chia** am Strand von **Sa Colonia** wird mit einem herrlichen Ausblick auf die Traumstrände belohnt, wo der Wind den feinen, hellen Sand zu Dünen aufgehäuft hat. Aber auch im Südwesten Sardiniens locken kristallklares Wasser, flach abfallende Strände,

Zu zweit erleben

ROMANTISCHE HOTSPOTS DER INSELMETROPOLE IN DER APIXEDDA

Wen es auf der Suche nach Zweisamkeit in die Hauptstadt Sardiniens verschlägt, kann auf einer Fahrt in der dreirädrigen Ape Plätze und Orte voller Zauber entdecken. Die Tour im Kultfahrzeug der 1960er-Jahre führt durch die historischen Stadtteile und das verwinkelte Burgviertel **Cagliaris**. Mit Zwischenstopps am imposanten neugotischen **Rathaus** und dem **Piazza Yenne** zuckelt die Apixedda rauf zur **Kathedrale**, zum Elefantenturm und wieder runter zur Bastion von Saint Remy. Dann rumpelt das Dreirad weiter zur größten Markthalle der Insel. Eine Fülle an regionalen Spezialitäten locken in jeder Ecke des **Mercato San Benedetto** – Mittendrin das Gebrüll der Marktschreier. Von Schafskäse über krosses Pane Carasau und süßes Mandelgebäck bieten sie alles, was das Herz begehrt. Ein lauschiger Ort ist die **Bar Libarium** im Schloßviertel, wo man sich unbedingt einen Platz auf der Terrasse sichern, einen Vermentino oder Cappuccino bestellen und ihn gemeinsam genießen sollte, während man händchenhaltend auf die Unterstadt, den Hafen und das Meer blickt.

Im romantischen Schlossviertel der Inselhauptstadt kann man im Sommer abends wunderbar durch die verwinkelten Gassen flanieren.

Die kleinen, abgeschiedenen Buchten zwischen dem Capo Spartivento und dem Capo Malfatano sind nicht einfach zu finden und nur über einen schmalen Trampelpfad zu erreichen

Besondere Augenblicke

SA COJA ANTIGA CEREXINA – HOCHZEIT AUF SARDISCH

Seit jeher besiegeln Brautpaare in aller Welt ihre Liebe vor dem Traualtar. In **Selargius** wird die Vermählung alljährlich im September zum Spektakel. Dann begibt sich die Nachbargemeinde von Cagliari auf eine Zeitreise, auf der zwei Liebende ihre Trauung nach altem Brauch in sardischer Tracht vollziehen. Am Tag vor der Heirat wird die Aussteuer der Braut durch die Straßen getragen. Am Hochzeitstag begleiten Folkloregruppen und Musikanten das Paar in die Kirche. Zahlreiche Zuschauer erleben, wie der Bräutigam seine Liebste mit einer Kette an sich bindet: Die Kette symbolisiert nicht die Macht des Mannes über seine Frau, sondern die Unauflösbarkeit dieser Verbindung. Angeblich wurde keine nach diesem Brauch besiegelten Eheschließungen jemals geschieden. Eine ähnliche Zeitreise gibt es jedes Jahr am ersten Sonntag im August bei **Sa Coja Maureddina** in **Santadi**. Auch bei diesem bewegenden Hochzeitsfest trifft Moderne auf Tradition.

befestigte Signaltürme und atemberaubende Panoramablicke über die Landschaft und die Küste.

Ein besonderes Erlebnis im Frühjahr oder Herbst ist eine Bootstor ins Schutzgebiet **Area Marina Protetta Capo Carbona**. Das Schnorchel- und Strandparadies mit kleinen unbewohnten Eilanden lässt sich mit dem Motor- oder Segelboot gut vom kleinen Hafen von Villasimius aus erreichen.

Sonnenuntergänge über dem Meer an der Costa Verde

Nie ist ein Meerestrand romantischer als in der Dämmerung; nirgends auf Sardinien ist der Sonnenuntergang schöner als am einsamen **Spiaggia di Piscinas** bei **Ingurtosu**. Die fantastische, noch unberührte Sandwüste mit bis zu 50 m hohen Dünen liegt keine zwei Autostunden von der Inselmetropole entfernt an der **Costa Verde**, der Westküste Sardiniens. Kein Fels und kein Hochhaus trüben die Sicht. Mit etwas Glück kann man sogar den seltenen Königsadler, Wanderfalken, Triel oder Meeresschildkröten sehen. Der Weg zu den goldgelb leuchtenden Sandbergen windet sich durch früheres Bergbaugebiet. Restaurierte Gebäude und abgedeckte Schlackehalden der **Miniera di Ingurtosu e Gennamari** säumen die Straße, während abseits des Weges und in den Dünen ein paar Bahngleise mit Lohren verfallen. Kein Lärm stört die Idylle, und selbst zur Hochsaison, wenn die meisten Strände der Insel heillos überfüllt sind, findet man hier noch ein abgelegenes Plätzchen. Da kann man auch mal eng umschlungen Händchen halten und dem Partner eine romantische Liebeserklärung machen!

AB

Beim Matrimonio Mauritano in Santadi kommt die Braut in einem geschmückten Karren, der von zwei Ochsen gezogen wird.

Tagsüber herrscht in Cagliari quirliges Treiben unter den Arkaden an der Hafenpromenade.

Sardinien

Infos und Adressen

ANREISE
Flug: Direktverbindungen ab vielen deutschen Flughäfen nach Cagliari, Olbia oder Alghero; **Fähre:** Ab Norditalien ganzjährig oder zur Saison mit den Schiffen der Moby Lines, Corsica Sardinia Ferries, GNV und Tirrenia

BESTE REISEZEIT
Mai–Oktober

SEHENSWERT
Monte Urpino: Sonnenuntergang über Cagliari von einem der sieben Hügel der Inselhauptstadt
Sant'Efisio: alljährliches Trachtenfest (1.–5. Mai)
Strada Panoramica Villasimius – Costa Rei: atemberaubende Panoramastrecke im Süden von Sardinien
Punta Molentis: Karibik-Feeling pur! Weißer Sand, glitzernde Granitbrocken und ein türkisblaues Meer
Muravera: Das Zitrusfrüchtestädtchen bietet im Sommer ein vielversprechendes Programm mit Kunsthandwerk, Folklore, Musik und Degustationen.
Nora: antike Ruinenstadt in der Nähe von Pula; zu besichtigen im Sommer, 9–20 Uhr.

ESSEN UND TRINKEN
Trattoria Lillicu: Für Fischfans ein Muss! Zur Saison unbedingt reservieren; Via Sardegna 78, Cagliari
Il Miraggio: ideal für ein romantisches Dinner am Strand; Loc. Campus, Villasimius. www.ristoranteilmiraggio.com
Il Corsaro Nero: vorzügliches Fischrestaurant am Strand von Portu Maga; Loc. Portu Maga, Arbus

SHOPPING
I.S.O.L.A.: Garant für echt sardisches Kunsthandwerk; Via Ottone Bacaredda 176, Cagliari, www.isola-cagliari.com
Sapori di Sardegna: kulinarische Insel-Köstlichkeiten; Tipp: Caschettas, das traditionelle Braut-Gebäck; Vico dei Mille 1, Cagliari. www.saporidisardegna.com
Cantina Santadi: Feine Weine und köstliche Grappas; Via Cagliari 68, Santadi, www.cantinadisantadi.it

AUSGEHEN
Libarium Nostrum: Café und Bar mit Hafenblick im Schlossviertel der Inselhauptstadt; Via Santa Croce 33, Cagliari, www.caffelibarium.com
Caffè Delle Arti: Café im Burgviertel mit windgeschützter Terrasse und herrlichem Blick auf die Lagunen; Via del Fossario 1, Cagliari.
Caffè degli Spiriti: Café, Bar und Restaurant in einem; spektakuläre Lage mit Blick über die Stadt; Bastione San Remy, Cagliari, www.caffedeglispiriti.com
Emerson: tagsüber Strandbad, abends Loungebar; Viale Poetto 4, Cagliari, www.emersoncafe.it
La Capanna: Restaurant und Lounge – elegantes Ambiente für stilvolle Nachtschwärmer; Via delle Palme 1, Villasimius

ÜBERNACHTEN
The Place: Gästehaus inmitten der Altstadt mit traumhaft schönen Zimmern; Via S.Efisio 59/61, Cagliari, www.theplacecagliari.com
Hotel Stella Maris: früher Jesuitenkloster, heute Hotel mit Privatstrand und Blick aufs Meer; Via dei Cedri 3, Villasimius, www.stella-maris.com
Capo Spartivento: ein einsamer Leuchtturm im Meer – das Luxushotel für alle, die Abgeschiedenheit und Romantik schätzen. www.farocapospartivento.com
Hotel Le Dune: renoviertes Minengebäude mitten im Nichts; atemberaubende Sonnenuntergänge und Sanddünen; Via Bau 1, Arbus, www.leduneingurtosu.it

WEITERE INFOS
Sardegna Turismo: das offizielle Tourismusportal der Autonomen Region Sardinien; www.sardegnaturismo.it/de
Sardinien.com: virtuelles Reisemagazin mit aktuellen News, Tipps, Porträts und Veranstaltungen; www.sardinien.com

Mal solo am Nachmittag oder spätestens nach einem üppigen sardischen Essen, ein Mirto darf als Begleiter zum Kaffee nicht fehlen.

Inselromantik

Madeira / Porto Santo

HIGHLIGHTS:

Panoramabar: Torre Praia, der integrierte historische Turm einer alten Zementfabrik, tolle Rundumsicht bei Kerzenschein

Fonte de Areia: fantastische Landschaftsformationen aus gehärtetem Sand

Pico de Ana Ferreira: eigenartige Arena aus fünf- und sechseckigen Basaltsäulen, eine eiszeitliche Laune als Stätte voll mystischer Energie

Wanderwege: Ausgeschilderte Routen führen durch die Berge Porto Santos.

Alter Fähranleger: Dorado für Angler, Pärchen genießen Wind und Meeresrauschen.

DINNER FOR TWO:

Knackige Schweinerippchen mit frischem Gemüse, Kraut und Reis – *Meeresfrüchteplatte* mit allen Köstlichkeiten, die der Atlantik hier bietet – *Passionsfruchtpudding:* Himmlische Versuchung der süßen Art auf der Speisekarte des Solar do Infante; am besten auf der Terrasse vernaschen.

Die Windmühle galt einst als Symbol für die Fruchtbarkeit Porto Santos.

Porto Santo besitzt das, was dem großen Nachbarn, der Insel des ewigen Frühlings und Blumeninsel im Atlantik, Madeira, zur perfekten Reisedestination fehlt: einen sensationellen, 8 km langen Strand. Und der Golden Beach, Praia Dourada, der Name sei der warmen Farbe gedankt, hat es wahrlich in sich.

Genuss an der Sonne

Schon Christoph Columbus und seine Frau Felipa aus **Vila Baleira**, dem Hauptort Porto Santos, spazierten Händchen haltend über den stark mineralhaltigen Sand und genossen die warme Abendsonne. Dabei sinnierte Columbus wohl über den Plan, Indien auf dem westlichen Seeweg zu erreichen. Eine Büste im Park erinnert an den Seefahrer, ebenso ein kleines Museum neben der Kirche. In dem Haus verbrachte er glückliche Tage an Felipas Seite.

Der traumhafte goldgelbe Strandsand, der durch die Sonne so heiß werden kann, dass das Gehen darüber beinahe zur Qual wird, bevor man das kühlende Nass des Atlantiks, der in sanften Wogen heranrauscht, zum erholsamen Bad erreicht, könnte noch manch andere Geschichte erzählen. Zum Sonnenbad, ohne Kurtaxe und Strandkorb, gibt es reichlich Platz,

Portugal

ein Handtuch reicht. Drangvolle Enge herrscht selbst in der Hochsaison nicht, dafür ist er schlicht zu groß. Fast überall gibt es glücklicherweise kleine, nette Bars mit Schatten spendenden Sonnenschirmen für Erfrischungen.

Aus der Höhe des **Pico de Baixa** ist der Strand in seiner ganzen Pracht und Ausdehnung zu bewundern. Hier oben, im Schatten der drei kleinen weißen Windmühlen mit den roten Dächern wurde ein perfekter Platz fürs Picknick eingerichtet. Segelbespannte Mühlen, 33 an der Zahl, symbolisierten einst die Fruchtbarkeit der Insel. Selbst Trauben für den schweren dunklen Wein wurden angebaut. Sie reiften beim warmen Klima schnell heran und dienten zur Verfeinerung des beliebten Madeira-Weins, der zum perfekten Abschluss des Ausflugs ebenso dazu gehören sollte wie das typisch herzhafte Brot und die verschwenderische Fülle an Obst.   UH

Genuss im Überfluss mit einem Hauch Folklore: das abendliche Dinner am Atlantik.

Infos und Adressen

ANREISE
Flug: Direktflug von Düsseldorf aus, ansonsten nach Funchal mit Anschlußflug; **Fähre:** von Funchal; **Auto:** Mietwagen oder Mietfahrräder

BESTE REISEZEIT
Ganzjährig

SEHENSWERT
Columbus-Museum: ehemaliges Wohnhaus des berühmten Entdeckers; www.museu colombo-portosanto.com

AKTIVITÄTEN
Porto Santo Golf: fantastischer Golfplatz, spektakuläre Bahnen an den Klippen
Karneval: Karnevalssonntag in Vila Baleira, kleiner Umzug und Fest auf dem Hauptplatz

ESSEN UND TRINKEN
Solar do Infante: modernes Restaurant am Kunstzentrum, schöne Aussicht auf Park und Strand; Rua Manuel Moreira da Costa Júnior, Valadares,
www.facebook.com/SolarInfante
Baiana: traditionell-rustikales Lokal am Dorfplatz; Largo do Pelourinho 7, Vila Baleira

ÜBERNACHTEN
Hotel Torre Praia: unmittelbar am Strand;
www.portosantohotels.com

WEITERE INFOS:
Portugiesisches Fremdenverkehrsamt:
www.visitportugal.com

Zu zweit erleben:

Die **Quinta das Palmeiras** stellt eine kleine grüne Oase in der mancherorts etwas kargen Landschaft Porto Santos dar. Dieser besondere botanische Garten mit erstaunlich bunter, vielfältiger Vogel- und prächtiger Pflanzenwelt entstammt den Visionen und der bewundernswerten Fleißarbeit von Carlos Alfonso, der vor 20 Jahren dieses damals belächelte Projekt startete. Er säte, ackerte, pflanzte und gestaltete und installierte sogar eine eigene, gut funktionierende Wasserversorgung. Würden nicht Zäune längs des Wegenetzes stehen, könnte man sich angesichts der Geräuschkulisse an Vogelstimmen und dem Meer aus Blüten und Blättern wie im Paradies fühlen.

Eintritt 3 €,
tgl. geöffnet
10-13 Uhr sowie 15-18 Uhr,
http://facebook.com/quinta.d.palmeiras

Inselromantik

La Gomera

HIGHLIGHTS

Alto de Garajonay: mit 1487 m die höchste Erhebung der Insel, benannt nach der Legende von der Prinzessin Gara und ihrem Geliebten Jonay

El Drago: ältester Drachenbaum »La Gomeras« bei Alajeró

Agulo: Unbedingt sollte man dem sehenswerten und lehrreichen Kulturpfad durch den alten Ortskern folgen.

San Sebastián de la Gomera: mit ihren farbenfroh gestrichenen Häusern, den malerischen Gassen und dem Hafen eine bezaubernde Inselhauptstadt

Alojera: Badeort im Nordwesten der Insel mit verwunschenem Charme

DINNER FOR TWO

Almogrote: Brotaufstrich aus Ziegenkäse – *Miel de Palma:* Zähflüssiger Sirup aus dem Saft der Dattelpalme – *Gofio:* Getreidegericht aus gerösteter Gerste oder Mais – *Papas arrugadas:* kleine, runzelige Kartoffeln mit Meersalzkruste – *Mojo rojo* und *Mojo verde:* Rote und grüne Knoblauchsoße zum Dippen.

Eine gemütliche Unterkunft mit Pool und die Berge im Blick: so urlaubt man auf La Gomera.

In den 1970er-Jahren entdeckten Hippies und Aussteiger die Insel La Gomera für sich. Heute ist das gebirgige, grüne Eiland als Wanderparadies bekannt, bietet zudem einige idyllische Strände und ist – verglichen mit den großen Kanareninseln Teneriffa, Gran Canaria und Lanzarote – noch ein einsames Urlaubsparadies.

Grüne Idylle für Entdecker

Wanderfreunde und Entdecker werden auf La Gomera glücklich sein! Nicht umsonst wurde der mystische **Nationalpark Garajonay** von der UNESCO zum Weltkulturerbe erklärt. Der Park liegt inmitten der Insel und bedeckt mit rund 3900 ha etwa 10 % ihrer Fläche. Das knapp 1500 m hohe Zentralmassiv fungiert als Wetterscheide: Der Inselnorden ist feucht, der Süden trocken. Die angestauten Passatwolken lassen an der Nordseite üppige Urwälder wachsen. Dazu gehört auch der einzige geschlossene **Lorbeerwald** der Erde. Wer durch diesen Märchenwald mit seinen knorrigen Bäumen, Moosen und Flechten wandert, fühlt sich der Zivilisation schnell fern. Endemische Tierarten wie Lorbeertaube und Kleine Kanareneidechse sorgen für faszinierende Naturerlebnisse in malerischer Landschaft.

Doch genug der Einsamkeit! Auch auf Strand mit etwas Trubel muss man auf La Gomera nicht verzichten. Mit Schön-

Kanaren

Durch Nebel- und Lorbeerwald führen abenteuerliche Wanderpfade.

Infos und Adressen

ANREISE
Flug: nach Teneriffa-Süd; **Bus:** weiter per Bus nach Los Cristianos; **Fähre:** nach San Sebastián de la Gomera

BESTE REISEZEIT
Winter, am besten zu den Saisonrandzeiten.

SEHENSWERT
Juego de Bolas: Das Besucherzentrum des Nationalparks Garajonay informiert über die Kultur der Insel und organisiert Exkursionen.

ESSEN UND TRINKEN
Tasca Telémaco: Hier kann man drinnen oder draußen speisen. Nach dem Essen teilweise Tanzabende; Plaza Nuestra Señora de la Encarnación, Hermigua, www.tascatelemaco.com

ÜBERNACHTEN
Hotel Rural Casa los Herrera: 8 Doppelzimmer in einem edel restaurierten Herrenhaus aus dem 19. Jh.; Plaza Nuestra Señora de la Encarnación, Hermigua, www.casalosherrera.com
Apartamentos Santa Ana: gepflegte Anlage mit 16 Meerblick-Appartements und Pool, nur für Erwachsene; Finca Santa Ana, Playa Santiago, www.gomerarural.com

WEITERE INFOS
Spanisches Fremdenverkehrsamt: www.spain.info

wettergarantie lockt die **Playa de Santiago** in den sonnenverwöhnten Süden der Insel. Trotz aufkommendem Tourismus hat sich der Ort den Charme eines Fischerdörfchens erhalten, ergänzt um einige Restaurants und Bars. Der Lavakiesstrand lädt zum Sonnenbaden ein, die Meeresströmung mahnt jedoch zur Vorsicht beim erfrischenden Bad.

Weitere Strände finden sich im Inselwesten, im **Valle Gran Rey**. Das »Tal des Großen Königs«, gemeint ist das Guanchenoberhaupt Hupalupa, zog bereits in den 1970er-Jahren Hippies und Aussteiger an. Die terrassierte Kulturlandschaft mit Palmen, ausgedehnten Bananenplantagen und vielen verstreut liegenden kleinen Häusern bietet einen exotischen Anblick. Der schönste Strand hier ist die dunkelsandige **Playa del Inglés**. Atmosphärisch wird es bei Sonnenuntergang am Strand im Ortsteil **La Playa**: wenn sich Trommler und Feuerspucker versammeln, um »die Sonne ins Meer zu begleiten«. Schöner kann ein Strandtag nicht enden!   DH

Zu zweit erleben

WANDERUNG ZUR PLAYA DE LA CALETA

Sehr ländlich und ursprünglich zeigt sich der Norden La Gomeras, genauer gesagt die Region **Hermigua**. Weil hier die Wolken oft tief hängen, ist der Landstrich perfekt für die Landwirtschaft und kaum von sonnenhungrigen Touristen bevölkert. Einen Besuch wert sind das beschauliche Hermigua und seine Umgebung jedoch unbedingt! Und wenn sich die Sonne dann doch hervorwagt, lockt ein Ausflug zur wildromantischen **Playa de la Caleta**, dem wohl schönsten Strand der Nordküste. Rund 6 km windet sich der Weg serpentinenartig von Hermigua Richtung Strand, erst bergauf, dann bergab. Mit herrlichem Blick auf den **Teide**, den höchsten Berg Teneriffas, nähert man sich dem Ziel: einer rund 200 m langen Kiessandbucht mit meist stürmischer Brandung davor. Hungrige zieht es gleich in das hübsche Strandrestaurant, wer einen Picknickkorb dabei hat, findet auch hierfür einen gemütlichen Platz. Sonnenschirme, Liegen und Stranddusche versüßen den Tag an der Playa.

Inselromantik

Lanzarote

55

HIGHLIGHTS

Playas del Papagayo: Ein Picknick am unverbauten Strand bei kräftiger Brandung ist ein Traum für alle Verliebten.

La Geria: eine der schönsten Weinlandschaften der Welt, die unter Naturschutz steht und zum UNESCO-Weltkulturerbe ernannt wurde

Parque Nacional de Timanfaya: Ein Besuch in der surrealen Vulkanlandschaft der Insel ist ein Muss.

Haría: malerischer Inselort mit romantischen Plätzen und Gassen

DINNER FOR TWO

Schnabulieren kann man auf der Insel zum Beispiel *Papas Arrugas con Mojo*, Kartoffeln mit Meersalzkruste und dreierlei Saucen, sowie *Gambas al Ajillo*, Garnelen in kochendem Olivenöl mit viel Knoblauch und etwas Chili, und dazu ein Glas *El Grifo*.

Jenseits des verborgenen Lanzarote: Playa Blanca ist das Touristenzentrum der Insel und für Ruhesuchende nur außerhalb der Saison zu empfehlen.

So viel Zuneigung wird nur einer Insel zuteil: Lanzarote, die Quelle der Inspiration César Manriques, lässt das Herz von Vulkanliebhabern wie Freunden der Esoterik höher schlagen, und auch Spaniens Kultregisseur Pedro Almondovar ist vernarrt in dieses feurige, geheimnisvolle Kanaren-Eiland.

Die Diva unter den Sieben

Almodovars erster Besuch auf Lanzarote brachte ihn nach **El Golfo**. Von der Aussichtsplattform oberhalb des Lavastrandes entdeckte er ein sich küssendes Pärchen. Die Liebenden in dieser archaisch anmutenden Landschaft inspirierten den Regisseur zu »Los Abrazos Rotos«, eine Liebesgeschichte mit viel Leidenschaft und Eifersucht.

»Ich habe in der Natur noch nie solch dramatische Farben – so dunkel und so originell – gesehen«, beschreibt Almodovar seine Eindrücke von Lanzarote. Kein Wunder, dass er deshalb auch den **Nationalpark Timanfaya** mit seiner mondähnlichen Lavalandschaft und den **Feuerbergen** als Drehort wählte. Besonders dort gibt sich Lanzarote pur. Nirgends sind die vier Elemente Feuer, Wasser, Luft und Erde so greifbar. Auch die Naturgewalten treffen hier direkt aufeinander: bei **Los Hervideros**, unweit der Feuerberge bei El Golfo, wo der Wind die Wellen an die schwarze, schroff zerklüftete Vul-

Spanien

kanküste peitscht, oder bei **Famara**, wo sich die Berge wie eine überdimensionale Steinwelle den Drei-Meter-Wasserwellen entgegenstemmen. Diesen besonders bei Surfern beliebten Spot im Nordwesten der Insel mit seinem wunderschönen Strand und dem Aussichtspunkt **Mirador del Rio** mit Blick auf die rauen Klippen der Nordküste sollten Sie sich ebensowenig entgehen lassen wie die noch nicht touristisch überlaufenen Fischerorte **Janubio** und **Orzola**.

On Location – Filmschauplätze

»Los Abrazos Rotos« hielt ganz Lanzarote auf Trab. Der Star in Pedro Almodovars Film ist kein Schauspieler – trotz der hübschen Penélope Cruz in der Hauptrolle –, sondern die Insel selbst. »Ach Gott, was haben die für einen Aufwand betrieben«, sagt Kellner Julio. Von der Terrasse seines Restaurants in El Golfo konnte er genau beobachten, wie Almodovar und sein Team die wildromantische Bucht im Südwesten der Insel als Kulisse einfingen. »Kräne, Schienen für Kamerafahrten, alles hatten die!«

Almodovars Tross zählte fast so viele Leute wie El Golfo Einwohner hat. Aber die 131 Golfianer fühlten sich nicht gestört. Invasionen sind sie zumindest in der Hochsaison gewohnt. Dann fallen ab zwölf Uhr die Touristen ein, werfen einen Blick auf die nahe olivgrüne Lagune, sammeln im schwarzen Sand ein paar Olivine, um dann in den sieben Fischrestaurants des Dorfes ein wunderbares Mittagessen zu sich zu nehmen.

Martialische Kraft: Geysir in den Feuerbergen im Nationalpark Timanfaya.

Besondere Augenblicke

DIE MONDLANDSCHAFT SCHWEIGT

Gegen Wind, Wellen und steile Anstiege kämpfen seit mehr als 20 Jahren alljährlich rund 1800 Triathleten beim Ironman Lanzarote, der als einer der anspruchsvollsten Wettbewerbe der Welt gilt. Schwimmen, Laufen und Radfahren über eine Distanz von insgesamt 227 km ... Nein, das will kein Tourist! Der möchte genießen, schauen, staunen – auch beim Radeln. Die **Montañas del Fuego**, die Feuerberge, faszinieren mit idealtypischen Kratern und Kegeln sowie bizarren Lavafeldern und bieten sich für eine herrliche Fahrradtour von 15 km an. Am besten startet man am späten Nachmittag, wenn die Feuerberge langsam beginnen ins Abendrot einzutauchen. Die letzten Ausflugsbusse fahren dem Ausgang des Timanfaya-Nationalparks entgegen, und gemächlich ziehen ein paar Kamele in stoischer Ruhe mit Touristen im Sattel durch die surreal wirkende Szenerie.

Die grüne Farbe der Lagune von El Golfo entsteht durch Phytoplankton.

Zu zweit erleben

STEILKÜSTEN, HÖHLEN UND FESTE

Auf Lanzarote gibt es eine Vielzahl von Möglichkeiten, um schöne Stunden zu zweit zu verbringen. Der von César Manrique gestaltete Aussichtspunkt »Mirador del Rio« etwa bietet spektakuläre Blicke auf die Steilküste in Lanzarotes Nordwesten sowie auf die Inseln des Chinijo-Archipels, die sich am schönsten Arm in Arm genießen lassen. Ein musikalisch untermalter Rundgang durch die vulkanisch entstandene **Cueva de los Verdes** ist ebenfalls ein beeindruckendes Erlebnis. Die engen Gänge der Lavaröhre wurden von Jésus Soto mit einer indirekten Beleuchtung ausgestattet, die für faszinierende Wasserspiegelungen sorgt, und führen zu einem integrierten Konzertsaal. Beteiligt war wiederum César Manrique, der die Insel wie kein Zweiter prägte. Er war es auch, der den **Jameos del Agua** genannten Teil des Lavatunnelsystems zur sehenswerten Wohlfühloase ausbaute. Wer sich außer der grandiosen Natur auch für die Lebensweise der Bewohner Lanzarotes interessiert, sollte sich, wenn sich die Möglichkeit ergibt, einfach auf einem Dorffest ohne Scheu dazugesellen, das gelernte Spanisch ausprobieren und Rancho Canario, den typischen Eintopf aus Kartoffeln mit Paprikawurst, versuchen.

Ein Kunstwerk mit Mutter Natur: der Kaktusgarten von Guatiza, gestaltet von César Manrique.

Alle Filmschauplätze sind leicht auf einer guten Lanzarote-Landkarte zu finden und können mit dem Mietwagen angefahren werden. La Carretera LZ-30 diente als Strecke für eine aufregende Autoverfolgungsjagd. Auf der schmalen Landstraße durch **La Geria**, Weltkulturerbe und eines der schönsten Weinanbaugebiete der Welt, in dem zarte Rebstöcke inmitten schwarzer Lavafelder grünen, ging es gemächlicher zu. In diesen Weinfeldern zwischen **Uga** und **Masdache** wird der trockene El Grifo angebaut. Auf etwa 1200 ha ist jeder einzelne Weinstock durch einen Trichter vor Wind und Austrocknung geschützt. Die Lava speichert die Feuchtigkeit und gibt sie an die Pflanzen ab. Dasselbe machen die Bauern auch bei Tomaten, Paprika oder Zwiebeln: Landwirtschaft und Landschaftsarchitektur in einem.

Windkunst

Eine weitere Filmstrecke kann man exakt nachfahren: Sie führt vorbei am Kreisverkehr in **Tahiche**, der von einem überdimensionalen Windspiel des bekanntesten Inselkünstlers, des 1992 verstorbenen César Manrique, dominiert wird. Der berühmteste Sohn der Insel verband Natur und Kunst auf einzigartige Weise. Die wohl beeindruckendste Symbiose stellt sein Wohnhaus in Tahiche dar – das Gebäude ist direkt in schroffes Vulkangestein integriert. Die **Cueva de los Verdes** verzaubert mit unterirdischen Gängen durch Lavagestein, begleitet von sphärischer Musik. Und auch der **Kaktusgarten von Guatiza** ist ein Werk des Künstlers.

Die **sieben Kanarischen Inseln** über einen Kamm zu scheren, wie es häufig geschieht, war schon immer verfehlt. Schließlich hat jede Insel ihr eigenes Profil. Pedro Almodovar gelang es in seinem Film, einen authentischen Eindruck von dem Teil Lanzarotes zu vermitteln, der die Insel zu einer echten Diva macht: atemberaubend schön, faszinierend, geheimnisvoll und doch irgendwie auch ein bisschen abweisend ...

Ganz anders zeigen sich dagegen die Gestade von **Puerto del Carmen** oder **Playa Blanca**, wo 90 Prozent der Urlauber ihre Ferien verbringen und viele von ihnen keine Ahnung haben, welche Naturschätze nur ein paar Kilometer weit entfernt liegen. Dabei ist eine Inselrundfahrt mit einem der günstigen Mietwagen schon in einem Tag gut zu bewältigen: Mit einer Länge von 60 km und einer maximalen Breite von 20 km ist Lanzarote übersichtlich und das Straßennetz sehr gut.

JM

Lanzarote

Infos und Adressen

ANREISE
Flug: Arrecife wird ganzjährig von zahlreichen deutschen Flughäfen und Airlines bedient. Flugzeit: ca. 4,5 Stunden

BESTE REISEZEIT
Der stete Wind macht heiße Sommertemperaturen erträglich. Den Winter empfindet man wie einen herrlichen Frühling, und es kann an Weihnachten gebadet werden. Lanzarote ist eigentlich immer schön.

SEHENSWERT
Arrecife: eine wenig aufregende Inselhauptstadt, die aber mit zwei Festungen aufwartet: Castillo de San Gabriel und Catillo de San José, welches das MIAC (Internationales Museum für zeitgenössische Kunst) beherbergt
Teguise: 1406 von den Spaniern gegründet; heute ein Künstlerstädtchen mit viel Kolonialflair, sehr schönen und gut erhaltenen Herrenhäusern, Kirchen und Klöstern
Yaiza: wurde zweimal zu Spaniens schönstem Dorf gekürt
Monumento al Campesino: Denkmal der Bauern von Manrique im geografischen Zentrum der Insel
Fundacíon César Manrique: Wohnhaus des Künstlers in Tahiche mit extravaganten unterirdischen Räumen
Guatiza: von Manrique angelegter wunderschöner Kaktusgarten mit 1400 Arten

ESSEN UND TRINKEN
Domus Pompei: guter Fisch und italienische Küche – klein, hübsch und günstig, Calle Jose Betancort 19, Arrecife
La Era: echte kanarische Küche, von Papas Arrugas con Mojo bis zu Fischspezialitäten; in einem von César Manrique renovierten Landhaus in der Calle Barranco 3 in Yaiza, www.laera.com
La Cascada: tolles Grillrestaurant, sowohl für Fisch als auch für Fleisch; Calle Roque Nublo 5, Puerto del Carmen Tias, www.restaurante-lacascada.com
El Almacén de la Sal: Edelrestaurant im ältesten Gebäude von Playa Blanca, einst wurde dort das Salz aus den Salinen von Janubio gelagert. Av. Marítima 87, Yaiza
Casa Torano: steht stellvertretend für die offenen, einfachen Fischlokale von El Golfo – schöner kann man auf Lanzarote nicht speisen (am besten abends, wenn die Tagesausflügler schon verschwunden sind)! Fisch in allen Variationen oder Gambas al Ajillo sind überall zu empfehlen. Avda. Marítima 34, El Golfo, www.restaurantecasatorano.com

FOTOTIPP
An den Playas del Papagayo können die schönsten Strände der Kanaren fotografiert werden. Dafür kommt man am besten früh morgens oder bleibt bis spät. Denn es herrscht die FKK, und Kameras werden nicht gerne gesehen.

SHOPPING
Timples: fünfsaitige, gitarrenähnliche Instrumente, jedoch deutlich kleiner, die in Teguise handgefertigt werden und durch die Einlegearbeiten häufig wie Kunstwerke wirken

ÜBERNACHTEN
Gran Melia Salinas: Fünfsterne-Luxus an der Costa Teguise mit Palmenstrand und von Manrique gestaltete Poollandschaft; zwei Wochen verbrachten Almodovar und sein Filmteam für »Los Abrazos Rotos« dort. Avda. Islas Canarias s/n, Costa Teguise, www.melia.com/de/hotels/spanien/lanzarote/melia-salinas/index.html
Princesa Yaiza Suite Hotel: bezahlbares Fünfsternehaus an der Uferpromenade von Playa Blanca mit Riesenpools, Spa, geschmackvoll eingerichteten Zimmern; Avda. Papagayo 22, Yaiza, www.princesayaiza.com
Timanfaya Palace: anspruchsvolle Architektur, großzügiger Garten und schöne Pools; in Playa Blanca; Urb Montaña Roja, Calle Gran Canaria 1, Yaiza, www.h10hotels timanfayapalace.com
Hotelito del Golfo: sehr einfaches Minihotel mit kleinem Pool in dem verwunschen schönen El Golfo an der Westküste; Avda. Marítima 6, www.hotelitodelgolfo.com
Finca de las Salinas: historischer Landsitz mit Schloss-Charakter bei Yaiza, mit Blick auf die Feuerberge; Calle Vista de Yaiza 6

WEITERE INFOS
Spanisches Fremdenverkehrsamt: www.lanzarote.com

Ganz in Blau: In den einfachen Restaurants von El Golfo sitzt man nicht nur gemütlich, sondern darf sich auch auf besonders guten Fisch auf dem Teller freuen.

Inselromantik

Mallorca

HIGHLIGHTS

Zu Gast bei Miró: Im ehemaligen Atelier im Palma-Vorort Cala Mayor hat man den Eindruck, Miró sei nur gerade mal eben weggegangen. Di–Sa 10–18 Uhr, So bis 15 Uhr

Sonnenuntergang der Cala Deya: die schönste Bucht der Westküste mit schroffen Klippen

Playa Es Trenc: bester Inselstrand, im Süden bei Ses Salines, unbebaut, weißer Sand, grünblaues Meer und FKK erlaubt

Fornalutx: idyllisches Bergdorf am Puig Mayor mit Natursteinhäusern, Treppen und verwinkelten Gassen

Valldemosa: Frédéric Chopin und George Sand überwinterten im bekannten Kartäuserkloster.

DINNER FOR TWO

Fisch und Meeresfrüchte sowie üppige Gemüseeintöpfe sind typisch für die Mallorquinische Küche: *Cap Roig:* ein Rotkopf-Fisch, am besten vom Blech mit Olivenöl – *Llagosta:* Languste im Zwiebelsud gegart oder mit Safran in Brotsuppe – *Tumbert:* dicker Eintopf mit Kartoffeln, Paprika, Auberginen und Tomaten – *Paella:* Leckere Mallorca-Varianten des Klassikers, etwa *Fideuá* mit Nudeln statt Reis

In trauter Zweisamkeit am schönsten: Sonnenuntergang mit Meeresrauschen bei Ses Salines.

Sie ist ein Star bei den Promis und gehört zu den beliebtesten Urlaubszielen der Deutschen. Die größte Insel der Balearen ist teuer und billig, bergig und flach, hässlich und wunderschön. Mallorca hat (fast) alles – auch einen duftenden Orangenhain mit einem süßen Hotel mittendrin. Man muss halt nur wissen wo …

Inselerlebnis für Individualisten

Mallorca wie ein Stillleben – geht das überhaupt? Es geht! Auf vielen Fincas im Inselinneren oder in versteckten Ecken für Verliebte, etwa an den ebenso romantischen wie bizarr geformten Buchten des Nordens. Es gibt kleine Zufluchten für Faulenzer, wie die immer noch abseits vom Massentourismus gelegene **Cala Llombards** im Osten. Bilderbuch-Bilder tauchen auf von Orangenhainen in **Puerto de Soller**, **Valldemosa**, bei **Ses Salines** und zig anderen Plätzen. Und es gibt für jeden Geschmack einen Künstler in der Küche. Die junge, moderne Cuina Mallorquina ist faszinierend: Ob eine Lammkeule, die in Honig und Orangen baden durfte, oder ein St. Petersfisch, der mit Artischoken-Cannelloni unwiderstehlich aufgetragen wird.

Und da ist noch die Hauptstadt **Palma de Mallorca**, mit gut 400 000 Einwohnern eine Großstadt, die fast die Hälfte aller Inselbewohner beherbergt – und dennoch ein kleines Juwel, in dem Touristen garantiert in der Minderheit sind.

Spanien

Fruchtig, verführerisch und betörend: der unverwechselbare Duft von Orangenblüten.

Infos und Adressen

ANREISE
Mallorca wird von fast allen Flughäfen in Deutschland bedient.

BESTE REISEZEIT
Ganzjährig

SEHENSWERT
Palma de Mallorca: mit Kathedrale, Plaça Major, Altstadt und Mercat Olivar
Coves del Drac: Die wunderschönen Drachenhöhlen an der Ostküste beherbergen den größten unterirdischen See Europas. Mit Konzert am Ende jeder Tour; tgl. 10–16 Uhr.

ESSEN UND TRINKEN
Can Eduardo: frischer Fisch und Meeresfrüchte auf dem Fischmarkt in Palma, www.caneduardo.com
Can Costa: mallorquinische Küche in einer Ölmühle in Valldemossa; www.cancostavalldemossa.com

ÜBERNACHTEN
Cases de Cas Garriguer: Natursteinhäuser bei Valldemossa, umgeben von Olivenbäumen und Pool; www.vistamarhotel.es
Finca Rural S'Olivaret: Landgut in der Nähe von Alaró www.solivaret.com

WEITERE INFOS
Tourismusverband Mallorca: www.fomentmallorca.org

Besondere Augenblicke
EIN DUFTENDES LIEBESNEST

Das Tor öffnet sich langsam, und sofort strömt durch die geöffneten Fenster des Mietwagens der betörende Duft von Orangenblüten. Am liebsten würde man stehen bleiben, den Motor ausmachen, inne halten, atmen, genießen, träumen... Aber dann würde man ja das Beste versäumen: das Hotel, das inmitten dieses Orangenhains liegt wie eine Perle im Schmuckkästchen. Die Residencia Los Naranjos als kleines, feines Landhotel zu bezeichnen, trifft die Äußerlichkeiten, aber sie wäre nicht gut genug charakterisiert. Der Gast fühlt sich wie in einer privaten Villa und bald sogar wie Zuhause. Man bedient sich aus dem Kühlschrank (und schreibt seinen Konsum einfach auf). Abends trifft man sich am großen Tisch mit den anderen Gästen zum Dinner. Schließlich geht's zum Schlummern in eines der luxuriösen elf Zimmer, die mit Liebe zum Detail eingerichtet sind.
Residencia Los Naranjos, Destre 61, Son Sardina, www.charmingsmallhotels.co.uk

Palma ist eine der schönsten Städte am Mittelmeer. Wer durch die Altstadtgassen bummelt oder über die Palmen gesäumte Fußgängerallee **Passeig de Sagrera**, wird feststellen: Die ganzen Playas sind ob dieser Eindrücke fast schon vergessen... Und wer lässt sich nicht von schicken Geschäften, sehr guten Restaurants oder den vorzüglichen Fischlokalen betören? Window-Shopping, Eisstände, fliegende Händler in afrikanischen Gewändern, engumschlungene Pärchen, Geschäftsleute mit Schlips um den Hals und dem Jackett unterm Arm, Matrosen auf dem Weg zum Hafen und Straßenkünstler, die ihre Werke präsentieren. Palma ist ein großer »Sehspaß«! Das meint auch das neue Königspaar: Auf Mallorca verbrachten Felipe VI. und Letizia ihren ersten Sommerurlaub als Monarch und Königin. Kaum zuhause, kamen sie zum Sant-Agustí-Fest gleich wieder. Mallorca freut sich: Die lange Verbundenheit zwischen dem Königshaus und der Insel bleibt also auch mit dem neuen König erhalten. *JM*

Inselromantik

57 Teneriffa

HIGHLIGHTS

Pyramidenpark von Güimar: Am Mitsommertag kann man hier das Phänomen eines doppelten Sonnenuntergangs beobachten.

La Laguna: Die Bebauung im historischen Stadtkern reicht ins 16. Jh. und ist heute als Weltkulturerbe geschützt.

Corpus Cristi: »Für dich soll's rote Rosen regnen« – am Fronleichnamstag breiten die Gläubigen Blumen- und Sandteppiche auf den Straßen aus, besonders schön in La Orotrava oder in Puerto.

Garachico: Das Fischerdorf im Nordwesten gibt eine Ahnung vom vortouristischen Teneriffa.

El Medano: »An der Sanddüne«, so der Ortsname, bieten Wellen, Wind- und Kitesurfer ein wildes Schauspiel.

DINNER FOR TWO

Gofio – ältestes kanarisches Gericht: Mehlspeise mit Honig, Nüssen oder Frischkäse – *Salsa Almogrote Guachinerfe* bringt Pep in die Mahlzeit: Scharfe Creme aus Ziegenkäse – *Bombón gigante*: der Name ist Programm, die kanarische Variante der Mousse au Chocolat

Nur an wenigen Stellen weltweit kommen sich Mensch und Delfin so nahe.

Die Meerenge zwischen Teneriffa und La Gomera ist eine von weltweit nur drei leicht zu erreichenden Beobachtungsstellen, an denen sich Delfine und Grindwale das ganze Jahr über aufhalten. Ab Playa de las Americas im Süden Teneriffas starten die Bootstouren – über eine Begegnung mit Strahlkraft.

Das Glück ist grau und glänzt

Hierzulande heißt es, man habe »Schmetterlinge im Bauch«, wenn man verliebt ist; auf **Teneriffa** könnte es ebenso gut heißen, es tanzen »Delfine im Blut«, denn es gibt kaum etwas Anmutigeres und Eleganteres als in Freiheit schwimmende Delfine. Nichts scheint ihnen unmöglich, weder beim Tauchen noch über Wasser, mal bewegen sie sich scheinbar planlos und fast treibend, mal schnellen sie pfeilgerade voran, aber immer wie schwerelos. Wie viel langsamer ist dagegen der Mensch, der sich erst auf den Weg machen muss zu jener Stelle, an der sich die Delfine tummeln. Sie liegt in der Meerenge zwischen der größten Kanareninsel und dem kleinen **La Gomera**, welches als grünlich-gräuliche Fata Morgana am Horizont schimmert, knapp 30 Kilometer von **Playa de las Americas** entfernt, dem Ausgangspunkt der Tour.

Das Boot legt ab und nimmt schnell an Fahrt auf. Zunächst steuert es Richtung La Gomera und hält sich dann

Spanien

Magischer Moment: Der Sonnenuntergang hinter dem Teide ist zauberhaft.

Infos und Adressen

ANREISE
Flug: Der Playa de las Americas nächstgelegene Flughafen ist Tenerife Sur Reina Sophia. Direktflüge zu den Kanaren starten ab allen größeren deutschen Airports.

BESTE REISEZEIT
Dezember–März

SEHENSWERT
Loro Parque: Auch im ehemaligen Papageien-Park »Loro Parque« stehen Tiere im Blickpunkt, darunter Delfine, Schwertwale und viele exotische Vögel. Das Gelände erstreckt sich über 135 000 m² im Inselnorden; Puerto de la Cruz, www.loroparque.com

ESSEN UND TRINKEN
Restaurant El Monasterio: landestypisch speisen in der ehemaligen Klosteranlage oberhalb von Puerto de la Cruz; Los Realejos, www.mesonelmonasterio.com.
ASADOR NEKE: Dieses Restaurant ist für sein vorzügliches Angebot an Meeresfrüchten bekannt: San Lázaro, San Cristóbal de La Laguna.

ÜBERNACHTEN
Hotel Alhambra: kleines, im maurischen Stil gestaltetes Hotel in schöner Lage; www.alhambra-orotava.com
Royal Garden Villas & Spa: die Luxusanlage bietet Villen in 28 Variationen; www.royalgardenvillas.com

WEITERE INFOS
www.turismuodecanarias.com, www.sonnige-kanaren.de, www.tenerifeisland.com

Besondere Augenblicke

GIPFELGLÜCK AUF DEM TEIDE

Der Weg ist lang, die Kondition sollte gut und die Sonnencreme immer greifbar sein, wenn der **Teide**, Spaniens höchster Berg, das Ziel der gemeinsamen Kraftprobe sein soll. Besser noch als in trauter Zweisamkeit wandern Teneriffa-Neulinge in der Gruppe oder mit einem Guide, zumal auch ein wenig Logistik nötig ist: Ohne die Bewilligung der Parkverwaltung darf keiner die letzten 200 m zurücklegen. Eine sinnvolle Begrenzung, zumal viele der Seilbahnbenutzer in Shorts und Flipflops Wind, Kälte und sengender Sonne schutzlos ausgeliefert sind. Auf- und Abstieg über sandige Bimssteinfelder und Lavageröll verlaufen ohne Schwierigkeit, sind aber zeitaufwendig. Kurz unterm Gipfel kann es auf Schneefeldern knackig werden. Doch nach 4 Stunden Anstrengung liegt einem auf 3718 m die ganze sichtbare Welt zu Füßen: die Caldera, die Wälder der Nordseite, der karge Süden und der unermessliche Atlantik.

---

westlich. Die Steilklippen **Los Gigantes** ragen wie ein mächtiger Block auf, bis zu 500 m hoch. Doch alle Passagiere haben nur Blicke für das Wasser: Werden sie da sein, die Tümmler? Das Boot drosselt sein Tempo, als schleiche es sich vorsichtig an.

Dann ist ein Ausruf des Entzückens zu hören, ein Arm weist die Stelle und tatsächlich, da liegen gräuliche Tiere unter der Wasseroberfläche. Es sind Grindwale, die etwas plumperen Delfin-Verwandten, die sich vom Tauchgang in bis zu 1000 m Tiefe erholen. Das Boot hält Abstand und nimmt Kurs auf La Gomera. Und plötzlich, scheinbar aus dem Nichts, schnellen die glänzend-glatten Körper von fünf Delfinen aus dem Wasser. Weitere Tiere gesellen sich dazu, andere lassen sich zurückfallen. Es sind atemberaubende Momente, die in Erinnerung bleiben werden! *BM*

Inselromantik

Menorca

HIGHLIGHTS

Cala Trebalúger: nur zu Fuß erreichbarer Traumstrand mit schneeweißem Sand, smaragdgrünem Meer und schattigen Pinien.

Naveta d'es Tudons: Nirgends sonst in Europa gibt es ein ähnlich perfekt erhaltenes Megalith-Bauwerk.

Torralba d'en Salort: In der Ausgrabungsstätte erhebt sich die imposante megalithische Taula de Torralba.

Maó: Auch Mahón genannt, hat die Inselmetropole einen der schönsten Naturhäfen des Mittelmeers.

Ciutadella: Die altehrwürdige Bischofsstadt ist eine der schönsten Städte Spaniens.

DINNER FOR TWO

Das gehört zu einem Inselpicknick: *Ensaimadas:* schneckenförmigs Hefegebäck gefüllt mit Kürbiscreme, Pudding oder Sahne – *Queso Mahón:* trockener Käse gereift in Baumwolltüchern – *Salsa di Mahón:* Ein menorquinischer Bauer hat das weltberühmte Rezept für die Mayonnaise aus Ei und Öl erdacht. – *Palo:* Likör aus der Johannisbrotfrucht

Zum Traumstrand Cala`n Turqueta gelangt man auch mit dem Auto. Die holprige Anfahrt über eine Piste wird mit Pinienschatten, türkisfarbenem Meer und Felsklippen zum Sonnenbaden belohnt

Warum in die Ferne schweifen, wenn man einen Hauch von Karibik ganz in der Nähe erleben kann? Menorca heißt die Insel, die solche Träume verwirklichen kann, weil sie neben den üblichen Attraktionen einer Ferieninsel herrliche unberührte Strände, ein kristallklares Meer und eine großartige Natur bietet.

Ein Hauch von Karibik

Alleine die türkisblauen sanften Wellen der pinienbestandenen **Cala Macarelleta** mit feinkörnigem Rosé-Strand oder die **Cala Trebalúger** mit jadegrünem Meer auf blütenweißem Sand lässt die Inselbesucher ins Schwärmen geraten. Dabei sind dies nur zwei der vielen Traumbuchten Menorcas. Kein Wunder, dass die UNESCO gleich die ganze Insel zum Biosphärenreservat erklärt hat. Menorca bezaubert mit einer Mischung aus stiller Ästhetik und unberührter Natur und der Fähigkeit zu überraschen. Die Schönheit der Küsten und des Inlands vereinen sich harmonisch, und trotz des Mangels an bedeutenden Anhöhen – der **Monte Toro** misst gerade einmal 358 m – ist die Landschaft abwechslungsreich; rau im Norden wie die rotsandige **Cala Pregonda**, lieblich im Südosten wie die weite Sandbucht **Son Bou**.

Noch zwei weitere Pole besitzt die kleine Welt der Menorquiner: An einem Ende **Ciutadella**, die alte Hauptstadt, pittoresk und von leichter Melancholie, mit einem Hafen, der zu den romantischsten des Mittelmeerraums zählt. Am an-

Spanien

Infos und Adressen

ANREISE
Flug: Viele Direktflüge; **Fähre:** von Barcelona (ca. 8 Std.) und Palma de Mallorca (ca. 6 Std.) Port d'Alcudia, Mallorca (ca. 3,5 Std.)

BESTE REISEZEIT
April–November

SEHENSWERT
Iglesia Santa María, Maó: Auf Europas größter Kirchenorgel gibt es regelmäßig Konzerte.
Festes de Sant Joan, Ciutadella: Im Juni geht es bei Reiterspielen und Feuerwerk zu Ehren des Heiligen rund.

ESSEN UND TRINKEN
Andraira: feine katalanische Küche mit Lamm-Spezialitäten; Calle d'es Forn, Maó
La Caraba: authentisch menorquinische Speisen; Calle S'Uestrà 78, Sant Lluís, www.restaurantelacaraba.com
La Guitarra: gemütliches Kellerrestaurant mit regionaler Kost; Calle Dolores 1, Ciutadella
Sa Posada del Toro: Auf dem Monte Toro gelegenes Klosterrestaurant mit authentischer Menorca-Küche – die caldereta con langosta ist die Krönung! Carrer de la Verge del Toro, Es Mercadal, www.saposadadeltoro.com

ÜBERNACHTEN
Port Mahón: renommiertestes Hotel der Insel mit Pool und tollem Blick; Avinguda Port de Maó, s/n, Mahón, www.sethotels.com/de/hotel-port-mahon-menorca.php
Alcaufar Vell: Boutique-Hotel in neoklassizistischer Villa mit Pool; Carretera Alcalfar Km 8, San Lluís, www.alcaufarvell.com

WEITERE INFOS
Consell Insular de Menorca: www.menorca.es/portal.aspx?IDIOMA=4

Menorcas schönste Bucht, die kleine Cala Macarellata mit kristallklarem Meer und roséfarbenem Sand ist nur zu Fuß oder per Boot zu erreichen.

Besondere Augenblicke

IM SCHATTEN DER PINIEN ENTLANG DER KÜSTE

Die kreisrunde Bucht **Cala Santa Galdana**, eine piniengrüne Oase mit goldgelbem Sand und eingefasst von dunkelgrauem Küstenfels, ist Ausgangspunkt für eine herrliche Wanderung entlang der Küste, deren abgelegene Strände vielerorts noch unberührt sind, Traumbuchten, aufgereiht wie Perlen: die weitgeschwungene **Cala Macarella** mit einem sympathischen kleinen Terrassen-Café, und dahinter anschließend die entzückende **Cala Macarelleta**, Krönung aller Romantikbuchten. Man wähnt sich fast im siebten Karibik-Himmel – vor allem, wenn plötzlich eine Herde Cavalls, einer nur auf Menorca heimischen Pferderasse, über den roséfarbenen Sand ins glasklare Wasser galoppiert. Die letzte Etappe der Wanderung ist die **Cala`n Turqueta**, deren Besonderheit, wie der Name sagt, ihre türkisen Fluten sind. Hier ist der mit Klippen durchsetzte Strand auch über eine Piste mit dem Auto zu erreichen. Entsprechend mehr Badegäste finden sich ein, die sich von den Pinien beschatten lassen.

deren Inselende **Maó**, die quirlige Handelsmetropole, die mit einem begehrten Naturhafen gesegnet ist. Welche von beiden zu bevorzugen ist, wissen die Menorquiner selbst nicht. Doch von der sprichwörtlichen Rivalität, die beide Städte gegeneinander hegen, bekommt der Besucher nichts mit, viel zu schön ist die abwechslungsreiche Natur außen herum. Erwartungsgemäß kann die Insel mit zahlreichen landschaftlich reizvollen Plätzchen aufwarten, die für ein idyllisches Picknick wie geschaffen sind. Duftendes Weißbrot, frischen Queso de Mahón und würzige Insel-Salami im Korb, dazu ein Glas Wein: spätestens dann weiß man, dass Menorca eine Insel zum Verlieben ist. *TW*

Inselromantik

Zypern

HIGHLIGHTS

Akamas-Halbinsel: Die Spitze bildet den westlichsten Punkt Zyperns, die ganze Halbinsel ist ein traumhaft schönes Naturschutzgebiet, durch das man wandern kann.

Fontana Amorosa: tolle Badestelle mit Kiesstrand und türkisfarbenem Wasser – zu erreichen über einen schönen Küstenweg mit tollen Ausblicken

Troodos-Gebirge: Schönes Wandergebiet im Südwesten der Insel mit mildem Klima auch im Hochsommer; dort befindet sich auch der **Olympos**, mit 1952 m Zyperns höchster Berg; außerdem gibt es hier zahlreiche ursprüngliche Dörfer.

DINNER FOR TWO

Picknick mit *Käse*, *Oliven* und *Aphrodite-Wein*, ein leichter trockener Weißwein, der zu erschwinglichen Preisen im Lebensmittelladen zu bekommen ist – *Meze*, Zyperns Nationalgericht, sind Tellerchen mit Gemüse, Pasten, Käse, Wurst, Oliven und Tintenfisch – In den Restaurants werden natürlich vorzügliche *Fischgerichte* serviert.

Felsen, die wie Bauklötze im Meer verstreut sind: Pétra tou Romioú an der Südküste.

Ihr Geburtsort, ihr Bad und ihr verstecktes Liebesnest: Auf Zypern wandeln Verliebte auf den Spuren der Aphrodite. An der Südküste entstieg sie dem Meer. Der Sage nach wurde Aphrodite aus Schaum geboren. Und Liebende aus aller Welt sind dort auf der Suche nach Liebe, Lust und Leidenschaft ...

Der Liebesgöttin ganz nah

Uranos, der Himmelsgott, verbannte die Kinder, die ihm Gaia, die Mutter Erde, gebar. Nur einer hatte Glück: Kronos konnte sich vor dem bösen Vater verstecken. Die Mutter gab ihm eine Sichel, um Uranos zu entmannen. Sein Glied fiel ins Meer, Schaum bildete sich und daraus erwuchs Aphrodite.

Tatsächlich schäumt die Gischt um die mächtigen Felsen von **Pétra tou Romioú**, wie die Geburtsstelle von Aphrodite an der Südküste östlich von **Paphos** heißt. Die Badebucht mit ihren aus dem Meer ragenden Felsblöcken und den weißen Kalksandsteinklippen gehört zu den schönsten Küstenabschnitten der gesamten Insel. Zahllose Pärchen pilgern zu diesem Strand, um die Gunst der Aphrodite zu erheischen. Ein kleiner Baum ist Zeuge: Die Blätter seiner Äste sind kaum noch zu sehen, ob der vielen Geschenke und Tücher, die daran geknotet worden sind als Symbole innigster Wünsche.

Republik Zypern

Gebaut wie ein griechisches Dorf und Luxus pur: das Anassa, die Nr. 1 auf Zypern.

Infos und Adressen

ANREISE
Flug: Paphos und Larnaka sind in rund vier Stunden von vielen deutschen Flughäfen erreichbar.

BESTE REISEZEIT
Ganzjährig mit bis zu 340 Sonnentagen. Nur im Dezember und Januar kann es ungemütlich werden.

SEHENSWERT
Paphos: Die Mosaiken im Haus des Dionisos sind Weltkulturerbe.
Kourion: Amphitheater und Apollon-Heiligtum aus dem 1. Jh. liegen direkt am Meer.

ESSEN UND TRINKEN
Pyrkos Tavern: frischer Fisch und guter Service; Vasa Kilaniou Village, Limassol, www.pyrkostavern.com

Psarolimano Tavern: direkt am Hafen von Larnaka mit bestem Blick und bestem Fisch; 118 Pigiale Pasa Avenue, www.psarolimano.com

ÜBERNACHTEN
Anassa: die Nummer eins der Insel, siehe Besondere Augenblicke; 40, Regenas Road, Neo Chorio, www.anassa.com.cy
Annabelle: eine Kategorie unter dem Anassa, aber immer noch Spitzenklasse, 10, Poseidonos Avenue, Paphos, www.annabelle.com.cy

WEITERE INFOS
Fremdenverkehrszentrale Zypern: www.visitcyprus.org.cy

Besondere Augenblicke

FÜR DIE MODERNE APHRODITE

Hellenistische Motive, römische Mosaike und venezianische Fresken, stilsicher vereint: Das Haus ist prächtig in Szene gesetzt, indem es sich des reichen kulturellen Erbes der Insel bedient. Das Luxushotel Anassa, keine zwei Kilometer vom Bad der Aphrodite entfernt, lockt mit einem Spa und mit einem Komfort wie kein zweites Haus auf Zypern und wie nur wenige in Europa. Anassa bedeutet im Altgriechischen schließlich Königin ... So ist es nicht verwunderlich, dass sich diese Adresse seit der Eröffnung im Jahr 1998 vom Geheimtipp auch zum Hideaway von Politikern, Filmstars, Sportlern und Wirtschaftsgrößen gemausert hat. Mit Caroline von Monaco weilt ab und an sogar blaues Blut im weißen Hoteldorf am Meer. Entsprechend gut verkaufen sich die Top-Räumlichkeiten des Resorts: geräumige, luxuriös eingerichtete Suiten mit Panoramaterrassen, auf denen im Privatpool trefflich mediterran geträumt werden darf. Für Normalsterbliche gibt es auch Sparangebote. Wenigstens einen Restaurant- oder Barbesuch sollte man sich dort leisten ....
www.anassa.com.cy

Ein weiteres romantisches Fleckchen für Verliebte ist das **Bad der Aphrodite** von **Polis**, das man durch eine wunderbare Gartenanlage erreicht. Während sich die Besucher am Tag brav an das Badeverbot halten, verlockt das klare Wasser der kleinen Grotte, in der sich der Legende nach bereits die Göttin der Liebe erfrischt und mit ihrem Liebhaber getroffen hat, doch das ein oder andere Urlauberpärchen, es ihr im Schutz der Dunkelheit gleichzutun.

Weiter nördlich, in der Abgeschiedenheit der unter Naturschutz stehenden Akamas-Halbinsel, soll Akamas die Aphrodite heimlich beobachtet haben. Heutzutage würde frau den Akamas wohl Spanner schimpfen und ihm eine Ohrfeige verpassen. Aphrodite aber soll sich in den Schönling verguckt und ihn zu einem ihrer Liebhaber gemacht haben.   *JM*

Am Ufer eines Sees in Südschweden – Inbegriff von Ruhe in der Natur

Natur erleben

60 Jütland

HIGHLIGHTS

Spaziergang: Entlang der Steilküste zwischen Furreby bei Løkken und Nr. Lyngby; samstags lohnt sich ein Besuch im Fishermans Rest, wenn Livemusik gespielt wird und Fisch und Steaks auf dem Grill liegen

Ausflug in die Zivilisation: nach Aalborg am Limfjord, die kulturelle Hauptstadt Jütlands

Fährfahrt: von Hvide Sande nach Ringkøbing über den gleichnamigen Fjord; www.bramsejlskonnert.dk

Segeltörn: Ausflugstour mit »Maja von Hvide Sande«, einem fast 100-jährigen Bramsegelschoner

Nationalpark Wattenmeer mit Wikingerstadt Ribe: am besten per Rad erkunden.

DINNER FOR TWO

Zum dänischen Picknick unterm Sternenhimmel gehören: *frische Smørrebrøds* (am besten aus Schwarzbrot), fantasievoll belegt mit kaltem Braten, Ei oder Räucherkäse, *würzige Räucherwurst,* (selbstgeangeltem) *Fisch in Folie* oder *am Stock* im Feuer gegart und zum süßen Abschluss *Zimtschnecken.*

Breite Strände sind das Markenzeichen der Nordseeküste Dänemarks.

Lässt man in Jütland an einem der unendlich scheinenden Strände den Blick über das Wasser bis zum Horizont schweifen, wird das Herz weit. Die Westküste Dänemarks bietet so viel Freiraum, dass man sich wie im Land der unbegrenzten Möglichkeiten auf der anderen Seite des Atlantiks fühlt – vor allem vor Juli und nach August.

Gefühl von Freiheit und Abenteuer

Es scheint wie einst bei der Besiedlung des Westens der USA. Die Trecks aus dem zivilisierten Osten sind noch nicht eingetroffen, und Kopenhagen ist so weit entfernt wie einst New York von der Pazifikküste. Wer Ruhe für Zweisamkeit sucht, ist hier genau richtig. Die Inseln, Strände und Steilküsten sind manchmal so menschenleer, dass es einen nicht wirklich überraschen würde, auf Robinson Crusoe zu treffen. Wie die Romanfigur fangen viele Bewohner ihren Fisch aus dem Meer und bereiten daraus eine schmackhafte Mahlzeit, wahlweise auf dem Herd, dem Grill oder am Lagerfeuer direkt am Strand. Frisches Gemüse und Früchte erhält man von den zahlreichen Hofläden, etwa in **Ringkøbing**. Inbegriff von Strandromantik ist ein Picknick bei Sonnenuntergang. Tagsüber kann man dann Burgen bauen, wo es andernorts nur für einen Wall um den Strandkorb reicht. Ein perfektes Refugium abseits von Strandpromenaden, Kurtaxe und Parkplatzwächtern.

Die Menschen hier sind sehr freundlich, und in einigen der reetgedeckten Häusern etwa in Løkken lässt es sich stunden-

Dänemark

lang nach antiquarischen Schätzen stöbern oder mit den Besitzern über deren Herkunft philosophieren. Stammen die Porzellanfiguren vielleicht von einem der zahllosen Wracks, die vor der rauen Küste gestrandet sind? Was davon wurde aus den Bunkern, entlang der Küste geborgen? Stammen die Perlen, der Schmuck und silbernen Essbestecke noch von Eroberungsfahrten der Wikinger oder sind es Mitbringsel von Seeleuten, die von hier aus in die ganze Welt aufgebrochen sind?   CD

Ein Paraglider an den Klippen bei Løkken

Infos und Adressen

ANREISE
Flug: nach Billung oder Aalborg;
Bahn: gute Verbindungen ins Jütland; **Auto:** über Hamburg und die E45

BESTE REISEZEIT
Juni–August

SEHENSWERT
Fischerei- und Seefahrtsmuseum: Tarphagevej 2, Esbjerg, www.fimus.dk/de
Mittelalterliche Burg Spøttrup: Bråruggade 18, Skive, www.museumsalling.dk/
Museumscenter Hanstholm: Molevej 29, Hanstholm, www.museumscenterhanstholm.dk
Vikingecenter Fyrkat: Fyrkatvej 37 B, Hobro, www.fyrkat.dk
Freilichtmuseum Hjerl Hede: Hjerlhedevej 14, Vinderup, www.hjerlhede.dk/hanstholm

ESSEN UND TRINKEN
Restaurant Ribehoj: Ribevej 34, Foevling, http://ribehoej.dk
Restaurant Under Broen: Toldbogade 20, Hvide Sande, http://underbroen.dk/

Isbryderen Elbjorn: Strandvejen 6, Aalborg, www.restaurantelbjoern.dk

SHOPPING
Begehrte Kaufobjekte sind Bernsteinschmuck, Wohnaccessoires und Kleidung. Einen Überblick bietet die Webseite www.visitdenmark.co.uk/en-gb/denmark/design/shopping-denmark

ÜBERNACHTEN
Dansommer AS Ferienhaus: Voldbjergvej 16, Risskov, dansommer@dansommer.de
Novasol AS Ferienhaus: Virumgårdsvej 27, Virum, Buchungsservice Deutschland: novasol@novasol.de
Nordvestkysten Ferienhaus: Søndergade 33, Løkken, www.nordvestkysten.dk.
Visit Denmark Campingplätze: Glockengießerwall 2, Hamburg, www.visitdenmark.de

WEITERE INFOS
www.visitdenmark.de

Zu zweit erleben
DIE KRAFT DER ELEMENTE SPÜREN

Schon bei einem Spaziergang Hand in Hand entlang der Brandung, besonders wenn sich bei starkem Wind die Wellen mit lautem Getöse am Strand brechen, kann man sich mit der Natur eins fühlen.

Eine ganz besondere Form, die Kraft der Elemente zu spüren, bietet das Paragliding entlang der Steilküsten. Gemeinsam mit den Möwen die Küste entlang zu gleiten und sich mit dem Wind forttragen zu lassen, ist ein unbeschreibliches Erlebnis, das auch im Tandem möglich ist. Etwas mehr Bodenhaftung bieten Kitebuggies und Strandsegler. Die Konzentration darauf, das Segel oder den Powerkite (Drachen) im Wind zu halten, lassen einen schnell die Sorgen des Alltags vergessen. Wer sich dem Wasser verbundener fühlt, verlegt sich auf das Kitesurfen. Auf Rømø, Fanø und entlang der Küste gibt es dafür verschiedene Schulen und Verleihstationen. Selbst Wellenreiter kommen ganz ohne Segel oder Lenkdrachen an den bekannten Sufspots von Klitmøller, Nr. Vorupør und Hvide Sande auf ihre Kosten. (www.nordlandsicht.com/Daenemark_Regionen/juetland_wassersport.htm)

Am Ende eines Tages wartet immer der knisternde Holzofen in dem nach Baumharz duftenden Ferienhaus.

Natur erleben

61 Feldberger Seenlandschaft

HIGHLIGHTS

Fahrt mit der Luzin Fähre: mit der letzten handbetriebenen Seilfähre Europas ins Naturschutzgebiet »Hullerbusch«; www.luzinfaehre.de

Die Fridolinwanderung: Rundwanderung entlang des Zansen bis Carwitz und zurück

Der Paradiesgarten bei Lüttenhagen: fremdländische Gehölze, alte Buchen und hölzerne Waldgeister; www.luettenhagen.wald-mv.de

Seeadlerbeobachtung: Naturpark-Ranger Fred Bollmann; www.ranger-tours.de

Kutschfahrt: Kutschen jeder Größe (auch Hochzeitskutschen) können auf Gut Conow gemietet werden. www.gut-conow.de

DINNER FOR TWO

Fangfrisch wird die *Feldberger-Maräne* zubereitet – für Genießer: *Lamm-Soljanka*, gekocht im »Hullerbuscher Hirtenkessel« mit heimischen Kräutern, dazu *Tüften* (Kartoffeln) – zum Dessert: *Feldberger Schlehen-Likör* und *Feldberger Findlinge*, edle Schokolade direkt vom Chocolatier

Mit der Luzin Fähre beginnt die Fahrt in die Natur.

Ein geschlossenes grünes Blätterdach und riesige, säulenartige Baumstämme muten wie eine gotische Kathedrale an. Die »Heiligen Hallen« der Feldberger Seenlandschaft in Mecklenburg-Vorpommern sind der älteste Buchenwald Deutschlands. Ruhig und festlich wirkt dieser seit 1938 geschützte Wald, durch den nur ein schmaler Wanderweg führt.

Wandern in den »Heiligen Hallen«

Vom **Herrenweg bei Lüttenhagen** biegt ein unscheinbarer Pfad ab und führt mitten ins Herz des ältesten Buchenwaldes Deutschlands. Umrahmt von uralten Baumriesen, schlängelt er sich um die Baumstämme herum, tiefer und tiefer in das dichte Grün hinein. Durch das Dach der »Heiligen Hallen« bricht sich das Sonnenlicht. Gelbgold mit grünen Reflexen leuchtet das Laub auf dem Boden. Um die dunklen Kesselmoore und klaren Wasserlöcher wachsen Maiglöckchen. Es duftet nach frischen Blumen und Harz. Der Wind rauscht durch das Blattwerk und lässt die alten Baumstämme lautstark knarzen.

Aus der Zeit des Dreißigjährigen Krieges sollen diese Baumriesen stammen. Einige von ihnen sind über 350 Jahre alt und rund 53 m hoch. Die Stämme sind so groß, dass drei Erwachsene sich die Hände reichen müssen, um ihn ganz zu umarmen. Der **Buchenwald bei Feldberg** ist seit 1938 ein Natur-

Deutschland

Der Schriftsteller Hans Fallada liebte die Feldberger Seen.

Infos und Adressen

ANREISE
Zug: von Rostock, Stralsund und Berlin zum Hbf. Neustrelitz, dann mit dem Bus (619) weiter nach Feldberg; **Auto:** von Berlin über die B96 oder die A11, von Norden über Neubrandenburg

BESTE REISEZEIT
Ganzjährig

SEHENSWERT
Hans Fallada Museum: Einblicke in Leben und Werk des Schriftstellers; www.fallada.de
Waldmuseum Lütt Holthus: ein Museum zum Anfassen; Mai–Sept. Di–So 10–18 Uhr; Okt. und April Di–Sa 13–16 Uhr; Lüttenhagen

ESSEN UND TRINKEN
Fischerhütte Frankiw: herzliches Lokal mit Seeblick; Fischereihof 2
Forsthaus am See: Seeterrasse auf der Halbinsel am Lüttener See; www.hotelforsthaus.de
Leib & Seele Bioladen: So schmeckt die Feldberger Seenlandschaft; Fürstenberger Str. 28, www.regionalhof.de

ÜBERNACHTEN
Hotel Hullerbusch: Romantisch gelegenes Hotel im Naturschutzgebiet; www.hotel-hullerbusch.de
Alte Schule Fürstenhagen: Landhotel mit Feinschmeckerküche; www.hotelalteschule.de
Altes Zollhaus: Romantikhotel am Luzinsee; www.romantik-am-see.de

WEITERE INFOS
Touristeninfo Feldberger Seenlandschaft: Strelitzer Straße 42, 17258 Feldberg, www.feldberger-seenlandschaft.de

schutzgebiet. Seit 1950 wurde kein Holz mehr aus dem rund 65 ha großen Totalreservat entfernt. Der Wald ist sich selbst überlassen, genau wie es sich 1850 der Großherzog Georg von Mecklenburg-Strelitz in seinem Gedicht »Bei der Erinnerung des Buchenwaldes bei Lüttenhagen« wünschte.

Auch der Romancier Hans Fallada hat dieser einzigartigen Endmoränenlandschaft mit ihren Wäldern und Seen ein literarisches Denkmal gesetzt. Nicht weit entfernt von den »Heiligen Hallen« liegt das **Hans-Fallada-Museum** direkt an dem idyllischen **Carwitzer See**. Kleine Erhebungen wie der **Hauptmannsberg** bei Carwitz bieten überraschende Ausblicke über die grün-blaue Landschaft. In den stillen Dörfern oder bei der Fahrt mit der letzten handbetriebenen Seilfähre Europas über den **Schmalen Luzin** fällt es leicht, die Zeit zu vergessen. ME

Zu zweit erleben

AUF DEN SPUREN VON HANS FALLADA

Wer der Straße vor dem Hans Fallada Museum in Carwitz folgt, findet sich kurz darauf auf einem kleinen Feldweg wieder. Er führt durch grüne Wiesen, vorbei an dem Sommerhäuschen der Schriftstellerin Ruth Werner und verengt sich zu einem Trampelpfad. Am Ende verbindet ein Holzsteg das Festland mit der Insel **Bohnenwerder** im Carwitzer See. Genau 100 m ragt der versunkene Berg aus dem Wasser. Kleine Sandbuchten, Wildblumen und alte Bäume machen Bohnenwerder zu einem romantischen Kleinod. In den von hohem Schilf gesäumten Ufern plätschern kleine Wellen und das glasklare Wasser lädt im Sommer zum Baden ein. Nach einem kurzen Inselrundgang, bietet die Anhöhe auf der Mitte der Insel einen Panoramablick auf den Carwitzer See und den benachbarten Zansen. Auf Bohnenwerder ließ auch Hans Fallada die Gedanken schweifen. Das weiche Gras an den sonnigen Hängen und die sandigen Ufer laden zu einem romantischen Picknick zu zweit ein.

Wanderungen im Müritz-Nationalpark: Die »Alten Buchenwälder Deutschlands« gehören seit 2011 zum UNESCO-Weltnaturerbe. Ausgangspunkt für eine Wanderung ist die Stadt **Carpin**, rund 20 km von Feldberg entfernt.

Natur erleben

62 County Cork

HIGHLIGHTS

Gougane Barra: Das kleine Kirchlein steht malerisch in einem einsam gelegenen Bergsee-Kopf und ist bei Hochzeitspaaren äußerst beliebt.

Bantry House: Der schmucke Familiensitz überrascht mit einem geometrisch geordneten Park, mitsamt einer über Terrassen angelegten Barocktreppe.

Klosterruine Timoleague Friary: Die Reste des Bauwerks versprühen eine mystische Atmosphäre.

Mizen Head: Die Wind und Wellen umtoste Südwestspitze Irlands fällt steil zum Atlantik ab und wird durch eine spektakuläre Brücke für Besucher erschlossen.

Kinsale: Geschichtsbegeisterte werden gefallen an den Befestigungen Charles Fort und James Fort finden.

DINNER FOR TWO

Das irische Nationalgericht ist der *Stew-Eintopf*, der meist aus Kartoffeln, Weißkohl, Lammfleisch und Karotten besteht. Für Fischliebhaber: Das nahe Meer liefert fangfrisch *Hummer*, *Muscheln*, *Austern*, *Krabben* sowie *Lachs*, der hier häufig geräuchert wird. Beliebte Getränke sind neben dem reichlich konsumierten Tee das *Guinness-Bier* sowie der edle *Whiskey*.

Dichtes Grün umgrenzt das Bantry House.

Inselhüpfen am Atlantischen Ozean oder Wandertouren durch das sanft geschwungene Farmland? Das County Cork hält für jeden Geschmack das passende Lockmittel parat. Garniert wird eine Irlandreise mit schmackhaften Speisen, stilvollen Herrensitzen und alten Klöstern, die einen spielend ins Mittelalter zurückversetzen.

Wandern und schlemmen in salziger Luft

In der zerklüfteten Küstenlinie der Keltischen See greifen immer wieder schmale Meeresarme weit ins Land hinein und schaffen ideale Bedingungen für geschützte Naturhäfen, so auch in **Cork**, **Dungarvan**, **Youghal** und **Kinsale**. Die Kleinstadt überrascht mit bunten Hausfassaden und liebevoll dekorierten Läden. Überall in dem hügeligen Terrain öffnen sich herrliche Ausblicke auf die ankernden Segelboote und die beiden vorgelagerten Forts, die eine bedeutende Rolle in der Schlacht von Kinsale im Winter 1601/1602 spielten.

Die Luft ist salzig und appetitanregend, zumal wenn man stundenlang durch die Landschaft gewandert ist. Kein Wunder also, dass vor dieser Kulisse jedes Jahr im Oktober das **Kinsale Food Festival** steigt. In den elf beteiligten **Good Food Circle Restaurants** kann man als Gourmet drei Tage lang schlemmen und probieren. Die Gabentische sind hier im äußersten Süden der Insel reich gedeckt: Das Meer liefert

Irland

neben Seefisch obendrein Hummer, Muscheln, Austern sowie Krabben. Aus dem grünen Hinterland stammen Rinder und Schafe. All dies wird von renommierten Köchen zu appetitlichen Kreationen zusammengefügt, die während der Saison den Stadtbesuch abrunden. Irish Pub – die zwei Worte stehen für Bier, Whiskey und Gute-Laune-Musik. Dass man in den traditionellen »Public Houses« auch ausgezeichnet speisen kann, beweist der neu eingeführte Michelin-Guide »Eating out in Pubs«. Der Gourmet-Gürtel Irlands liegt im **County Cork** und das zu Recht. Denn die Region heimste mit gleich sechs Kneipen die begehrte Auszeichnung ein. Die Irish Pubs sind tief in der Gesellschaft verwurzelt. In ihnen schlägt das Herz jeder Siedlung. Hier trifft sich Jung und Alt zu einem Plausch. Aus den Zapfhähnen rinnt das schwarze Guinness-Bier und als Reisender fühlt man sich rasch heimisch. *TB*

In den Pubs kommt man leicht mit den Einheimischen in Kontakt, etwa bei traditioneller Musik im The Bullman Pub, County West Cork.

Infos und Adressen

ANREISE
Flug: ab Cork oder Kerry; **Fähre:** ab Cork – der Hafen ist via Roscoff (Frankreich) mit dem europäischen Festland verbunden, die Überfahrt dauert rund 14 Stunden. www.brittanyferries.de

BESTE REISEZEIT
Mai–September

SEHENSWERT
Heritage Center: Die Gedenkstädte in Skibbereen erinnert an die Große Hungersnot, die Irland in den 1840er-Jahren heimsuchte.
Eyeries: Das bunte Dorf diente bereits in mehreren Filmproduktionen als Kulisse.

ESSEN UND TRINKEN
The Trident Hotel: bekannt für seine frischen Seafood-Gerichte im Herzen von Kinsale; www.tridenthotel.com
The Celtic Ross Hotel: Hier kommt man in den Genuss lokaler Produkte. Rosscarbery, www.celticrosshotel.com

ÜBERNACHTEN
The Maritime Hotel: direkt an der Bantry Bay gelegen; The Quay, www.themaritime.ie
The Seaview House Hotel: Stilvolles Hotel in wunderschöner Lage; Ballylickey, www.seaviewhousehotel.com

WEITERE INFOS
Irland Information: Gutleutstr. 32, Frankfurt, www.ireland.com

Zu zweit erleben

ENTDECKUNGSFAHRTEN IM HINTERLAND

Das County Cork präsentiert sich, wie man Irland von vielen Fotos kennt: verschlafene Landsträßchen führen an dunkelblauen Buchten mit sichelförmigen Stränden entlang, vorbei an schwarz-weißen Rinderherden und alten Steinkirchen, die den Kern kleiner Dörfer bilden. Die stille Region lädt regelrecht zu Entdeckungstouren in der unverbauten Natur ein. Egal, ob auf einer Wanderung in den Bergen oder mit dem Zweirad – hier kommt jeder rasch in Kontakt mit den freundlichen Einheimischen. Spektakulär sind Touren auf der panoramareichen **Beara-Halbinsel** mit der 138 km langen **Beara Way Cycle Route**. Langstreckenläufer zieht es hingegen zur südlich gelegenen **Sheepshead Peninsula**. Dort führt ein bestens ausgebautes Wanderwegenetz aussichtsreich von einem Hügel zum nächsten. Als Ausgangspunkt bietet sich das herrschaftliche Bantry House an. Der Prachtbau blickt auf die leicht gekräuselte **Bantry Bay**, aus der im Norden die langgestreckten **Caha Mountains** mit ihrem 686 m hohen **Hungry Hill** aufragen.

South West Walks Ireland: bietet Aktivreisen zu Fuß und per Fahrrad; Tralee, www.southwestwalksireland.com

Natur erleben

63 Snæfellsnes

HIGHLIGHTS

Snæfellsjökull: Der magische Gletschervulkan bildet auch das Herz des gleichnamigen 2001 gegründeten Nationalparks.

Eldborg: Formschöner 5000 Jahre alter Krater (Lavaring)

Arnarstapi: charmanter Fischerort mit Seevogelkolonien und schönen Brandungshöhlen.

Stykkishólmur: Das schmucke Hafenstädtchen mit alten Holzhäusern und moderner Kirche ist das touristische Zentrum der Halbinsel und Ausgangspunkt für Bootstouren auf dem Breiðafjörður.

Flatey: Die Insel im Breiðafjörður ist ein Paradies für Ornithologen und Ruhesuchende.

DINER FOR TWO

Hákarl: Zum Fleisch des fermentierten Grönlandhais wird traditionell *brennivín* (Kartoffelkümmelschnaps) gereicht – für Mutige!
Saltkjöt: gepökeltes Lamm, das mit Kartoffel- oder Steckrübenpüree aufgetischt wird –
Plokkfiskur: Eintopf aus zerstampften Kartoffeln, Fisch und Zwiebeln

Das Sumpfgebiet Mýrar, im Südosten der Halbinsel, begeistert mit seinen Seen und Tümpeln Ornithologen und Anglerfreunde gleichermaßen. 1936 strandete hier vor der tückischen Küste das französische Forschungsschiff »Pourquoi-Pas?«.

Die Nordküste der Halbinsel prägen kleine Fjorde und zahllose Inseln, im Süden wechseln sich wilde Steilküsten und endlose Sandstrände ab. Und über allem thront im Westen der Vulkankegel des Snæfellsjökull. Kein Wunder, dass Snæfellsnes aufgrund seiner Vielseitigkeit oft als »Island in der Nussschale« bezeichnet wird.

Traumkulisse für Hochzeiten

In Jules Vernes Abenteuerroman »Reise zum Mittelpunkt der Erde« beginnen die Protagonisten ihre Reise durch den Krater des *Sneffels*. Der isländische Nobelpreisträger Halldór Laxness setzte dem **Snæfellsjökull** in seinem Roman »Am Gletscher« ein Denkmal. Aufgrund seiner Ästhetik wird der Vulkan oft mit Japans Fuji verglichen und Esoteriker bezeichnen ihn als »das größte Energiezentrum der Erde«.
Schon auf der Fahrt vom Flughafen nach **Reykjavík** fasziniert der 1446 m hohe Stratovulkan, der sich jenseits der Bucht **Faxaflói** erhebt – in einer Entfernung von 120 km. Mit dem Auto braucht man einen halben Tag, um die Bucht zu umrunden. Besser ist, man nimmt sich gleich ein paar Tage dafür, denn wozu die Eile, wenn es auch unterwegs so viel zu sehen gibt? Krater, Brandungshöhlen, Fjorde, Vogelberge und Leuchttürme säumen den Weg und laden zu einer Entdeckungsreise ein.

Snæfellsnes-Halbinsel

Das kleine Arnarstapi, während des dänischen Handelsmonopols ein bedeutender Handelsplatz, wird heute im Sommer von Saisonfischern zum Leben erweckt.

Das Tor zur **Snæfellsnes-Halbinsel** ist **Borgarnes**, eine Autostunde nördlich von Reykjavík. Kaum ist man dort von der Ringstraße abgebogen, begegnet man kaum noch Autos. Stattdessen blickt man auf sattgrüne Wiesen mit vereinzelten Bauernhöfen, eingerahmt von endlosen Sandstränden und schroffen Vulkanmassiven – ein Traumrevier für Reittouren. Je weiter man nach Westen vordringt, desto schmaler wird der Streifen, der den Menschen zwischen Felsen und Meer eingeräumt wird, bis schließlich nur noch raue Lavafelder und dunkle Krater übrig bleiben.

Doch genau dort, wo man nicht mehr damit rechnet, verbirgt sich ein echtes Traumhotel: **Hótel Búðir**, eine schneeweiße Anlage, eingebettet am Rande eines moosbewachsenen Lavafelds. Umgeben ist sie von einer malerischen schwarzen Holzkirche, dem dumpfen Dröhnen der Brandung in der Ferne und dem mächtigen Kegel des Snæfellsjökull am Horizont. Entsprechend gut ist die Belegung der Zimmer, vor allem an Wochenenden, wenn sich Paare aus aller Welt in Búðir das Jawort geben – und zur Hochzeitsfeier am liebsten gleich das ganze Hotel anmieten.

Malerische Fischerdörfer

Eine Bucht weiter schmiegt sich der malerische Fischerort **Arnarstapi** an die Felsen. Die Wiesen zwischen den bunten Häusern gehören den Küstenseeschwalben, in den nahen Brandungshöhlen brüten Dreizehenmöwen. Im Winter kaum noch bewohnt, blüht der Ort im Sommer förmlich auf, wenn Saisonfischer vom kleinen Hafen zum Kabeljaufang aufbrechen.

Hinter dem pittoresken Nachbarort **Hellnar** beginnt der **Nationalpark Snæfellsjökull**. Kilometerlang schlängelt sich die Straße zwischen Kratern und Lavaströmen hindurch, während die wilde Steilküste den Seevögeln gehört, die zu Tausenden den Vogelberg **SvalÞúfa** bevölkern. Der Leuchtturm **Öndverðarnes** im äußersten Westen lädt zum Träumen ein, vor allem wenn die Abendsonne das Eis des nahen Snæfellsjökull rosarot aufleuchten lässt, während ein steter Strom von Seevögeln auf dem Weg zu den Kliffen von **Svörtuloft** an der Küste entlangzieht.

An der Nordküste reihen sich die großen Fischerhäfen der Halbinsel. **Grundarfjörður** punktet mit einer Traumlage am Fuß des **Kirkjufell**, der von den Dänen ob seiner Pyramiden-

Zu zweit erleben

BOOTSTOUREN AUF DEM BREIÐAFJÖRÐUR

Der Breiðafjörður bietet Seevögeln, Robben und Walen einen reich gedeckten Tisch. Entsprechend gut stehen die Chancen, diesen Tieren zu begegnen. Im Sommer bietet Láki Tours geführte Bootstouren auf dem Fjord ab **Grundarfjörður**. Dabei erkundet man die Vogelwelt von Melrakkaey, wo Papageitaucher und Kormorane nisten, hält Ausschau nach Delfinen, Zwerg- und Schwertwalen, und wirft die Angel aus, um einen fetten Dorsch oder Heilbutt zu erbeuten. Beliebt sind auch die Walsafaris im Winter, wenn Schwertwale den Heringsschwärmen im Breiðafjörður nachstellen. An manchen Tagen werden bis zu 100 Stück gesichtet!
Láki Tours, Nesvegur 8, Grundarfjörður, www.lakitours.com

Alternativ kann man im Sommer von **Stykkishólmur** aus mit einem der Festrumpfschlauchboote von Iceland Ocean Tours in See stechen. Unterwegs erfährt man die ungeheure Kraft der Meeresströmungen, begegnet Seehunden und Papageitauchern und mit etwas Glück sogar Seeadlern.

Iceland Ocean Tours, Hafnargata 4, Stykkishólmur, www.oceansafari.is

Besondere Augenblicke

Eine tolle Wanderung führt von **Arnarstapi** an der Steilküste entlang zum Nachbarort **Hellnar** (hin und zurück 5 km, 2 Std.). In beiden Fischersiedlungen gibt es wunderschöne Brandungshöhlen, in denen Kolonien der Dreizehenmöwe nisten. Manchmal lassen sich von hier oben sogar Wale beobachten. In Hellnar kann man sich im Café, mit Blick auf die Brandungshöhle Baðstofa, für den Rückweg stärken.

Wenn der Zeitplan es zulässt, sollte man eine Übernachtung auf **Flatey** einplanen. Sobald die Tagesgäste die Insel mit der Fähre verlassen haben, sind die Insulaner (fast) unter sich. Ein Spaziergang an der Küste im Licht der untergehenden Sonne hinterlässt bleibende Eindrücke. Dabei schweift der Blick über die Schärenwelt des Breiðafjörður, vorbei an der filigranen Silhouette des nahen Leuchtturms **Klofningur** bis zu den Kliffen der Westfjorde im Norden, während der Gletschervulkan Snæfellsjökull im Süden zum Greifen nahe erscheint und Küstenseeschwalben auch um Mitternacht auf der Suche nach Beute noch unermüdlich ins Meer eintauchen. Vorsicht, denn diese Insel könnte süchtig machen!

Von Flatey aus schweift der Blick im Licht der untergehenden Sonne über den mächtigen Breiðafjörður.
Im »schönsten Dorf Islands« wurde u.a. die Fernsehserie »Nonni und Manni« gedreht (o.r.)

form einst als »Zuckerhut« bezeichnet wurde. Ein geradezu südländisches Flair verbreitet **Stykkishólmur**. Direkt am Hafenbecken, in dem sich im Sommer zahllose Boote tummeln, schließt sich der alte Stadtkern aus bunt getünchten Holzhäusern aus dem 19. Jh. an. Manche von ihnen beherbergen heute schmucke Design-Hotels, andere Restaurants und Museen. Eine Treppe führt vom Hafen zum roten Leuchtfeuer auf dem Basaltfelsen **Súgandisey**, wo man den Sonnenuntergang über dem **Breiðafjörður** genießt.

Das schönste Dorf Islands

Die genaue Zahl der Inseln im Breiðafjörður, dem »breiten Fjord«, ist nicht bekannt. Es sollen über 2500 sein. Nur eine ist noch bewohnt: **Flatey**. Im 18. Jh. entwickelte sich die »flache Insel« dank des gut geschützten Hafens zum Hauptumschlagplatz für Westisland. Heute wohnen nur noch zwei Bauernfamilien ganzjährig auf der Insel, die im Sommer zu neuem Leben erwacht. Dann bevölkern ehemalige Inselbewohner und ihre Nachfahren die bunten, alten Häuser, und Tausende Seevögel nisten auf der Insel.

Die Fahrt nach Flatey gleicht einer Zeitreise. Autos sind unerwünscht: Man geht zu Fuß, denn im »schönsten Dorf Islands« sind die Wege kurz. Die Fassaden liebevoll renovierter Häuser aus dem 19. und frühen 20. Jh. leuchten rot, grün und blau. Auch die schneeweiße Kirche und die öffentliche Bibliothek, die älteste im Land, sehen blendend aus. Wen wundert es, dass die Insel zahllose Autoren und Künstler inspirierte? 1998 wurde dort auch das international bekannte Kinderbuch »Nonni und Manni« verfilmt. *EvdP*

Snæfellsnes

Infos und Adressen

ANREISE
Flug: ganzjährig nach Keflavík; von dort Shuttle-Bus nach Reykjavík; **Fähre:** April–Okt. einmal pro Woche mit der »Norröna« von Hirtshals (Dänemark) nach Seyðisfjörður (Ostisland)

BESTE REISEZEIT
Mai–Oktober

SEHENSWERT
Landnámssetur Íslands: Das preisgekrönte »Landnahmezentrum« ist der frühen Besiedlung Islands und der berühmten »Egils Saga« gewidmet. Brákarbraut 13–15, Borgarnes, www.landnam.is
Gerðuberg: imposante Mauer mit bis zu 15 m hohen Basaltsäulen
Snæfellsjökull National Park Visitor Centre: Ausstellungen zur Geologie, Fauna und Flora sowie zum Leben der Fischer am Fuß des Snæfellsjökull. Hellnar, www.ust.is/snaefellsjokull
Vatnshellir: Im Sommer werden Führungen in der Lavahöhle (6 km westlich von Hellnar) angeboten. www.vatnshellir.is
Sjómannagarðurinn: Das Seefahrtmuseum zeigt das älteste auf Island erhaltene Ruderboot (1826) und eine rekonstruierte Fischerhütte (ca. 1900). Útnesvegur, Hellissandur, www.enjoyiceland.is/Places/snaefellsnes/Museums/Heritage/463/default.aspx
Eldfjallasafn: Ansprechendes Vulkanmuseum des Vulkanologen Haraldur Sigurðsson; Aðalgata 6, Stykkishólmur, www.eldfjallasafn.is
Bjarnarhöfn: Auf dem »Haifischhof« bereitet Hildibrandur Bjarnason *hákarl* (fermentierter Hai) nach traditioneller Art. 15 km westlich von Stykkishólmur, www.bjarnarhofn.is

ESSEN UND TRINKEN
Narfeyrarstofa: Restaurant mit historischem Flair und köstlichen Fischgerichten; Aðalgata 3, Stykkishólmur, www.narfeyrarstofa.is
Sjávarpakkhúsið: Das »alte Fischlager« ist berühmt für seine Fischsuppe. Hafnargata 2, Stykkishólmur, www.icelandoceantours.is
Fjöruhúsið: Im »Haus am Strand«, einem der malerischsten Cafés Islands, kredenzt Sigríður Einarsdóttir ihre vielgerühmte Fischsuppe und Gerichte wie Quiche, Pasta oder Waffeln mit Sahne und Rhabarberkompott. Hellnar, www.fjoruhusid.is
Weitere gute Restaurants sind Hotels angegliedert (s. unten).

SHOPPING
Leir 7: Galerie mit Töpferarbeiten der Künstlerin Sigríður Erla Guðmundsdóttir; Aðalgata 20, Stykkishólmur, www.leir7.is

ÜBERNACHTEN
Hótel Búðir: Die Lage am Fuß des Snæfellsjökull ist spitze, die individuell eingerichteten Zimmer sind äußerst komfortabel und schon beim Blick auf die Speisekarte läuft einem das Wasser im Mund zusammen. Búðir, www.budir.is
Hótel Hellnar: Das für seine Nachhaltigkeit ausgezeichnete Hotel, geführt vom auch in Deutschland erfolgreichen Schauspieler und Sänger Maríus Sverrisson, punktet mit seiner tollen Lage an der Südspitze der Halbinsel. Erstklassige Speisekarte mit lokalen Spezialitäten – von Salzfisch bis Biobier! Hellnar, www.hellnar.is
Lýsuhóll: Reiterhof an der Südküste; übernachtet wird wahlweise in großen Holzhütten mit je 4 Zimmern (1–4 Pers.) oder Sommerhäusern (2–4 Pers.). www.lysuholl.is
Hótel Egilsen: Das Boutique-Hotel befindet sich in einem historischen Lagerhaus. Aðalgata 2, Stykkishólmur, www.egilsen.is
Hótel Flatey: Das schmucke Hotel, untergebracht in ehemaligen Lagerhallen, bietet einen herrlichen Blick auf die alten Häuser, die Küstenseeschwalbenkolonien und den Breiðafjörður. Flatey, www.hotelflatey.is

WEITERE INFOS
West Iceland Regional Information Centre: Hyrnutorg, Borgarbraut 58-60, IS-310 Borgarnes, www.west.is

Eine kulinarische Spezialität für Fortgeschrittene: fermentierter Hai.

Natur erleben

64 Helgelandsküste

HIGHLIGHTS

Berg Torghatten: Einer Wikingersage nach durchschoss ein Pfeil diesen Berg, in dem heute ein großes Loch klafft.

Vogelbeobachtungen auf Lovund: Auf der winzigen Insel brüten u. a. Papageientaucher.

Herøy Kystmuseum: Die Ausstellung besteht aus sechs historischen Gebäuden, in denen mehr als 8000 Exponate aufbewahrt werden.

Norwegisches Luftfahrtmuseum: Hier erfährt man alles, was man über die Fliegerei wissen möchte.

Petter-Dass-Museum: das Leben des Lyrikers, präsentiert in einem futuristischen Bauwerk

DINNER FOR TWO

Da hier das Meer allgegenwärtig ist, servieren die Restaurants ausschließlich frische Schätze aus dem Nordatlantik: Beliebt sind *gesalzener Dorsch*, *Fischfrikadellen*, *Fischklößchen*, *Krabben* sowie *Garnelen*. Auf den Speisekarten stehen zudem *Hammelfleisch*, *Elchfleisch* und *Hackfleischbällchen*. Den Abschluss bilden *Ziegenkäse*, *Pfannkuchen*, *Apfelkuchen* oder *Norwegische Waffeln*.

Die Helgelandküste ist ein erstklassiges Revier zum Wandern und Radfahren.

Das nordnorwegische Reich der Mitternachtssonne hat kühlere Temperaturen, doch wer die Natur liebt, dem wird es dort warm ums Herz. Paare, die Ruhe suchen und gern Tiere beobachten, werden in der wildromantischen Landschaft der Helgelandküste dahinschmelzen. Faszinierende Naturerlebnisse sind auch beim Angeln, Wandern und Radfahren garantiert.

Küste der Vögel

An der Helgelandsküste entspringen rund 14 000 Inseln dem Europäischen Nordmeer. Die Insel **Vega** ist eine der größten und zählt seit 2004 zum UNESCO-Weltkulturerbe. Überall erspäht man als Reisender idyllische Buchten, Seen, Felseninseln und Wälder. Hier ist das Reich der Eiderenten. Jahrhundertelang profitierten die Bewohner des Vega-Archipels von den Zugvögeln. Jedes Jahr im März errichteten die Frauen Nistplätze unter Steinwällen oder in Holzkästen, die sie zudem vor Räubern schützten. Nachdem die Eiderenten weitergezogen waren, erntete man die hochwertigen Daunen und exportierte sie ins europäische Ausland. **E-huset**, das weltweit einzige Eiderentenmuseum, befindet sich in dem Dorf **Nes** und ist eines von 17 Museen, die alle zusammen das Helgeland-Museum ausmachen.

Reist man ein Stück weiter gen Norden, erreicht man den gewaltigen **Svartisen-Gletscher**. Der mit einer Fläche von

Norwegen

Auf der Insel Lovund kann man wunderbar die Mitternachtssonne auskosten.

Infos und Adressen

ANREISE
Flug: Direktflüge nach Oslo, von dort Weiterflug nach Brønnøysund, Sandnessjøen und Bodø; **Fähre:** ab Kiel, www.kystriksveien.no

BESTE REISEZEIT
Juni–September

SEHENSWERT
Berg Rødøyløva: Wanderung auf den 440 m hohen Gipfel mit weitreichender Sicht auf die Inselwelt
Wikinger Museum Sandnessjøen: zeigt den authentisch nachgebildeten Wohnsitz eines Wikingerfürsten

ESSEN UND TRINKEN
Handelsstedet Forvik: Die nördlichste Kaffeerösterei der Welt ist in einem 300 Jahre alten Handelsposten untergebracht. Forvik, www.kystriksveien.no

Lovund RorbuHotell: erlesene Meeresspeisen mit atemberaubendem Blick von der Terrasse; Postboks 103, Lovund, www.lovund.no

ÜBERNACHTEN
Vega Opplevelsesferie: romantische Übernachtung in einem Rorbu, einer ehemaligen Fischerhütte mit Blick auf das Meer; www.vegaopplevelsesferie.no
Furøy Camping: Campingplatz mit 20 Hütten; Halsa, www.furoycamp.no

WEITERE INFOS
Helgeland Reiseliv AS: Pb. 1325, Mo i Rana, www.visithelgeland.com;
Innovation Norway: Caffamacherreihe 5, 20355 Hamburg, www.visitnorway.de
www.nordnorge.com

Zu zweit erleben
AKTIVFERIEN ENTLANG DER KÜSTENSTRASSE

Die Straße **Fv. 17** (ausgesprochen Fylkesvei, norwegisch für Provinzstraße) verzaubert, denn hinter dem schlichten Namen verbirgt sich eine der beeindruckenden Panoramastraßen des Kontinents. **Kystriksveien** wird die Route auch genannt. Aufgrund der zahlreichen Fähren gibt es kaum motorisierten Verkehr, und die Topografie der Trasse ist für norwegische Verhältnisse äußerst radfahrerfreundlich. Auf der einen Seite schlagen die Wellen des Nordatlantiks ans Ufer, und gegenüber ragen mehr als 1000 m hohe Bergketten in den Himmel. An deren Flanken stürzen donnernde Wasserfälle zu Tal, um sich wenig später in den nächsten Fjord zu ergießen. Auf die Gipfel führen markierte Wanderwege, auf denen man meist allein unterwegs ist. Wenn man in den Morgen- und Abendstunden durch die Wiesen und Wälder streift, hat man gute Chancen, einem Elch oder Hirsch zu begegnen. Wenn dann noch die Mitternachtssonne über den vorgelagerten Inseln steht, ist das Reiseglück perfekt.

370 km² zweitgrößte Eispanzer des Landes ist per Boot und einem kurzen Wanderweg leicht zu erreichen. Überschreitet man von hier aus den Polarkreis, nimmt einem am **Saltstraumen** das nächste Naturhighlight den Atem: Abgeriegelt von einer Felsenbarriere zwängt sich die einsetzende Flut durch zwei winzige Öffnungen, die den **Skjerstadfjord** mit dem großen **Saltenfjord** verbinden. Mit einer Austauschmenge von 400 Mio. m³ Wasser bildet das berauschende Naturschauspiel den stärksten Gezeitenstrom der Welt. Pro Sekunde jagt das Wasser mit Spitzenwerten von 20 Knoten über die Fjordschwelle. Die Ufer sind ein Dorado für Angler. Kabeljau, Steinbeißer und Heilbutt beißen besonders oft an. *TB*

Natur erleben

65 Fjordnorwegen

HIGHLIGHTS

Bryggen in Bergen: Das nach einem Brand detailgetreu wiedererrichtete Hansekontor erinnert an Zeiten des florierenden Handels auf der Nord- und Ostsee.

Stabkirche z. B. in Urnes: Seit 1979 steht das Baudenkmal auf der Liste des UNESCO-Weltkulturerbes.

Nærøyfjord: Der Meeresarm ist ebenfalls Welterbe und weniger überlaufen als der berühmte Geirangerfjord.

Passstraße Trollstigen: Diese spektakuläre Bergstrecke wird mit 11 Haarnadelkurven und einem Höhenunterschied von 858 m ihrem Namen mehr als gerecht.

Hurtigruten: Die beliebte Postschiffverbindung startet täglich von Bergen aus gen Norden und erschließt für Kreuzfahrtliebhaber bezaubernde Küstenstreifen.

DINNER FOR TWO

Aufgrund der Nähe zum Nordatlantik und den fischreichen Gewässern im Landesinneren ist Norwegen bei Gourmets sehr beliebt. Den ersten Rang nehmen Fischgerichte ein: *gesalzener Dorsch*, *Stockfisch*, *fiskekaker* (Fischfrikadellen) und *fiskeboller* (Fischklößchen). Für Fleischliebhaber: *Lammbraten* und *geräuchertes Elchfleisch* – für Süßmäuler: *Apfelkuchen*, *Waffeln* und *Fladengebäck*.

Bei einer Rast am Lustrafjord.

Die Fjorde Norwegens gehören zweifelsfrei zu den schönsten Landschaften unseres Planeten. Die Schroffheit der Berge zusammen mit den majestätischen Gletschern und den schäumenden Wasserfällen bilden die perfekte Kulisse für faszinierende Reisetage in der Natur, die man nie vergessen wird.

Landschaftskino zum Träumen

Im Südwesten Norwegens durchschneiden spektakuläre Fjorde das mit Gletschern bepackte Bergland und machen die Region zum Sehnsuchtsziel für Aktivreisende. Dieser malerische Flecken Erde ist bestens erschlossen: Mal geht es per Fähre zum nächsten Meeresarm, dann wieder katapultiert einen die nächste Passstraße in arktische Gefilde. Wer hier auf Reisen ist, der hat die Kamera stets griffbereit, denn hinter jeder Wegbiegung bietet sich ein neues, atemberaubendes Panorama.

Die Landschaftszenerie wechselt immer wieder von dramatisch bis lieblich und hält die verschiedensten Eindrücke bereit. Unterwegs trifft man auf donnernde Wasserfälle und erfreut sich an blühenden Obstbäumen im nördlichsten Anbaugebiet der Welt. Am intensivsten erlebt man das Land zu Fuß auf einem der Fernwanderwege. Doch auch bei ausgedehnten Radreisen und Paddeltouren erliegt man rasch der Magie des Nordens. Die Bewohner Fjordnorwegens pflegen ein reiches, über Jahrhunderte gewachsenes Kulturleben

Norwegen

Am Rallarvegen halten sich die Schneereste des Winters bis in den Frühsommer.

Infos und Adressen

ANREISE
Flug: tgl. Verbindungen von mehreren deutschen Flughäfen nach Oslo, Bergen und weiter bis Alesund; **Schiff:** Von Kiel bzw. Frederikshavn (DK) nach Oslo

BESTE REISEZEIT
Juni–September

SEHENSWERT
Nationalpark Jotunheimen: Auf dem Sognefjellsvegen Nr. 55 kommt man den Bergriesen Norwegens besonders nahe.
Lysefjord: Hier wandert man zum Preikestolen – einem steilabbrechenden Kanzelfelsen, der einem den Atem verschlägt.

ESSEN UND TRINKEN
Grotli Høyfjellshotell: In dem wunderschön gelegenen Berghaus legt man viel Wert auf hausgemachte Speisen und lokale Produkte. Grotli, www.grotli.no
Hotel Union Øye: Stilgerecht tafelt man in den gleichen Räumen, in denen einst namhafte Kaiser und Könige speisten. Norangsfjorden, www.unionoye.no

ÜBERNACHTEN
Hotel Finse 1222: Das Haus liegt direkt an der Bahnstrecke Oslo–Bergen und ist ein idealer Ausgangspunkt für Wander- und Radtouren. Bahnhof Finse, www.finse1222.no
Eplet Bed & Apple: Ein lieblicher Obstgarten umgibt die familiär geführte Herberge. Solvorn, www.eplet.net

WEITERE INFOS
Innovation Norway: Caffamacherreihe 5, Hamburg, www.visitnorway.de, www.fjordnorway.com

Zu zweit erleben
AKTIVFERIEN IN DEN BERGEN

Fjordnorwegen ist durchzogen von abwechslungsreichen Wanderwegen, die das Bergland zu einem Paradies für Langstreckenläufer machen. Das Hochplateau ist weit, die Gebirgsseen klar, und mit jedem Schritt wächst die Begeisterung über die faszinierenden Lichtverhältnisse des Nordens. Ausgedehnte Trekkingtouren, Gletscherwanderungen, Skitouren, Klettern und Bergsteigen – hier kann man alles hautnah genießen. Wer Norwegen lieber vom Fahrradsattel erleben möchte, wird ebenfalls fündig: Da wäre der beliebte **Rallarvegen**, ein alter Transportweg, der durch ein ursprüngliches Trogtal hinunter ans Ufer des **Aurlandsfjords** führt. Hoch hinaus kommt man auf der **Sognefjord Fahrradroute** und zwar bis auf 1434 m, weiter hinauf reicht keine Passstraße Nordeuropas. Entspannter, aber nicht minder reizvoll präsentiert sich der internationale Nordseeküstenradweg. Paare, die die schönste Zeit des Jahres lieber im Wasser verbringen, finden bei Rafting- und Kajaktrips in den verästelten Meeresarmen ein vielseitiges Betätigungsfeld. Traumhafte Orte für Wassersportler sind etwa der **Sognefjord**, der **Lustrafjord** oder der Gletschersee **Møsevatnet**.

und lassen den entdeckungsfreudigen Gast daran teilhaben. Hoch in der Gunst der Norwegenbesucher stehen die filigran gezimmerten Stabkirchen, die teils auf das 12. Jh. zurückgehen. Für Städtereisen bieten sich **Ålesund** mit seiner prachtvollen Jugendstilarchitektur sowie **Bergen** an, in dem das Hanseatische Viertel **Bryggen** verzaubert.

In Skandinavien setzen selbst die Verkehrswege Akzente, allen voran die 18 ausgewiesenen **Norwegischen Landschaftsrouten**. Sie imponieren durch eine ausgeklügelte Streckenführung am Meer oder im Gebirge und machen zudem mit in die Natur integrierten Architektur-Rastplätzen auf sich aufmerksam, ein Vergnügen für alle, die auf zwei oder vier Rädern unterwegs sind. *TB*

Natur erleben

66 Rund um Ystad

HIGHLIGHTS

Fotevikens Wikingerdorf: geführte Touren von Mai–Sept., Museivägen 24, Höllviken, www.fotevikensmuseum.se

Studentenstadt Lund: mittelalterliche Stadt mit vielen Fachwerkhäusern und kopfsteingepflasterten Wegen

Malmö: das »Tor nach Schweden« und eine der bedeutendsten Handelsstädte Skandinaviens

Ale stenar: »Die Steine von Ale« (ca. 600 n. Chr.) sind eine der größten erhaltenen Schiffssetzung Skandinaviens. An der Küste bei Kaseberga

Burg Glimmingehus: mittelalterliche Burg zwischen Ystad und Simrisham

DINNER FOR TWO

Die extra eingerichteten Picknickplätze im Wald entlang der Küstenstraße Richtung Simrishamn sollte man nicht ungenutzt lassen! Zum Lunch in der Natur gehören: *Knäckebrot* und *Baguette*, *Köttbullar* (Hackfleischklößchen), *Falukorv* (Fleischwurst), *eingelegter Sill* (Hering), *süßer Käse* und zum Nachtisch *Preisel- und Heidelbeeren*.

Raum ist in der kleinsten Hütte – Strandhäuser mitten in den Dünen bei Skanör.

Im Süden Schwedens, in der Provinz Schonen, gibt es nicht nur traumhafte Sandstrände, sondern auch eine kleine Stadt, die durch mehrere Kriminalromane internationale Bekanntheit erlangt hat: Ystad. Mögen die Geschichten des Schriftstellers Henning Mankell auch ein wenig schwermütig wirken, so ist die Region doch überaus lebendig und vielseitig.

Auf Wallanders Spuren

Die Einheimischen selbst haben den Strand östlich der Stadt schon lange für sich als Wochenend- und Ferienparadies entdeckt. Nördlich der Küstenstraße, der **Östra Küstevägen**, Richtung **Simrishamn**, wird der Weg von Ferienhäusern gesäumt, geschützt vor Wind und Wetter unter dem grünen Dach von Kiefernwäldern. Von dort aus gelangt man in einen Wald und über einen schmalen Dünengürtel an einen wunderschönen Strand. Heller, unglaublich feiner weißer Sand, der sich stellenweise zu großen Dünen auftürmt. Nur Strandhafer und Strandroggen wachsen dort, Moose und Flechten sowie Krähenheide. Dies ist das Naturschutzgebiet **Sandhammaren**. Kreuz und quer führen Pfade zum Meer. Außerhalb der sommerlichen Hochsaison ist der Strand fast menschenleer. Das Rauschen der Brandung und das Schreien der Möwen laden zu ausgiebigen Spaziergängen zu zweit ein und zu langen Kuschelabenden gut eingemummelt auf der Terrasse eines Ferienhäuschens direkt am

Schweden

Eingang zu einem der vielen historischen Gebäude in Ystad.

Infos und Adressen

ANREISE
Fähre: Sassnitz–Trelleborg, Scandlines-Servicecenter, www.sassnitz-trelleborg.scandlines.de

BESTE REISEZEIT
Mai–Oktober

SEHENSWERT
Pilgrändshuset: ältestes Fachwerkhaus Skandinaviens, Ystad, Östergatan 22
Kunstmuseum Ystad: St. Knuts Torg, Mo–Fr 12–17 Uhr, Sa/So 12–16 Uhr, im Sommer verlängerte Öffnungszeiten
Animal Park Zoo: 1. Mai–30. Sept. tgl. 10–18 Uhr; Gamla Lundavagen 514, Skårby

ESSEN UND TRINKEN
Bryggeriet: Långgatan 20, Ystad, www.restaurangbryggeriet.nu

Store Thor: Gamla Rådhuset, Ystad, www.storethor.se
Kaffestugan Bäckahästen: Lilla Östergatan 6, Ystad

SHOPPING
Emporia Shopping Center: tgl. 10–20 Uhr, Hyllie Boulevard 19, Malmö, www.emporia.se

ÜBERNACHTEN
Red Bird Farm: familiäre Bed-&-Breakfast-Atmosphäre auf dem Land nahe Ystad; Killebackevägen 77:11, Borrie, www.redbirdfarmsweden.com
Anno 1793 Sekelgarden: übernachten wie zur Gründerzeit; Langgatan 18, Ystad, www.sekelgarden.se

WEITERE INFOS
www.visitsweden.com

Strand. Möglich, dass Henning Mankells Romane im Herbst und Winter entstanden sind, denn im Sommer ist von Melancholie nichts zu spüren.

Dies gilt auch für **Ystad**: In den schmalen Gassen zwischen denkmalgeschützten Fachwerkhäusern locken Straßen- und Hinterhofcafés, Künstler und Handwerker bieten in kleinen Werkstätten und Ateliers ihre Waren an. Aus den Restaurants duftet es nach frisch gebratenem Fisch oder Kötbullar, und ein Großteil des Lebens spielt sich auf den Straßen ab. Im 1267 errichteten Franziskanerkloster **Gråbrödraklostret** befindet sich nun das Heimatmuseum. Wie im Mittelalter fühlt man sich in **Sankta Maria Kyrka**, wo einst die Seefahrer für günstige Winde und die Fischer für profitable Fischzüge beteten.

CD

Zu zweit erleben
KÜSTENTOUR UND KRIMI-LIFE

Für diejenigen, die in der Natur aktiv sein wollen, bieten sich Radtouren entlang der Küste an, die auf eigenen Wegen im Schatten der Kiefernwälder gen Osten führen. Es warten Ausflugsziele wie die mittelalterlich Burg **Glimmingehus** inmitten fruchtbarer Felder, die über 1000 Jahre alte **Schiffssetzung** (Grab in Schiffsform) oder Fischräuchereien in Kåseberga und die Wanderdünen bei **Sandhammaran**.

Für Wallander-Fans bietet Ystad Abwechslung vom Strandleben: Geführte Rundtouren führen zu den Originalschauplätzen der Wallander-Krimis, so auch das Wohnhaus des Kommissars in der Mariagatan 10. Ein gemeinsames Vergnügen bereiten die Wallander-Apps, mittels derer ein Paar in die Rolle des Kommissars und seiner jungen Kollegin Ann-Britt Höglund schlüpfen kann, um wie sie Fälle an den Originalschauplätzen zu lösen. Ein Erlebnis, das zusammenschweißt!

Småland

HIGHLIGHTS

Elchpark: Wer in der freien Natur nicht das Glück hat, den König der Wälder zu sichten, der wird in einem der 8 über Småland verteilten Elchparks fündig, z.B. im Elinge Elchpark in Hamneda, www.elingealgpark.com

Nydala-Kloster: Die gut erhaltene Stätte liegt direkt am Ufer des Ruskensees.

Gybberyd: Auf diesem Hof wurden die »Michel aus Lönneberga«-Filme gedreht.

Mühlenfreilichtmuseum in Komstad: Hier bekommt man Einblicke in das Landleben vergangener Tage.

Eksjö: Die Kleinstadt besticht durch ihre historische Altstadt mit vielen Holzhäusern.

DINNER FOR TWO

Preiselbeeren sind in den smaländischen Wäldern zu Hause und werden zu zahlreichen Gerichten der regionalen Küche gereicht, so z.B. zu den typischen Fleischklößen, den *köttbullar* oder *Elchgulasch*. Fischgerichte: Als Delikatesse gelten die Schwedischen *Flusskrebse*, günstiger – jedoch auch schmackhaft – kann man *Fischfrikadellen* und *eingelegte Heringe* bekommen. Für Süßmäuler: *Zimtschnecken*, *Käsekuchen* und *Blaubeeren* mit *heißen Waffeln*.

Überall in Småland trifft man auf malerische Gewässer.

Grüne Wälder, rot angestrichene Holzhäuschen und einsame Seen – das alles haben Urlauber im Kopf, wenn sie an Småland denken. Die Szene scheint vertraut, erinnert sie doch an die Kinderbuchhelden Pippi Langstrumpf, Michel aus Lönneberga und die Kinder aus Bullerbü, die hier im Süden Schwedens ihre Abenteuer erlebten.

In Astrid Lindgrens Land

Småland bedeutet übersetzt »kleine Länder« und wurde einst aus mehreren Territorien gebildet. Doch der Name täuscht, die historische Provinz umfasst von der Grenze zu **Västergötland** im Westen bis zum Ostseeufer gut 32 000 km². In den großen Nadelwäldern betten sich ca. 5000 Seen, von denen der **Vättern** mit Abstand der größte ist. Ebenso faszinierend für Besucher sind die weitläufigen Moorlandschaften. Die Nationalparks **Norra Kvill** und **Store Mosse** laden zum Wandern ein. Ideal zum Abschalten ist zudem die stark zergliederte Festlandsküstenlinie, die es auf eine Länge von 1215 km bringt. Ihr vorgelagert erheben sich von der Eiszeit glattgehobelte Schären aus den Fluten der Ostsee. Wen es nach der Stille in der Natur in die großen Zentren zieht, der ist in den drei Residenzstädten **Jönköping**, **Kalmar** und **Växjö** genau richtig. Småland war auch Geburtsstädte bedeutender Geistesgrößen wie den in **Råshult** geborenen Naturwissen-

Schweden

Der Katthulthof wurde durch die »Michel aus Lönneberga«-Filme bekannt.

Infos und Adressen

ANREISE
Flug: von Dänemark/Kopenhagen nach Südschweden;
Bahn/Auto: über die Øresundbrücke und anschließend durch Malmö nach Småland

BESTE REISEZEIT
Mai–September

SEHENSWERT
Schloss Gripenberg: das größte Holzschloss Schwedens, erbaut 1663
Husqvarna Fabrikmuseum: eine außergewöhnliche Sammlung aus 380 Jahren schwedischer Technologie-Geschichte

ESSEN UND TRINKEN
Wallby Säteri: Die Speisefische kommen direkt aus den angrenzenden Seen Skirösjön und Saljen. Skirö, Vetlanda, www.wallby.se

Gourmet-Wanderung: Das Restaurant & Café Korrö im historischen Mühlen-Ensemble am Fluss Ronneby veranstaltet im Sommer geführte Picknick-Wanderungen durch das Naturreservat. Linneryd, www.korro.se

ÜBERNACHTEN
Badhotellet: traditionsreiches Spa-Hotel mit moderner Einrichtung; Ågatan, Tranås, www.badhotellet.com
Wisingsö Hotell & Konferens: Die großangelegte Unterkunft ist ein perfekter Standpunkt, um die komplette Insel Visingsö zu bereisen. www.wisingso.se

WEITERE INFOS
Visit Småland:
www.visitsmaland.se

Zu zweit erleben
FERIENHÄUSCHEN AM SEE

Wer hat davon noch nicht geträumt? Mit dem Partner ein kleines Gästehaus im Norden buchen und dort ein paar romantische Tage verbringen. Damit sich der Gast rundum wohlfühlt, sind die heimeligen Holzunterkünfte mit Sitzecke, Dusche, Küche und zum Teil sogar mit einem Kamin ausgestattet. Meist liegen die Ferienhäuser an einem See, an einem Fluss oder direkt am Meer. Für Entdeckungstouren ins nähere Umland stehen häufig Leihfahrräder, Kanus und Motorboote zur Verfügung. Auch für Wanderer gibt es in Småland lohnende Ziele. Beliebt sind der Store-Mosse-Nationalpark, in dem das größte zusammenhängende Moorgebiet südlich von Lappland bewahrt wird, oder der 40 km lange **Munkaleden**, der Wanderweg der Mönche.

Adventure of Småland: Das Ehepaar Seitz wohnt am Ruskensee und vermietet dort sowie in Smålands Höglandet und im Schärengebiet von Oskarshamn Ferienhäuser. Langö-Tomteholm, www.smalandreisen.de

schaftler Carl von Linné oder Astrid Lindgren, die in **Vimmerby** das Licht der Welt erblickte. Ihre legendärste Schöpfung ist »Pippilotta Viktualia Rollgardina Pfefferminza Efraimstochter Langstrumpf« oder kurz Pippi Langstrumpf. Die freche Göre mit den abstehenden roten Zöpfen, den Sommersprossen und dem breiten Lachen verzaubert ganze Generationen mit ihren Albereien und Abenteuern. Der berühmten Schriftstellerin zu Ehren, die unter anderem die Kinderbücher *Michel aus Lönneberga*, *Ronja Räubertochter*, *Karlsson vom Dach* und *Wir Kinder aus Bullerbü* verfasste, gibt es den Freizeitpark **Astrid Lindgrens Värld**, der zu den Besuchermagneten der Region gehört. Eine weitere Attraktion bilden die über das Land verteilten Glashütten, in denen man kostbare Reisesouvenirs für zu Hause erwerben kann. *TB*

Venedig – bei einer Bootsfahrt auf dem Canal Grande kann man die prächtigen alten Palazzi bewundern.

Malmedy

HIGHLIGHTS

Place Albert I.: in einem Straßencafé in das französische Flair von Malmedy eintauchen

Kirchen und historische Wohnhäuser: die Kathedrale und viele andere beeindruckende Zeugen der Stadtgeschichte von Malmedy besichtigen

Kreuzweg: auf dem Kreuzweg den Hügel von Livremont erklimmen und dabei herrliche Panoramablicke auf die Stadt genießen

Picknick im Hohen Venn: die raue Stille und unendliche Weite der Hochmoorlandschaft auf sich wirken lassen

Spa: historische Kuratmosphäre und adrenalinhaltiges Formel-1-Rennfieber schnuppern

DINNER FOR TWO

Ardenner Schinken: nach alter Tradition in Salz konservierte und mit Buchenholz geräucherte Delikatesse – *Pralinen:* handgemachte Köstlichkeiten aus der Geheimküche der Chocolatiers – *Tarte au riz:* Milchreiskuchen mit einem Boden aus Mürbeteig – *Trappistenbier* – obergäriges, meist dunkles und wunderbar süffiges Bier mit starker Wirkung

Lässt das Wetter es zu, herrscht auf dem zentralen Platz und in den Straßencafés des ansonsten eher verträumten Städtchens reges Treiben.

Am Zusammenfluss von Warche und Warchenne liegt das belgische Städtchen Malmedy, das mit seinen attraktiven Plätzen und historischen Gemäuern viel Charme versprüht. Als südliche Begrenzung des Hohen Venn und Nachbarstadt des legendären Kurorts Spa ist es idealer Ausgangspunkt für Entdeckungstouren in die Wallonie.

Ardennenstädtchen mit Wohlfühlflair

Die imposante **Kathedrale Saints-Pierre, Paul et Quirin** mit den doppelten Türmen, die im Renaissancestil erbaute **Auferstehungskapelle**, die im 16. Jh. wiedererrichtete Krankenkapelle, die Kapuzinerkirche, das **Villers-Haus**, das **Rathaus** und das ehemalige Kloster mit seinem schönen Innenhof – bei einem gemütlichen Spaziergang durch das kleine französischsprachige Städtchen stößt man überall auf den bereits leicht verblichenen Glanz vergangener Zeiten.

Der Heilige Remaclus schuf hier im Jahr 648 eine Abtei und begründete damit den Ort Malmedy, der zwischen 1815 und 1920 sogar einmal unter preußischer Herrschaft gestanden hatte. Das stilvoll restaurierte Kloster beherbergt heute das moderne Stadtmuseum **Malmundarium**, das auf spannende Weise viel über die Vergangenheit der Stadt als bedeutendes Zentrum der Papier- und Lederindustrie erzählt. In den ge-

Belgien

mütlichen Straßencafés an der **Place Albert I.**, leicht erkennbar an dem in der Mitte errichteten Obelisken, lässt es sich herrlich ausspannen, genießen und beobachten.

Im Tal gelegen, eingebettet in grüne Hügel, ist Malmedy mit seinen ca. 12 000 Einwohnern von viel Natur umgeben. Vom zentralen Platz aus starten kleine Wanderungen rund um die Stadt: Narzissen-, Veilchen- oder Maiglöckchen-Spaziergang – der Besucher hat die Wahl und orientiert sich bei seinem Erkundungsgang ganz einfach an Symbolen mit der jeweiligen Blume. Der in der ersten Hälfte des 18. Jhs. angelegte Kreuzweg verspricht besonders eindrucksvolle Ausblicke auf Stadt und Landschaft. Ein sehr romantisches Fleckchen ist z. B. der rot-weiße Pavillon am Aussichtspunkt **Point de Vue**. Nachdem sich der Weg zum Teil recht steil auf den Hügel hinaufgeschlängelt hat, endet er 97 m über Malmedy in einer kleinen Kapelle, die den Heiligen Agathe und Appolina gewidmet ist.

Im Naturpark Hohes Venn

Wer einmal tief durchatmen möchte und ruhige Zweisamkeit in der Natur liebt, macht sich von Malmedy aus auf den Weg in den Naturpark **Hohes Venn**, dessen südlicher Rand nicht mehr als 10 km Richtung Norden liegt. Diese einzigartige Landschaft von bewaldetem Heideland, Moorgebieten und Laubwäldern umfasst eine Fläche von 2700 km². Mehr als ein Viertel davon gehört unter dem französischen Namen **Hautes Fagnes** zu Belgien.

Das Naturparkzentrum **Botrange**, etwa einen Kilometer südlich der mit 700 m höchsten Erhebung des Landes, gekennzeichnet durch das **Signal de Botrange**, ist ebenso wie das

Zu zweit erleben

EIN OMELETT DER SUPERLATIVE

Der 15. August ist ein besonderer Tag in Malmedy: Er gehört der Confrérie Mondiale de l'Omelette Géante, der Weltweiten Bruderschaft des Riesenomeletts, die mit langen Holzlöffeln bewaffnet 10 000 Eiern zu Leibe rückt. Auf der zentralen **Place de Rome** wird extra zu diesem Zweck ein Eichenholzfeuer entfacht. Es heizt eine gigantische Pfanne von vier Metern Durchmesser an, in der schon bald ein köstliches Gemisch aus Pflanzenöl, aromatischem Speck und geschlagenem Ei brutzelt. Jetzt heißt es für die eifrigen Köche unter den Augen unzähliger Zuschauer rühren und nochmals rühren, damit das Omelette ja nicht anbrennt. Ist das Wagnis gelungen, wird die leckere Speise zerteilt in 4000 bis 6000 Portionen und zusammen mit Brot dem erwartungsvollen Publikum gereicht. Begleitet von Musik und Tanz hat der Riesenspaß, der eigentlich auf einen Osterbrauch aus Südfrankreich zurückgeht, im Laufe der Zeit den Rang eines Volksfestes eingenommen.

„Viele Köche verderben den Brei ..." – dieser Spruch gilt nicht für die Zubereitung des Riesenomeletts, der Jahr für Jahr viele Zuschauer beiwohnen.

Auf dem Hügel Livremont etwas unterhalb der Kapelle lädt der reizende Pavillon Spaziergänger zu einer kleinen Rast ein und eröffnet dabei beeindruckende Blicke auf Malmedy.

Besondere Augenblicke

IM PLANWAGEN DURCH DIE WEITE DES HOHEN VENN

Alles einsteigen und los geht die Fahrt! Wie in früheren Zeiten, als die Bauern das Gefährt nutzten, um sonntags zur Kirche zu fahren, tuckert der Planwagen, gezogen von einem Traktor, die Forstwege des Hohen Venn entlang. Auf einem Rundweg von 18 km Länge erkundet er die einzigartige Heide- und Moorlandschaft und wer mag, bekommt dabei über Kopfhörer viel Wissenswertes mitgeteilt. So erfährt man etwas über die geologische Besonderheit der Palsen, ringförmige Wälle die einen noch feuchten oder bereits verlandeten Moortümpel umgrenzen. Manchmal heißt es aussteigen, um landschaftliche Höhepunkte wie die **Cascade de Bayonne**, einen beeindruckenden Wasserfall, näher in Augenschein nehmen zu können. Die Fahrten starten von April bis Okt. vom Naturparkzentrum Botrange. Um Reservierung wird gebeten. Wer lieber auf eigene Faust losziehen möchte: In Botrange wartet auf Bestellung ein Picknickkorb mit köstlichen regionalen Spezialitäten auf Sie!

ehrwürdige Gasthaus **Baraque Michel** und das Örtchen **Mont-Rigi** beliebter Ausgangspunkt für Wanderungen in die Stille und Weite des Hohen Venn. Hier starten zahlreiche Rundwege, die zum Teil auch auf den charakteristischen Holzstegen verlaufen. Hier gibt es Bäume, Bäche, Heidekraut, Wiesen voller Wildnarzissen und Wildtiere wie Luchs, Biber, Kreuzotter und Birkhuhn und kaum Anzeichen von menschlicher Zivilisation. Da man hier wirklich mitten in der Natur ist, sollte man auf jeden Fall etwas Proviant mitnehmen.

Spa – Wellness, Glücksspiel und Rennspaß

Auch **Spa**, die Stadt der Heilquellen und Kurhäuser, ist nur einen Katzensprung in westlicher Richtung von Malmedy entfernt. Bereits im 18. und 19. Jh. zum Kurbad ausgebaut, wurde sie weltweit zum Synonym für Wellness und Entspannung. Die in und um Spa verteilten Quellen und Bäder sind auf jeden Fall einen Besuch wert. Die Wasserstadt wartet aber noch mit einem anderen Glanzlicht auf: dem ältesten Spielcasino der Welt. 1763 erbaut, nach mehrfachen Bränden immer wieder aufgebaut und kürzlich runderneuert, zeigen die schweren roten Vorhänge, die Kronleuchter und die Goldverzierungen wieder ihre alte Pracht. Roulette, Black Jack oder Poker – zwischen 11 Uhr vormittags und 4 Uhr nachts kann jeder Glückssucher ab 21 Jahren das Schicksal herausfordern.

Wegen der Höhendifferenz und den zahlreichen Kurven auch als »Ardennen-Achterbahn« bekannt, lädt die Rennstrecke »Spa-Francorchamps« zur Besichtigung ein. Wo normalerweise schnittige Formel-1-Rennwagen mit höchster Geschwindigkeit die etwa 7 km lange Strecke entlang rauschen, dürfen an rennfreien Tagen auch Besucher mit ihrem eigenen Pkw im Rahmen einer sogenannten Jungfernfahrt die legendäre Piste testen – allerdings nur im Windschatten eines Sicherheitswagens. *BL*

Die Torfschichten des Hohen Venn saugen den Regen wie ein Schwamm auf. Über die Holzstege lässt sich das beeindruckende Hochmoorgebiet sicheren Fußes erkunden.

Als Treffpunkt der Reichen und Mächtigen galt die Stadt Spa einst als Café de l'Europe. Auch heute zieht die Stadt viele Besucher an.

Malmédy

Infos und Adressen

ANREISE
Auto: aus Richtung Köln über A4/A3/A27 oder A1/B51, aus Richtung Frankfurt/Main über A3/A48/A1/A27 oder A60/A61/A27, aus Richtung Karlsruhe über A65/A62/A1/A27

SEHENSWERT
Malmundarium: interaktives Museum zur 1400-jährigen Geschichte der Stadt und der Region in der restaurierten ehemaligen Abtei; Frühjahr bis Herbst Di–So 10–18 Uhr, Winter 10–17 Uhr; Place du Chatelet, Malmedy, www.malmundarium.be
Baugnez 44 Historical Centre: 2007 eröffnetes Museum zum hautnahen Nacherleben der Ardennenschlacht im Winter 1944; Route de Luxembourg 10, Malmedy, www.baugnez44.be
Maison Vinette: kleinstes Museum der Welt, nur von außen zu besichtigen. Am Ende der Rue Haute Vaulx, Malmedy
Schloss Reinhardstein: eindrucksvolle Burganlage im Tal der Warche aus dem 14. Jh., ab 1969 nach mittelalterlichen Vorlagen wieder aufgebaut, Besichtigungen am Wochenende möglich; Chemin du Cheneux 50, Robertville, www.reinhardstein.be

ESSEN UND TRINKEN
Brasserie de Bellevaux: Hier lassen sich mit dem Wasser der Ardennen gebraute Originalbiere und kleine Speisen in einer der schönsten Brauereien Belgiens genießen. Sa–So 11-18 Uhr; Bellevaux 5, Malmedy.
Hotel du Moulin: gehobenes Restaurant im Ortsteil Ligneuville mit einem Hummermenü als spezielles Angebot; Grand rue 28, Malmedy, www.hotel-du-moulin.eu
Baraque Michel: rustikale Gaststube und gediegenes Restaurant mit Wildgerichten und anderen hausgemachten Spezialitäten in einmaliger Lage im Hohen Venn; Baraque Michel 36, Jalhay, www.labaraquemichel.be

ÜBERNACHTEN
Domaine des Hautes Fagnes: stilvolles Hotel mit Vier-Sterne-Komfort am Rande des Naturparks Hohes Venn, kleiner exquisiter Spa-Bereich; Rue des Charmilles 67, Waimes, www.dhf.be
Maison Geron: Komfortzimmer im antiken Ambiente in einem historischen Herrenhaus aus dem 18. Jh. Beverce Villlage 29, Malmedy, www.geron.be
Val D'Arimont Hotel: ruhig im Grünen gelegene Anlage mit Zimmern und Chalets; Chemin du Val 30, Malmedy, www.val-arimont.be

SPORT UND UNTERHALTUNG
Lac de Robertville: von Wäldern umrahmter 80 ha großer Stausee mit Schwimmbad, Sandstrand, Bootsverleih und vielen Wanderwegen; Robertville, www.robertville.be
Bikepark Ferme Libert: mehrere Downhill- und Four-Cross-Routen für Mountainbiker mit unterschiedlichen Schwierigkeitsgraden; Rue de la Ferme Libert 33, Malmedy, www.bikepark-fermelibert.com
Naturparkzentrum Botrange: Anlaufstelle für Informationen über das Hohe Venn, Dauerausstellung, breites Angebot an Aktivitäten, kleines Café-Restaurant; Route de Botrange 131, Robertville, www.botrange.be
Circuit de Spa-Francorchamps: Formel-1-Rennstrecke mit öffentlichen Wettbewerben und Möglichkeiten selbst aktiv zu werden; Route du Circuit 55, Francorchamps, www.spa-francorchamps.be
Casino Circus de Spa: ältestes Spielcasino der Welt mit Roulette, Black Jack, Poker, Bingo u. a.; Rue Royale 4, Spa, www.casinodespa.be

WEITERE INFOS
Homepage der Stadt mit zahlreichen Informationen zu Sehenswürdigkeiten, Natur und Aktivitäten in der Region: www.malmedy.be
Informationen über die Region Ostbelgien:
www.eastbelgium.com

Spa lebt von seinem Mineralwasser, dem besondere Heilkräfte zugesprochen werden. Dieser Brunnen ehrt die belgische Königin Marie-Henriette, die 1902 hier verstarb.

Heidelberg

Städtereisen 69

HIGHLIGHTS

Heidelberger Schloß: imposante Schlossanlage oberhalb des Altstadt am Neckar

Heidelberger Altstadt: zahlreiche Sehenswürdigkeiten in den malerischen Gassen zwischen Neckar und Schlossberg

Heiliggeistkirche: spätgotische Hallenkirche mit eindrucksvollem Innenraum; die Bibliotheca Palatina befindet sich heute in der Universitätbibliothek.

Alte Universität: In ihr befindet sich eine prächtige Aula und ein Studentenkarzer; am Universitätsplatz steht auch die Neue Universität mit dem Hexenturm.

Handschuhsheim: Heidelbergs dörfliche Seite mit Tiefburg, Vituskirche und den schönsten Biergärten

DINNER FOR TWO

Die deftige Kurpfälzer Küche lässt sich in den vielen gemütlichen Restaurants in der Altstadt oder in Handschuhsheim genießen. Zu den saisonalen Delikatessen zählt der *Spargel*. Beliebt sind die Kartoffelgerichte *Buwespitzle*, *Grumbeersupp* und *Verheierte* – Kartoffeln mit Spätzle. Zum Abschluss *Kartäuserklöße* oder *Kerscheplotzer*

Einen besonders eindrucksvollen Blick auf das Heidelberger Schloss hat man von den Terrassen oberhalb des Schlossgartens.

Die alte Universitätsstadt am Neckar ist eine Stadt für Romantiker, trotz der vielen Touristen, die das ganze Jahr über die Sehenswürdigkeiten bestaunen. Und von denen hat Heidelberg einige zu bieten: die Altstadt mit ihren verwinkelten Gassen, Kneipen und Lädchen, die alte Neckarbrücke und nicht zuletzt die imposante Ruine des Heidelberger Schlosses, Inbegriff der Romantik.

Das Herz am Neckar verlieren

Man kann schon sein Herz in oder besser an Heidelberg verlieren, wie der Komponist Fred Raymond 1925 behauptete. Und er war nicht der einzige Dichter oder Komponist, dem die Stadt ans Herz gewachsen war. Friedrich Hölderlin, Clemens Brentano, sogar der spöttische Mark Twain fanden schöne Worte für die Stadt. Ihre Lage im malerischen **Neckartal** spricht schon für sich. Vor einem Stadtrundgang sollte man über die **Alte Brücke** schlendern und sich vorbei an imposanten Villen auf den **Philosophenweg** begeben, der den wohl schönsten Blick auf Stadt und Schloss bietet. Besonders begehrt sind die Aussichtsplätze bei der **Heidelberger Schlossbeleuchtung**, die im Juni, Juli und September stattfindet und an die Brandzerstörung durch die Truppen des Sonnenkönigs Ludwig XIV. in den Jahren 1689 und 1693 erinnert.

Ein Rundgang durch die Altstadt führt zu den historischen Gebäuden der altehrwürdigen **Universität** mit der im historisierenden Stil gestalteten **Alten Aula**, dem von 1778 bis

Deutschland

1914 genutzten **Studentenkarzer** und der **Universitätsbibliothek** mit dem »Codex Manesse«, der berühmten mittelalterlichen Liedersammlung. Die älteste erhaltene Kirche ist die als Universitätskirche genutzte **Peterskirche**, die bedeutendste die **Heiliggeistkirche** am Marktplatz und die wuchtigste die barocke **Jesuitenkirche** im Jesuitenquartier. Der in den Gebäudekomplex der Neuen Universität integrierte **Hexenturm** ist der Rest der alten Stadtbefestigung. Besonders stimmungsvoll ist von der Neckarbrücke aus ein Bummel durch die **Neckargassen** zwischen der Flaniermeile **Hauptstraße** und dem Neckar. Das berühmte **Heidelberger Schloss** mit seinen wunderschönen Renaissancefassaden erreicht man am besten über die Heidelberger Bergbahnen. Die z. T. nur als Ruinen erhaltenen Gebäude gruppieren sich um den schmucken Innenhof. Die Terrassen des Schlossgartens bieten einen spektakulären Blick auf den gesamten Komplex mit den mächtigen Befestigungsanlagen. *EA*

Prächtige Villen und studentische Verbindungshäuser schmücken die beiden Neckarufer in Heidelberg.

Infos und Adressen

ANREISE
Zug: In Heidelberg halten ICE-Linien von Stuttgart nach Köln, von Zürich nach Frankfurt und von Stuttgart nach Hamburg. **Auto:** über die A5 und A656

BESTE REISEZEIT
Ganzjährig

SEHENSWERT
Deutsches Apothekenmuseum: im Ottheinrichsbau des Schlosses; April–Okt. tgl. 10–18 Uhr, Nov.–März tgl. 10–17.30 Uhr
Heiligenberg: Der Keltenweg führt zu den Überresten aus keltischer, römischer und mittelalterlicher Zeit.

ESSEN UND TRINKEN
Weißer Bock: im Herzen der Altstadt; Große Mantelgasse 24, Heidelberg, www.weisserbock.de
Wirtshaus zum Nepomuk: Hier kann man direkt an der Alten Brücke speisen. Obere Neckarstraße 2, Heidelberg, www.hotel-zur-alten-bruecke.de

ÜBERNACHTEN
Hotel Zum Ritter: Romantikhotel im stilvollen Renaissancepalais; Hauptstraße 178, Heidelberg, www.ritter-heidelberg.de
Die Hirschgasse: kuschelige Suiten im ältesten Hotel Heidelbergs; Hirschgasse 3, Heidelberg, www.hirschgasse.de
Arthotel: historischer Altbau und moderne Architektur in perfekter Harmonie; Grabengasse 7, Heidelberg, www.arthotel.de

WEITERE INFOS
Touristinformation: www.heidelberg-marketing.de

Zu zweit erleben

VON OBEN UND VON UNTEN

Mit den Heidelberger Bergbahnen kann man nicht nur zum Schloss, sondern noch weiter zum 566 m hohen Aussichtsberg **Königstuhl** fahren, dem Ausgangspunkt schöner Wanderungen. Die 1890 eingeweihte, 1,5 km lange Standseilbahn startet am **Kornmarkt** und führt über die Stationen **Schloss** und **Molkenkur** – hier muss man umsteigen – bis zum Gipfel des Königsstuhls. Von oben eröffnen sich herrliche Aussichten auf das Neckartal und die **Rheinebene**. Sportlich Gesinnte bewältigen die Strecke Kornmarkt–Königstuhl über die 1600 in Buntsandstein geschlagenen Stufen der **Himmelsleiter**.

Gemütlicher ist man mit den Ausflugsschiffen der »Weißen Flotte« auf dem **Neckar** unterwegs. Rund 40 Minuten dauert eine Heidelberg-Rundfahrt mit eindrucksvollen Ansichten von der Stadt und dem Schloss, 1,5 Stunden die Kleine Neckartalfahrt, die vorbei am Benediktinerkloster **Stift Neuburg** führt. Umweltbewusste können auf das Solarschiff »Neckarsonne« steigen, einen fast lautlos dahingleitenden Katamaran.

Städtereisen

Monschau

HIGHLIGHTS

Monschauer Altstadt: Das Ensemble aus gut erhaltenen Fachwerkhäusern und Tuchmacherpalästen gehört zu den schönsten historischen Ortskernen Deutschlands.

Rotes Haus: Das prächtig eingerichtete Tuchmacherhaus mit freitragender Treppe ist heute ein Museum.

Historische Senfmühle Monschau: die älteste, durchgängig betriebene Senfmühle Deutschlands

Caffee-Rösterei Maassen: In der Rösterei in der Altstadt werden ausgesuchte Rohkaffees von Hand veredelt.

Nationalpark Eifel: Der 107 km² große Nationalpark ist ein Paradies für Wanderer und Radfahrer.

DINNER FOR TWO

Umbedingt probieren: *Moutarde de Montjoie*: Monschauer Senf altdeutscher Art – *Monschauer Dütchen*: aus Eierbiskuit gebackene Tütchen, die mit Sahne oder Eis serviert werden – *Monschauer Vennbrocken*: handgemachte Pralinen mit Marzipan-, Sahne-Cointreau-Trüffel- oder Knusper-Nougat-Füllung – *Els*: wermutlastiger Kräuterbitter

Monschau: Vor allem in der »blauen Stunde«, wenn die Straßenlaternen angeschaltet werden und die Tagesgäste längst fort sind, verbreitet das schmucke Eifelstädtchen an der Rur einen ganz besonderen Charme.

Im 18. Jh. gehörte Montjoie, wie die Stadt bis 1918 hieß, zu den bedeutendsten Zentren der Tuchmacherei in Mitteleuropa. Daran erinnern bis heute die prächtigen Tuchmachervillen und malerischen Fachwerkhäuser an der Rur. Doch auch kulinarische Traditionen werden in Monschau gepflegt.

Blütezeit der Tuchmacherei

Exulanten aus Aachen errichteten schon um 1600 die ersten Tuchfabriken in Montjoie. Die Rur lieferte kalkfreies Wasser zum Walken, Färben und Waschen der Wolle. Im **Hohen Venn** gab es Brenntorf und Wolle, in den nahen Dörfern billige Arbeitskräfte. Der große Durchbruch erfolgte im 18. Jh. durch das Wirken von Johann Heinrich Scheibler (1705–1765), der die Wolle hiesiger Schafe durch spanische Merinowolle ersetzte und mit seinem Fachwissen die Tuchqualität auf Weltniveau hob.

Nach dem Niedergang der Tuchindustrie im 19. Jh. versank Monschau in einen Dornröschenschlaf. Ein Glücksfall, denn so blieb nahezu die gesamte **Altstadt** erhalten. In den kopfsteingepflasterten Gassen erkennt man an den Giebeln der **Weberhäuser** oft noch die Balken und Rollen, mit denen Wolle und Torf hochgezogen wurden. Dazwischen erheben sich die Fassaden stattlicher **Tuchmachervillen**. Vor allem das **Rote Haus** (ca. 1765), einst Wohnhaus, Kontor und Fabrikationsstätte der Familie Scheibler, illustriert mit seinen prächtigen Interieurs den Wohlstand der Tuchmacher. Einen starken Kontrast bilden die kleinen, am Steilhang errichte-

Deutschland

ten Häuser des früheren Arbeiterviertels am Unteren und Oberen Mühlenberg.

Falls Sie beim Bummel durch die engen Gassen vom Duft frisch gerösteten Kaffees überrascht werden, haben wahrscheinlich die Brüder Maassen den alten PROBAT-Trommelröster aus den 1950er-Jahren angeworfen, mit dem in der **Caffee-Rösterei Maassen** das Handwerk ihres Urgroßvaters Wilhelm Maassen fortgesetzt wird. Auf eine lange Tradition blickt auch die **Historische Senfmühle Monschau**, wo Guido Breuer und seine Tochter Ruth den berühmten Monschauer Senf herstellen, dessen Rezepturen seit 1882 von Generation zu Generation weitergegeben werden. *EvdP*

»Schnabuleum«: Im hauseigenen Restaurant der Historischen Senfmühle wird dem berühmten Monschauer Senf ein Denkmal gesetzt.

Infos und Adressen

ANREISE
Auto: von Norden bis Köln, dann auf der A4 bis Aachen-Lichtenbusch und weiter auf der B258; von Süden bis Koblenz, dann auf der A61 bis Maria-Laach und weiter auf B412 und B258; **Bahn:** ICE bis Aachen; weiter per Bus/Taxi

BESTE REISEZEIT
Mai–Oktober und Advent

SEHENSWERT
Glashütte Monschau: Hier erfolgt die Glasherstellung wie in der Antike. Burgau 15, Monschau, www.glashuettemonschau.com

ESSEN UND TRINKEN
Schnabuleum: Gerichte mit Monschauer Senf; Laufenstraße 118, Monschau, www.senfmuehle.de

Rur Café: Die Spezialitäten des Hauses sind Gerichte vom deutschen Weideschwein und Monschauer Dütchen. Stehlings 16, Monschau, www.rur-cafe.de

ÜBERNACHTEN
Bürgerhaus Monschau: ehemalige Tuchmachervilla mit tollem Blick über die Dächer der Altstadt; Stehlings 8, Monschau, www.hotel-buergerhaus-monschau.de

Hotel Flosdorff: Apartmenthotel in der ehemaligen Poststation mit fünf komfortablen, individuell gestalteten Ferienwohnungen; Austraße 1, Monschau, www.flosdorff.de

WEITERE INFOS
Monschau Touristik: Stadtstraße 16, Monschau, www.monschau.de

Zu zweit erleben

DER MONSCHAUER WEIHNACHTSMARKT

Monschau ist zu jeder Jahreszeit einen Besuch wert, erst recht in der Adventzeit, wenn einer der romantischsten Weihnachtsmärkte im Lande seine Pforten öffnet. Der **Monschauer Weihnachtsmarkt** ist ein Fest für alle Sinne. Lichterbäume und Girlanden schmücken die **Altstadt** und einheitlich gestaltete, mit Lichterketten geschmückte Holzbuden ergeben mit den Fachwerkfassaden ein harmonisches Gesamtbild. Hoch über dem Marktplatz präsentieren sich Turmbläser im prächtigen Gewand, Alphornbläser schultern ihr Instrument. Durch die engen Gassen weht der Duft von Printen, Lebkuchen und Glühwein. Und die kulinarische Vielfalt – das Angebot reicht von Gerichten mit Monschauer Senfsauce und Monschauer Dütchen bis hin zu belgischem Glühbier – lässt einem das Wasser im Munde zusammenlaufen. Kein Wunder, dass der Weihnachtsmarkt an den vier Adventswochenenden immer wieder Tausende Gäste in die Stadt lockt. Dabei ist in Monschau sogar das ganze Jahr über Weihnachten – zumindest ein bisschen. Denn im Weihnachtshaus, einem schmucken Haus in der Altstadt, werden von März bis Dezember Weihnachtsdekorationen feilgeboten.

Berlin

HIGHLIGHTS

Museumsinsel: Im 19. Jh. entstand dieses einmalige Ensemble. Herausragend sind das Pergamonmuseum und das Neue Museum.

Reichstag: Besonders sehenswert ist die begehbare Kuppel mit bester Aussicht über die Stadt. Anmeldung erforderlich.

Schaubühne: Hier spielen die Stars der jungen Schauspielelite, allen voran Lars Eidinger.

Gedenkstätte Berliner Mauer: 1,4 km Todesstreifen blieben erhalten. Eine Ausstellung informiert über den Ort.

Maybachufer: Schöne Uferwege entlang des Landwehrkanals. Wochen- und Kunstmärkte zeigen das multikulturelle Gesicht Kreuzbergs.

DINNER FOR TWO

Für unterwegs und den Biergarten: belegte *Schrippen* (kleine Weizenbrötchen) oder *Splitterbrötchen* (Brötchen aus Hefe und Butter mit zerklüfteter Oberfläche) – *Berliner Pfannkuchen*: Siedegebäck aus Hefe – *Berliner Weiße*: Bier aus Gersten und Weizenmalz mit doppelter Gärung, wird mit Waldmeister- oder Himbeersirup getrunken – Berliner Küche: Typisch sind *Eisbein*, *Sauerkraut*, *Kohlroulade*, *Kasseler* und *Currywurst*.

1990 machten Künstler die Mauer zur East Side Gallery.

Berlin zieht Besucher aus der ganzen Welt an. Sie suchen Reste der vergangenen DDR, hippe Szeneläden, die nie endende Party oder luxuriöse Spitzengastronomie. Zwischen der Großstadthektik liegen kleine Kieze mit Ruhe und lauschigen Plätzen für einen romantischen Paarurlaub.

Viele Städte in der Stadt

So manch ein Berlinbesucher fragt sich: Wo ist eigentlich das Zentrum? **Friedrichstraße? Alexanderplatz? Kurfürstendamm? Potsdamer Platz?** Oder vielleicht **Mitte?** Die Antwort muss wohl lauten: DAS Zentrum gibt es nicht. Berlin ist vielmehr die Summe seiner Kieze mit ihren eigenen Zentren. Die Stadt hat in der Vergangenheit viele Brüche erlebt, Kriege überwunden und einer 28 Jahre währenden Mauer standgehalten, die sie wie eine Narbe durchzog. 1990 schrie Berlin nach Veränderung und sollte sie bekommen. Ein unbeschreiblicher Bauboom setzte ein, der mit Stadtschloss, U-Bahn und Flughafen weiterhin anhält. Allmählich weicht auch das Unkraut der letzten Brachen an Hauptbahnhof oder Spree neuen, oft luxuriösen Immobilienprojekten. An einigen Orten, wie am **Brandenburger Tor**, wird der Verlauf der Mauer mit in den Boden eingelassenen Pflastersteinen skizziert. Eindringlicher zeigt die Bernauer Straße mit ihren 1,3 km Mauer und Todesstreifen, wie Abschottung funktionierte. Gleich daneben treffen sich Kleinkünstler, Weltenbummler und Erholungsuchende im **Mauerpark** – eine Stadt der Gegensätze, das ist Berlin.

Deutschland

Auftakt am Hackeschen Markt

Ein guter Ausgangspunkt, um die erste Berliner Luft zu schnuppern, ist der **Hackesche Markt**. Die um 1900 im Jugendstil erbauten **Hackeschen Höfe** mit ihren schmucken Fassaden haben sich zu einem Kreativpool etabliert. Architekten, Designer und junge Künstler haben hier ihre Büros und Geschäfte. Ein Kino und gastronomische Einrichtungen machen die Höfe zum attraktiven Ausgehviertel. Die Restaurant- und Galerieszene setzt sich auch in der angrenzenden Sophien- und Auguststraße fort. Nicht entgehen lassen sollte man sich **Clärchens Ballhaus**. Hier wird schon seit einem guten Jahrhundert gegessen, getanzt und geschwoft.

Nachmittagsspaziergang in Prenzlberg

Das Altbauviertel liegt im Ostteil der Stadt und ist heute eines der beliebtesten Wohnviertel. Hier sind Schauspieler, Politiker und Manager Nachbarn. Im Erdgeschoss der hübschen Gründerzeithäuser befinden sich angesagte Restaurants, Feinkostläden, Designerboutiquen und Dekoläden. In den Straßen rund um den **Kollwitzplatz** sollte man sich einfach treiben und die Stadt auf sich wirken lassen. Die Grünanlage **Wasserturmplatz** mit ihrem Turm aus der Mitte des 19. Jhs. wird von zahlreichen Cafés eingerahmt. Für die Nachmittagspause ist Anna Blume in der Kollwitzstraße die richtige Adresse. Ein bunter Mix aus Frucht- und Cremetorten kann in kaffeehausähnlichem Ambiente genossen werden. Der Spaziergang führt weiter bis zum **Helmholtzplatz**, wo sich viele junge Szenefamilien treffen. Etwas bodenständiger geht es in der Eberswalder Straße im Traditionsbiergarten **Prater** zu.

Zu zweit erleben

Gendarmenmarkt: einer der schönsten Plätze Berlins mit Schauspielhaus, Deutschem und Französischem Dom – einfach Schlendern, Wein trinken oder das Konzerthauses besuchen

Berlinische Galerie: In der unteren Etage wird moderne bis zeitgenössische Kunst gezeigt. Die obere Etage beginnt mit Expressionismus und Neuer Sachlichkeit – ideal für einen Sonntag Nachmittag.

Frühstück Fernsehturm: Das Frühstück mit der besten Aussicht bietet in 207 m Höhe der TV-Turm. In einer Stunde dreht sich die Plattform 360° um die eigene Axe. Ein Erlebnis mit Erinnerungsgarantie

Stadt im Ohr: Atmosphärische gestaltete Audioguides für den individuellen Kiezspaziergang: Klangbilder, Dialoge und ein Erzähler vermitteln Wissenswertes und Spezielles über das Quartier.

Liquidrom: Therme mit schlichter Architektur und umfangreichem Sauna- und Massagenangebot. An bestimmten Wochentagen legen DJs Livemusik auf.

Die 30 m hohe Molecule Men im Bereich der Mediaspree halten Wind und Wetter stand.

Symbol der Teilung: das Brandenburger Tor

Besondere Augenblicke

SPREESPAZIERGANG UND OPEN-AIR-KONZERT

Einer der schönsten Spazierwege Berlins verläuft am Spreeufer entlang. Die Schlenderpromenade zwischen **Museumsinsel** und **Moabit** führt an Friedrichstraße, Reichstag, Hauptbahnhof, Kanzleramt und **Schloss Bellevue** vorbei. Wahlweise kann der Fußweg oder eine Wegstrecke gegen einen Ausflugsdampfer getauscht werden.

Besonders romantisch sind die sommerlichen Sonntagabende am **Bode-Museum**, wenn die Luft erfüllt ist von den Klängen des wöchentlichen Klassik-Konzertes unter freiem Himmel. Manch ein Berliner kommt mit Sitzkissen oder Stuhl vorbei. Passanten halten auf der **Monbijoubrücke** inne.

Direkt unterhalb am Spreeufer liegt die **Strandbar**. Mehrmals in der Woche bewegen sich Hunderte zu Salsa- und Tangoklängen. Tanzlehrer zeigen am frühen Abend die wichtigsten Schritte und üben gemeinsam mit den Anfängern oder Fortgeschrittenen. Danach wird bis in die Nacht getanzt, Cocktails getrunken oder im Amphitheater **Hexenkessel** eine Aufführung angeschaut.

Blick auf die Berliner Skyline von der Elsenbrücke

Zum Shopping in die City West

Im April 2014 eröffnete das denkmalgeschütze **Bikinihaus**. Die Plattenbau-Architektur der 1950er-Jahre wurde bei der Neukonzeption zu einer Shoppingmall sowie zu einem Hotel- und Büroareal stilvoll bewahrt. Unverputzte Wände, Metalleitungen und Glas schmücken den Bau. Die hintere Fassade grenzt direkt an den **Zoologischen Garten** mit Blick ins Affengehege. Sowohl vom Café im Erdgeschoss als auch von der Dachterrasse kann man die witzigen Artgenossen beobachten. Die hochwertigen Geschäfte bieten zumeist innovative Designermode an. Zur Straßenseite liegt der Rudolph-Breitscheid-Platz mit der **Kaiser-Wilhelm-Gedächtniskirche**. Ihr Turm wurde im Zweiten Weltkrieg zerstört. Daneben befindet sich das 1965 erbaute **Europa-Center** – unverkennbar durch den Mercedes-Stern auf dem Dach – mit der 13 m hohen Uhr der fließenden Zeit im Inneren. Auf der Tauentzienstraße Richtung **KaDeWe** und dem Kurfürstendamm Richtung **Schaubühne** befinden sich zahlreiche Geschäfte großer und kleiner Marken.

Abendstimmung in Friedrichshain/Kreuzberg

Das multikulturelle **Kreuzberg** fasziniert durch seine ausgefallenen Läden, Clubs und Kneipen. Der türkisch geprägte Bezirk zieht viele Besucher in seinen Bann. Am Verkehrsknotenpunkt **Kottbusser Tor** rauscht die für Kreuzberg typische Hochbahn über den Platz. Die ursprünglich gründerzeitliche Bebauung wurde abgerissen und größtenteils durch Plattenbauten der 50er-Jahre ersetzt. Viele Bauwerke in den Nebenstraßen wurden bereits in den 70ern von einer aktiven Hausbesetzerszene okkupiert.

Wer sich nach Weite sehnt, sollte zum **Tempelhofer Feld** fahren. Die ehemaligen Landebahnen des Flughafens sind für Fahrradfahrer und Kiteskater ein Traum. Ruhe und Konzentration wird beim Minigolf verlangt. Das Besondere: Jede Bahn wurde von einem anderen Künstler gestaltet. Zum Ausklang des Abends bietet sich ein Spaziergang durch die Simon-Dach-Straße in **Friedrichshain** an. Bars und Restaurants reihen sich aneinander. Für jeden Geschmack lässt sich etwas finden, und in den Seitenstraßen geht es auch bedeutend ruhiger zu.

RT

Berlin

Infos und Adressen

ANREISE
Flug: Berlin Schönefeld oder Berlin Tegel; **Bahn:** Direktverbindung ICE, mit Umsteigen auch IC und S-Bahn; **Auto:** A2, A9, A11, A12, A24 treffen auf den Berliner Ring

BESTE REISEZEIT
Ganzjährig

SEHENSWERT
Zoologischer Garten: Ob Groß oder Klein – der artenreichste Zoo der Welt und sein Aquarium sind einen Besuch wert! April–Sept. 9–19 Uhr, Sept.–April verkürzte Öffnungszeiten; Hardenbergplatz 8, Berlin, www.zoo-berlin.de

Tränenpalast: Die ehemalige Grenzübergangshalle ist heute Museum am Originalschauplatz. Di–Fr 9–19 Uhr, Sa u. So 10–18 Uhr; Reichstagufer 17, Berlin, www.traenenpalast.de

East Side Gallery: 1,3 km langes Mauerstück, das 1990 von 118 Künstlern aus 21 Ländern bemalt wurde; Mühlenstraße, Berlin

Karl Marx Allee: Straße im sozialistischen Zuckerbäckerstil

KaDeWe: 1907 eröffnetes Luxuskaufhaus mit Feinschmeckeretage; besonderer Anziehungspunkt: die Austernbar; Tauentzienstraße 21-24, Berlin, www.kadewe.de

ESSEN UND TRINKEN
Cookies Cream: vegetarisches Trendrestaurant mit immer neuen Gemüsekreationen und angeschlossenem Club; Behrenstraße 55, Berlin, www.cookiescream.com

Horváth: Sternekoch Sebastian Frank führt mit seiner Spitzenküche durch den Abend. Paul-Lincke-Ufer 44a, Berlin, www.restaurant-horvath.de

Nocti Vagus: Dunkelrestaurant mit Konzerten, Lesungen, Krimi- oder Erotik-Dinner. Saarbrücker Straße 36-38, Berlin, www.noctivagus.com

Zillemarkt: deftige, originale Berliner Küche mit Kohlrouladen, Sauerkraut und Bratkartoffeln; Bleibtreustr. 48a, Berlin, www.zillemarkt.de

Brechts Restaurant: Der Dichter ging hier ein und aus. Die damals üblichen Nischen sind heute noch erhalten und perfekt für ein Romantik-Dinner mit Rosenblättern und Kerzenschein. Schiffbauerdamm 6/7, Berlin, www.brechts.de

SHOPPING
Kurfürstendamm: Die Einkaufsmeile hat nichts von ihrem Glanz verloren. Alle großen Marken sind hier vertreten und buhlen um die Gunst der Kunden.

Kollwitzplatz: Rund um den Platz und in den angrenzenden Straßen gibt es individuelle Designer-, Gestaltungs- und Feinkostläden.

Arminiusmarkthalle: historische Halle mit vielen Restaurants und Feinkost in Moabit

Mauerpark: legendärer Flohmarkt am Wochenende mit DDR-Nostalgiegeschirr und neuen Berliner Designeroutfits

ÜBERNACHTEN
nhow: Im Kreativumfeld der Mediaspree befindet sich das durchgestylte Musikhotel mit eigenem Tonstudio. Auch von außen ein Hingucker: in 36 m Höhe ragt ein Glaswürfel aus dem Gebäude. Stralauer Allee 3, Berlin, www.nhow-hotels.com

Waldorf Astoria: Das neue Upperclass-Hotel im Herzen Westberlins. Luxuriöse Zimmer, eine ausgezeichnete Gastronomie und ein herrlicher Blick vom Tower über Berlin. Hier werden alle Wünsche erfüllt. Hardenbergstraße 28, Berlin, www.waldorfastoria3.hilton.com

Hotel Residenz Berlin: Das gepflegte Jugendstilhotel mit Möbeln der Jahrhundertwende sowie hauseigener Vinothek kreiert eine Wohlfühlatmosphäre.

25hours Hotel Bikini Berlin: Der Blick von den stylischen Zimmern fällt entweder direkt ins Affengehege des Zoos oder in die Berliner Stadtsilhouette. Panoramabar, hauseigene Bäckerei, Monkeybar und jede Menge Berliner Kreativität sind hier zu finden. Budapester Straße 40, Berlin, www.25hours-hotels.com

WEITERE INFOS
Touristeninfos am Hauptbahnhof, Flughafen Tegel, im Neuen Kranzler Eck, Brandenburger Tor und am Fernsehturm
www.visitberlin.de
www.berlin-info.de
www.berlin.de

Die Hackeschen Höfe mit Restaurants, Kino und Ateliers sind ein beliebter Treffpunkt für Szenegänger, Nachtschwärmer und Touristen.

Städtereisen

Paris

HIGHLIGHTS

Große Moschee: ein Hauch von Orient in der Nähe des Jardin des Plantes, mit Restaurant und Teesalon

Jardin du Palais Royal: noble Ruheoase in der Nähe des Louvre, Hof des Palais Royal, künstlerisch gestaltet

Place Vendôme: achteckige Platzanlage im prunkvollen Gewand und mit Geschäften für den Luxusbedarf

Musée Picasso: nach langer Renovierung seit 2014 wieder für die Öffentlichkeit zugänglich

Panthéon: letzte Ruhestätte bedeutender Persönlichkeiten, darunter Voltaire und Jean-Jacques Rousseau

DINNER FOR TWO

Frühstück am Tresen einer Bar: Zum *café au lait* (Milchkaffee) gibt es ein *Croissant*. – Mittagessen: *coq au vin* (Hühnchen in Wein), *escargots* (Weinbergschnecken) oder *ratatouille* (Gemüseauflauf) – Dessert: *tarte tatin* (karamellisierter Apfelkuchen) oder *crème brûlée* (Vanillecreme mit Karamellschicht)

Besonders in den Abendstunden lassen sich am Ufer der Seine romantische Plätze mit Blick auf Notre Dame finden.

Die globale Gemeinde ist sich einig, dass Paris die »Stadt der Liebe« ist. Jedes Paar tut also gut daran, mindestens einmal dorthin zu reisen und berühmte romantische Momente zu erleben: eine abendliche Bootsfahrt auf der Seine, ein Restaurantbesuch nahe der Place des Vosges oder einen Bummel im Montmartre-Viertel.

Jenseits von Eiffelturm und Triumphbogen

Wer zu zweit in Paris unterwegs ist, sollte sich nicht darauf beschränken, die weltbekannten Sehenswürdigkeiten wie **Eiffelturm** oder **Triumphbogen** »abzuarbeiten«. An ihnen kommt man ohnehin nicht vorbei. Wer das Flair von Paris erleben will, muss sich immer wieder abseits der Touristenansammlungen begeben. Der Reiz der Stadt liegt in den Momenten, die sich im »Nebenbei« ergeben.

Ein guter Startpunkt ist der historische Kern auf der Seine-Insel **Île de la Cité**. Während die meisten Besucher zur Kathedrale **Notre Dame** strömen, kann man seine Schritte zur Westspitze der Insel lenken. Die dortige **Place Dauphine** hat ihren Charme bewahrt. Nur wenige Schritte weiter öffnet sich das Panorama zur **Seine**. Von der Insel aus starten auch Boote zu einer Rundfahrt über den Fluss – die besonders abends reizvoll ist, wenn viele Gebäude angestrahlt werden. Über den **Pont Neuf**, die älteste Brücke der Stadt, geht es

Frankreich

zum rechten Flussufer, dem **Rive Droite**. Origineller ist der Weg über die Fußgängern vorbehaltene Brücke **Pont des Arts**, deren Geländer mit sogenannten Liebesschlössern behängt sind. Mit ihnen bekunden Paare ihre Verbundenheit. Wer mag, kann sein eigenes hinzufügen.

Zwischen den Zentren der Hochkultur

Einen kurzen Spaziergang vom Ufer der Seine entfernt liegt das **Centre Pompidou**. Das Kulturzentrum fällt durch seine außergewöhnliche Architektur auf und beherbergt eines der weltweit renommiertesten Museen für moderne Kunst. Umgeben ist es von einer Fußgängerzone, in der es sich vortrefflich schlendern lässt. Eigenwillige Ladengeschäfte laden zum Stöbern ein, und mit einem Crêpe in der Hand kann man entspannt den zahllosen Gauklern zusehen.

Einige Hundert Meter südwestlich wartet der **Louvre** mit der Mona Lisa auf seine Besichtigung. Er zählt zu den größten Museen der Welt und kann entsprechend ermüdend sein. Ein anschließender Spaziergang im benachbarten **Jardin des Tuileries** entspannt.

Direkt gegenüber, auf der anderen Seite des Flusses, komplettiert das **Musée d'Orsay** das Dreieck der großen Kulturtempel. Seine Sammlung umfasst Bilder des Impressionismus und der klassischen Moderne ab zweiter Hälfte des 19. Jhs. Nicht nur die Werke beeindrucken, sondern auch die Architektur, die die frühere Nutzung als Bahnhof unterstreicht.

Zu zweit erleben

RUND UM DIE PLACE DES VOSGES

Unweit des tosenden Kreisverkehrs auf der **Place de la Bastille** liegt eine Insel der Ruhe, die den Hauch des mondänen Paris par excellence verströmt: **die Place des Vosges**. Eingeweiht wurde der quadratische Platz im Jahr 1612; zu den ersten Bewohnern der die Anlage rahmenden Häuser zählte der damalige König Ludwig XIII. mit seiner Entourage. Später residierten hier Kardinal Richelieu und der Schriftsteller Victor Hugo. Heute ist der Platz ein Park, in den umliegenden Arkaden haben sich elegante Boutiquen und noble Restaurants angesiedelt. Rundherum erstreckt sich das **Marais**, das sich in den letzten Jahrzehnten zum In-Viertel gewandelt hat. Hier lässt man sich am besten ziellos durch die Gassen treiben, etwa durch die für Pariser Verhältnisse beschauliche **Rue de Rosiers**. Die Straße wurde einst von jüdischen Einwanderern geprägt. Neben koscheren Lebensmitteln und leckeren *Falafeln* findet man heute in originellen Geschäften auch ausgesuchte Souvenirs.

Umsäumt von den steinernen Zeugen einer edlen Epoche darf heute jeder im grünen Zentrum der Place de Vosges entspannen.

Seit 1989 setzen die Glaspyramiden im Innenhof des Louvre moderne Akzente inmitten der historischen Architektur.

Besondere Augenblicke

PARC DES BUTTES-CHAUMONT

Wer des Großstadtdschungels überdrüssig ist, findet in Paris einige grüne Lungen. In den berühmtesten geht es sehr geordnet zu. So ist es im **Jardin des Tuileries**, dem **Jardin du Luxembourg** und dem **Jardin des Plantes** beileibe nicht üblich, sich auf den Rasenflächen zu entspannen. Der **Parc des Buttes-Chaumont** ist anders: Die im englischen Stil gehaltene Anlage wurde 1867 anlässlich der Weltausstellung eröffnet. Hand in Hand schlendernde Paare werden inmitten alter Bäume oder im Schatten eines künstlichen Wasserfalls genügend Winkel und Nischen finden, die zum Müßiggang einladen. Dazu gehört ein See mit der **Île du Belvédère**. Auf deren höchster Felsspitze thront der malerische Sibyllentempel. Besonders an den Wochenenden finden sich zahlreiche Familien ein, die ihre Freizeit auf den zum Teil steilen Liegewiesen genießen. Spaziergängern macht es der Park leicht, denn sein rund 7 km langes Wegenetz ist gut miteinander verknüpft.

Chopin verbrachte in Paris glückliche Jahre. Sein Grab liegt auf dem Friedhof Père-Lachaise.

Auch unbekanntere Museen lohnen einen Abstecher, und dies keineswegs nur wegen ihrer interessanten Ausstellungen: So hat das **Musée Carnavalet** einen entzückenden kleinen Garten, und das **Musée Rodin** überzeugt mit einem weitläufigen barocken Park mit schönen Bänken und herrlichen Schatten spendenden Bäumen.

Über den Dächern der Stadt

Von vielen Punkten der Stadt aus ist sie zu sehen, die weiße Kirche **Sacré-Cœur**. Sie thront auf der höchsten Erhebung von Paris, dem **Montmartre**. Der »Berg des Martyriums« gab dem umliegenden Viertel seinen Namen. Er lässt sich über lange Treppenfluchten oder per Standseilbahn erklimmen. Zwischen der verruchten **Place Pigalle** und dem Touristenklischee der **Place du Tertre** findet sich das ein oder andere Kleinod, bei dem ein Fünkchen Ursprünglichkeit aufleuchtet: Auf der **Place Charles Dullin** mit dem Théâtre de l'Atelier spenden Linden Schatten. In einem kleinen Park an der **Place des Abbesses** steht an der »Mur des Je t'aime« in zahlreichen Sprachen die immer gleiche Liebesbotschaft. Auf der **Place Émile Goudeau** flanierten einst die großen Maler Henri Matisse und Pablo Picasso.

Ein guter Punkt, um den Tag ausklingen zu lassen, findet sich auf den Stufen vor Sacré-Cœur. Dass sich nur Touristen dort aufhalten, kann demjenigen egal sein, der eines der besten Panoramen von Paris genießen möchte.

Liebe über den Tod hinaus

In Montmartre liegt auch einer der klassischen Friedhöfe von Paris. Bei einem Spaziergang stößt man unweigerlich auf bekannte Namen, etwa auf Alexandre Dumas d. J. Nicht weit von seiner Grabstätte fand Marie Duplessis ihre letzte Ruhestätte, die Dumas zu seinem bekanntesten Werk, »Die Kameliendame« inspiriert hat. Auch der deutsche Dichter Heinrich Heine liegt hier begraben.

Deutlich größer ist der Friedhof **Père-Lachaise**. Romantiker zieht es dort etwa zum Gemeinschaftsgrab des Künstlerehepaars Simone Signoret und Yves Montand. Mit Wehmut verbinden sich auch die Leben des mittelalterlichen Liebespaars Pierre Abaillard und Heloisa, der Sängerin Édith Piaf und des Komponisten Frédéric Chopin. Ein passenderer Ort, um über das eigene Leben und Lieben nachzudenken, findet sich für Paare in Paris kaum. *DF*

Paris

Infos und Adressen

ANREISE
Flug: Direktflüge von allen großen Flughäfen nach Charles de Gaulle oder Orly; **Bahn:** Direktverbindungen u. a. von Köln (Gare du Nord) und Frankfurt/Main (Gare de L'Est), Nachtzüge von Hamburg und Berlin (jeweils Gare de L'Est); **Tipp:** Tickets für die Métro sind als Carnet (Zehnerpack) am günstigsten; das Mehrtagesticket »Paris Visite« beinhaltet ausgesuchte vergünstigte Eintritte; www.ratp.fr

SEHENSWERT
La Défense: Modernes Hochhausviertel im Nordwesten; das Hochhaus La Grande Arche ist in der Form eines Triumphbogens gestaltet. Anreise mit der Métrolinie 1 oder mit der Bahn RER A

Versailles: Seit 1979 gehört das Schloss mit seinem Park zum Weltkulturerbe der UNESCO. Anreise mit der Bahn RER C, Öffnungszeiten des Schlosses: Di–So 9–18.30 Uhr (April–Okt., sonst bis 17.30 Uhr), www.chateauversailles.fr

Invalidendom: Museum für Militärgeschichte, in dessen Zentrum sich das Grabmal von Napoleon Bonaparte befindet. Mo–So 10–18 Uhr (April–Okt., sonst bis 17 Uhr), www.musee-armee.fr

ESSEN UND TRINKEN
L'Absinthe: Das gemütliche Bistro überzeugt mit edlen Speisen für jeden Geldbeutel. 24 Place du Marché Saint-Honoré, www.restaurantabsinthe.com

Alcazar: Restaurant und Bar mit Fotoausstellungen und regelmäßigen Konzerten, 62 Rue Mazarine, www.alcazar.fr

AUSGEHEN
Les trois baudets: »Die drei Esel«, so der übersetzte Name der Spielstätte, bietet unbekannten Künstlern die Möglichkeit, sich auf der Bühne auszuprobieren, 64 Boulevard de Clichy, www.lestroisbaudets.com

La Bellevilloise: Livemusik hören, Ausstellungen besuchen oder nur einen Kaffee auf der Terrasse genießen, das alles kann man hier auf drei Etagen. 19–21 Rue Boyer, www.labellevilloise.com

Théâtre de l'Odéon: Mit etwas Glück kann auch derjenige Theater in Paris erleben, der Französisch nicht beherrscht. Hier werden die Stücke in der Originalsprache aufgeführt. 2 Rue Corneille, www.theatre-odeon.eu

Lido: Klassischer geht es kaum, denn das Revuetheater öffnete kurz nach dem Zweiten Weltkrieg seine Pforten. Wer Paris mit tanzenden Frauen in knappen Kostümen verbindet, ist hier richtig. 116 Avenue des Champs-Élysées, www.lido.fr

SHOPPING
Patrick Roger: Die Kreationen des Schokoladenkünstlers sind bis zu 80 kg schwer. Allein in Paris unterhält er sechs Filialen, u. a. hier: 3 Place de la Madeleine, www.patrickroger.com

Tomat's: Der Laden ist vergleichsweise klein, doch die Auswahl an französischen Spezialitäten ist riesig. 12 Rue Jacob, www.tomats.fr

Village Saint-Paul: abwechslungsreicher Bummel zwischen Boutiquen und Antiquitätengeschäften; Baublock zwischen Rue Saint-Paul, Rue des Jardins de Saint-Paul, Rue de l'Avé Maria und Rue Charlemagne, www.village-saint-paul.com

ÜBERNACHTEN
Mama Shelter: modernes Designhotel, das durch seine Sonderangebote für Paare besticht; 109 Rue de Bagnolet, www.mamashelter.com

Ermitage Hôtel: schlafen im Schatten von Sacré-Cœur; 24 Rue Lamarck, www.ermitagesacrecoeur.fr

Hôtel Henri IV: schmuckes Haus am westlichen Zipfel der Île de la Cité; 25 Place Dauphine, www.henri4hotel.fr

WEITERE INFOS
Tourismus- und Kongressbüro: Office du Tourisme et des Congrès de Paris, 25 Rue des Pyramides, Paris, www.parisinfo.com

Auch wenn Montmartre heute viele Paris-Klischees bedient, finden sich dort noch immer originelle Winkel, in denen die Atmosphäre des 19. Jahrhunderts aufblitzt.

Städtereisen

73 Nantes und Saint-Nazaire

HIGHLIGHTS

Château des Ducs de Bretagne: Das Schloss der Herzöge der Bretagne strahlt nach einer Restaurierung im alten Glanz.

Les Machines de l'Île: mit 500 000 Besuchern im Jahr eine der Toppattraktionen in Nantes

Île Feydeau: Auch Jules Verne wurde auf der wohlhabenden »Reederinsel« geboren.

Flusstal der Erdre: Auf den Ufern der Erdre errichteten reiche Reeder aus Nantes ihre Landhäuser.

Escal'Atlantic: In der ehemaligen U-Boot-Basis in Saint-Nazaire unternimmt man eine virtuelle Reise an Bord eines transatlantischen Luxusdampfers.

DINNER FOR TWO

Brochet au beurre blanc nantais: Hecht in Buttersauce – *Cotriade:* Bretonischer Fischsuppentopf – *Gâteau nantais:* Kuchen aus gemahlenen Mandeln, Zucker, Butter und Karibikrum – *Berlingots nantais:* Zuckerbonbons – *Curé nantais:* weicher Rundkäse aus Kuhmilch – *Muscadet:* trockener Weißwein aus der Rebsorte Melon de Bourgogne

»Anneaux des Buren«: Die 18 Ringe des 2007 von Daniel Buren und Patrick Bouchain geschaffenen Kunstwerks bieten so manche überraschende Perspektive von Nantes.

In Nantes erinnern zahllose Prachtbauten an die große maritime Vergangenheit, während sich auf dem einstigen Industrie- und Werftgelände der Île de Nantes ein umfassendes Stadtentwicklungsprojekt vollzieht. Die Hafenaktivitäten konzentrieren sich heute in Saint-Nazaire, an der Loire-Mündung. Das Band zwischen beiden Städten illustriert das Kunstprojekt »Estuaire 2007–2009–2012«.

Geburtsstadt von Jules Verne

Stundenlang hing der Junge am Ufer der Loire seinen Tagträumen nach. Dort atmete er den Geruch von Kaffee und Südfrüchten ein, lauschte den Befehlen in fremden Sprachen und bewunderte die schönen Schiffe am Kai: Klipper, Schoner, die ersten Dampfer. Während sie am Horizont verschwanden, träumte Jules Verne davon, eines Tages auch die sieben Meere zu befahren. Doch sein Vater, ein Anwalt, hatte andere Pläne mit dem Filius und schickte ihn zum Jurastudium nach Paris. Jurist wurde er natürlich nicht, sondern Schriftsteller. »In seinen Büchern gab es schon U-Boote und Hubschrauber und auch die Mondlandung hat er vorausgesagt«, sagt Agnès Marcetteau, Direktorin des Musée Jules Verne, die keinen Hehl aus ihrer Bewunderung für den »Vater der Science-Fiction« macht, der mit Romanen wie *20 000 Meilen unter dem Meer* oder *Reise um die Erde in 80 Tagen* Weltruhm erlangte.

Frankreich

Nantes war damals der größte und reichste Hafen Frankreichs, nicht zuletzt dank des umstrittenen »Dreieckshandels« zwischen Nantes, Westafrika und den Antillen. Das Prinzip war auf grausame Weise einfach: An den Küsten Afrikas holte man Sklaven – »Ebenholz« –, mit denen in der Karibik Zuckerrohr gekauft wurde, das in Nantes raffiniert wurde. Die Reeder wohnten auf der ehemaligen Insel Feydeau. Ein Spaziergang durch die Gassen mit ihren prächtigen Häusern, verziert mit schmiedeeisernen Balkonen, stilvollen Treppen und Maskaronen (Fratzenköpfen), lässt den immensen Reichtum der damaligen Reeder erahnen und vermittelt den Eindruck, als wäre die Zeit stehengeblieben.

Spaziergang auf dem Elefantenrücken

Eine gewaltige Metamorphose erlebte indes das ehemalige **Werftgelände auf der Île de Nantes**, das im Rahmen eines ehrgeizigen Stadtentwicklungsprojekts komplett neu gestaltet wurde. Für Romantiker empfiehlt sich hier ein Spaziergang entlang der Uferpromenade, der an Kränen und Hellingen vorbei zum **Hangar à Bananes** führt. Im Hangar, wo einst Bananen reiften, entstanden Ausstellungshallen, Restaurants und Bars. Unterwegs bieten die **Anneaux de Buren**, 18 Ringe, die nachts leuchten, ungewöhnliche Perspektiven von Nantes. Die größte Überraschung birgt jedoch die Kesselschmiede der früheren Werft Chantiers de la Loire. Im Rahmen des **Kunstprojektes Les Machines de l'Île** kann man dort im Karussell der Meereswelten mit Geschöpfen wie Tiefsee-Leuchtfischen oder Manta-Rochen auf

Zu zweit erleben

Eine Vorstellung des unerhörten Reichtums der früheren Reeder von Nantes bietet eine Diner-Kreuzfahrt auf der Erdre mit Les Bateaux Nantais (bateaux-nantais.fr). Während das Schiff gemächlich zwischen den bewaldeten Ufern des Loire-Nebenflusses gleitet, entdeckt man zwischen dem Laub immer wieder neue Schlösser und *manoirs* (Landhäuser).

Musikliebhaber kommen in Nantes und Saint-Nazaire voll auf ihre Kosten: Von Mitte Mai bis Ende Juni bietet das Festival »Printemps des Arts« (www.printempsdesarts.fr) zahllose Barockkonzerte in der Kathedrale und auf diversen Bühnen in Nantes. Am ersten Septemberwochenende treten beim Festival »Les Rendez-vous de l'Erdre« (www.rendezvouserdre.com) Jazzmusiker aus der ganzen Welt an verschiedenen Orten entlang der Erdre auf. Ein kultureller Höhepunkt in Saint-Nazaire ist das Livemusikfestival »Les Escales« (www.les-escales.com), das Anfang August an zwei Tagen stattfindet und jedes Jahr einer anderen Region gewidmet ist. Täglich gibt es fast 25 Konzerte, dazu Straßentheater, Ausstellungen usw.

Schokolaterie Gautier-Debotté: Ein Besuch lohnt sich allein schon wegen des eleganten Interieurs.

Im Erlebniszentrum Escal'Atlantic lebt die Ära der großen transatlantischen Ozeandampfer weiter.

Besondere Augenblicke

Das enge Band zwischen Nantes und Saint-Nazaire illustriert das Kunstprojekt »Estuaire 2007–2009–2012«, bei dem namhafte Künstler ihre Vision des Loire-Ästuars realisierten. Das Ergebnis ist eine 60 km lange Freiluftgalerie mit Dutzenden Kunstwerken auf beiden Ufern. In »L'Observatoire« (Lavau-sur-Loire) führt der Japaner Tadashi Kawamata Naturliebhaber über Holzstege durch den Sumpf zu einem Aussichtsturm, von dem man über die Loire und die Skyline von Saint-Nazaire schauen kann. Für seine »Villa Cheminée« (Bouée/Cordemais) kopierte sein Landsmann Tatzu Nishi den Schornstein des nahen Kraftwerks und pflanzte ein schmuckes Häuschen darauf, das als Ferienwohnung vermietet wird – der Blick über die Loire ist traumhaft (www.nantes-tourisme.com)! Nasse Füße bekommt indes, wer »La Maison dans la Loire«, das im Fluss versunkene Haus von Jean-Luc Courcoult (Couëron), betreten will. In Saint-Brevin-Les-Pins überrascht der französisch-chinesische Künstler Huang Yong Ping mit »Le Serpent d'Océan«, einer Seeschlange aus Stahl, die sich in der Loire windet. (www.estuaire.info).

Nicht nur schön, sondern auch praktisch: die »Villa Cheminée« des Japaners Tatzu Nishi. Den Blick von der Ferienwohnung auf die Loire gibt es gratis dazu.

Tuchfühlung gehen, im **Reiherbaum** mit den imposanten, flügelschlagenden Reihern einen »Flug« über die Baumkronen unternehmen oder auf dem Rücken des Großen Elefanten im gemütlichen Trott am **Loire-Ufer** entlangspazieren. Bei den »Tieren« handelt es sich freilich um Roboter. Sie wurden von Pierre Orefice und François Delarozière konzipiert und verbinden auf wundersame Weise die imaginären Welten von Jules Verne, das mechanische Universum von Leonardo da Vinci und die industrielle Vergangenheit von Nantes.

Rückkehr der Ozeanriesen

Knapp 60 km trennen Nantes von **Saint-Nazaire**. Der Aufschwung des früheren Fischerdorfs begann um 1850 durch den Bau eines **Außenhafens** von Nantes, die Eröffnung der transatlantischen Schifffahrtsrouten nach Zentralamerika und die Gründung einer Mega-Werft, spezialisiert auf riesige Passagierschiffe. Eines der ältesten Gebäude ist die **deutsche U-Boot-Basis** aus dem Zweiten Weltkrieg. Nach dem Krieg erhielt der Betonklotz im Rahmen des Stadtentwicklungsprojektes **Ville-Port** (»Hafenstadt«) einen neuen Zweck. In einem der Bunkerdocks entstand das transatlantische Erlebniszentrum Escal'Atlantic, das an die Ära der großen Ozeandampfer anknüpft. Der Besuch ist wie eine Kreuzfahrt konzipiert. Ein Steward empfängt die »Passagiere«, denen auf dem Hinterdeck von der Menschenmenge am Kai nachgewinkt wird. Auf der »Überfahrt« erkundet man die Luxuskabinen der »Normandie«, spürt beim Spaziergang auf dem Promenadendeck, wie einem der Seewind buchstäblich um die Ohren pfeift und begegnet Auswanderern auf dem Weg nach Amerika, deren Gesichter Freude und Hoffnung, aber auch Unsicherheit und Angst ausdrücken. Wenn New York am Horizont erscheint, nimmt die Reise eine unerwartete Wendung ...

Geschichte schrieb auch die **Espadon** (»Schwertfisch«), das erste französische U-Boot, das unter dem Nordpol hindurchfuhr. Spartanische Verhältnisse prägten das Leben an Bord. Was für ein Unterschied zu Jules Vernes »Nautilus«! Anstelle eines Luxusbadezimmers gab es eine Dusche für 65 Leute. Auch die Orgel und die Bibliothek mit 12 000 Büchern, die Kapitän Nemo in *20 000 Meilen unter dem Meer* das Leben versüßten, sucht man hier vergeblich.   *EvdP*

Nantes und Saint-Nazaire

Infos und Adressen

ANREISE
Flug: Direktflüge nach Nantes ab Düsseldorf; **Bahn:** mit dem TGV ab Paris (ca. 2 Std.)

BESTE REISEZEIT
Mai–Oktober

SEHENSWERT
Cathédrale Saint Pierre et Saint Paul: Die Kathedrale ist ein Meisterwerk der Renaissance. Das Glanzstück ist das Grab von Franz II., dem letzten Herzogs der Bretagne. Place Saint-Pierre, Nantes, www.cathedrale-nantes.cef.fr

Musée Jules Verne: Das multimediale Museum ist dem Werk des großen Schriftstellers gewidmet. 3 Rue de l'Hermitage, Nantes, www.julesverne.nantes.fr

Musée d'Histoire de Nantes: Modernes Museum zur Stadtgeschichte im Herzogsschloss – eine Abteilung schildert den umstrittenen Sklavenhandel. 4 Place Marc-Elder, Nantes, www.chateaunantes.fr

Trentemoult: Das ehemalige Fischer- und Kap-Hoornier-Dorf mit seinen bunten Häusern und Fischrestaurants am linken Ufer der Loire ist ein beliebtes Ausflugsziel der Nanteser.

Espadon: Im Zeitraum von 25 Jahren umrundete das U-Boot 17 Mal die Erde. Ville-Port, St-Nazaire, www.saint-nazaire-tourisme.com

ESSEN UND TRINKEN
La Cigale: Die Brasserie von 1895 ist eine Institution. Das Interieur mit schönen Fliesen, Spiegeln und Skulpturen steht unter Denkmalschutz. 4 Place Graslin, Nantes, www.lacigale.com

La Poissonnerie: Im »Fischgeschäft« kommt Köstliches aus dem Reich Neptuns auf den Tisch, serviert in einem maritimen Ambiente. 4 Rue Léon Maître, Nantes, www.lapoissonnerie.fr

La Civelle: beliebtes Bistro-Restaurant im Fischerdorf Trentemoult; 21 Quai Marcel Boissar, Rezé, www.lacivelle.com

Le Sabayon: Kleiner Familienbetrieb mit leckeren, vom Chef persönlich zubereiteten Fischgerichten; 7 Rue de la Paix et des Arts, St-Nazaire

SHOPPING
Passage Pommeraye: Der prächtigen, denkmalgeschützten Einkaufspassage (1843) mit ihren Galerien und Boutiquen auf drei Etagen wurde von Jacques Demy im Film »Lola« (1961) ein Denkmal gesetzt. Rue Santeuil/Rue de la Fosse, Nantes

Gautier-Debotté: Beim Anblick der Makronen, Bonbons und Schokoladen läuft einem das Wasser im Mund zusammen. Den gleichen Besitzern gehört die Kaffeerösterei nebenan. 9 Rue de la Fosse, Nantes, www.gautier-debotte.com

Marché de Talensac: Der 1937 eingeweihte Markt ist der älteste von Nantes. Place de Talensac, Nantes

ÜBERNACHTEN
Hôtel La Pérouse: Design-Hotel im Zentrum, das aufgrund seiner »grünen« Philosophie mehrfach ausgezeichnet wurde; 3 Allée Duquesne, Nantes, www.hotel-laperouse.fr

Hôtel Pommeraye: zentral gelegenes Hotel in der Nähe der berühmten Passage Pommeraye; 2 Rue Boileau, Nantes, www.hotel-pommeraye-nantes.com

Vingt Mille Lieues sous les Mers: Appartement, das von Jules Verne hätte konzipiert sein können; 2 Rue Malherbes, Nantes, www.voyagedesirable.fr

Quintessia Domaine d'Orvault: reizvolles Wellnesshotel am Stadtrand; 24 Chemin des Marais du Cens, Orvault, www.quintessia-resort.com

Hôtel de la Plage: Das schneeweiße Strandhotel fungierte als Kulisse für Tatis Film »Die Ferien des Monsieur Hulot«. Brasserie mit tollem Meeresblick; 37 Rue du Commandant Charcot, St-Nazaire, www.hotel-delaplage.fr

WEITERE INFOS
Office de Tourisme de Nantes Métropole:
www.nantes-tourisme.com

Office de Tourisme de Saint-Nazaire: Boulevard de la Légion d'Honneur, St-Nazaire, www.saint-nazaire-tourisme.com

Saint-Nazaire: Beim Bau riesiger Passagierschiffe hat die Hafenstadt an der Loire-Mündung noch immer weltweit die Nase vorne.

Städtereisen

Reykjavik

HIGHLIGHTS

Hallgrímskirkja: Die Kirche mit dem auffallenden Turm ist das Wahrzeichen der Stadt und nach dem Pfarrer Hallgrímur Pétursson benannt.

Harpa: Konzerthaus am Hafen; 2013 wurde seine Architektur mit dem Mies-van-der-Rohe-Preis ausgezeichnet.

Perlan: Unter der Glaskuppel der Heißwasserspeicher der Stadt befinden sich ein Museum, ein Restaurant und Souvenirshops.

Laugavegur: Der »Waschweg« ist Haupteinkaufsstraße und Ausgehmeile Reykjaviks.

Sólfar: Das Wikingerschiff aus Edelstahl gilt als das meist fotografierte Kunstwerk Reykjaviks.

DINNER FOR TWO

Hákarl: fermentierter Grönlandhai, nicht jedermanns Geschmack – *Svið:* abgesengte, gekochte Schafsköpfe, für Touristen gewöhnungsbedürftig – *Hangikjöt:* geräuchertes Lammfleisch – *Flatbrauð:* isländisches Fladenbrot, zubereitet aus Mehl, Wasser und Salz – *Brennivín:* hochprozentiger Kartoffelkümmelschnaps – *Skyr:* dickflüssiger Joghurt in verschiedenen Geschmacksrichtungen

Der perfekte Blick auf Reykjavik – vom Turm der Hallgrímskirkja.

Die am nördlichsten gelegene Hauptstadt der Welt verspricht ein quirliges Stadtleben, gigantische Landschaften direkt vor der Haustür und intensive Erlebnisse für Paare beim Bestaunen der Natur und beim Wellnessen in den vielen Thermalbädern. Im Sommer gibt es sogar extra viel davon, denn dann wird auch die Nacht zum Tag.

Wasser, Licht und Liebe

In der Zeit von Mai bis Juli scheint der Tag in Reykjavik kein Ende zu finden. Dann spielt sich alles Leben auf der Straße ab. Vor den Cafés und Bars am **Laugarvegur** recken Einheimische und Touristen ihre Nase den milden Sonnenstrahlen entgegen, auf den Grünflächen der Stadt und am **Tjörnin-See** sitzt man gemütlich im Gras und lässt sich die Sonne auf den Bauch scheinen. Doch Vorsicht: Wärmer als 15 bis 20 Grad wird es hier auch im Hochsommer nicht, sobald einen der Schatten erreicht, kuschelt man sich am besten wieder eng an den Liebsten oder die Liebste.

Eine andere Möglichkeit, sich im hohen Norden warm zu halten, bieten die Thermen rund um Reykjavik: etwa die berühmte **Blaue Lagune**, ein riesiges Thermalfreibad mit Saunen und Dampfbädern, oder das schicke Fontana Spa & Wellness Center am **Laugarvatn-See**. Letzteres liegt direkt auf dem **Golden Circle**, einer Tour, die jeder Reykjavik-Besucher unternehmen sollte. Auf dem Tagesprogramm stehen drei der

Island

Infos und Adressen

ANREISE
Flug: Ganzjährig nach Keflavik; **Bus:** per Bus oder Privatshuttle nach Reykjavik; **Fähre:** im Sommerhalbjahr von Hirtshals in Dänemark nach Seyðisfjörður im Osten Islands

BESTE REISEZEIT
Mai–September

SEHENSWERT
Saga Museum: das wohl schönste Museum ganz Reykjaviks; Grandagarður, Reykjavík, www.sagamuseum.is

ESSEN UND TRINKEN
Sjávargrillið: Übersetzt bedeutet der Restaurantname »Seafoodgrill« – und selbiges kommt hier auch auf den Tisch. Skólavörðustíg 14, Reykjavik, www.sjavargrillid.com

Grillmarkaðurinn: DIE Adresse für Gegrilltes von Fleisch und Fisch, auch beliebt zum Cocktailtrinken. Lækjargata 2a, Reykjavik, www.grillmarkadurinn.is

ÜBERNACHTEN
Our House: Die quirlige Bedda umsorgt ihre Gäste in ihrem einstigen Wohnhaus und gibt Insider-Sightseeing-, Restaurant- und Ausgehtipps. Karastigur 12, Reykjavik, www.ourhouse.is
Icelandair Hotel Reykjavik Marina: Schickes Boutique-Hotel am alten Hafen. Myrargata 2, Reykjavik, www.icelandairhotels.com

WEITERE INFOS
Isländisches Fremdenverkehrsamt: www.visiticeland.com

Wer Polarlichter sehen will, wählt als Reisezeit am besten den Winter: sehr kühl, dafür umso kuschliger.

Zu zweit erleben
KUSCHELZEIT IM MINICAMPER

Wer sich richtig lieb hat, verbringt auch gerne einmal einen Urlaub auf engstem Raum: Reykjavik sowie ganz Island sind prädestiniert dafür, per Minicamper erkundet zu werden. Denn in ganz Island ist freies Campen erlaubt – und sogar Reykjavik hält als urbanes Zentrum einige hübsche Plätze zum Parken und Nächtigen bereit, etwa am futuristischen Warmwasserspeicher **Perlan** mit perfektem Ausblick über die Stadt. Zweckmäßig ausgestattete Minicamper gibt es über diverse Anbieter in Reykjavik – eine Empfehlung sind die **Happy Campers** (www.happycampers.is). Die kleinen Transporter bieten alles für die eigene Versorgung im Urlaub: Kühlschrank, Gaskocher, fließend Wasser, gemütliches Ausklappbett. Intensives Kuscheln ist in den kühleren Nächten sowieso unabdingbar. Und geduscht wird einfach beim Thermenbesuch der Blauen Lagune oder in den zahlreichen anderen Bädern und heißen Quellen der Insel. Mehr braucht es nicht zum Glücklichsein zu zweit!

bekanntesten Sehenswürdigkeiten der ganzen Insel: die altgermanische Versammlungsstätte **Þingvellir** im gleichnamigen Nationalpark, das Geothermalgebiet **Haukadalur** – mit dem **Großen Geysir**, dem Namensgeber aller Geysire, und dem Geysir Strokkur, der zuverlässig etwa alle zehn Minuten ausbricht – und schließlich der »goldene« Wasserfall **Gullfoss**.

Wer die Tour auf eigene Faust per Campervan unternimmt, dem sei der idyllisch-romantische Stellplatz am Gullfoss ans Herz gelegt. Mit etwas Glück ist man zu Anfang oder Ende der Sommersaison hier sogar ganz alleine – und genießt vom (Camping-)Bett aus einen unverstellten Blick auf den tosenden Wasserfall. Da sind großartige Träume und Vorfreude auf Islands gigantische Landschaft, die man im Weiteren am besten auf der Ringstraße erkundet, garantiert! DH

Städtereisen

75

HIGHLIGHTS

Piazza delle Erbe: Veronas Marktplatz, umgeben von historischen Fassaden

Torre dei Lamberti: Eine tolle Aussicht bietet der Turm mitten in der Stadt an der Piazza delle Erbe.

Taufkirche San Giovanni in Fonte: Das achteckige Taufbecken zählt zu den bedeutendsten romanischen Bildhauerarbeiten Oberitaliens.

Kirche Sant' Anastasia: In der 1290 erbauten Predigerkirche beten die Veroneser.

Scavi Scaligeri: Die Treppe zu Veronas Unterwelt, zu finden im Hof des Palazzo dei Tribunali.

DINER FOR TWO

Pasta e Fagioli alla Veronese: ein herzhaftes Gericht aus Nudeln mit Bohnen – *Lesso misto con peará:* verschiedene gekochte Fleischsorten mit einer typisch veronesischen grünen Pfeffersoße – und zum Naschen: *Baci di Giulietta*, eine pralinenähnliche Verführung aus Marzipan mit Zuckerguss

Hinter dem Lamberti-Turm geht man über die Piazza dei Signori, einem wundervollen Platz mit den Palazzi Scaligeri und dem Denkmal Dante Alighieris von 1865.

Verliebte. Romantiker. Tagebuchschreiber. Einsame. Sie alle tun es, schreiben einen Brief an jene Julia, die William Shakespeare mit »Romeo und Julia« unsterblich gemacht hat – ebenso wie die Stadt. Ein Spaziergang durch Verona mit einer der Frauen, die diese Briefe beantwortet, die einfach an Julia – Verona – Italia gerichtet sind.

Romeo und Julia – auf den Spuren des Mythos

Julia holt uns ab im Giulietta e Romeo, wenige Schritte von der **Arena di Verona** entfernt. Sie heißt in Wirklichkeit anders, aber sie lässt sich von allen so nennen, von Paaren und Einsamen. Julia ist Fremdenführerin für Verona und gehört zu den 14 Veroneserinnen, die ehrenamtlich jene 7000 Anfragen an Shakespeares Julia beantworten, die Jahr für Jahr eintreffen.

»Er ist an allem Schuld«, erklärt Julia und deutet auf eine Bronzebüste an der **Portini de la Bra**. William Shakespeare schrieb mit »Romeo und Julia« die berühmteste Liebesgeschichte der Welt. Sie war so möglich, sie ist glaubhaft, aber sie ist nicht bewiesen. »Für die meisten sind die Briefe an Julia wie ein Tagebucheintrag. Viele reflektieren und erwarten gar keine Antwort. Und dennoch schreiben wir zurück. Der Mythos soll leben.« Manchmal, bei komplizierten Anfragen, wenn es um Rassen-, Religions- oder soziale Konflikte geht,

Italien

schläft Julia auch mal eine Nacht darüber, ehe sie antwortet. »Einmal ist einer sogar ins Kloster gegangen, weil er seine Liebe des Lebens nicht bekam.« Inzwischen sind fast 150 000 Briefe aus aller Welt zusammengekommen.

Eine Menschentraube deutet an: Romeos Domizil ist erreicht. »Das Backsteinhaus mit Turm zeigt, dass Romeos Familie mächtig und reich war«, sagt Julia. Die Montecchis waren Anhänger der Kaiser-Partei, während Julias Familie Cappelletti zu den Papst-Anhängern zählten. Eine Konstellation, die eine Liebe zwischen Julia und Romeo nicht zuließ. Eine weitere Menschenmasse nimmt uns in der Toreinfahrt in der **Via Cappello** gefangen. Rechts und links schreiben Menschen jeden Alters und Geschlechts Liebesbotschaften an die Wände. Als ob man in einen Fischschwarm geraten ist, wird jeder in den Hof gedrängt, wo Julias Statue steht und ihr Balkon zu bewundern ist. Die wenigsten küssen sich in Julias Hof oder schwören sich ewige Liebe, aber alle strahlen Freude aus.

Julias Bronzestatue gibt es seit 1972. Die rechte Brust ist glatt poliert. Beinahe jeder Besucher grapscht sie ungeniert an. Denn wer das tut, dem wird die Liebe ewig hold bleiben, so sagt man. Woher das kommt, weiß niemand. Der Balkon ist zwar aus dem 12. Jh., wie das **Haus der Julia** auch, nur hatte das ursprünglich keinen Balkon. Den hat Shakespeare ja nur erfunden, wie letztlich zwei Drittel der tragischen Geschichte, die 414 Jahre später zu einem international erfolgreichen Bühnenstück und zum Inbegriff romantischer Liebe schlechthin wurde. Unter Julias Balkon, ein Sarkophag, den der Leiter der Veroneser Museen erst 1935 bei Renovierungsarbeiten anbringen ließ, wird deutlich, dass alle diese Geschichte, so kitschig sie zuwei-

Zu zweit erleben

EIN BESUCH IM RÖMISCHEN AMPHITHEATER

Die **Arena di Verona** ist ein römisches Amphitheater und das berühmteste Bauwerk der Stadt. Es wurde um das Jahr 30 für 30 000 Zuschauer für Gladiatoren- und andere Wettkämpfe erbaut. Heute finden bis zu 15 000 Zuschauer bei Opernaufführungen oder Rockkonzerten Platz. Zuletzt waren Eros Ramazzotti, Peter Gabriel und Supertramp zu Gast. Ein Abend in der Arena ist ein beeindruckendes Erlebnis, egal ob man die besten Plätze ganz vorne belegt oder einen der nicht nummerierten Rangplätze, wo es meist heiter zugeht. Bereits am frühen Abend bummeln elegant gekleidete Menschen durch die Straßen der Stadt, stärken sich noch in einem der zahlreichen Ristoranti, bevor es dann endlich in die Arena geht. Eng umschlungen auf den Steinstufen sitzen, am Wein nippen (leider inzwischen aus Pappbechern; Flaschen sind verboten) und den Konzertabend genießen!

Immer einen Besuch wert: die Arena di Verona, einst gebaut für Gladiatorenkämpfe, ist heute eine Opern- und Konzertstätte.

Der berühmte Balkon am Haus der Julia

Besondere Augenblicke

AM ANDEREN UFER DER ETSCH

Sehenswert ist auch die andere Etschseite, für die meisten ein völlig unbekanntes Verona. Entweder zu Fuß oder mit dem Sightseeing-Bus überquert man die **Etsch** und gelangt rasch in eine grüne Oase inmitten der Stadt: Der **Giardino Giusti**, einer der schönsten italienischen Gärten der späten Renaissance, bildet zusammen mit dem **Palazzo Giusti** eine harmonische Einheit. Dieses traumhaft schöne Gartenparadies wurde im Zweiten Weltkrieg erheblich beschädigt, hat aber, dank behutsamer Pflege, heute seine ursprüngliche Schönheit wiedererlangt. Während in den meisten Parkanlagen die Villa auf einem Hügel steht, liegt sie im Fall des Palazzo Giusti unten. Von hier führt eine grandiose Allee zum *belvedere*, mit einer wunderbaren Aussicht auf die Stadt. Zwischen hohen, uralten Zypressen stehen Marmorstatuen, Springbrunnen mit zauberhaftem Wasserspiel sowie von Moschus umrahmte Becken mit Seerosen und verwinkelte Buchsgänge. Ein Spaziergang in dieser einzigartigen Parkanlage bleibt unvergesslich.

len auch vermarktet wird, lieben und den Mythos pflegen. Unser Julia-Rundgang führt uns schließlich zum Kloster **San Francesco**, etwas außerhalb des Stadtkerns. Dort wurden die ersten Nachrichten an Julia gefunden.

Eine göttliche Komödie

Während sich die Gelehrten darüber streiten, ob Shakespeare je in Verona war, verbrachte der größte italienische Dichter des ausgehenden Mittelalters, Dante Alighieri, dort zu Beginn des 14. Jhs. mehrere Jahre des Exils und schrieb unter dem Schutz der Scaliger einen großen Teil seiner »Göttlichen Komödie«. Auch auf seinen Spuren kann man wandeln, angefangen bei der **Piazza Bra**, die als Salon der Stadt gilt, mit prächtigen Häusern, einem kleinen Park, dem **Palazzo Barbieri**, dem heutigen Rathaus, und natürlich der römischen Arena di Verona.

Über die **Via Roma** gelangt man zum **Castelvecchio**, der bedeutendsten Scaliger-Burg aus dem 14. Jh. Die wenigen Schritte über die einst verbotene **Ponte di Castelvecchio** auf die andere Flussseite sollte man sich unbedingt für einen Gesamtanblick der Burg mit dem grünlichen Wasser der **Etsch** im Vordergrund gönnen: ein Postkartenmotiv.

Hinter dem **Lamberti-Turm** mit atemberaubender Aussicht auf die ganze Stadt geht man zur **Piazza dei Signori** mit den **Palazzi Scaligeri**, darunter der **Palazzo di Cangrande** von 1280, und das Denkmal Dante Alighieris von 1865. Ein monumentales gotisches Memento mori bietet die **Arche Scaligere**, die Grabstätten des Adelsgeschlechts, insbesondere das Baldachingrab des Cangrande, der 1329 verstarb. Daran sieht man auch das Familienwappen, La Scala, die Leiter, nach der sogar Mailands berühmtes Opernhaus benannt ist. *JM*

Bella figura: ein Spaziergang durch den Giardino Giusti mit seinen Steinskulpturen zeigt das andere Verona.

Die Etsch und ihre Brücken: Verona, Weltkulturerbe seit 2000, zeigt sich am Fluss am fotogensten.

Verona

Infos und Adressen

ANREISE
Flug: von München und Frankfurt; **Bahn:** Direktverbindungen von Hamburg, Düsseldorf und Berlin; **Auto:** von Innsbruck aus über die E45 bis nach Verona (Fahrzeit ca. 3 Stunden)

BESTE REISEZEIT
Frühling bis Herbst
Der Hochsommer kann zwar sehr heiß und trocken sein, aber genau dann finden die Opernfestspiele statt (jährlich von Ende Juni–Sept.)

SEHENSWERT
Die Kathedrale Santa Maria Matricolare: Die Mutterkirche ist eine gelungene Mischung aus Romanik und Gotik. Piazza Duomo 21, www.cattedralediverona.it
Casa di Giulietta: ehemaliges Stadtgebäude aus dem 12. Jh., das im 20. Jh. aufwendig restauriert wurde – das angebliche Elternhaus von Julia.
Basilica di San Zeno: eine der bedeutendsten Kirchen Veronas mit romanischer Fassade aus dem 12. Jh.
Arco dei Gavi: Der römische Triumphbogen aus dem 1. Jh. n. Chr. wurde 1805 von den Franzosen abgerissen. Erst 1932 wurden die Trümmer entdeckt und wieder zusammengebaut.
Porta Borsari: Der dreigeschossige monumentale Bau diente einst als Stadttor und gilt als eines der am besten erhaltenen Reliкte aus römischer Zeit.

ESSEN UND TRINKEN
Ristorante Al Capitan della Cittadella: In diesem Ristorante stimmt das Preis- und Leistungsverhältnis. Das Fischlokal ist zwar nicht gerade günstig, aber was auf den Tisch kommt, ist klasse. Piazza Cittadella 7 A, www.alcapitan.it
Enoteca Segreta: Günstiger und dennoch gut lässt es sich in diesem Ristorante speisen. Vicolo Samaritana 10, www.enotecasegreta.it
12 Apostoli: Der Besitzer Giorgio Gioco ist nicht nur ein beliebter Koch, sondern auch ein bekannter Mundartdichter mit veroneser Dialekt. Corticella San Marco 3, www.12apostoli.com
Osteria Giulietta e Romeo: Der perfekte Platz für Verliebte und Romantiker. Es gibt Cucina veronese auf mittlerem Preisniveau. Corso San Anastasia 27, www.osteriagiuliettaeromeo.it
Locanda di Castelvecchio: Wer etwas typisch Veronesisches sucht, der wird hier fündig. Corso Castelveccio 21/a, www.ristorantecastelvecchio.com

SHOPPING
Pasticcheria de Rossi: Seit 1947 verwöhnt das Familienunternehmen alle Süßschnäbel mit feinsten Kuchen, traditionellen Veroneser Dolci und mehr … Hier gibt es auch die Baci di Giulietta. Corso Porta Borsari 3, www.bacidigiulietta.it
Gianni Magosso: kleiner Laden mit großem Angebot an Feinkost und Weinen, nahe dem Flughafen Verona für den Mitbringselbedarf vor der Abreise; Via Vertura, 27, Enoteca, www.magosso.com
Wer noch mehr über Julia erfahren will, geht in eine der zahlreichen Buchhandlungen und sichert sich Ceil Friedmans »Letters to Juliet«.

ÜBERNACHTEN
Hotel Giulietta e Romeo: nettes Dreisternehotel mit modernem Interieur in guter Lage; Vicolo Tre Marchetti 3, www.giuliettaeromeo.com
Hotel Veronesi La Torre: Die ehemalige Klosteranlage ist zu einem charmanten Viersternehotel mit Wellnesscenter umgebaut worden. Etwas außerhalb in Dossobuono di Villafranca gelegen, aber besonders zur Festspielzeit ein Tipp, da man dort immer ein Zimmer bekommt. Via Monte Baldo 22, www.hotelveronesilatorre.de

WEITERE INFOS
Touristeninformation: www.veronaitaly.it

Wo der Julia-Kult seinen Anfang nahm: Am Grab der Julia im Kloster San Francesco wurden die ersten Briefe an Julia gefunden.

Florenz

HIGHLIGHTS

Dom Santa Maria del Fiore: mit seinen Dimensionen bis heute ein architektonischer Meilenstein

Santa Croce: Allein die Grabmäler von Michelangelo Buonarroti und Galileo Galilei rechtfertigen einen Besuch.

Uffizien: Museum mit Meisterwerken der Renaissance

Ponte Vecchio: Mit Häusern bebaute Brücken gibt es nur wenige – Florenz hat die bekannteste.

»David«: Als Michelangelo seine Monumentalskulptur begann, war er gerade 26 Jahre alt. Das Original steht in der Galleria dell'Accademia.

DINNER FOR TWO

Zu den Antipasti sollten belegte *Crostini* (geröstete Brotscheiben) gehören. An eine *Pancotto* (Brotsuppe mit Tomaten und Basilikum) könnte sich als zweiter Gang *Pollo alla diavola* (gegrilltes Hühnchen mit Rosmarin) anschließen. Zu den berühmtesten Süßspeisen von Florenz gehören *Cantuccini* (Mandelkekse).

Der Blick vom Glockenturm auf die Kuppel des Doms von Florenz ist unvergesslich.

Florenz läuft Gefahr, von vielen Besuchern nur als Freilichtmuseum wahrgenommen zu werden. Wer sich beim Flanieren durch die toskanische Stadt auch auf das alltägliche Leben einlässt, merkt jedoch schnell, dass das Zentrum der europäischen Hochkultur alles andere als zu Stein erstarrt ist.

Zentrum der Renaissance

Das historische Zentrum von Florenz ist eine Schatztruhe, deren architektonischer Reichtum sich am besten aus der Vogelperspektive offenbart. Gleich am ersten Abend sollte man zur **Piazzale Michelangelo** oberhalb der Stadt spazieren. Von dort ist das berühmteste Panorama zu sehen: In der Mitte überragt der **Dom Santa Maria del Fiore** die Dachlandschaft. Erst zwei Jahre nach seiner Fertigstellung durch den Baumeister Filippo Brunelleschi im Jahre 1434 wurde der gigantische Bau als Kirche geweiht. Zuvor hatte es als unmöglich gegolten, eine Kuppel dieser Ausmaße zu schaffen. Sowohl die Kuppel als auch der benachbarte **Campanile**, der Glockenturm, können über jeweils mehr als 400 Stufen bestiegen werden. Trotz der Anstrengung gehört mindestens einer dieser Aufstiege zur Pflicht für Florenzbesucher: Die Ausblicke sind atemberaubend.

Italien

Stadt der Medici

Florenz ist mit dem Zeitalter der Renaissance verbunden wie keine zweite Stadt Europas. Dass Künstler wie der wegbereitende Bildhauer **Donatello** (1386–1466) oder das Universalgenie **Michelangelo Buonarroti** (1475–1564) überhaupt arbeiten konnten, hatten sie dem Geschlecht der Medici zu verdanken. Die Familie dominierte nicht nur die Politik von Florenz, sondern machte ihren Namen auch durch ein unvergleichliches Mäzenatentum unsterblich. Dass sie dennoch sterblich waren, zeigt sich in der Kirche **San Lorenzo**, deren Kuppel sich hinter der des Domes versteckt: Einige der Medici haben hier ihre letzte Ruhe gefunden.

Rund um San Lorenzo lässt es sich herrlich bummeln. Händler bieten ihre Waren an Ständen feil, Cafés laden zum Verweilen ein und nahezu an jeder Ecke lockt Eis, das manchen als das beste der Welt gilt. Paare, die sich unvergessliche romantische Momente versprechen, gönnen sich eine Fahrt in der Droschke. Bis hinunter zum Fluss **Arno** zieht sich die ausgedehnte Fußgängerzone.

Prägnante Wahrzeichen und Kulturtempel

Neben dem Dom sticht ein weiteres Gebäude aus der Florentiner Skyline hervor: der 94 m hohe und grazile Turm des Pa-

Zu zweit erleben

FIESOLE

Selbst das überschaubare Florenz kann an manchen Tagen zu groß sein, zu überfüllt, zu stickig. In solchen Momenten zieht es die Einheimischen in das nur 8 km entfernte Städtchen **Fiesole**. Besonders im Sommer empfiehlt es sich, es den Florentinern gleichzutun. Fiesoles Wurzeln reichen bis ins 7. Jh. v. Chr. zurück; zu seinen Sehenswürdigkeiten gehört eine archäologische Zone mit einem fast 2000 Jahre alten römischen Theater. Wer sich zur richtigen Zeit einfindet, kann dort ein Konzert oder eine Ballettaufführung erleben. Das wahre Leben spielt sich allerdings auf der **Piazza Mino da Fiesole** ab. Glücklich können sich diejenigen schätzen, die Plätze in einem der Cafés finden, um entspannt dem alltäglichen Treiben zusehen zu können. Nach so viel Abstand wieder Sehnsucht nach Florenz? Von der Aussichtsterrasse unterhalb des Kirchleins **Sant' Alessandro** bietet sich ein einmaliger Blick auf Fiesoles große Schwester.

Fiesoles archäologische Zone bietet einen ruhigen Kontrast zum meist quirligen Leben im benachbarten Florenz.

Bei einem Bummel durch das Zentrum von Florenz führen die Schritte immer wieder zum Ensemble aus Glockenturm und Dom.

Besondere Augenblicke

ENTSPANNEN IM BOBOLI-GARTEN

Wenn der Besichtigungsmarathon zu lang oder die Stadt zu eng wird, sollte man am besten den **Boboli-Garten** ansteuern. Direkt hinter dem **Palazzo Pitti** erstreckt sich die größte Grünanlage von Florenz. Leider ist der Garten nur zu bestimmten Zeiten und mit Eintritt zugänglich, was man vor dem Weg vom Ponte Vecchio bergauf bedenken sollte. Besonders im Sommer kann die Flucht unter die schattigen Bäume ein Segen sein. Der Garten ist terrassenförmig angelegt, er gleicht einem Mosaik aus offenen Flächen und verschwiegenen Winkeln. Skulpturen wollen bewundert, eine künstliche Grotte aus dem 16. Jh. und kleine Brunnen entdeckt werden. Die markantesten Endpunkte zentraler Sichtachsen sind bergauf der **Neptun-Brunnen** und bergab das **Isolotto**. Ein besserer Platz für ein Picknick lässt sich in Florenz nicht finden. Der Ausblick von der Terrasse des Kaffeehauses entschädigt für den Aufstieg dorthin.

Besonders im Sommer kann das Wasser des Neptun-Brunnens im Boboli-Garten eine ersehnte Erfrischung sein.

lazzo Vecchio an der **Piazza della Signoria**. Vom Palast aus werden seit dem 14. Jh. die politischen Geschicke der Stadt gelenkt. Heute beherbergt er neben dem Rathaus ein Museum. Vor dem Gebäude lenkt eine Kopie von Michelangelo Buonarrotis Statue »David« die Blicke auf sich.

Von hier sind es nur wenige Schritte bis zu den **Uffizien**. Neben dem Louvre in Paris und dem Prado in Madrid, zeigt das Museum eine der bedeutendsten Gemäldesammlungen Europas. Nur einen Steinwurf entfernt öffnet sich rechts der Blick zum **Ponte Vecchio**, der berühmtesten Brücke der Stadt. Die Häuschen auf ihr sind heute eine malerische Kulisse und den Ladengeschäften von Juwelieren vorbehalten. Ursprünglich hatte die Bebauung einen praktischen Sinn: Dort betrieben Metzger und Gerber ihr Handwerk, die problemlos ihre Abfälle in den Fluss werfen konnten.

Über den Altstadtkern hinaus

Wer den Fluss entlang Richtung Osten geht, stößt auf **Santa Croce**, die weltweit größte Franziskanerkirche. Sie besticht nicht nur durch ihre Dimensionen und die Fresken von **Giotto**; Anziehungspunkte sind vor allem die Grabmäler einiger Lichtgestalten aus Kultur, Politik und Wissenschaft. Zu ihnen gehören Michelangelo Buonarroti und Galileo Galilei sowie Niccolò Machiavelli und Gioacchino Rossini. Nicht versäumen sollte man einen Spaziergang im ersten Kreuzgang, von dem aus es weiter in den zweiten Kreuzgang geht, der sogar zweigeschossig ist.

Ein Kontrastprogramm zu dieser Besinnlichkeit liegt nur wenige Hundert Meter entfernt. An jedem Werktag bis 14 Uhr öffnet der **Mercato Sant'Ambrogio** seine Pforten. Die Markthalle an der Piazza Ghiberti existiert seit 1873. Ein Café und zwei Restaurants bieten sich zu einer Pause im kühlen Schatten an.

Südlich des Arno bildet einzig der **Palazzo Pitti** ein Gegengewicht zur Reichhaltigkeit auf der gegenüberliegenden Uferseite. Allein mit seiner 200 m langen Fassade setzt der Stadtpalast Akzente. Im 19. Jh. war er kurzfristig Sitz der italienischen Könige. Heute ist er ein Museum, das vor allem Freunde des überschwänglichen Prunks beeindruckt. Diejenigen, denen die Warteschlangen vor den **Uffizien** zu lang sind, finden auch hier Werke von **Sandro Botticelli**, **Tizian** und **Raffael**.

DF

Florenz

Infos und Adressen

ANREISE
Flug: von Frankfurt/Main, München, Düsseldorf, Berlin und Stuttgart zum Flughafen Amerigo Vespucci, von dort mit dem Bus weiter; von München, Berlin, Köln/Bonn, Hamburg, Lübeck, Weeze und Hahn zum Flughafen Galileo Galilei von Pisa, von dort Bahn zum Hbf. Florenz (ca. 1 Std.); **Bahn:** direkte Verbindung mit City Night Line von München (ca. 9 Std.)

SEHENSWERT
Baptisterium San Giovanni: Taufkirche neben dem Dom mit kunsthistorisch herausragenden Bronzeportalen aus den Epochen der Gotik und der Renaissance

Loggia di Mercato Nuovo: offene Markthalle mit der Bronzeskulptur eines Wildschweines, dessen Rüssel man reiben sollte, wenn man nach Florenz zurückkehren möchte

Casa Buonarroti: Michelangelo Buonarroti war einer der größten Renaissancekünstler Italiens. Das Haus ist seinem Leben und Werk gewidmet.

Museo Marino Marini: Wer der Renaissance überdrüssig ist, sollte einen Besuch in Florenz' einzigem Museum für moderne Kunst einplanen.

Loggia dei Lanzi: Arkadenhalle an der Piazza della Signoria mit einer Skulpturensammlung von der Antike bis zum 19. Jh.

ESSEN UND TRINKEN
Osteria del Caffè Italiano: einfache toskanische Küche in der Nähe von Santa Croce, Via dell'Isola delle Stinche 11/13, www.osteriacaffeitaliano.com

Ristorante La Giostra: Neben Einheimischen fühlt man sich abends nicht als Tourist. Via Borgo Pinti 12, www.ristorantelagiostra.com

AUSGEHEN
Teatro del Sale: gelungene Kombination aus Gastronomie und Entertainment; Via dei Macci 111, www.edizioni teatrodelsalecibreofirenze.it

Odeon: Im Zeitalter der Multiplexkinos eine Institution, die die Bezeichnung Lichtspieltheater noch verdient. Piazza Strozzi 2, www.cinehall.it

Teatro Comunale: Im Mai und Juni findet hier das Festival Maggio Musicale Fiorentino statt, im restlichen Jahr gibt es Aufführungen für Ballett- und Opernfreunde. Corso Italia 16, www.maggiofiorentino.it

SHOPPING
Mercato Centrale: In der zweistöckigen Markthalle kaufen Einheimische frische Lebensmittel für die täglichen Mahlzeiten. Mo–Sa 7–14 Uhr, Piazza del Mercato Centrale

Dona Malina, La cioccolateria artigianale: für Schokoladenliebhaber der Himmel auf Erden; Via Pacinotti 38, www.donamalina.it

Markt von San Lorenzo: die Hochburg des Souvenir-Tourismus inmitten des historischen Stadtzentrums; ein idealer Ort, um sich in der Menge treiben zu lassen! Der Markt erstreckt sich von der Piazza S. Lorenzo bis zur Via dell'Ariento.

Rinascente: Italiens große Warenhauskette hat ihre Niederlassung an der zentralen Piazza della Repubblica. Nicht verpassen: den Blick aus dem Restaurant auf der Dachterrasse; Mo–Sa 9–21 Uhr, So 10.30–20 Uhr, www.rinascente.it

ÜBERNACHTEN
Le Stanze di Santa Croce: nur vier Zimmer hat die familiäre Frühstückspension und sollte entsprechend rechtzeitig gebucht werden; Via delle Pinzochere 6, www.lestanzedisantacroce.com

Mr My Resort: kleines Haus mit idyllischem Innenhof nahe der Galleria dell'Accademia; Via delle Ruote 14/A, www.mrflorence.it

Antica Dimora Johlea: Der Blick von der Dachterrasse garantiert Florenz pur. Via San Gallo 80, www.johanna.it

WEITERE INFOS
Tourismusbüro: Agenzia per il Turismo di Firenze, Via Manzoni 16, Florenz, www.firenzeturismo.it

Im Schein der untergehenden Sonne wird deutlich, warum der Ponte Vecchio ein Sehnsuchtsort ist, zu dem es vor allem romantisch gestimmte Pärchen zieht.

Städtereisen

77

Venedig

HIGHLIGHTS

Der Markusplatz um 6 Uhr morgens: Es gibt keinen schöneren Moment des Tages, um die Atmosphäre des menschenleeren Platzes zu genießen!

Gondeltestfahrt: An acht Stellen ist ein Übersetzen über den Canal Grande mit einem öffentlichen Gondeldienst möglich. Ein kurzes Vergnügen, das aber auch nur um die 2 Euro kostet.

Dorsoduro: Der Bezirk im südlichsten Teil Venedigs birgt einige große Kunstsammlungen, z. B. die Galerie dell'Accademia.

Biennale von Venedig: Sie zählt zu den wichtigsten internationalen Kunstausstellungen, ausgetragen zwischen Juni und Nov.

Die Seitengassen: Hier lässt man sich einfach treiben.

DINNER FOR TWO

Es macht großen Spaß, gemeinsam an den Marktständen vorbeizulaufen und sich seinen Imbiss selbst zusammenzustellen. Leider kann man in Venedig nicht erwarten, dass die Pizza aus dem Holzofen kommt. Denn es gilt immer noch das uralte Gesetz, wonach offenes Feuer in der Stadt verboten ist.

Venedig im Winter ist ein Traum, und das liegt nicht nur am Karneval. Doch gerade dann erhält die Serenissima ein Höchstmaß an Grandezza, von dem Sommertouristen nur träumen können. Und mit Masken und in edlen Kostümen können Paare den Karneval in der Lagunenstadt auf ganz besondere Weise erleben .

Karneval im Palazzo Papadopoli

Wer in Venedig etwas auf sich hält, feiert seine Maskeraden zu Karneval in einem Palazzo, zu dem Pappnasen und Ringelhemden keinen Zutritt haben. Direkt am **Canal Grande** betreibt die Aman-Hotelgruppe einen luxuriösen Palazzo mit 24 Suiten. Die adelige Besitzer-Familie hat sich mit ihren fünf Kindern in die Dachgemächer voller Antiquitäten und Erinnerungsstücke an eine langjährige Familiengeschichte zurückgezogen. Die anderen Geschosse des **Palazzo Papadopoli** wurden von der Aman-Gruppe gepachtet, deren Gäste sich im Palazzo für ein paar Nächte – nicht nur zur Karnevalszeit - selbst wie Graf und Gräfin fühlen können. Graf Giberto Arrivabene Valenti Gonzaga ist ein Nachfahre der Papadopoli, einer reichen Familie, die von Korfu nach Venedig kam und 1864 den Palazzo aus dem 16. Jh. kaufte. Zu Karneval begibt sich Gibertos Gattin Bianca von Savoyen Aosta, die Mitglied der königlichen Familie ist, gelegentlich zu den Gästen. Die selbstbewusste Art, mit der die Gräfin den Ballsaal betritt, zeigt, dass sie hier zu Hause

Zu später Stunde: Blick von San Giorgio auf Venedig

Italien

ist. Aber auch die Gäste flanieren in stilvoll historischen Kostümen in diesem Saal der es mit seinen Lüstern, Fresken und Reliefs, seinen mit Blattgold verzierten Spiegeln leicht mit dem Spiegelsaal von Versailles aufnehmen kann. Man ist unter sich, auch wenn nicht wenige Kostüme nur geliehen sind. Ein intimes Maskentreiben, das nichts zu tun hat mit dem inzwischen weltberühmten venezianischen Karneval vergnügungssüchtiger Narren, die auf dem Markusplatz den Maskenball als Massenparty feiern.

Feiern im Caffè Florian

Nicht nur im Palazzo Papadopoli, auch an einigen anderen Orten Venedigs wird der Karneval vornehm und in aufwendigen, kostbaren Kostümen begangen. Das Haupt einer Contessa ist besonders kunstvoll geschmückt: Auf der Spitze ihrer weißgelockten, zu einem Turm hochdrapierten Perücke steckt ein kunstvoll hineinfrisierter Vogel samt Käfig. Die weich gebettete Attrappe beliebt immer dann zu zwitschern, wenn Madame sich bewegt. Schon deshalb hat sie keine Probleme, sich einen Weg durch die Menge zum **Caffè Florian**, Italiens ältestem Kaffeehaus, zu bahnen. Während sich Fünferreihen von Touristen die Nasen an den Fensterscheiben eben jenes legendären Cafés unter den **Arkaden von San Marco** plattdrücken, lässt der Türsteher des »Florians« zu Karnevalszeiten nur Masken in traditionellen Kostümen und Stammgäste unter seinen strengen Augen passieren. So muss man sich schon etwas bemühen, möchte man zu den Feiertagen einen Platz im »Wohnzimmer Vene-

Zu zweit erleben
DIE GROSSEN BÄLLE

Der Start des Karnevals ist für alle da: Am Mittag des 23. Februar beginnt das Fest mit dem Engelsflug auf dem Markusplatz. Vom Dach des Glockenturms schwebt eine junge Venezianerin an einem Stahlseil gesichert über die Menge. Eingeläutet wird der Karneval aber schon am Vorabend mit dem »Großen Ball der Serenissima« im **Palazzo Pesaro Papafava**. Am 27. geht es im **Palazzo Pisani Moretta** weiter, mit dem glamourösen »Tiepolo-Ball«. Höhepunkt ist dort der legendäre »Ballo del Doge« am 1. März nach dem Motto: wenn Träumen zur Kunst wird. Für alle Bälle reserviert das Aman nach Verfügbarkeit Karten inklusive oder exklusive Abendessen. Da ohne Verkleidung niemand in den Saal gelassen wird, leiht das Hotel für seine Gäste zauberhafte Kostüme aus den besten Ateliers der Stadt. Ein Stylist hilft, wenn der Reißverschluss klemmt oder das i-Tüpfelchen der Maskerade noch fehlt. Und wer vor dem Ball seine Walzer-Kenntnisse aufpolieren muss, kann private Tanzstunden buchen – geübt wird natürlich heimlich im Palazzo.

Im Palazzo Papadopoli können sich Gäste des Aman Hotels für ein paar Nächte selbst wie Graf und Gräfin fühlen.

Posen für die Fotografen: An Karneval trägt fast jeder Kostüm und Maske in Venedig.

Besondere Augenblicke

LUST MIT GLIED

Peggy Guggenheim kaufte einst eine Marini-Statue: »Ein Ross mit einem Reiter darauf, der verzückt die Arme ausbreitet«, wie die Kunstmäzenin, Sammlerin und Galeristin der Kunst des 20. Jhs. in ihrer Autobiografie schreibt. »Um die Ekstase zu betonen, hatte Marino Marini die Gestalt mit einem erigierten Penis versehen.« Das Glied wurde separat angefertigt, um es auch abschrauben zu können, etwa wenn an Feiertagen Priester und Nonnen auf dem Kanal vorbei fuhren ... »Und bald verbreitete sich das Gerücht, dass ich mehrere Phalli in verschiedenen Größen besäße«, schrieb Guggenheim weiter. Sich den Penis im Hochsommer in Ruhe anzuschauen ist nahezu aussichtslos ob dem Gedränge in der heutigen Guggenheim Collection am Canal Grande. Wer aber im November kommt, wird sehen, dass das Glied inzwischen fest angebracht wurde, die einstige Schnittstelle aber immer noch zu sehen ist mit der Biografie von Peggy Guggenheim dazu im Gepäck eine wahre Venedig-Entdeckung!

Ross und Reiter: die berühmte Marini-Statue im Guggenheim Museum am Canal Grande

Traditionelle Masken bieten viele Geschäfte auch zum Selbermachen an.

digs« ergattern. Der Andrang ist groß und die Räume klein – immerhin gehört dieses Café zu den schönsten Salons der Stadt, mit direktem Blick auf den Markusplatz.

Venedig im Winter

Grau, neblig, fast lethargisch wirkt Venedig im Winter an Tagen, an denen keine bunt maskierten Gestalten durch die Gassen ziehen und keine Musik aus dem Palazzo klingt – und doch übt die Stadt gerade dann eine mystische Faszination auf ihre Besucher aus. Nie ist die Stadt so sehr bei sich, kann man – mit Schirm und wind- und regendicht angezogen – so von Menschenmassen ungestört Hand in Hand um den Markusplatz wandeln und durch nun wirklich romantische Gassen spazieren, in Ruhe Kirchen und Palazzi bewundern oder ausgiebig vor einem Tizian oder Tintoretto in der **Gallerie dell'Accademia** verweilen. Oder mit einem fast leeren Vaporetto über den **Canal Grande** und zu den Inseln **Torcello** und **Burano** fahren. Oder sich in einer gemütlichen Trattoria vom Koch persönlich ein echt venezianisches Rezept erklären lassen. Oder sich zeigen lassen, wie die traditionellen venezianischen Masken hergestellt werden

Denn auch wenn am Aschermittwoch die Masken von den Plätzen und Gassen Venedigs verschwunden sind, die Lagunenstadt liebt die Maskerade und verkleidet sich auch außerhalb der Karnevalsaison. Ist sie doch die einzige Stadt der Welt, in der das ganze Jahr über die Löwen Flügel und die Gondeln Trauer tragen.

MK

Venedig

Infos und Adressen

ANREISE
Flug: direkt nach Venedig, Flughafen Marco Polo; **Bahn:** bis Bhf. S. Lucia, Transfer mit Wasserbus; **Auto:** A4 Richtung Venedig, über Ponte della Libertà

BESTE REISEZEIT
März–Oktober
Im Sommer kann es sehr heiß und stickig werden; wird das Wasser im Canal Grande zu warm, ist die Luft in der Stadt den romantischen Gefühlen nicht sonderlich zuträglich. Im Winter lohnt es sich, Gummistiefel dabeizuhaben!

SEHENSWERT
Markusplatz: Das Ensemble mit Dogenpalast, Basilika und weltbekanntem Campanile sowie der Piazza sind einmalig. Ohne Zweifel ist der Markusplatz das Zentrum der Stadt, und er wird zu Karneval zum Wohnzimmer der Maskierten.
Canal Grande: Wie ein S windet sich die schönste Wasserstraße Venedigs auf knapp 4 km durch die Stadt.
Rialtobrücke: Die marmorne Brücke von 1592 schwingt sich auf rund 50 m elegant über den Canal Grande und ist immer ein Foto wert. Wie viele Eiscafés mit dem Namen Rialto wird es wohl geben?
Gallerie dell'Accademia: Das größte Museum Venedigs beherbergt die weltweit größte Sammlung venezianischer Malerei, darunter Werke von Tiepolo, Tintoretto und Tizian. Campo della Carità, www.gallerieaccademia.org
Arsenale: Etwas abseits vom Trampelpfad liegt das Arsenale, die einst die größte Schiffswerft der Welt. Sie gilt als Ursprung der früheren Macht der Venezianer.
San Giorgio Maggiore: Die Kirche auf der gleichnamigen Insel in der Lagune beherbergt das Abendmahl von Tintoretto. Außerdem gibt's von dort aus Traumblicke auf Venedig.
Lagunen-Atmosphäre gibt es auch auf den weltberühmten Murano-Inseln nordöstlich der Altstadt. Oder man lässt sich auf ein letztes Stück Ursprünglichkeit auf der Isola Pellestrina ein.
Fototipp: Den Postkartenschuss gibt's am besten vom Kampanile auf der Insel San Giorgio Maggiore aus. Da hat man den direkten Blick hinüber zum Markusplatz.

SHOPPING
Masken, die man sich fertig kaufen kann oder sich in einem der angebotenen Kurse selbst bastelt. Murano-Glas – als Schmuckstück (Ring oder Kette) bricht es nicht so leicht und eignet sich gut als Mitbringsel.

ESSEN UND TRINKEN
Trattoria Rialto Novo: In einem Hinterhof nahe der Rialto-Brücke; sehr zu empfehlen sind die Spaghetti Vongole oder die frischen Jacobsmuscheln. www.trattoriarialtonovo.com
Taverna al Remer: Direkt am Canal Grande genießt man Wein und Häppchen wie die Einheimischen an der Theke im Stehen, gut und günstig. www.alremer.com
Caffè Florian: Italiens ältestes Café (1720) am Markusplatz. www.caffeflorian.com

ÜBERNACHTEN
Aman Canal Grande: der Palazzo Papadopoli liegt in der Calle Tiepolo: Das beste Haus am Platz und eines der besten Hotels in Europa. Die Innenausstattung ist sagenhaft, nicht nur, wenn man die sündhaft teuren Tiepolo- oder Canal-Grande-Suiten bucht, www.amanresorts.com
Ca'Sagredo: Fünfsternehotel am Canal Grande mit Frühstück unter einem echten Tiepolo-Gemälde, www.casagredohotel.com
Hotel Daniel: Luxushotel in ehemaligem Adelspalast, gelegen zwischen Markusplatz und der berühmten Seufzerbrücke, www.danielihotelvenezia.com
Hotel Caneva: Einsternhotel, gute Lage zwischen Markusplatz und Rialtobrücke, ordentlich und günstig www.hotelcaneva.com

WEITERE INFOS
Tourismusbüro Venedig:
www.turismovenezia.it

Caffè Florian: Zu Karnevalszeiten bekommt man nur im traditionellen Kostüm oder als Stammgast Zutritt in den schönen Salon. Denn die Räume sind klein und der Andrang ist groß.

Rom

HIGHLIGHTS

Kolosseum: Das gewaltige Amphitheater ist eines von Roms Wahrzeichen.

Pantheon: Die Ruhmeshalle für die Ewigkeit, umfunktioniert zum Gotteshaus, ist das am besten erhalte Vermächtnis der Antike.

Fontana di Trevi: Wer kennt ihn nicht: Anita Eckbergs Brunnen aus Fellinis Filmklassiker »Dolce Vita«?

Petersdom: Der Mittelpunkt der Christenheit unter Michelangelos imposanter Kuppel ist Roms meistbesuchte Sehenswürdigkeit.

Vatikanische Museen: Der Besuch der weltberühmte Kunstsammlung und der Sixtinischen Kapelle ist der Höhepunkt jeder Romreise.

DINNER FOR TWO

Bollito misto: gekochtes Rindfleisch mit grüner Sauce – *Trippa alla romana:* Kutteln mit sämig-würzigem Gemüsesugo – *Bucatini all'amatriciana:* Röhrennudeln mit deftigem Tomaten-Speck-Sugo – *Carciofi alla romana:* in Öl gebackene Artischocken – *Scamorza:* geräucherter Käse – *Frascati:* Weißwein aus der Region.

Das Forum Romanum, der Nabel der antiken Welt: Kaum ein anderer Ort in Rom ist historisch so bedeutsam.

»Caput mundi«, »Haupt der katholischen Kirche«, »Stadt der sieben Hügel«, »Ewige Stadt« – Rom mit seinen unvergleichlichen Kunstschätzen und Architekturdenkmälern aus 3000 Jahren Geschichte trägt viele Namen. Diese faszinierende Weltmetropole und ihre lebhafte Atmosphäre muss man einfach erlebt haben!

Und ewig lockt die Stadt am Tiber

Rom, die »Ewige Stadt«, schlägt Besucher aus aller Welt in ihren Bann und hinterlässt tiefgreifende Eindrücke für alle Zeiten. Seit jeher zieht es Kunst- und Kulturfreunde, Historiker und Avantgardisten, Hochzeitspaare, Pilger und Liebhaber der römischen Lebensart in die Tiberstadt, deren Geschichte sich wie ein geheimnisvoller Schleier über die Gegenwart legt. Was bereits den Dichterfürsten Goethe faszinierte, begeistert die Besucher auch heute: Denn noch immer ist die Antike in Rom greifbar in Form faszinierender Bauwerke und einzigartiger Artefakte aus vergangenen Epochen.

Die beeindruckendsten Zeugnisse stammen aus der »Goldenen Ära« der Stadt, die mit Kaiser Augustus 27. v. Chr. begann. Unter seiner Ägide wurde z. B. das **Forum Romanum** ausgebaut und mit prunkvollen Marmorbauten versehen. Die Überreste dieser Machtdemonstration haben auch heute kaum etwas von ihrer Ausstrahlung verloren. Ein Muss für verliebte

Italien

Paare ist ein Besuch im unter Kaiser Vespasian errichtete **Kolosseum**, das ursprünglich als Amphitheater diente. Noch sehr gut erhalten ist das **Pantheon**, ein gewaltiger Rundtempel mit einer säulengestützten Fassade.

Nach seinem Sieg an der **Milvischen Bücke** im Jahre 312 erhob Kaiser Konstantin das Christentum zur Staatsreligion und machte Rom zum Zentrum des neuen Glaubens. So verwundert es nicht, dass es in Rom mehr Kirchen gibt, als das Jahr Tage hat, nämlich über 400. Je nachdem, wie viel Zeit man mitbringt, sollte man sich die vier großen Basiliken nicht entgehen lassen: die **Basilika St. Pietro** (Peterskirche), UNESCO-Weltkulturerbe und Nabel der katholischen Welt, die Marienkirche **Santa Maria Maggiore**, die Baustile aus mehreren Jahrhunderten in sich vereint, die byzantinische Hallenkirche **San Paolo fuori le Mura** (Paulskirche), die nach einem Brand im Jahre 1823 wieder identisch aufgebaut wurde, und natürlich der Bischofssitz der römischen Päpste, **San Giovanni** im Stadtteil Laterano.

Die berühmtesten Museen der Welt

Wem jetzt noch nicht der Kopf schwirrt, der besuche auch noch eines von Roms weltberühmten Museen. Allein schon die Fülle der **Vatikanischen Sammlungen** einigermaßen zu bewältigen, bräuchte wohl Wochen und Monate – die Sixtinische Kapelle und die Stanzen des Raffael noch nicht eingerechnet –, ganz zu schweigen vom Besuch weltberühmter Kunstsammlungen wie die der **Villa Borghese** oder der **Kapitolinischen Museen**. Allerdings sollte man sich auch nicht unter Druck setzen, alles sehen zu müssen: Schließlich ist die

Besondere Augenblicke

AUF DEM TIBER BIS NACH OSTIA ANTICA

Ein Erlebnis ist eine Bootstour auf dem Tiber mit einem der Linienschiffe, die zwischen **Calata Anguillara** auf der Tiberinsel und der Brücke **Duca D'Aosta** verkehren. Die Fahrt mit Zwischenstopps an den Brücken Ponte Sisto, Ponte Sant'Angelo, Ponte Cavour und Ponte Risorgimento dauert etwa eine Stunde. Sehr empfehlenswert ist eine Bootsfahrt weiter nach **Ostia Antica**, einstiger Hafen des Alten Roms, dessen einzigartige Ausgrabungen seine Besucher in den Bann ziehen. Kein anderer Ort in der Umgebung gibt einen anschaulicheren Einblick in das Leben einer antiken Stadt. Die Fahrtzeit dauert zweieinhalb Stunden, Startpunkt ist am **Ponte Marconi**. Einen besonderen Leckerbissen für Schwärmer bietet am Wochenende die »Agrippina Maggiore«, das Flaggschiff der Tiberflotte, mit ihren romantischen Dinner-Kreuzfahrten. Diese starten donnerstags bis samstags an der **Engelsburg**. Doch aufgepasst: Die Tickets müssen schon am Vortag reserviert werden! (www.isolatiberina.com)

Blick über den Tiber hin zum Mittelpunkt der Christenheit: der Vatikanstaat und die Kuppel vom Sankt Peters Dom.

Die Freilichtbühne römischen Lebens: Die Spanische Treppe ist einer der Hauptanziehungspunkte der Stadt.

Zu zweit erleben

QUER DURCH DIE STADT AUF DER VESPA

Was gibt es Authentischeres, als auf einer Vespa, Italiens legendärem Motorroller, durch Rom zu brausen und sich wie Audrey Hepburn und Gregory Peck aus dem Filmklassiker »Ein Herz und eine Krone« zu fühlen?! Wer sich den römischen Straßenverkehr zutraut, der zugegebenermaßen einige Tücken aufweist, sollte es wagen eine Automatik-Vespa anzumieten, denn es gibt kaum ein flexibleres Fortbewegungsmittel, um den Stadtkern zu erkunden. Für Zweifler und Zauderer gibt es dazu allerdings auch eine – nicht minder vergnügliche – Alternative: sich als Beifahrer auf einer Vintage-Vespa hinauf auf den **Gianicolo** chauffieren zu lassen, einem der sieben Hügel Roms mit unvergleichlichem Blick auf die Stadt und die Silhouette der Albaner Berge im Hintergrund. Die Möglichkeit bietet »Bici e Baci«. Die Fahrt dauert vier Stunden, ausreichend Pausen für einen kleinen Imbiss oder einen Espresso inklusive. Für Ausflüge in die Umgebung stehen Oldtimer wie der Fiat 500 oder der Ape Calessino in allen Bonbonfarben zur Verfügung (www.bicibaci.com).

Stadt selbst schon eine historische Schönheit, die man auch bewundern kann, wenn man gemütlich durch ihre verwinkelten Gassen schlendert.

Römisches »dolce far niente«

Halten wir es wie Goethe und nehmen am einzigartigen römischen Leben teil. Ein guter Start, um das bunte Treiben zu beobachten, ist die **Piazza Navona** mit ihrem herrlichen Vier-Ströme-Brunnen. Oder beginnen Sie den Tag mit einem Espresso im berühmten Caffè Greco in der hochpreisigen Shoppingmeile **Via dei Condotti** nahe der **Spanischen Treppe**. Als Flaniermeile jenseits des touristischen Trubels entpuppt sich die **Via Giulia** im historischen Zentrum der Stadt. Mit ihren alten Gemäuern aus der Renaissancezeit, den Brunnen und mit Efeu überwucherten Torbögen gehört sie zu den romantischsten Straßen Roms. Zum Entspannen empfiehlt es sich, in einen der weniger zentralen Stadtteile auszuweichen. Authentische *Trattorien* und *Ostarias* (kleine Gaststätten mit einem kleinen Angebot an Speisen) gibt es z. B. rund um den **Campo de' Fiori**, in **Trastevere** und in neu erschlossenen Vierteln wie **Testaccio**, oder im studentisch geprägten **San Lorenzo**, wo die Preise noch bezahlbar sind. Hier finden sich auch die angesagten Clubs und Diskotheken – sollte man nach einer langen Besichtigungstour noch dazu fähig sein. Wie man sieht, genügt ein Kurztrip in die »Ewige Stadt« keinesfalls, um sie wirklich kennenzulernen. Doch ein Wochenendtrip macht allemal Appetit, zurückzukommen. Um sicher zu gehen, sollte man daher, ganz wie es der Brauch verlangt, eine Münze in die **Fontana di Trevi** werfen, dem berühmtesten Brunnen der Welt.

TW

Dolce Vita auf römische Weise: mit der Vespa zur Spanischen Treppe (oben) oder ein romantisches Dinner auf der Piazza Navona (rechts).

Infos und Adressen

ANREISE
Flug: Direktflüge nach Rom-Fiumicino oder Rom-Ciampino; **Bahn:** etwa 9 Stunden ab München; **Auto:** Brenner-Autobahn A22, dann bei Modena A1 nach Rom

BESTE REISEZEIT
April–Juni und Sept.–Nov.

SEHENSWERT
Kapitolinische Museen: bedeutende Sammlung antiker Statuen auf dem Kapitolshügel
Forum Romanum: Beinahe 1000 Jahre schlug in den geschichtsträchtigen Mauern das Herz der antiken Welt.
Galleria Doria Pamphilj: Roms größter Palazzo überrascht mit einer der bedeutendsten privaten Kunstsammlungen der Welt.
Piazza Navona und Piazza di Spagna: zwei geschichtsträchtige Plätze mit vielen Sehenswürdigkeiten und einer energiegeladenen Atmosphäre

ESSEN UND TRINKEN
La Rosetta: hervorragendes Fischlokal am Pantheon; Via della Rosetta 8-9
Restaurants im jüdischen Viertel: Ob im Forno Boccione, Giggetto oder der Taverna del Ghetto: Roms jüdische Spezialitäten sind echte Leckerbissen! Via Portico d'Ottavia
Gina eat & drink: Das Restaurant bietet auch Picknickkörbe für den Park der Villa Borghese. Via San Sebastianello 7

Tazza d'Oro: In der »Goldenen Tasse« verbringen die Römer gerne ihre Mittagspause. Via degli Orfani 84
Café in den Kapitolinischen Museen: Die Spezialität caffé capitolino genießt man am besten auf der herrlichen Aussichtsterrasse.
Harry's Bar: Internationale Bekanntheit erlangte die Bar durch die Filmaufnahmen von Fellinis »Dolce Vita«. Via Veneto 150
Antico Caffè Greco: Das berühmte Kaffeehaus wurde u. a. schon von Goethe, Schopenhauer, Richard Wagner, Franz Liszt, Lord Byron und John Keats besucht. Via dei Condotti 86, www.anticocaffegreco.eu

SHOPPING
ArcheoArt: Nachbildungen von Büsten und Skulpturen zum Mitnehmen. Via del Teatro di Marcello 12
L'Olfattoria: Ein Paradies für Schnuppernasen: 200 Parfum-Essenzen stehen zur Auswahl. Via Ripetta 34
Salumeria Roscioli: Hier beziehen auch Spitzenköche ihre Wurst- und Käsewaren. Via dei Giubbonari 21
Via dei Condotti: Das Areal um die berühmte Straße ist Roms exklusivste Shopping-Meile.
Caserma Guglielmo Pepe: Der Besuch dieses Marktes ist wie ein Kurztrip in den Orient. Via Principe Amedo 118

Castroni und Franchi: Beide Läden sind wahre Feinschmeckerparadiese. Via Cola di Rienzo 196 und 200

ÜBERNACHTEN
Residenza di Ripetta: In den Gemäuern dieses Klosters lässt es sich fürstlich wohnen. www.royaldemeure.com
Hotel d'Inghilterra: Nobles Hotel nahe der Spanischen Treppe, schon Keats Shelley und Lord Byron waren einst zu Gast. www.royaldemeure.com
Hotel Hassler: eine der feinsten Adressen der Stadt oberhalb der Spanischen Treppe; www.hotelhassler.com
Portrait Suites: Luxuriöse Suiten direkt über den Ferragamos Flagship-Store; www.royaldemeure.com
Sofitel Rome Villa Borghese: Die Aussicht von der Dachterrasse der Hotelbar ist, wie die Unterkunft, fabelhaft. www.sofitel.com
Hotel Santa Maria: Kleinod der Hotellerie im Trastevere; www.htlsantamaria.com
Hotel Raphael: Luxuriöses Boutique-Hotel in bester Lage. www.raphaelhotel.com

WEITERE INFOS
Offizielles Tourismus-Portal: www.turismoroma.it/?lang=de

Die Fontana di Trevi: Wer kennt ihn nicht, den Brunnen, in dem Anita Eckberg in „Dolce Vita" badete und ihn so zum wohl berühmtesten Brunnen der Welt machte?

Städtereisen

79 Amsterdam

HIGHLIGHTS

Goldener Bogen: Hier stehen besonders prachtvolle Häuser an der Herengracht, einst Domizil der reichsten Kaufleute und Reeder der Stadt.

Oude Kerk: gotische Hallenkirche mit Renaissancefenstern; vom Turm aus fantastischer Blick über Amsterdam

Leidseplein: Schnittpunkt von Nachtleben und Kultur mit Bars und Kneipen sowie Theater und Comedy

Rijksmuseum und Van Gogh Museum: Beide gehören zu den Highlights der Kulturszene weltweit.

IJburg: auf Pontons gebaute Häuserreihen. Amsterdams Antwort auf die Herausforderungen des Klimawandels

DINNER FOR TWO

Pannekoeken: Pfannkuchen, mit herzhaftem, exotischem oder süßem Belag – *Vlaamse Frites* oder *Patat:* frische Pommes frites in vielen Variationen – *Kibbeling:* Kabeljau, Seelachs oder Seehecht kleingeschnitten und frittiert – *Appeltaart:* Apfelkuchen – *Poffertjes:* süße Minipfannkuchen

Hausboot-Idylle an der Prinsengracht – sogar für Blumentöpfe ist Platz.

Den Sundowner direkt auf dem Wasser nehmen und sich von den Wellen sanft in den Schlaf schaukeln lassen – vom Hausboot aus die ebenso gediegene wie bunte, pragmatische wie experimentierfreudige und überaus lässige niederländische Hauptstadt zu erkunden, ist ein besonderes Erlebnis.

Leben im und am Wasser

Sachte schwappen die Wellen gegen die Schlafzimmerwand, nicht selten liegt das Badezimmerfenster auf Höhe des Wasserspiegels, und Vögel zeigen sich zum Frühstück auf der Terrasse – pardon, auf Deck. Denn die Wohnung ist ein Hausboot. Um die 3000 gibt es davon in Amsterdam. Ursprünglich war es die Wohnungsnot in der Stadt, die Hausboote als alternative Unterkünfte attraktiv machte, heute sind sie aus **Amsterdam** nicht mehr wegzudenken. Statt ein Hotelzimmer zu mieten, könnte man das Gefühl von Freiheit und romantischer Abgeschiedenheit inmitten des bunten Treibens wählen und sich für den Aufenthalt auf einem Hausboot entscheiden.

In Amsterdam ist das alte Zentrum ein touristisches Muss, u. a. der imposante, 306 m breite Hauptbahnhof Amsterdam Centraal (1889) im Stil der niederländischen Renaissance, der klassizistische Königliche Palast, **Paleis op de Dam** (1648) mit

Niederlande

seiner prachtvollen Innenausstattung und die **Sint Nicolaaskerk** (1884-87) im Neobarock- und Neorenaissancestil, gekrönt von der 58 m hohen Kuppel mit blauer Glasmalerei. Beeindruckend ist der **Grachtengürtel**, der sich wie ein Halbmond um das Zentrum legt. Prachtvolle Kaufmannshäuser aus dem 16./17. Jh. reihen sich aneinander, mit üppiger Innenausstattung und fantastischen Gärten. Dazwischen beherbergen die teils erstaunlich schmalen Häuser mit den hübschen Giebeln Cafés, Kneipen und *winkeltjes*, winzige Lädchen mit extravagantem Angebot, das zu entdecken sich lohnt.

Geheimtipp ist der Stadtbezirk **Amsterdam Noord**, der mit der Fähre hinter dem Hauptbahnhof zu erreichen ist. Dort belebt eine bunte Künstler-, Designer- und Start-up-Betreiber-Gemeinschaft ehemalige Industriebrachen – ein neuer Szenetreff mit einer ebenso ausgefallenen wie beliebten Gastronomie. Hingucker in Noord ist das futuristische, weiße EYE (2012), das Amsterdamer Filmmuseum, das an ein Ufo erinnert.   *MSS*

Die Käsestände auf dem Albert-Cuyp-Markt erfreuen Nase und Gaumen eines jeden Käsefans.

Zu zweit erleben

Nostalgisches Flair verbreitet der einstige Arbeiterstadtteil **De Pijp**. Den Namen erhielt er von dem langen, schnurgeraden Kanal, den man mit vielen anderen zuschüttete, um dort bauen zu können. Beim Bummel zwischen den hohen schmalen Backsteinhäusern hindurch, die nur per Flaschenzug mit Möbeln bestückt werden können, taucht man ein in eine friedliche, bunte, fast romantische Welt. 140 Nationen leben hier Völkerverständigung. Die Kneipenszene ist legendär, ebenso die Cafés mit den knallbunten, aber kunstvoll drapierten Torten. Man kennt sich im Viertel und bei schönem Wetter wird das Leben auf die zahlreich aufgestellten Bänke vor den Häusern verlegt, die einladen zum Plausch bei einem Glas Wein – »gezellig« eben. Eigentlich ist es verboten, das Wohnzimmer in der Öffentlichkeit, doch es fällt unter die lässige »moet-kunnen«-Regel, »geht doch!« Mitten in De Pijp findet zudem der größte Markt Amsterdams statt, der **Albert-Cuyp-Markt**, mit seinem südeuropäisch anmutenden Angebot.

Infos und Adressen

ANREISE
Flug: nach Schiphol, weiter mit dem Schnellzug nach Amsterdam (15 min); **Bahn:** Amsterdam ist gut an das deutsche Bahnnetz angeschlossen. **Auto:** von Norddeutschland über die E30 (Hannover – Osnabrück – Enschede), von Süden über die E35 (Essen – Arnheim – Utrecht) oder über die E31 (Köln – Düsseldorf – Nijmegen) und die E35

SEHENSWERT
Open Tuinen Dagen: Am dritten Juni-Wochenende öffnen die Gärten im Grachtengürtel.
Hortus botanicus: einer der ältesten botanischen Gärten weltweit

ESSEN UND TRINKEN
Hotel de Goudfazant: im hippen Noorden; Aambeeldstraat 10 H, www.hoteldegoudfazant.nl
De Kas: Bio-Restaurant im Treibhaus; Kamerlingh Onneslaan 3, www.restaurantdekas.nl.

ÜBERNACHTEN
Auf dem Hausboot: z.B. www.houseboathotel.nl, houseboat-rental-amsterdam.com
Levant Bed & Breakfast: Modernes Apartment auf einem Frachtschiff, Levantkade 90

WEITERE INFOS
VVV Touristeninformation: Stationsplein 10, www.iamsterdam.com

Städtereisen

Wien

HIGHLIGHTS

Stephansdom: das gotische Wahrzeichen Wiens

Hofburg: weitläufiges Ensemble der ehemaligen Habsburgerresidenz

Karlskirche: bedeutendste Barockkirche Wiens mit mächtiger Kuppel und imposanten flankierenden Triumphsäulen

Schloss Schönbrunn: Ehemalige Sommerresidenz der Habsburger; der Tiergarten gilt als der älteste, noch bestehende zoologische Garten der Welt.

Hundertwasserbauten: Neben dem Hundertwasserhaus entwarf Friedensreich Hundertwasser auch das KunstHausWien und die Müllverbrennungsanlage Spittelsau.

DINNER FOR TWO

Ob Haubenrestaurant, Beisl, Kaffeehaus oder Würstelstand – Wien bietet für jeden Geschmack und Geldbeutel kulinarische Erlebnisse. Die Wiener Küche besteht nicht nur aus *Wiener Schnitzel* (dünn, paniert, nur vom Kalb) mit *Erdäpfelsalat* und *Sachertorte*, sondern verwöhnt auch mit *Tafelspitz*, *Fiakergulasch*, *Krautfleckerln* und vielen süßen Mehlspeisen.

Der gotische Stephansdom ragt mit dem Steffl 137 m hoch in den Wiener Nachthimmel auf.

2014 wurde Wien zur Stadt mit der weltweit höchsten Lebensqualität gekürt. Und was für die Stadteinwohner gilt, können die Millionen von Gästen, die es in die Donaumetropole zieht, nur bestätigen. Wien ist nicht nur lebenswert, sondern auch sympathisch, schön, romantisch und aufregend zugleich.

Eine Stadt für jede Jahreszeit

Der gotische **Stephansdom** ist das Herz der Altstadt und bedeutendstes Wahrzeichen Wiens. Von der nach 343 Stufen erreichten Aussichtsplattform des 137 m hohen Südturms, des **Steffl**, bietet sich ein großartiger Blick über die Dächer Wiens. Weniger Sportliche können mit dem Aufzug den Sockel des 68 m hohen Nordturms erreichen. Der Dom spiegelt sich in der Glasfassade des von Hans Hollein neu entworfenen **Haas-Hauses**. Vom Stephansplatz gelangt man auf dem **Breiten Graben**, eine der luxuriösesten Flaniermeilen von Wien, an der barocken **Pestsäule** vorbei zur hochbarocken **Peterskirche**. Der **Kohlmarkt**, eine weitere Einkaufsstraße mit bekannten Modelabels, führt vom Petersplatz direkt zum ehemaligen Machtzentrum der Habsburger.

Der alte Kern des verschachtelten Gebäudekomplexes der **Hofburg** ist der Schweizerhof von 1275. Aus der Renais-

Österreich

sance stammen die Stallburg, die hinter den Arkadengängen des Innenhofs die Stallungen der **Spanischen Hofreitschule** beherbergt und im Westen die **Amalienburg**. Ein weiterer Blickfang ist die **Hofbibliothek** mit dem Prunksaal. Die Hofburg beherbergt, neben der Schatzkammer mit den österreichischen Reichsinsignien, natürlich die **Kaiserappartements** mit dem Sisi-Museum und im angrenzenden Albrechtspalais die Kunstsammlung **Albertina**.

Wiens ältester Platz, der **Hohe Markt** mit Überresten des römischen Legionslagers **Vindebona**, liegt in Richtung **Donaukanal**. An der Abzweigung zum Bauernmarkt drängen sich zu jeder vollen Stunde Touristen, wenn die im Jugendstil gestaltete **Ankeruhr** eine bekannte Wiener Persönlichkeit passieren lässt.

Was wäre Wien ohne seine berühmten Kulturstätten, die meist an der Ringstraße liegen. Am Donaukanal steht die 1909 erbaute **Urania** mit Sternwarte und Vortragssälen. Der Stubenring trennt das sogenannte Regierungsgebäude vom **Postsparkassenamt**, einem der prägenden Jugendstilbauten Wiens. Es folgen die Universität für angewandte Kunst und das zugeordnete Museum, das **MAK**. Hinter dem reizvollen Stadtpark am Parkring befindet sich das **Konzerthaus**, und hinter dem Kärntnerring der Karlsplatz mit der barocken **Karlskirche**. Von hier ist es nicht weit bis zum Gebäude der **Wiener Secession**, einem Meilenstein des Wiener Jugendstils. Der Opernring wird von der **Wiener Staatsoper** beherrscht. An das **Kunsthistorische** und das **Naturhistorische Museum** fügt sich das 2001 eröffnete **MuseumsQuartier**. Das **Burgtheater** am Universitätsring ist das größte deutschsprachige Sprechtheater. Zurück zum Donaukanal

Zu zweit erleben
WIENS UNTERWELT

Der Filmklassiker »Der dritte Mann« hat das unterirdische Wien weltbekannt gemacht. Nachdem 1730 eine Cholera-Epidemie in Wien mehr als 2000 Tote gefordert hatte, wurde das schon seit 1739 bestehende Kanalnetz bis Ende des 19. Jhs. erneuert und erweitert. Heute umfasst die Wiener Kanalisation ein rund 2400 km langes Kanalnetz, das weitgehend begehbar ist. Nach Fertigstellung war es jahrzehntelang eine Zufluchtsstätte für Obdachlose und Arbeitslose, die sich ihren Lebensunterhalt mit Herausfischen von verwertbaren Gegenständen aus dem Abwasser verdienten. Während des Zweiten Weltkriegs und in der Nachkriegszeit, in der der Film spielt, nutzten auch Agenten den Unterschlupf. Außerordentlich beliebt ist die vom Betreiber Wien Kanal veranstaltete, mit modernster Projektionstechnik ausgestattete »3. Mann Tour«. Über die Original-Filmtreppe geht es sieben Meter in die Tiefe in den ältesten Teil der Kanalisation, zu dem auch die beiden Cholera-Kanäle gehören. Das privat geführte **Dritte Mann Museum** im Bezirk Wieden liefert ausführliches Hintergrundwissen zum Film.

1882 wurde das gläserne Palmenhaus im Schönbrunner Schlosspark eröffnet.

Ohne Stress geht es mit dem zweispännigen Fiaker durch das Wiener Zentrum.

Besondere Augenblicke

IM LUXUSWAGGON DINIEREN

Auch das **Riesenrad im Prater** gehört zu den Wahrzeichen Wiens. Eröffnet wurde es 1897 zum 50. Thronjubiläum von Kaiser Franz Joseph. Mit einem Gesamtdurchmesser von 61 m war es seinerzeit eines der größten Riesenräder der Welt. Nach Zerstörungen im Zweiten Weltkrieg wurde das Riesenrad 1945 wieder instand gesetzt. Die 15 Waggons – anfangs waren es 30 Gondeln – drehen sich mit einer Geschwindigkeit von 0,75 m/Sek. Unvergessliche Momente verspricht ein exklusives »Romantic Crystal Dinner« im luxuriösen **»Dinner for Two Waggon«**. In der funkelnden Kristalldekoration des Waggons wird für 1,5 Stunden ein dreigängiges Gourmet-Menü mit Weinbegleitung serviert. Auch die beiden anderen Luxuswaggons, der **Jubiläumswaggon** und der **Kaiserwaggon** bieten ein besonderes Fahrerlebnis. Man kann die Waggons auch für die Traumhochzeit buchen. Weniger romantisch, aber wesentlich abenteuerlicher ist das »Dinner in the Sky« auf der in 50 m Höhe frei schwebenden Tafel der Praterfee.

Gut vier Minuten dauert eine volle Umdrehung des Riesenrads im Prater.

führt der Schottenring, vorbei an der hohen neugotischen **Votivkirche**, der ehemaligen **Wiener Börse**, dem **Palais Hansen**, heute Hotel, und dem Hochhaus **Ringturm**, das jedes Jahr kunstvoll verhüllt wird.

Grüfte und Friedhöfe

Den Wienern wird ein Hang zum Makabren nachgesagt. Einen Eindruck von der prunkvollen Inszenierung einer »schönen Leich'« geben die Begräbnisstätten der Habsburger, die man lieber zu zweit aufsuchen sollte. In der **Kapuzinergruft** unter der Kapuzinerkirche am Neuen Markt stehen die Besucher Schlange, um die prächtigen Kaisergrabmale zu bestaunen. Ihre Herzen und die von vielen anderen Habsburgern sind in der **Herzgruft** der Augustinerkirche in der Hofburg bestattet. Für Gänsehaut sorgen eine Besichtigung der verwinkelten **Katakomben** unter dem Stephansdom oder die für ihre Mumien bekannte **Michaelergruft**, in der rund 4000 wohlhabende Bürger von 1560 bis 1784 bestattet wurden. Schließlich kann man mit dem »Witwenexpress«, wie die Wiener die Straßenbahn der Linie 71 nennen, zum knapp 2,5 km² großen **Wiener Zentralfriedhof** fahren. Ausgedehnte Spaziergänge führen einen entlang der vielen Jugendstilbauten und den **Ehrengräbern** bekannter Wiener. Ab September 2014 kann man im dorthin umgesiedelten **Bestattungsmuseum** wohl wieder im Sarg probeliegen. Nach derart gruseligen Abenteuern ist der Besuch eines gemütlichen Kaffeehauses ein Muss!

Schlösser und Heurige

Unbedingt anschauen sollte man **Schloss Schönbrunn** im Westen Wiens. Neben den prächtigen Gemächern beeindrucken die Parkanlagen mit dem 1752 gegründeten **Tiergarten**, dem ältesten bestehenden Zoo der Welt, und die **Wagenburg** mit ihren prunkvollen Kutschen. In der Adventszeit bezaubert Schönbrunn mit einem stimmungsvollen Weihnachtsmarkt. Vor **Schloss Belvedere** lockt zur gleichen Zeit das Weihnachtsdorf. Das Belvedere selbst ist heute ein bedeutendes Kunstmuseum.

Ein weiteres Highlight ist ein Ausflug in den **Wienerwald** zum **Heurigen**. In den Nachmittagsstunden und am Wochenende zieht es nicht nur die Wiener zur Entspannung in die Weinorte am Rand des Wienerwalds. Empfehlenswert ist auch der aussichtsreiche **Kahlenberg**. Zum Wein reicht man einfache Gerichte, z. B. würzige Brotaufstriche und Mehlspeisen. *EA*

Wien

Infos und Adressen

ANREISE
Flug: Von allen größeren Flughäfen gibt es Direktflüge nach Wien-Schwechat, der City Airport Train fährt direkt in die Stadt.
Bahn: bequem über City Night Line; **Auto:** über die A8 (von Passau) oder die Westautobahn A1 (von Salzburg)

BESTE REISEZEIT
Ganzjährig

SEHENSWERT
Albertina: zu sehen sind nicht nur bedeutende grafische Werke und Aquarelle, sondern seit 2007 auch die Sammlung Batliner mit Werken der klassischen Moderne; Do–Di 10–18 Uhr, Mi 10–21 Uhr
Prater: weitläufige Auenlandschaft und Erholungsgebiet an der Donau mit dem Vergnügungspark Wurstelprater und dem berühmten Riesenrad; März–Okt. tgl. 10–24 Uhr
Museumsquartier: um mehrere Höfe gruppiertes hippes Kunst- und Szeneviertel mit dem MUMOK (Museum für moderne Kunst)

ESSEN UND TRINKEN
Steirereck: die unangefochtene Nummer 1 der Wiener Gastronomie im Stadtpark – günstiger speist man in der angeschlossenen Meierei im Stadtpark. Am Heumarkt 2a, www.steirereck.com
Ubl: traditionelles Beisl in der Nähe des Naschmarkts mit Wiener Küche, authentischer alte Einrichtung und romantischen Schanigarten; Ecke Mühlgasse/Pressgasse, 4. Bezirk
Ofenloch: Das Bierhaus Ofenloch wurde schon 1704 erwähnt, in den wunderschönen Galerieen und im Schanigarten werden zur traditionellen Wiener Küche viele gute Weine auch glasweise ausgeschenkt. Kurrentgasse 8, www.restaurant-ofenloch.at
Café Central: Eine Institution ist das legendäre Literatencafé im Palais Ferstel, einem ehemaligen Bank- und Börsengebäude, mit feiner Patisserie. Ecke Herrengasse/Strauchgasse, www.palaisevents.at/cafecentral.htm

ÜBERNACHTEN
Kärntnerhof: charmantes, stilvoll renoviertes Boutique-Hotel in einem Haus aus der Gründerzeit, im Heiligenkreuzerhof, einem Hofensemble im Zentrum von Wien; Grashofgasse 4, www.karntnerhof.com
Die Kugel: kleines Hotel mit liebevoll eingerichteten Zimmern und einem hervorragenden Frühstück, nahe des Museumsquartiers; Siebensterngasse 43, www.hotelkugel.at
Sans Souci Wien: tolles Design in einem ehemaligen Gasthaus von 1872, im trendigen Künstlerviertel Spittelberg, mit Haubenrestaurant La Véranda; Burggasse 2, www.sanssouci-wien.com

AUSGEHEN
Burgtheater: eines der bekanntesten und größten Sprechtheater Europas, Sommerpause im Juli und Aug.; Universitätsring 2, www.burgtheater.at
Wiener Staatsoper: seit 1869 Nachfolgerin der Wiener Hofoper, mit prächtiger Innenausstattung – rechtzeitig Karten besorgen; Opernring 2, www.wiener-staatsoper.at
Simpl: 1912 als Bierkabarett Simplicissimus eröffnetes bekanntes Kabarett; Wollzeile 36, www.simpl.at/
Donaukanal und Donauinsel: Partymeile v. a. im Sommer, hier liegt auch der bekannte Musikclub Flex.

SHOPPING
Der Demel: Ein Tempel für Liebhaber süßer Dinge, die auch wunderschön anzusehen sind, ist die Hofzuckerbäckerei Demel. Kohlmarkt 14, www.demel.at
Naschmarkt: Großer innerstädtischer Markt zwischen Linker und Rechter Wienzeile, die von Jugendstilbauten flankiert werden, viele kleine Gastronomiebetriebe, samstags größter Wiener Flohmarkt.
The Viennastore: hochwertiges Design aus Wien und Österreich; Herrengasse 6, theviennastore.bigcartel.com

WEITERE INFOS
Online-Reiseführer: www.wien.info/de

Am Pfarrplatz im Wiener Stadtteil Heiligenstadt schmeckt nicht nur der Wein gut.

Städtereisen

Danzig

HIGHLIGHTS

Krantor: wuchtiges Stadttor an der Mottlau aus Backstein und Holz, Wahrzeichen Danzigs.

Grünes Tor: Stadttor am Langen Markt, erbaut im prunkvollen flämischen Manierismus – mit grüngestrichener Fassade

Frauengasse: Die hübscheste Gasse der Stadt ist flankiert von schmalen Bürgerhäusern.

Langgasse: Danzigs Prachtstraße mit wunderschönen Hausfassaden und Fußgängerzone

Westerplatte-Denkmal: erinnert an die Verteidigung der Westerplatte durch polnische Soldaten im Zweiten Weltkrieg

DINNER FOR TWO

Pierogi: gekochte oder geröstete halbrunde Teigtaschen mit verschiedenen Füllungen – *Barszcz:* klare, tiefrote Suppe aus Rote Bete – *Tatar śledziowy:* Heringstartar mit hartgekochten Eiern, Zwiebeln und Gewürzen – *Danziger Goldwasser:* klarer, süßer Gewürzlikör mit echten Blattgoldflocken.

Imposant überragt das Krantor die Flaniermeile entlang der Mottlau.

Als größter polnischer Ostseehafen war Danzig jahrhundertelang das reiche Handelstor der polnisch-litauischen Adelsrepublik nach Westeuropa und Übersee. Im Zweiten Weltkrieg zerstört und danach originalgetreu restauriert, gilt die 45 000-Einwohner-Stadt mit ihrem beschaulichen Altstadtkern als eine der schönsten Polens.

Geschichte und große Gefühle

Hand in Hand durch die herrliche Altstadt von Danzig zu spazieren, ist auch für Vielgereiste ein Erlebnis – insbesondere abends, wenn die imposanten Bauwerke hübsch beleuchtet sind. Vom Hauptbahnhof leicht zu Fuß zu erreichen, beginnt der Bummel am **Goldenen Tor**, auch Langgassertor genannt, das die gleichnamige Gasse flankiert. Die Prachtstraße führt bis zum Langen Markt mit dem **Grünen Tor**. Dazwischen passiert man Bürgerhäuser mit wunderschönen Fassaden und verschnörkelten Giebeln, darunter das **Ferberhaus** – geschnitzte Figuren von Adam und Eva schmücken die Eingangstür –, das feuerrot gestrichene **Löwenschloss** und das geschichtsträchtige **Uphagenhaus**, heute ein Museum mit Originalmobiliar des beginnenden 20. Jhs. Bedenkt man, dass Danzig im Zweiten

Polen

Am längsten Holzsteg Europas – in Zoppot – kann man fast immer ein paar Sonnenstrahlen tanken.

Infos und Adressen

ANREISE
Flug: Direktflug von vielen deutschen Flughäfen, weiter per Bus ins Zentrum; **Bahn:** Per Europa-Spezial von Berlin nach Danzig

BESTE REISEZEIT
Ganzjährig

SEHENSWERT
Nationalmuseum: gotische Malerei und Kunsthandwerk aus den historisch wichtigen Epochen der Stadt
Neptunbrunnen: sehenswerter Brunnen aus dem Jahr 1633 vor dem Artushof

ESSEN UND TRINKEN
Kresowa: Salon im Stil der 1930er-Jahre mit leckeren Speisen der litauischen, ukrainischen und kaukasischen Küche; Ul. Ogarna 12, www.kresowagdansk.pl

ÜBERNACHTEN
Holland House: Schnuckeliges Boutique-Hotel mit 26 geräumigen und luxuriösen Zimmern inmitten der Altstadt. Gutes Restaurant; Ul. Długi Targ 33/34, www.hollandhouse.pl
Villa Pica Paca: Individuell eingerichtete, moderne Zimmer und Appartements in der Speicherstadt; Ul. Spichrzowa 20, picapaca.com

WEITERE INFOS
Polnisches Fremdenverkehrsamt: www.polen.travel/de

Weltkrieg nahezu komplett zerstört worden ist, weiß man das originalgetreu wiedererrichtete Stadtbild umso mehr zu schätzen.

Hinter dem Grünen Tor warten das Flüsschen **Mottlau**, der **Alte Hafen** und die **Speicherstadt**. Ein Tipp für Frischverliebte: Auch in Danzig hat sich der hübsche Brauch der Liebesschlösser etabliert! Also, einfach ein mit beiden Namen graviertes Vorhängeschloss mitnehmen, an einer der Brücken über die Mottlau fest verschließen – und den Schlüssel gemeinsam in den Fluss werfen. Dann hält die Liebe für immer!

Ein weiteres Highlight der Stadt ist die **Frauengasse** mit ihren terrassenartigen Vorbauten der Häuser und den vielen Boutiquen und Straßenständen mit Bernsteinschmuck. Nach diesem kleinen Shoppingexkurs geht es zurück in die **Langgasse** und schnurstracks in eines der zahlreichen gemütlichen Cafés. Besonders empfehlenswert dort ist eine Heiße Schokolade – dickflüssig und süß wie die Liebe selbst.   DH

Zu zweit erleben

ROMANTISCHER STRANDSPAZIERGANG

In rund einer halben Stunde Zugfahrt hat man von Danzig aus das **Ostseebad Zoppot** erreicht. Dort kann man entspannt durch die Monte-Cassino-Straße flanieren – die Fußgängerzone – mit Häusern aus dem 19. und dem frühen 20. Jh. Damals entwickelte sich Zoppot zum beliebten Kurort, da bewaldete Höhenzüge den Ort vor Wind schützen, die Luft mild und mückenfrei ist und das Meerwasser der Danziger Bucht wärmer ist als im westlichen Teil der Ostsee. Mondän und einzigartig wird das Seebad auch durch seinen langen Holzsteg, der über 500 Meter weit ins Meer ragt und damit die längste Mole Europas bildet. Ein ausgedehnter Spaziergang über die hölzernen Planken und danach den weitläufigen Sandstrand entlang locken Sommers wie Winters – egal, ob bei Sonnenschein oder Wind und Regen. Vielleicht ist letzteres sogar die romantischere Variante! Und im Anschluss laden die vielen Restaurants und Cafés an der Strandpromenade zum kulinarischen Tête-à-tête ein.

Städtereisen

Krakau

HIGHLIGHTS

Czartoryski-Museum: Das älteste Museum Polens glänzt mit »Die Dame mit dem Hermelin« von Leonardo da Vinci.

Hochaltar der Marienkirche: Ende des 15. Jhs. von Veit Stoß geschaffenes Meisterwerk

Unterirdisches Museum: Unter dem Hauptmarkt lässt das größte unterirdische Museum Polens die Geschichte der mittelalterlichen Stadt aufleben.

Galeria Krakowska: 2006 am Hauptbahnhof eröffneter Konsumtempel mit 270 Geschäften, Cafés und Restaurants

Manggha: Museum der Japanischen Kunst und Technik, einmalig in Polen

DINNER FOR TWO

Wer es deftig mag, sollte *Żurek* (gesäuerte Mehlsuppe) und *Bigos* (Sauerkrauteintopf) probieren. Lieblicher sind *Pierogi* (gefüllte Teigtaschen), zum Nachtisch unabdingbar *Naleśniki* (gerollte und gefüllte Pfannkuchen). Wenn das alles zu schwer im Magen liegt, hilft das Nationalgetränk *Wódka* (»Wässerchen«).

Die romanische Wawel-Kathedrale liegt auf dem Wawel-Hügel gleich neben dem Königsschloss.

Romantische Winkel, behagliche Cafés und Kultur pur: Das bietet Krakau mit seiner Altstadt rund um den quadratischen Hauptmarkt. Das historische Zentrum präsentiert sich überschaubar wie eine Puppenstube und ist dennoch vielfältig. Es ist ein Paradies für Flaneure, denn alles ist wunderbar zu Fuß zu erreichen.

Tradition und Kultur auf engem Raum

Stündlich, und das rund um die Uhr, bläst ein Trompeter vom Turm der Marienkirche ein Signal. Mit dieser Tradition erinnert er an das Jahr 1241, als die Stadt von Tartaren angegriffen wurde. Da der damalige Trompeter von einem Pfeil getötet wurde, bricht auch heute die Melodie abrupt ab. In Krakau ist man sich der Vergangenheit nicht nur bewusst. Man pflegt sie auch.

Die **Marienkirche** ziert die Ostecke des **Rynek Główny**. Der Hauptmarkt zählt zu den größten Stadtplätzen Europas. Wohin Besucher ihre Schritte auch lenken, immer wieder wird der Hauptmarkt sie wie ein Magnet zurückziehen. In seiner Mitte stehen die **Tuchhallen**, die man mit ihrer Renaissancefassade eher in einer italienischen Stadt vermuten würde. Nach einem Besuch der dortigen Souvenirstände

Polen

Dieses jüdische Orchester aus Holz kann man in einem der Souvenirläden in Kazimierz erwerben.

Infos und Adressen

ANREISE
Flug: Direktflüge von Frankfurt/Main, München, Düsseldorf, Berlin, Hamburg u. Stuttgart; **Bahn:** ab Berlin über Breslau oder Warschau (Fahrtzeit 10 Std.); **Bus:** Direktverbindung ab Berlin (Fahrtzeit 8 Std.); **Auto:** ab Berlin über E36 u. E40

SEHENSWERT
Skałka-Kirche: Barockkirche mit Grabstätte von Czesław Miłosz, dem Literaturnobelpreisträger von 1980; Ul. Skałeczna 15, www.skalka.paulini.pl
Markt im Stadtteil Kleparz: authentische Einkaufsmöglichkeit; Rynek Kleparski

ESSEN UND TRINKEN
Chimera: Großes Salatbüfett im Hinterhof, ein Kontrapunkt zur traditionellen polnischen Kost. Ul. Świętej Anny 3, www.chimera.com.pl

ÜBERNACHTEN
Hotel Copernicus: Luxus im historischen Gewand, zwischen Hauptmarkt und Wawel, Ul. Kanonicza 16, www.copernicus.hotel.com.pl

WEITERE INFOS
Touristen-/Stadtinformation: Info Kraków, Ul. Świętego Jana 2, 31018 Kraków, www.krakau.travel

---

stärken Kaffee und Kuchen in einem der unzähligen Cafés, von denen manche noch immer Wiener Charme verströmen und daran erinnern, dass Krakau einst zur Habsburgermonarchie gehörte.

In zahlreichen Baublocks verbergen sich lauschige Innenhöfe, die entdeckt werden wollen. Neugierige Naturen werden mit schmucken Cafés oder malerischen Lädchen belohnt, in denen man hübsche Souvenirs finden kann. Man muss sich ducken, um in den Hof des **Collegium Maius** zu gelangen. Die Atmosphäre der nach Prag zweitältesten Universität Mitteleuropas ist dort besonders bezaubernd.

Hoch hinaus geht es auf den **Wawel**. Auf dem Schlossberg konzentriert sich die Geschichte der ehemaligen polnischen Hauptstadt und des ganzen Landes. Das Ensemble aus **Schloss** und **Kathedrale** gehört zum Pflichtprogramm. Wer vor den letzten Ruhestätten polnischer Könige und Nationalhelden zurückkehrt, schlendert am besten durch die **Planty**. Der Grüngürtel zieht sich um die gesamte Altstadt. DF

Zu zweit erleben

SPUREN JÜDISCHER VERGANGENHEIT

Südlich der Altstadt liegt **Kazimierz**, das bis zum Zweiten Weltkrieg Krakaus Zentrum jüdischen Lebens war. Die deutschen Besatzer siedelten die Bewohner in ein Ghetto um und töteten sie später. In Polens Jahren des Sozialismus schenkte man dem jüdischen Andenken keine Aufmerksamkeit, die Bausubstanz verfiel. Heute sind viele Gebäude renoviert. Zwischen dem **plac Nowy** und der **ulica Szeroka** finden sich einige Synagogen, die besichtigt werden können. Das Museum in der **Alten Synagoge** hält die Erinnerung an die jüdische Kultur wach. Neben dem rekonstruierten alten Friedhof gibt es den größeren neuen Friedhof, der einen Besuch lohnt. Seit dem weltweit erfolgreichen Film »Schindlers Liste« von 1993, der teilweise in Kazimierz spielt, hat sich der Stadtteil zu einem In-Viertel entwickelt. Kleine Hotels, Restaurants mit kosheren Speisen und alternative Cafés locken immer mehr Neugierige. Bei einem Bummel stößt man an jeder Ecke auf Sehenswertes.

Städtereisen 83

Lissabon

HIGHLIGHTS

Castelo de São Jorge: Die Burganlage auf einem Hügel bietet einen fantastischen Blick auf Lissabon.

Madragoa: Viertel mit den besterhaltenen Azulejos

Basílica de Estrela: Die »Sternbasilika« mit ihrer weißen Kuppel strahlt innen wie außen grazile Eleganz aus.

Museum Gulbenkian: Privat-Sammlung exquisiter Kunstschätze, u. a. Werke von Monet und Degas

Sintra: einstiger Sommersitz portugiesischer Könige im Westen von Lissabon mit grandiosen Palästen und Schlösschen, umrahmt von fantastischen Gärten

DINNER FOR TWO

Als Entrada sind die Gemüsesuppen empfehlenswert – *Bacalhau à bras:* Stockfisch, getrockneter und gesalzener Kabeljau, kleingeschnitten, mit Kartoffeln und Eiern gebraten, auch als *Pasteis de Bacalhau:* Stockfischbällchen – *Pasteis de nata:* Cremepastetchen – *Torta de amêndoa:* Mandelrolle – Wein und Portwein.

Nachts wird der Turm zu Belem beleuchtet und wirkt dann sehr romantisch.

Eine schöne, weiße Stadt an der Mündung des Tejo in den Atlantik, mit einer großen Vergangenheit, der sie wehmütig-melancholisch nachhängt – das ist die portugiesische Hauptstadt. Einerseits. Andererseits ist Lissabon eine moderne, lebendige Metropole, sprühend vor Energie und Lebenslust – eine Stadt zum Verlieben. In jeder Hinsicht!

Ruckelnd und quietschend in die Vergangenheit

Eine Fahrt mit der historischen Tram, der Eléctrico, ist in Lissabon ein Muss. Legende ist die Tour mit der Linie 28 durch die **Alfama**, den ältesten Stadtteil. Nirgendwo in Lissabon sind die Gassen schmaler, das Straßenlabyrinth verwinkelter, die Kurven enger. Mit den holzgetäfelten Waggons zuckelt man Berge hinauf, so steil, dass sie manchmal hängen bleiben. Die Bahn ächzt, ruckelt und quietscht – Nervenkitzel pur! Die Geranien an den kleinen Balkonen der dicht gedrängten Häuser sind zum Greifen nah, hier wirft man einen Blick in eine Bäckerei, dort in eine Schneiderei, wo wie seit Jahrhunderten alles per Hand gefertigt wird. Die malerischen, windschiefen Häuserfronten bröckeln, die Azulejos, die typischen weißblauen Kacheln an vielen Fassaden blitzen dennoch in der Sonne. Das einstige Fischerviertel hat den Charme des Maroden.

Portugal

Mit dem Aufzug von der Baixa in den Chiado

Die **Baixa** direkt am Tejo-Ufer betritt man durch den Triumphbogen an der **Praça de Comércio**. Das Erdbeben von 1755 machte das Viertel dem Erdboden gleich. Mit schachbrettartig angelegten Straßen wurde es wieder aufgebaut – revolutionär im 18. Jh. und wegweisend für viele andere Städte. Heute sind die meisten Straßen der Baixa Fußgängerzone, wo nostalgische Lädchen gleich neben den Filialen internationaler Designer logieren.

Das Herz Lissabons schlägt im Norden der Baixa, es ist der **Praça de Dom Pedro IV**, für die Lisboetas schlicht der **Rossio**. Eine Statue des späteren brasilianischen Kaisers und zwei französische Springbrunnen zieren den Platz, dessen Hauptattraktion auf dem Boden liegt: die kunstvollen, wellenförmigen Mosaikpflaster – am besten bei einer *bica* (Espresso) von einem der vielen Terrassencafés aus zu betrachten.

Lissabon liegt auf sieben Hügeln. Die Höhenunterschiede überwindet man mit Seilbahnen, Aufzügen oder den Eléctricos. Von der Baixa ins höher gelegene Viertel **Chiado** trägt den Reisenden der Aufzug **Santa Justa** (oder Elevador do Carmo), den ein Schüler Gustave Eiffels entwarf – die 45 m hohe Eisenkonstruktion kann den Einfluss kaum verleugnen. Chiado war im 19. und Anfang des 20. Jhs. das politische und kulturelle Zentrum Lissabons mit stilvollen Cafés, Theatern und der Oper. Mit viel Fingerspitzengefühl für die besondere Atmosphäre wurde das mondäne Viertel nach einem Brand

Zu zweit erleben

VON SONNENUNTERGANG BIS SONNENAUFGANG

Lissabons Nachtleben ist legendär und ein besonderes Erlebnis. Am besten startet man an einem der vielen Miradouros (Aussichtspunkte), um bei einem Sundowner und immer in interessanter Gesellschaft die Sonne glutrot im glitzernden Tejo versinken zu sehen. Dann isst Lissabon, die Straßen sind wie leer gefegt. Ab 22 Uhr geht es so langsam los. Das Szeneviertel ist der Bairro Alto, dessen Straßen sich allmählich füllen und in ein wogendes Meer aus fröhlichen Menschen verwandeln, international und multikulturell. Kneipen, Fado-Lokale, Livemusik aller Art, bodenständige Taskas, Restaurants, hippe Clubs – das Angebot ist riesig, die Stimmung sprühend vor Lebendigkeit und Energie. Wo die eine Bar aufhört und die nächste Kneipe anfängt, man weiß es nicht. Woher die Musik kommt? Egal, Hauptsache sie klingt gut. Man lässt sich treiben bis zum Morgengrauen. Den Sonnenaufgang über dieser faszinierenden Stadt erlebt man am besten von einer der vielen Dachterrassen der Clubs aus – ganz romantisch.

In den engen Altstadtgassen reiht sich ein Lokal an das nächste.

Riesig ist die Windrose mit der Weltkarte, auf die man vom Denkmal zu Ehren der portugiesischen Entdecker in Belem blickt.

Besondere Augenblicke

RAUS ANS MEER

Wer Lissabon besucht, ohne an den Strand zu gehen, der hat etwas verpasst. Nur 20 bis 30 km vom Zentrum entfernt findet man sie, kilometerlange Sandstrände oder auch schroffe Klippen, an denen sich die Brandung des Atlantik schäumend bricht. Ein Seebad alten Stils, das noch heute den Glanz vergangener Zeiten ausstrahlt, ist **Estoril**. Hinter dem weißen Sandstrand liegen palastähnliche Villen in üppigen Gärten, die gehobene Lissabonner Gesellschaft trifft sich gerne zum Golfen oder im Casino. Ganz anders **Cascais**: Dort flicken die Fischer noch an ihren Netzen, in den schmalen Gassen stehen kleine Häuschen mit urigen Souvenirläden. Der Strand liegt in einer von Felsen gesäumten Bucht. Das **Cabo da Roca** ist der westlichste Punkt Europas, eine 18 m hohe Klippe mit Leuchtturm über dem tosenden Atlantik. Ein besonderer Tipp ist **Azenhas do Mar** (eine Stunde von Lissabon), ein zauberhafter kleiner Ort, der wie ein Schwalbennest auf einem Felsen hoch über dem Atlantik liegt und atemberaubende Blicke aufs Meer bietet.

Ein großer Sandstrand lockt in dem ehemaligen Fischerort Cascais nahe Lissabon.

1988 wieder aufgebaut und beherbergt immer noch die erlesensten Einkaufsadressen der Stadt. Und das Café Brasileira, wo sich Intellektuelle, Politiker und Künstler treffen. Auf der Terrasse sitzt noch heute – allerdings in Bronze – Portugals berühmtester Schriftsteller und ehemaliger Stammgast, Fernando Pessoa (1888–1935).

Szeneviertel, Puddingteilchen und Futuristisches

Mit der Standseilbahn **Elevador da Glória** gelangt man von der Baixa in den **Bairro Alto**, das »hochgelegene Viertel« (16. Jh.), ebenfalls in geradlinigen Straßenzügen angelegt. Neben den prunkvollen Palästen stehen viele kleine Häuser von Handwerkern und Händlern. Mittelpunkt des Viertels ist die **Igreja São Roque**, mit ihrem opulenten Inneren ein Highlight unter den Lissabonner Kirchen.

Das Tor zur Welt war zu Entdeckerzeiten der **Hafen von Belém**. An jene große Zeit erinnert das Denkmal der Entdeckungen (1960) direkt am Tejo-Ufer: ein stilisierter Schiffsbug, auf dem sich 32 Figuren der portugiesischen Entdecker-Geschichte drängen, allen voran Heinrich der Seefahrer. Zu Füßen des monumentalen Denkmals ist das Mosaik einer Windrose (Durchmesser: 50 m) mit Weltkarte und den Entdeckerrouten zu sehen. Eng verbunden mit dieser Zeit sind der ehemalige Leuchtturm **Torre de Belém** und das **Hieronymus-Kloster** (16. Jh.), das Emanuel I. nach der Rückkehr Vasco da Gamas von seiner ersten Indienreise erbauen ließ. Beide sind bedeutendste Exemplare der Manuelinik, eines nur in Portugal vorkommenden Baustils mit Elementen der Spätgotik und der Renaissance. Weltruhm erlangten zudem die *Pastéis de Belém*, die überall sonst in Portugal *Pastéis de Nata* heißen. Hier in Belém wurden die Teilchen aus Blätterteig mit einer Füllung aus Eigelb, Zucker, Zimt und Sahne 1837 erfunden in der Fábrica dos Pastéis de Belém, wo heute täglich 15 000 Stück im angrenzenden großen Café mit Genuss und *bica* verspeist werden.

Ganz anders begeistert das Gelände der Weltausstellung von 1998 im Osten von Lissabon, das überwiegend mit moderner Architektur bebaut ist. Ein Beispiel dafür ist der spektakuläre **Bahnhof Oriente** mit viel Glas und Stahlbeton. Der **Parque das Nações** beherbergt auch das größte Seewasseraquarium Europas mit 25 000 Meeresbewohnern. *MSS*

Lissabon

Infos und Adressen

ANREISE

Flug: Lufthansa und TAP Portugal fliegen z.B. ab Frankfurt/Main, Hamburg und München, von anderen Städten fliegt German Wings. Außerdem gibt es günstige Charterflüge. Autovermietungen am Flughafen, Aero-Bus ins Zentrum; **Auto:** von Norden aus Route Paris – Bordeaux – Hendaye – Burgos – Salamanca – Vilar Formoso, von Süden aus Lyon – Nimes – Perpignan – Le Perthus – Barcelona – Madrid – Caia – Sétubal; **Schiff:** Man kann von Rotterdam aus per Frachtschiff nach Lissabon fahren.
Die Stadt bietet die Lisboacard an mit Vergünstigungen für öffentliche Verkehrsmittel und Museen.

BESTE REISEZEIT

Lissabon ist im Sommer ein sehr beliebtes und dementsprechend belebtes Touristenziel. Günstiger ist daher die Nebensaison.

SEHENSWERT

Oceanário: Hier kann man die faszinierende Fauna der Weltmeere bestaunen.
Estufa Fria: Highlight des Parque Eduardo VII. ist der Garten im Nordwesten mit Gewächshäusern, die einheimische und tropische Pflanzen zwischen Teichen, Brücken und Volieren beherbergen.
Avenida da Liberdade: Lissabons Prachtstraße mit historischen Gebäuden, Parkanlagen, Pflastermosaiken
Mercado do Peixe: In der Halle in Ajuda wählt man fangfrische Fische und genießt den Fisch frisch zubereitet – ein (nicht ganz preiswerter) Genuss!
Museo Nacional do Azulejo: Im ehemaligen Kloster Madre de Deus wird man durch die Geschichte der Azulejos geführt.

ESSEN UND TRINKEN

Pap'Açorda: Das modern eingerichtete Restaurant gilt als bestes im Bairro Alto, Rua da Atalaia 57. Sein Ableger Bica do Sapato am Tejo ist ebenso empfehlenswert.
www.bicodosapato.com
Bota Alta: Szenerestaurant im Bairro Alto mit guter portugiesischer Küche; Travessa da Queimada 37
Os Tibetanos: vegetarisches Restaurant mit Blick über die Avenida da Liberdade; www.ostibetanos.com
Cervejaria da Trindade: in einem ehemaligen Kloster mit tollen Fliesenbildern an den Wänden, gute Meeresfrüchte; www.cervejariatrindade.pt/trindade_english.html
Lautasco: kleines Alfama-Restaurant mit hübschem Innenhof; Grillspezialitäten, insbesondere Fisch; Beco do Azinhal 7

SHOPPING

Mode: Ana Salazar, Portugals bekannteste Modedesignerin; Boutique in einem jahrhundertealten Kloster in der Rua do Carmo 87.
Azulejos: Bazar Mimi, neben der Kathedrale Sé, Fliesenladen und angeschlossene Werkstatt
Kaffee und Portwein: Casa Macário: große Auswahl an Süßigkeiten, Kaffee, Tee und Portwein; Rua Augusta 272–274.
Wein: Coisas do Arco do Vinho im Centro Cultural de Belém, exquisite Weine.

ÜBERNACHTEN

Bairro Alto Hotel: Fünfsternehaus im Bairro Alto mit modern designten Zimmern und Dachterrasse; www.bairroaltohotel.com
Senhora do Monte: 28 komfortable Zimmer auf einem Hügel im Viertel Graça mit toller Aussicht auf die Innenstadt. Calçada do Monte 39
Casa das Janelas com Vista: nur zwölf, sehr individuell eingerichtete Zimmer; ruhig im Bairro Alto gelegen; www.casadasjanelascomvista.com
York House: ehemaliges Karmeliter-Kloster nahe am Museu Nacional de Arte Antiga mit bezauberndem Innenhof; www.yorkhouselisboa.com

WEITERE INFOS

Lissabon Tourist Info: Turismo de Portugal, Rua Ivone Silva 6, Ns. de Fátima, Lisboa
www.turismodeportugal.pt

Eine Fahrt mit der Electrico, der elektrischen Straßenbahn, hier vor der Se Catedral in der Alfama, dem ältesten Distrikt, gehört in Lissabon einfach dazu.

Madrid

HIGHLIGHTS

Metropolis-Haus: imposante Architektur an der Kreuzung der Calle de Alcalá und der Gran Vía

Krypta der Almudena-Kathedrale: leicht versteckt liegende und einzigartige Kulisse mit über 300 Säulen

Puerta del Sol: durch Veranstaltungen und Demonstrationen quirliger Mittelpunkt des Stadtlebens

Caixa Forum: wechselnde Ausstellungen in moderner Architektur und neben einem vertikalen Garten

Cervantes-Denkmal: an der Plaza de España reiten die literarischen Figuren Don Quichote und Sancho Pansa zu Ehren ihres Schöpfers

DINNER FOR TWO

Frühstück in einer Bar: Zum *cortado* (Espresso mit Milch) oder *café con leche* (Milchkaffee) gibt es einen churro (frittierter Teigkringel). – *Tapas:* kleine Portionen, die satt machen: *Serrano-Schinken, Pimientos de Padrón* (Parikaschoten), *Boquerones* (Sardellen), *Puntillitas fritas* (frittierte Tintenfische)

Im Parque de Retiro wacht die Statue von Alfons XII. über alle Besucher, die in ihrem Schatten Erholung suchen.

Auf den ersten Blick gibt sich Madrid monumental. Spaniens Hauptstadt ist stolz auf ihre Kultur und Vergangenheit, die in der opulenten Architektur des Zentrums zum Ausdruck kommt. Doch nur wenige Schritte vom Königspalast oder der Gran Vía entfernt, finden sich ungezählte Nischen für beschauliche Momente zu zweit.

Prachtbauten, Kunst und lauschige Plätze

Wohl kein Tourist kommt an ihr vorbei: Die **Plaza Mayor** gilt als Madrids Wohnzimmer. Viele Besucher wollen sich dort gleichzeitig zu Hause fühlen, sodass der rechtwinklige Platz mit seinen Arkadengängen und Cafés nicht immer seinen Charme ausspielen kann. Sind es der Schaulustigen und Gaukler zu viele, verlässt man die Szenerie am besten durch den westlichen Ausgang. Nur wenige Schritte entfernt, lockt der **Mercado de San Miguel**. Zwar ist auch die rund einhundert Jahre alte und restaurierte Markthalle stets von Menschen erfüllt. Die aber erfreuen sich an kulinarischen Kostbarkeiten des Landes, die von einem mit Schinken belegten Boccadillo über zahlreiche Tortilla-Variationen bis zur exklusiven Auster reichen.

Leckerbissen anderer Art bieten Madrids hochrangige Museen: Wer im **Museo Nacional Centro de Arte Reina Sofia**

Spanien

Bevorzugt abends zeigt sich der Tempel von Debot inmitten der Millionenmetropole Madrid als Oase der Muße.

Infos und Adressen

ANREISE
Flug: Direktflüge von den meisten großen Flughäfen; **Metro:** Linie 8 fährt vom Flughafen in die Innenstadt

BESTE REISEZEIT
Frühling und Herbst, im Sommer ist es sehr trocken und heiß.

SEHENSWERT
Museo Nacional del Prado: eines der weltweit renommiertesten Kunstmuseen
Palacio Real: Königspalast aus dem 18. Jh., nahe der Plaza Mayor

ESSEN UND TRINKEN
El Granero de Lavapiés: vegetarisches Restaurant mit Hausspezialitäten. Calle de Argumosa 10
Cervecería Alemana: seit 1904 betriebenes Traditionshaus; Plaza de Santa Ana 6, www.cerveceriaalemana.com

ÜBERNACHTEN
Artrip Hotel: charmantes Haus im Szeneviertel Lavapiés mit individuell gestalteten Zimmern: Calle Valencia 10, www.artriphotel.com
Hotel de Las Letras: zentrale Unterkunft, die ganz der Literatur gewidmet ist, Bibliothek inklusive; Gran Vía 11, www.hoteldelasletras.com

WEITERE INFOS
Oficina de Turismo: z. B. im Flughafen Barajas, www.turismomadrid.es

Zu zweit erleben
TEMPEL VON DEBOT

Eine der ungewöhnlichsten Sehenswürdigkeiten Madrids findet sich im Westen der Innenstadt: Von der **Plaza de España** führt der Weg am Cervantes-Denkmal vorbei hinauf zu den **Jardines de Ferraz** und zum **Parque de la Montaña**. Frühaufsteher können von dort oben den Sonnenaufgang über der Stadt genießen. Verträumte Paare ziehen womöglich den Blick auf den Sonnenuntergang jenseits des **Rio Manzanares** vor. Zwischen den beiden Zeitpunkten ist der Park bei Yogagruppen, Schulklassen und Picknickfreunden beliebt. Die Menschen sitzen auf Bänken, essen Eis und füttern die Spatzen zu ihren Füßen. Seit 1972 wird der Park durch den **Tempel von Debot** geadelt. Die Anlage stand ursprünglich in Ägypten und musste abgebaut werden, da sie sonst den Fluten des Assuan-Stausees zum Opfer gefallen wäre. Heute kann im Inneren des Tempels eine Ausstellung über Aspekte des antiken Ägypten besucht werden. Damit das Gebäude nicht zu sehr strapaziert wird, sind gleichzeitig immer nur 60 Besucher zugelassen.

das Gemälde »Guernica« von Pablo Picasso bewundert, sollte anschließend nicht den überdachten Innenhof des benachbarten Neubaus verpassen. Im dortigen Café kann man die soeben gewonnenen Eindrücke Revue passieren lassen. Eine exquisite Zusammenschau der westlichen Kunstgeschichte bietet das **Museo Thyssen-Bornemisza**, das bedeutende Werke von früher italienischer Kunst bis zur internationalen Avantgarde präsentiert.

Wer die Seele baumeln lassen möchte, findet im **Parque de Retiro** die besten Möglichkeiten. In der riesigen Grünanlage nördlich des Bahnhofs Atocha liegt ein See, auf dem man der/dem Liebsten seine Ruderkünste beweisen kann. Die Abende stehen in Madrid unter dem Motto »Sehen und gesehen werden«. Wer Trubel mag, flaniert über die **Gran Vía**. Romantischere Naturen ziehen einen Streifzug in den Gassen rund um die **Plaza Santa Ana** vor. DF

Städtereisen

Malaga

HIGHLIGHTS

Castillo de Gibralfaro: Die Burganlage des nasridischen Emirs Yusuf aus der ersten Hälfte des 13. Jh. bietet historische Einblicke und eine sagenhafte Aussicht.

Alcazaba: Aus phönizischer Zeit stammt die später maurisch überformte Stadtbefestigung Alcazaba mit dem römischen Amphitheater.

Jardin Botanico-Historico La Concepcion: Im tropischen Garten an der nördlichen Stadtgrenze gedeihen mehr als 3000 einheimische Pflanzen.

Santa Iglesia Catedral Basilica de la Encarnation: Die Kathedrale mit wechselnden Stilen ist der Mittelpunkt der Altstadt.

Museo del Vidrio y Cristal: Im Glasmuseum sind fast 3500 zerbrechliche Kunststücke ausgestellt.

DINNER FOR TWO

Tapas: bunte Vielfalt auf dem Teller, ideal zum gemeinsamen Durchprobieren – *Pescaito frito*: Sardinen und Meerbarben, in Mehl gewendet und frittiert, sind Leckerbissen für *Malagueños* – *Hojaldre de frambuesa*: das Himbeer-Blätterteig-Gebäck

Herrschaftlich ist der Ausblick bis heute: die nasridische Burg Castillo de Gibralfaro.

Wer das Glück hat, einen Tag in Malaga zu verbringen, sollte die frühen Morgenstunden nutzen: Dann liegen die Attraktionen der südandalusischen Hafenstadt wie frisch aus dem Ei gepellt vor den Besuchern: die Kathedrale und das römische Theater, das Castillo de Gibralfaro und das feine Picasso-Museum.

Frisch und schön wie ein junger Morgen

Malaga gehört zu jenen Städten, die ihre volle Pracht bereits am frühen Morgen entfalten: So frisch und üppig grün zieren dann die Palmen und Blumen den **Paseo España** oder den **Jardin Concepcion**, so still liegen die Straßen um die Kathedrale, so blank der Marmor der Fußgängerzone. Der Marmorbelag der **Alameda Principal** ist das Ergebnis des Wettstreits zwischen Cordoba und Malaga um den Titel der Europäischen Kulturhauptstadt 2016; davon getragen hat ihn San Sebastian. Doch profitiert Malaga auch ohne die touristisch hochwirksame Auszeichnung: Aus dem ehemals teils belächelten, teils berüchtigten südandalusischen Hafen hat sich eine echte Stadtperle entwickelt.

Im Mittelpunkt der neu-alten Pracht steht die Kathedrale, genannt **La Manquita**, »die Einarmige«, weil für einen zweiten Turm das Geld fehlte. Dass die Kathedrale auf einer Mo-

Spanien

Prachtvoll auch mit nur einem Turm: die Kathedrale im Herzen von Malaga.

Infos und Adressen

ANREISE
Flug: Alle großen deutschen Flughäfen bieten Verbindungen zum Airport der Costa del Sol.

BESTE REISEZEIT
April–Oktober

SEHENSWERT
Museo Picasso: Erst 30 Jahre nach dem Tod des Künstlers eröffnete ein ausschließlich seinen Werken gewidmetes Museum – dafür ist es in einem wunderschönen andalusischen Stadtpalais untergekommen; Calle San Agustin 8, www.museopicassomalaga.org

ESSEN UND TRINKEN
Taberna Uvedoble: Die moderne Tapasbar in der Calle Cister ist ein Dauergeheimtipp der Gastrokritiker; Calle Cister 15, www.uvedobletaberna.com
La Cocina Malaga: Hier entsteht regionale Kost vor aller Augen in einer offenen Küche. Calle Duque de la Victoria 5

ÜBERNACHTEN
Parador de Malaga Gibralfaro: Ein Traum hoch über der Stadt zwischen Pinien, autark mit Pool, Terrasse und Top-Restaurant; Camino de Gibralfaro, www.parador.es.

WEITERE INFOS
www.malagaweb.com
www.malaga-andalusien.de
www.malagainformation.com

Besondere Augenblicke

VIERTEL EL PALO

Ein sicherer Tipp für schöne Stadtstreifzüge und bewegte Partynächte ist das Viertel **El Palo** im Osten Malagas. Der Name bedeutet »Pfosten« und lässt sich vielleicht mit der Straßenbahn erklären, die hier bis 1961 zwischen Bahnhof und Vorort pendelte. Um im Menschengedränge auf sich aufmerksam zu machen, wurden Pfosten geschwungen. Vielleicht liegt der Ursprung des Namens aber auch schlicht im portugiesischen Ausdruck »Palus« für Lagune. Die Tramverbindung verweist auf die Bedeutung des später eingemeindeten Fischerdorfs. Bis heute liegen die bunten Fischerboote am Strand, selbst wenn sie nur noch selten der Existenzsicherung, sondern zumeist der Freizeitgestaltung dienen. Auch die vielen Fischrestaurants El Palos und die schmalen Strandhäuser deuten auf die Wurzeln des Viertels und die des trendigen Nachbarbezirks **Pedregalejo** hin. Wahres Schmuckstück des Stadtteils aber ist der Strand, feinsandige 2 km lang und eine beliebte Anlaufstelle für Wassersportler.

schee entstand, sagt einiges über die Stadt, in der viele Elemente zusammenfließen – christliche und arabische, römische und phönizische.

Vorbei an der **Alcazaba**, der maurischen Stadtbefestigung, führt ein Weg hinauf zum **Castillo de Gibralfaro**, ein Spaziergang für die Morgenstunden, bevor die südandalusische Sonne heiß hinunterbrennt. Mit jedem Schritt wächst die Szenerie der sanft geschwungenen Bucht zwischen der **Sierra Mijas** und dem tiefblauen Wasser, nur die Wohntürme des Hafenviertels werden glücklicherweise immer kleiner. Mitten im Häusermeer liegt die kreisrunde Stierkampfarena **La Malagueta**, gebaut um 1875 für 14 000 Zuschauer. Diese war bereits für den berühmtesten Malagueño Pablo Picasso (1881–1973) ein Anziehungspunkt. Das **Museo Picasso** in einem Stadtpalast um einen zauberhaften Innenhof erinnert an den wohl größten Maler von Liebenden. *BM*

Städtereisen

Sevilla

HIGHLIGHTS

Kathedrale: mit Aufstieg auf den Turm der Giralda und Blick über Sevilla

Real Alcázar: märchenhaft anmutender Palast Peter des Grausamen aus dem 14. Jh.

Museo de Bellas Artes: Sammlung spanischer Gemälde mit Werken von Zurbarán, Murillo und anderen Meistern

Casa Pilatos: Herrenhaus aus dem 16. Jh., ein Meisterwerk der Mudéjar-Kunst, des maurisch-christlichen Mischstils

Plaza de Espana: Großartiges Gebäudeensemble, geschmückt mit kleinen spanischen Fliesen, eröffnet zur Weltausstellung 1929

DINNER FOR TWO

Salmorejo, eine kalte, dickflüssige Suppe aus Tomaten, Knoblauch, Brot und Olivenöl – *Cocido*, ein Kichererbsen-Eintopf mit Schinken, Paprikawurst und Blutwurst – für zwischendurch: *Tapas* in allen Variationen und *Jamon iberico* (luftgetrockneter Schinken) – Für Süße: *Torta Sevillana* aus Weizenmehl, Olivenöl, Zucker, Salz, Hefe, Sesam und Anis

Vom Plaza del Triunfo aus, einem der meistbesuchten und schönsten Plätze Sevillas, kann man die Stadt per Pferdekutsche besichtigen.

Für Romantik, Liebe und Leidenschaft ist Sevilla eine bewährte Stadt. Carmen, Don Juan, Figaro und der Barbier haben es variantenreich und dramatisch vorgemacht. Sevilla ist la ciudad de la alegría, die Stadt der Freude. Das Leben spielt zwischen Flamenco-Lokalen, Festen und Sehenswürdigkeiten.

Flamenco, Feste und Toreros

Sevilla blickt auf eine lange Tradition zurück. Die Lage am schiffbaren großen Fluss, dem **Guadalquivir**, war für viele reizvoll. Phönizier, Griechen, Römer, Westgoten, Wikinger und Mauren hinterließen ihre Spuren. Heute präsentiert sich Sevilla auch als moderne Stadt. Am Flußufer entsteht ein umstrittenes Hochhaus vom Architekten Pelli, im Jahr 1992 wurde die Expo ausgerichtet und der **Parasol Metropol** in der Stadtmitte zeigt urbane Architektur auf archäologischen Resten. Das Zentrum der Stadt ist immer noch die Kathedrale mit der **Giralda**, dem Glockenturm, der einst das Minarett der maurischen Hauptmoschee war. Im Frühjahr, wenn die Orangenbäume blühen, weht der betörende Duft vom dortigen Orangenhof durch die engen Gassen des Viertel **Santa Cruz** und den Garten des **Real**

Spanien

Infos und Adressen

ANREISE
Flug: Umsteigeverbindungen von allen deutschen Flughäfen

BESTE REISEZEIT
April–Mai

SEHENSWERT
Museo Arqueológico: archäologische Sammlung mit Fundstücken aus Sevilla und Umgebung; Plaza de América: Di–Sa 9–20.30 Uhr, So und feiertags 9–14.30 Uhr
Hospital de la Caridad: ehemaliges Hospital, in dem Maler der Sevillaner Schule wie Murillo und Valdés Leal präsentiert werden; Di–Sa 9–13.30 Uhr, 15.30–18.30 Uhr, So 9–13 Uhr

ESSEN UND TRINKEN
El Rinconcillo: älteste Tapas-Bar in Sevilla; Calle Gerona 40
Bar Giralda: schöner Mudéjar-Stil und eine der beliebtesten Tapas-Bars; Calle San Eloy 9
Albarama Restaurante Tapas: vorzügliches Essen; Plaza de San Francisco 5

ÜBERNACHTEN
Alfonso XIII Hotel: Luxus im herrschaftlichen Ambiente; Calle San Fernando 2
AlmaSevilla - Hotel Palacio de Villapanes: romantisch und zum Verwöhnen; Santiago 31

WEITERE INFOS:
Oficina de Turismo: Plaza de San Francisco, 19. Ed Laredo, planta baja. (Beim Rathaus); Tel.: 955.471.232, www.turismo.sevilla.org

---

Alcázars. Peter der Grausame ließ diesen Palast im Mudéjar Stil während des 14. Jhs. errichten – wie ein Traum aus 1001 Nacht.

In der Hitze des Tages findet der Stierkampf in der **Plaza de Toros de la Real Maestranza** statt, die aus dem 18. Jh. stammt und Platz für über 12 000 Zuschauer hat. Sie ist die größte Arena Andalusiens. Auf der anderen Uferseite liegt das alte und sehr lebendige Seefahrer- und Handwerkerviertel **Triana**. Im schattigen **Parque de María Luisa** flanieren Verliebte und Familien zu den Gebäuden der Weltausstellung von 1929, der **Plaza de América** und der **Plaza de Espana**. In der Dämmerung erwacht das Leben in der Haupteinkaufsstraße **Sierpes**, in den blumengeschmückten Patios, den Bars und Flamenco-Lokalen der Stadt. ML

Wer an Andalusien denkt, denkt an den Flamenco. Gesang und Tanz der Gitanos verbinden sich zu einer erotisch wilden Kombination.

Zu zweit erleben
BUMMELN, AUSGEHEN UND FEIERN

Am Vormittag lohnt sich ein Einkaufsbummel in der **Calle Sierpes** und den Nebenstraßen. Und wer sich einmal als Matador fühlen möchte: witzige T-Shirts mit Motiven rund um Stierkampf, Tapas und Sevillaner Lebensart finden sich im »Matador«; typische Sevillaner Kleider gibt es bei »Victorio & Lucchino«. Anschließend empfiehlt sich eine idyllische Kutschfahrt durch den Parque Maria Luisa. Abends bei Mondschein wird die Stadt beleuchtet. Besonders schön ist ein Bummel entlang des Guadalquivirs von der Triana Seite über die Brücke Isabella II, vorbei an der Toleranzskulptur des Basken Chillida und der Carmen-Statue vor der ehemaligen Tabakfabrik und heutigen Universität, in eine der zahlreichen Tapas-Bars zu einem Glas Fino, einem trockenen andalusischen Sherry.

Events: Zur Osterzeit in der **Semana Santa** bieten die Prozessionen der Bruderschaften ein einmaliges Erlebnis in gedrängt vollen Gassen. Im April: **Feria de April**, großes Stadtfest mit Paraden und Flamencotänzen. Im September: **La Bienal de Flamenco**, Flamencofestival.

Städtereisen

Prag

HIGHLIGHTS

Kaffeehaus-Besuch: Die im Jugendstil gehaltenen Cafés sind traumhaft und zahlreich!

Chlebíčky: Tschechische Schnittchen mit selbst gemachter Mayonnaise – ein Muss!

Barockviertel Kleinseite: Hand in Hand durch verwinkelte Gassen, vorbei an Palästen und Gärten

Kloster Strahov: Aussichtsrampe – von dort hat man einen Blick über die ganze Stadt

Postkartenfeeling: Am Nachmittag, mit der Sonne im Rücken, lässt sich von Kampa aus die Jugendstilhaus-Parade am Smetana-Ufer gut fotografieren.

DINNER FOR TWO

Die böhmische Küche ist meist sehr gehaltvoll, bei weniger Appetit genügt oft schon ein Gang des Menus: *Kulajda* (Kartoffelsuppe), *svíčková* (Lendenbraten in Rahmsoße) oder *guláš* (Gulasch) mit Serviettenknödel und als Nachtisch eine Mehlspeise, z.B. *Palatschinken*, *Buchteln* oder *Livanzen*.

Stadt der Türme – und der Brücken: Prag und die Moldau gehören seit jeher einfach zusammen.

Die tschechische Hauptstadt ist nicht nur ein faszinierendes historisches Freilichtmuseum, sondern auch eine lebendige moderne Metropole mit reger Gastronomie und einer bunten Ausgehszene. Aber es gibt auch noch das romantische Prag, das sich am besten zu zweit entdecken lässt, nachdem man sich auf der Liebesbrücke ewige Treue geschworen hat...

Die goldene Stadt bei Tag und Nacht

Längst gilt die tschechische Hauptstadt als eine der schönsten Metropolen in Mitteleuropa und faszinierende Schwelle zwischen West und Ost. Das Zentrum, das sich zu Fuß besichtigen lässt, umfasst die vier historischen Stadtteile **Burgviertel**, **Kleinseite**, **Altstadt** und **Neustadt**. Zu einem romantischen Stadtbummel gehören unbedingt die **Karlsbrücke**, der Altstädter Ring sowie die Prager Burg mitsamt den Burggärten. Die nach Kaiser Karl IV. benannte steinerne Karlsbrücke mit ihren 30 Barockstatuen und den gotischen Brückentürmen ist seit 650 Jahren ein magischer Anziehungspunkt. Tagsüber tummeln sich hier Reisende aus aller Welt und genießen die Postkartenaussicht auf die **Prager Burg**. Besonders abends ist die Stimmung romantisch. Der **Altstädter Ring** mit Rathaus, Astronomischer Uhr und bunten Marktständen ist das Herz der Stadt, dessen Schlag von den im Freien auftretenden Musikergruppen beschleunigt wird. Die Prager Burg ist die größte bewohnte Burganlage der Welt

Tschechien

Zu zweit erleben
IM DICKICHT DER ZAPFHÄHNE

Globalisierte Großbrauereien gibt es auch in Prag. Doch weil Biertrinken in Tschechien eine Philosophie für sich ist, schwören Finheimische auf Mikrobrauereien, die ausschließlich für den Bedarf ihres Lokals und eine kleine Fangemeinde brauen. Solche Brauereien gibt es auch in Klöstern, z. B. dem Stift **Břevnov**, dem ältesten Kloster Tschechiens oder im Kloster Strahov, das Besucher meist wegen seiner schönen Bibliothek mit den alten Globen kennen. Das Bier der Prämonstratenser von Strahov wurde erstmals schon 1400 erwähnt. Drei verschiedene Biersorten kommen täglich zum Ausschank, darunter auch 7 jahreszeitliche Biere, die es nur zu Ostern oder Weihnachten gibt.

Bei so viel verkosteten Bieren möchte man doch glatt direkt vom Tisch ins Bett fallen. In Prag ist selbst das möglich: Im einzigen **Brauereihotel U Medvídků**. Die Minibrauerei bietet Gästen auch die Möglichkeit, ihr eigenes Bier zu brauen. Oder man bestellt das weltweit stärkste Lagerbier »XBeer-33« ...

und dominiert das Prager Stadtbild mit dem gotischen **St.-Veits-Dom**. Könige, Kaiser und Präsidenten residierten dort, oberhalb der Moldau, aber auch arme Leute und Künstler wie Franz Kafka wohnten in den pittoresken Häuschen des **Goldenen Gässchens**. Erholsamer und weniger erhaben geht es in den **Burggärten** zu, besonders im Hirschgraben und im St. Wenzels-Weinberg hat man das Gefühl, in einer Oase zu sein.

Weltmusik und Szenebars

Die Ausgehszene in Prag hat längst Anschluss gefunden. Prominente DJs geben sich bei Performances die Klinke in die Hand. Allan Davis ist eigens aus Paris angereist. Er soll den neuen tschechischen DJ-Kollegen den unverwechselbaren Buddha-Bar-Sound implantieren. »Gespielt wird jede im Klang passende ethnische Musik, von arabisch über griechisch, türkisch, französisch und latin bis asiatisch, besonders indisch«, sagt der DJ. »Es ist eine besondere Art der Chill-Out-Music.« Dieser Klang hat die **Buddha Bars** berühmt gemacht. Auch im Prager Ableger schieben die Gäste ihre Körper eng aneinander vorbei.

Ein paar Läden erinnern an alte Studenten- und Alternativszene-Zeiten vor Facebook- und Smartphone. Zum Beispiel der **Lucerna-Palast**, den Václav Havels Großvater erbaut hat. Dort laufen auf einer Riesenleinwand noch immer die 1980er-Jahre-Clips von Madonna bis Prince.

Doch Prag hat auch Schickis und Mickis. Etwa über den Dächern des **Wenzelsplatzes** mit einer der zu den World´s Finest Clubs gehörenden Location. Ist das **Duplex** tagsüber noch ein Restaurant in einem Glaskubus mit Balkon und Außenter-

Wo es aus dem Zapfhahn sprudelt: Tschechisches Bier gehört zu den besten Bieren der Welt.

Ein bisschen wie anno dazumal: In der Lucerna Bar wird gerne der 80er-Jahre-Sound gepflegt.

Besondere Augenblicke
DIE LUST AM SPIEL

Nirgends in Europa gibt es mehr Casinos als in Prag, meist rund um die Uhr geöffnet. Faites vos jeux! Auch wenn man nicht spielt, ist das Traditions-Casino Palais Savarin nahe dem **Wenzelsplatz** einen Besuch wert. www.spielbank-prag.com

Jazz im **Reduta Club**: Dort spielte Bill Clinton noch als US-Präsident Saxophon. Národní třída 20, www.redutajazzclub.cz

Schwarzes Theater **ANIMATO**: Bei dieser besonderen Form des Theaters kommt nur Pantomime und Musik zum Einsatz, weshalb sich ein Besuch auch für Gäste lohnt, die kein Tschechisch verstehen. Na Příkopě 10, www.blacklighttheatreprague.cz

Derzeit leider geschlossen: das Nationalmuseum am Wenzelsplatz.

Blick von Strahov auf die Burg mit Dom.

rasse, transformiert es abends zu Prags exklusivstem Club. Es sind die Kids der Reichen und Schönen, die sich hier treffen.

Ganz anders ist **Holešovice**, dem man seine Vergangenheit als Arbeiter-, Fabrik- und Schlachthofviertel immer noch ansieht. Wegen der relativ günstigen Mieten und der Nähe zum Zentrum hat sich der Stadtteil seit den 1990er-Jahren zu einem Zentrum der Künstler- und Kneipenszene entwickelt. Die ehemaligen Schlachthöfe und Markthallen stammen noch aus der Zeit der Jahrhundertwende. Holešovices heißester Club – und einer der besten in der Hauptstadt – ist das 2009 eröffnete SaSaZu, zu dem auch ein stylisches Asien-Restaurant gehört. Unter der Woche ist das **SaSaZu** eine gern gebuchte Event-Location für Konzerte, Fashion-Shows oder Firmenpräsentationen. An den Wochenenden tanzen in der gigantischen Großraumdisco auf mehreren Stockwerken bis zu 2500 Leute in den bunten Lichtblitzen der Stroboskope. In der DJ-Szene hat sich der Club mit Gastauftritten von Lily Allen, Macy Gray, Kosheen, Paul Van Dyk, Markus Schulz, Public Enemy oder One Republic einen internationalen Namen gemacht.

Tagsüber kann Prag deutlich romantischer sein: Beim Ruderbootfahren auf der **Moldau**, in den weitläufigen Wiesen hinter der Burg oder an der **Liebesbrücke bei der Kampa-Halbinsel**. Die dort beschworene Liebe verschließt man symbolisch mit einem Vorhängeschloss und hängt es zu den anderen, die die Brücke zieren. Danach empfiehlt sich zum Essen das **Palffy**, das vielleicht romantischste Lokal Prags, bestimmt aber mit einer der schönsten Altstadtterrassen. Zu fortgerückter Stunde hat man in Vinohrady die Wahl zwischen einer durchtanzten Nacht im Club **Techtle Mechtle** oder einem romantischen Rückzug ins schmucke Jugendstilhotel **Le Palais**. *JM*

Prag

Infos und Adressen

ANREISE
Per Auto, Bahn, Bus oder Flugzeug: Prag liegt zentral in Mitteleuropa, zwischen Berlin und München.

BESTE REISEZEIT
Ganzjährig

SEHENSWERT
Staré Město: In der Altstadt ist der größte Teil der Hauptsehenswürdigkeiten von Prag anzutreffen: Pulverturm, Repräsentationshaus, Ständetheater, Karolinum, das historische Hauptgebäude der Karls-Universität. Unbestritten im Zentrum: der **Altstädter Ring** mit dem Altstädter Rathaus und der berühmten Astronomischen Uhr, dem Huss-Denkmal, der Altstädter Nikolaus- und der Tyn-Kirche sowie weiteren schönen Renaissance-, Barock- und Rokokogebäuden

Altstädter Brückenturm: Direkt am Fluss ragt der Turm 40 m in die Höhe (schöne Aussicht). 1380 erbaut, markiert er das Ende der Altstadt und den Beginn der mehr als 500 m langen Karlsbrücke, die seit dem 14. Jh. Altstadt und Kleinseite verbindet.

Prager Burg: Sie ist mit 450 m Länge und 150 m Breite das größte geschlossene Burgareal der Welt.

Kloster Strahov: wunderschönes Gebäude auf der Kleinseite mit einer überwältigenden Bibliothek;

ESSEN UND TRINKEN
Essensia: feinste abwechslungsreiche Küche von tschechisch bis asiatisch; Nebovidská 459/1, www.mandarin oriental.de/prague

La Degustation: kleine Portionen, dafür werden aber auch 10, 12 und noch mehr Gänge gereicht; Haštalská 18, www.ladegustation.cz

Ambiente Brasileiro: Rodizio – verschiedene grillte Fleischsorten am Spieß – in einem Kellergewölbe von Prag, fast so gut wie in Rio selbst! U Radnice 8/13

La Finestra: Trattoria-Atmosphäre, super Pasta, guter Fisch, Gilt als ein Hotspot im Zentrum; Platnéřská 90/13, www.lafinestra.cz

Palffy Palace Club: Plüsch-Romantik, in es sich wunderbar dinieren lässt: Die Gerichte sind teuer, aber ihren Preis wert. Valdštejnská 14, www.palffy.cz

Colosseum: italienische Küche in Prag; empfehlenswert sind z. B. das Garnelen-Risotto und die knusprige Holzofen-Pizza; www.pizzacoloseum.cz

Kolkovna Olympia: deftig und schmackhaft! www.kolkovna.cz

Noi Noi: sehr guter Thai mit authentischen Gerichten; www.noirestaurant.cz

SHOPPING
Schnäppchen warten auf dem Vietnamesen-Markt in Holešovice; eine große Auswahl an internationalen Waren bietet das Palladium-Shopping-Zentrum; Nám. Republiky 1.

ÜBERNACHTEN
Four Seasons: Die Nr. 1 am Platz mit Postkartenpanorama und sensationellem Blick auf Karlsbrücke, Aussichtsturm Petřín, Kloster Strahov, Nikolaus-Kirche, Burg und St.-Veits Dom; Veleslavínova 2a/1098, www.1.fourseasons.com/de/prague

Mandarin Oriental: Das Spa-Hotel logiert in ehemaligen Klostermauern aus dem 14. Jh. Das Spa selbst wurde in der früheren Klosterkapelle untergebracht. Nebovidská 459/1, www.mandarinoriental.de/prague

Le Palais: Schmuckkästchen im Stil der Belle Époque – ruhig und doch zentral gelegen, wenig Laufpublikum und ein sehr angenehmes Preis-Leistungs-Verhältnis, weil flexibel in der Preisgestaltung; U Zvonarky 1, www.lepalaishotel.eu

Aria: ehemaliges Theater, das in ein Musikhotel verwandelt wurde: Jedes der 4 Stockwerke ist einem anderen Musikstil gewidmet: von Oper bis Jazz. www.ariahotel.net

WEITERE INFOS
Prager Tourismus-Info: www.prague-information.eu

Fotografieren ist dort nur mit Genehmigung und meist abgedunkelt, um die Bestände zu schützen: die barocke Bibliothek von Kloster Strahov.

Istanbul

HIGHLIGHTS

Topkapi-Palast: Zeitreise durch die Geschichte des osmanischen Reichs

Hagia Sophia: prächtiges byzantinische Gotteshaus, das größte des Christentums, bis es in eine Moschee verwandelt wurde und nun von der Geschichte beider Glaubensgemeinschaften erzählt

Yerebatan-Zisterne: Einblick in die Unterwelt der Stadt mit musikalischer Untermalung – ein besonderes Erlebnis!

Basar-Besuch: Den Großen Basar sollte man sich keinesfalls entgehen lassen!

Türkischer Tee: am besten in einem Café am Ortakoy-Pier mit Blick auf den Bosporus

DINNER FOR TWO

Drei Lebenselixiere gibt es in der Türkei: *Tee, Ayran* und *Rakı*. Den Tee nimmt man in Istanbul in einem der Teehäuser zu sich. Die Joghurtspezialität Ayran ist eine kleine sättigende Erfrischung. Rakı trinkt man abends, am besten zu einer traditionellen Rakitafel mit Fladenbrot, Oliven, Schafskäse, Salaten und kleinen Fleischspießen

Sie überspannt das Goldene Horn: die Galata-Brücke mit einer Länge von 466 und einer Breite von 42 Metern.

Von der europäischen Seite blickt man auf die asiatische, nachts, wenn die Bosporus-Brücke rot erleuchtet ist ... Istanbul ist eine Stadt zwischen Okzident und Orient, zwischen avantgardistisch und uralt bewegen sich die verschiedenen Facetten und Lebensgefühle in den einzelnen Stadtvierteln.

Brücke für zwei Erdteile

Kann eine 15-Millionen-Metropole romantisch sein? Sie kann! Etwa am frühen Abend, wenn die zahllosen Lichter am Bosporus eine atemberaubende Kulisse schaffen und die Sonne am **Goldenen Horn** versinkt. Wenn man die Silhouetten des **Topkapı-Palasts**, der **Hagia Sophia** und der **Blauen Moschee** erblickt, während die vom Marmarameer zum Schwarzen Meer ziehenden Schiffe, Tanker und Boote den Bosporus passieren ....

Wie eine große Freilichtbühne wirkt der Stadtteil **Fatih** auf der Halbinsel südlich des Goldenen Horns, auf der Byzantion gegründet wurde und auf der das Zentrum des byzantinischen und des osmanischen Konstantinopel lag. An die Landmauer schließt sich der Stadtteil **Eyüp** an, einer der wichtigsten Wallfahrtsorte der islamischen Welt. Das touristischste Viertel von Fatih ist **Sultanahmet**, das sich zwischen dem prächtigen Topkapı-Palast und der weltberühm-

Türkei

Schaumschläger und Muskelentspanner: zu Besuch in einem typisch Istanbuler Hamam aus Marmor.

Infos und Adressen

ANREISE
Flug: von fast allen deutschen Flughäfen nach Istanbul-Atatürk

BESTE REISEZEIT
Frühling und Herbst

SEHENSWERT
Topkapi Palast, Hagia Sofia, Blaue Moschee und **Großer Basar** liegen nahe beieinander. Dazu kommt der **Bosporus,** die Wassergrenze zwischen dem europäischen und dem asiatischen Teil. Günstige Bootsfahrten ab Galata-Brücke.

ESSEN UND TRINKEN
Kıyı: frischer Fisch, Bosporus-Blick und guter Service; Kefeliköy Caddesi 126, www.kiyi.com.tr
Kantin: lockere Atmosphäre und gesunde neutürkische Küche; Akkavak Sk 30, www.kantin.biz

ÜBERNACHTEN
Shangri-La: Aus einem 1929 erbauten Lagerhaus entstand ein Marmortempel mit 200 Luxuszimmern mit Bosporus-Blick; Hayrettin İskelesi Sk 1, www.shangri-la.com/istanbul
Ciragan Palace: attraktives Hotel in bester Lage; Ciragan Caddesi 32, www.kempinski.com

WEITERE INFOS
Tourismusbüro Istanbul: istanbul-tourist-information.com

Besondere Augenblicke

GENIESSEN WIE DIE RÖMER

Herrlich ist Istanbul auch bei Nacht, wenn die Bosporus-Brücke in Rot erstrahlt oder beim Besuch in einem der zahlreichen *Hamam*, wo man eine 2000 Jahre alte römisch-osmanische Badekultur erleben kann. Einst bot nicht nur das Bad Abwechslung, man konnte sich darüber hinaus auch von Masseuren, Übergießern und Epilierern verwöhnen lassen. Es sollen auch Orgien mit Wein, Weib und Gesang im Badehaus gefeiert worden sein.

Für Yusuf, dem Hamam-Meister im **Shangri-La**, hat seine Familie den Traditionsberuf beschlossen. Sein Wissen stammt vom Onkel. Yusuf übergießt den Gast mit unterschiedlich warmen Wasser, bedeckt ihn vollkommen unter Seifenschaum, der aus einem Leinensack geschlagen wird, säubert, schrubbt und knetet die Haut, ehe das Klatschen der Masseurshände auf den Rücken das Finale einläutet. Gäste des Shangri-La haben den in Istanbul einzigartigen Vorteil, dass Pärchen das Spektakel zusammen in einem Raum erleben können. Sinanpasa Mah, Hayrettin Iskelesi Sok, No.1, Besiktas, www.shangri-la.com/istanbul

ten Sultan-Ahmet-Moschee (Blaue Moschee) erstreckt. Zwischen den eindrucksvollen Prachtbauten liegen das wichtigste byzantinische Erbe, die Hagia Sophia und die **Yerebatan-Zisterne**. Die einzige Grünanlage ist der **Gülhane-Park** am Topkapı-Palast, von dessen Teegarten man eine schöne Aussicht auf den Bosporus, das Goldene Horn und das Marmarameer genießen kann. Auf das griechische und jüdische Erbe Istanbuls trifft man in **Fener** und **Balat** im Nordwesten. Das Gebiet, das sich vom Nordufer des Goldenen Horns bis zum Schwarzen Meer am Westufer des Bosporus erstreckt, ist der moderne Teil der Metropole.

In der Nähe des **Dolmabahce Palasts** führt eine Treppe steil nach oben Richtung **Taksim-Platz**. In dem Palast am Ufer zum Bosporus starb 1938 Kemal Atatürk, der Begründer der modernen Türkei. Er trennte Staat und Kirche und propagierte mehr Okzident als Orient. Auf dem Taksim-Platz versuchen vornehmlich junge Leute und Intellektuelle das Erbe Atatürks und die errungenen Freiheiten zu wahren.   JM

Im märchenhaften Schloss Hluboká bei Budweis in Tschechien können Normalsterbliche leider nur staunen, nicht wohnen ....

Wohnen im Schloss

89 Dresden und die Elbschlösser

HIGHLIGHTS

Residenzschloss: Nach fast vollständiger Restaurierung locken die fünf Museen, u. a. das Historische und das Neue Grüne Gewölbe.

Zwinger: um eine Gartenanlage gruppierte großartige Barockanlage mit der Galerie Alter Meister und der Porzellansammlung

Dresdner Frauenkirche: wiederaufgebaute Barockkirche mit großer Kuppel und Aussichtsplattform

Brühlsche Terrasse: entlang der Elbe auf der ehemaligen Befestigungsmauer errichtete Aussichtsterrasse mit schönen Gartenanlagen

Pillnitz: als Sommerresidenz August des Starken erbaute Dreiflügelanlage mit Barockgarten und Schlosspark

DINNER FOR TWO

Weltberühmt ist der unter EU-Schutz stehende *Dresdner Christstollen*. Nicht nur zur Weihnachtszeit genießen kann man den mit Klößen oder Kartoffeln servierten *Sächsischen Sauerbraten*, die *Dresdner Eierschecke*, ein Hefekuchen, und die aus Kartoffelteig bereiteten süßen *Quarkkeulchen*. Dresdner Wein kommt aus den Lagen »Dresdner Elbhang« und »Pillnitzer königliche Weinberge«.

Eine Rundfahrt mit dem Elbdampfer führt an den drei romantischen Elbschlössern in Loschwitz vorbei.

Fürstlich wohnen nahe der Residenzstadt Dresden – Schloss Eckberg, eines der Elbschlösser im Stadtteil Loschwitz, bietet diesen luxuriösen Genuss. Im Zentrum von Dresden wurde das von August dem Starken für seine Mätresse Gräfin von Cosel erbaute Taschenbergpalais in ein Fünfsternehotel umgewandelt.

Luxus und Kulturgenuss in und nahe Elbflorenz

Was wäre stilechter als ein Aufenthalt im Schloss, wenn man zu zweit ein paar Tage in und um Dresden verbringen möchte? Etwa im historischen, sorgfältig und luxuriös modernisierten **Schloss Eckberg**, drei Kilometer vom Zentrum Dresdens entfernt. Um nur die Höhepunkte der sächsischen Landeshauptstadt Dresden zu besichtigen, reicht ein Tag nicht aus. Die Altstadt hat trotz der Zerstörungen im Zweiten Weltkrieg, die inzwischen fast alle behoben wurden, ihr reizvolles Stadtensemble mit Bauten aus der Renaissance wie dem **Residenzschloss**, dem Barock – **Frauenkirche** und **Zwinger** – und dem 19. Jh. – **Semperoper** und **Brühlsche Terrasse** – bewahren können. Der **Neumarkt** in der barocken Innenstadt wird mustergültig restauriert, und auf dem **Altmarkt** finden seit alters her Feste und Märkte wie der weihnachtliche **Dresdner Striezelmarkt** statt. Mehr als 40 Museen, darunter die **Gemälde-**

Deutschland

Pfunds Molkerei in der Dresdner Neustadt verspricht höchsten Milchgenuss.

Infos und Adressen

ANREISE

Flug: von den wichtigsten deutschen Flughäfen; **Bahn:** ICE- und IC-Verbindungen u. a. von Leipzig, Berlin, Frankfurt am Main und München; **Auto:** über die A4, A13 und A14

BESTE REISEZEIT

Frühling, Sommer und Herbst

SEHENSWERT

Semperoper: Wer eine Aufführung miterleben möchte, sollte sich rechtzeitig um die Karten kümmern.

Dresdner Schlössernacht: Genuss; Musik und Feuerwerk immer Mitte Juli

ESSEN UND TRINKEN

Alte Meister: Café-Restaurant mit regionaler Küche; Theaterplatz 1a, www.altemeister.net

Kastenmeiers: modernes Flair im wiederaufgebauten Kurländer Palais; Tzschirner Platz 3-5, www.kastenmeiers.de

ÜBERNACHTEN

Schloss Eckberg: stilvoll residieren; Bautzener Straße 134, Dresden-Loschwitz, www.schloss-eckberg.de

Taschenbergpalais: luxuriöse Unterkunft; Taschenberg 3, www.kempinski.com/de/dresden-hotel-taschenbergpalais

Bülow Residenz: stilvolles Herrenhaus; Rähnitzgasse 19, www.buelow-residenz.de

WEITERE INFOS

Alles Wissenswerte über Dresden: www.dresden.de

galerie Alter Meister und das **Grüne Gewölbe** oder das **Erich-Kästner-Museum** und das **Deutsche Hygiene-Museum**, präsentieren ihre außergewöhnlichen Schätze.

Wer sich von den Besichtigungen erholen und das reizvolle Elbtal auf sich wirken lassen will, dem sei eine Schlösserfahrt mit dem Elbdampfer empfohlen: In Richtung Pillnitz kommt man an den drei **Elbschlössern** vorbei. Schloss Albrechtsburg, das Lingnerschloss und eben Schloss Eckberg, alle im 19. Jh. im Nobelviertel **Weißer Hirsch** an den Elbhängen errichtet, sind durch Parkanlagen im englischen Stil miteinander verbunden. Schloss **Albrechtsburg**, heute ein Ort für Veranstaltungen und Kongresse, und das **Lingnerschloss**, seit 2014 wieder mit Restaurant und Biergarten, wurden Mitte des 19. Jhs. für Albrecht Prinz von Preußen errichtet. **Schloss Eckberg** wird seit 1985 als Hotel genutzt. Von **Loschwitz** führt seit 1985 eine Standseilbahn zum Villenviertel Weißer Hirsch. Der neugestaltete **Konzertplatz** wartet mit Festen, Konzerten, Lesungen, einem Biergarten und einem Sternerestaurant auf.   EA

Zu zweit erleben

KONTRASTPROGRAMM IN DER NEUSTADT

Ein Muss ist ein Gang über die **Augustusbrücke** in die Dresdner Neustadt auf dem linke Elbufer. Vom **Palaisgarten** zwischen Augustusbrücke und Marienbrücke genießt man den berühmten »Canalettoblick« auf die Altstadt. Zentraler Platz in der Inneren Neustadt ist der **Neustädter Markt** mit dem Goldenen Reiter, dem imposanten Reiterstandbild des sächsischen Kurfürsten. Die Hauptstraße mit ihren prachtvollen Bürgerhäusern bietet Einkaufsvergnügen pur, nicht nur in den charmanten Kunsthandwerkerpassagen mit ihren kleinen Läden und Lokalen. Zwischen Louisenstraße und Alaunstraße schließt sich die **Äußere Neustadt** an, ein buntes Szeneviertel mit schrägen Kneipen, edlen Restaurants und schicken Geschäften. Unbedingt sollte man sich die Kunsthofpassage mit ihren fünf unterschiedlich gestalteten Höfen und die mit Majolikafliesen ausgestattete **Pfunds Molkerei** anschauen, schon 1910 als »schönster Milchladen der Welt« gerühmt.

Wohnen im Schloss

90 Ludwigs Schlösser

HIGHLIGHTS

Neuschwanstein: der nach den Vorstellungen Ludwigs II. umgesetzte Bau einer idealisierten, märchenhaften Ritterburg

Hohenschwangau: im Stil der Neugotik errichtete Sommerresidenz der Wittelsbacher auf den Mauern einer alten Burg

Linderhof: Lieblingsschloss von Ludwig II. mit Schlossgarten und exotischen Nebengebäuden

Kloster St. Mang: barocke Klosteranlage am Lech mit Kaisersaal, Klosterbibliothek und dem Museum der Stadt Füssen

Hohes Schloss: spätgotische Sommerresidenz der Fürstbischöfe von Augsburg in Füssen mit fantastischer Architekturmalerei und Gemäldegalerie

DINNER FOR TWO

Vermeiden sollte man bei einem romantischen Essen den *Weißlacker*, ein Weißschmierkäse mit einem überwältigenden Duft. An den *Kasspatzen* mit würzigem Bergkäse kommt man in der Allgäuer Küche allerdings nicht vorbei. Auch die *Krautkrapfen* und die süßen oder salzigen *Schmarrn* sind delikat, aber gehaltvoll. Zum Dessert gibt es im Spätsommer ausgebackene *Holunderküchle*, sonst *Apfelküchle*.

Den Platz der geplanten Ritterburg Falkenstein nimmt heute das komfortable Burghotel ein.

Mit Schloss Neuschwanstein hat der unglückliche Bayernkönig Ludwig II. das meistbesuchte Touristenziel in Deutschland geschaffen. In Blickweite von Schloss Hohenschwangau, dem Sommersitz der Wittelsbacher, erhebt sich die romantisierende Ritterburg. Nicht allzu weit entfernt liegen die Burgruine Falkenstein und Schloss Linderhof in seinem Märchenpark.

Beim Märchenkönig in Bayern

Zu den nur angedachten Bauvorhaben des Bayernkönigs gehört die bei Pfronten im Allgäu gelegene Ruine **Falkenstein**. Die mit 1268 m höchstgelegene Burg Deutschlands sollte nach Ludwigs Plänen zu einer imposanten Ritterburg ausgebaut werden. Gelder waren schon längst keine mehr vorhanden. Fertiggestellt wurden allerdings der Zufahrtsweg und eine Wasserleitung. Unter dem Gipfel liegt das **Burghotel Falkenstein** mit wunderschönen Themenzimmern und einem atemberaubenden Blick auf das österreichische Vilstal, die Tannheimer Berge und Schloss Neuschwanstein. Im Hotel wurde ein kleines Burgenmuseum eröffnet.

Wer es nicht ganz so einsam mag und auch mal Lust auf einen Stadtbummel verspürt, sollte sich **Füssen** als Standort wählen. Die Gassen der alten Bischofsstadt am Lech werden vom **Hohen Schloss** überragt. Die Sommerresidenz der Fürstbischöfe mit ihren illusionistisch bemalten Fassaden ist ebenso sehenswert wie das ehemalige Benediktinerkloster **St. Mang**

Deutschland

Zünftig geht es im Berggasthof Schachenhaus unterhalb des Königshauses zu.

Infos und Adressen

ANREISE
Bahn: Regionalbahnhof Füssen, erreichbar von Ulm, Augsburg oder München; **Auto:** über die A7 von Ulm oder über die Romantische Straße (B17) von Augsburg

BESTE REISEZEIT
Ganzjährig

SEHENSWERT
Museum der Bayerischen Könige: geöffnet tgl. 9–19 Uhr (Sommer), 10–18 Uhr (Winter)
Burgmuseum Falkenstein: Ein Erlebnis mit Panoramablick!

ESSEN UND TRINKEN
s'Wirtshaus im Weinbauer: urgemütliches Restaurant; Füssener Straße 3, Schwangau, wirtshaus-im-weinbauer.de
Lautenmacher Stube: holzvertäfeltes Restaurant im Hotel Luitpoldpark mit feiner Regionalküche; Bahnhofstraße 1-3, Füssen, www.luitpoldpark-hotel.de

ÜBERNACHTEN
Burghotel Falkenstein: herrliche Lage, mit Themenzimmern und gutem Restaurant; Am Falkenstein 1, Pfronten-Meilingen, burghotel-falkenstein.de
Schlosshotel Linderhof: die Orientbar serviert einen Kir Ludwig; Linderhof 14, Ettal, www.schlosshotel-linderhof.de
König Ludwig: Wellness und Spa Resort; Kreuzweg 15, Schwangau, www.koenig-ludwig-hotel.de

WEITERE INFOS
Das Dorf der Königsschlösser: www.schwangau.de

mit dem »Füssener Totentanz« in der Annakapelle. Eine kleine Stärkung verspricht ein Besuch im **Kornhaus**, der Markthalle. Von Füssen gibt es ideale Verbindungen zum Ticketcenter in **Schwangau**. Eine kurze Wanderung führt zunächst zum Schloss **Hohenschwangau**. Die Führung informiert auch über die unbeschwerte Kindheit, die Ludwig dort wohl verbracht hat. Stilvoll mit der Kutsche geht es weiter zur »Gralsburg« **Neuschwanstein**. Ohne Schlange stehen kommt man hier allerdings nicht weiter. Mit dem Auto ist man schnell über die Grenze in Österreich. Über Reutte in Tirol führt eine Landstraße zum **Plansee**, an dessen Ufer Ludwig gerne einen Sommerpalast im chinesischen Stil gesehen hätte. Beim Hotel Ammerwald passiert man erneut die Grenze und ist bald am Schloss **Linderhof** angelangt. Im einzigen zu Ludwigs Lebzeiten fertiggestellten Bau faszinieren besonders der Park mit dem Maurischen Kiosk und die Venusgrotte. *EA*

Zu zweit erleben

REFUGIUM IM GEBIRGE

Das Königshaus am **Schachen bei Garmisch-Partenkirchen** zeigt wieder eine andere Seite von Ludwig II. Den Wintersportort unterhalb der Zugspitze erreicht man vom Schloss Linderhof aus oder von Füssen über Reutte in Tirol. Vom Wanderparkplatz **Elmau** aus gelangt man in dreieinhalb Stunden über die **Wettersteinalm** auf dem »Königsweg« das im Stil eines Schweizer Hauses errichtete Berghaus. Hinter der schlichten Holzfassade des Ständerbaus verbergen sich im Erdgeschoss Arbeitszimmer und Schlafzimmer mit einfachen Holzmöbeln und als völliger Gegensatz im Obergeschoss der prunkvolle Türkische Saal in den Farben Gold, Rot und Blau. Mitten im Raum, der seine Stimmung auch aus den bunten bleiverglasten Fenstern nimmt, steht ein orientalischer Brunnen. Ganz in der Nähe befindet sich ein botanischer Alpengarten mit über 1000 Pflanzenarten aus Hochgebirgen der ganzen Welt. Unterhalb des Königshauses liegt das ursprünglich als Versorgungsstation errichtete Schachenhaus, heute ein beliebter Berggasthof mit Übernachtungsmöglichkeit.

Wohnen im Schloss

91 Burgen am Mittelrhein

HIGHLIGHTS

Rhein in Flammen: An fünf Nächten im Sommer findet zwischen Rüdesheim und Bonn ein gigantisches Feuerwerk statt. Am schönsten vom Deutschen Eck aus zu bewundern!

Weinprobe in Bacharach: bei einem der ortsansässigen Winzer, die in alter Tradition in den Schieferlagen anbauen; www.bacharach.de/gastgeber/essen-und-trinken/weingueter

Schiffstour mit Goethe, dem fast 100-jährigen Schaufelraddampfer; www.loreleyinfo.de

Erlebniszentrum Geysir Andernach: alles über den einzigen Kaltwassergeysir Deutschlands

Straußwirtschaft: mit Federweißer oder jungem Riesling und kleinem Imbiss im weinlaubumwachsenen Garten den Tag ausklingen lassen

DINNER FOR TWO

Die feine Küche am Mittelrhein ist unvorstellbar ohne einen guten Riesling: Ein *Rieslingsüppchen* öffnet den Magen für ein *Woihinkel*, die rheinische Variante von Coq au vin, und zum Dessert verführt eine luftige *Weinschaumcreme*.

Rhein- und Wein-, Burg- und Ritterromantik: Abendstimmung mit Burg Rheinfels bei St. Goar.

Um die drei Millionen Besucher kommen jährlich und staunen. Seit 2002 gehört das Obere Mittelrheintal, jene 65 Kilometer von Bingen bis Koblenz, zum Weltkulturerbe der UNESCO, obwohl alle Burgen doch nur wiederaufgebaute Zeugen des 19. Jhs. sind und nicht aus der Ritterzeit stammen.

Eine Jahrhunderte währende Verführung

Der Rhein befördert Lastkähne und Personenschiffe. An seinen Hängen wachsen Riesling-Reben. Über den Weinbergen wachen die Burgen **Stolzenfels** und **Drachenfels** sowie **Katz** und **Maus**. Zahlreiche Schlösser und weitere Burgen, Ritter-, Rhein- und Wein-Romantik geben dem Flusslauf seinen Reiz. Und auf dem Hafendamm von **St. Goarshausen** räkelt sich die noch junge, mehr als drei Meter große Loreley-Skulptur. Durch die Sage von der Jungfrau Loreley wurde der nach ihr benannte Felsen, um den der Rhein respektvoll eine Kurve macht, berühmt. Ihr Gesang soll vorbeifahrende Schiffer angelockt haben, die dann mit ihren Kähnen ins Verderben geschickt wurden.

Rheindampfer lassen heute an dieser Stelle das Lied »Ich weiß nicht, was soll es bedeuten« von Heinrich Heine erklingen. Von oben, vom 132 m hohen Felsen, hat man einen wunderbaren Blick auf die Szenerie. Von Stromkilometer 500 bei

Deutschland

Wo der breite Rhein (unten) die deutlich kleinere Mosel aufnimmt: das berühmte Deutsche Eck.

Infos und Adressen

ANREISE
Einstiegspunkte in die Mittelrhein-Tour sind Mainz (linksrheinisch) und Wiesbaden (an der rechten Rheinuferstraße) sowie Koblenz oder Köln.

BESTE REISEZEIT
Frühling bis Herbst

SEHENSWERT
die Burgen Rheinstein, Pfalz, Stahleck, Rheinfels, Katz und Maus, Liebenstein, Lahneck, Stolzenfels und Ehrenbreitstein, am besten bei einer Rheinfahrt vom Boot aus zu bewundern

ESSEN UND TRINKEN
Le Val d'Or: In der hübschen Stromburg speist man bei Fernsehkoch Johann Lafer. Schloßberg 1, Stromberg, www.johannlafer.de

Burghotel Auf Schönburg: Das Restaurant bietet gehobene Küche in festlich-ritterlichem Ambiente. Oberwesel am Rhein, www.burghotel-schoenburg.de

ÜBERNACHTEN
Romantik Hotel Schloss Rheinfels: Schloßberg 47, St. Goar, www.schloss-rheinfels.de

Burghotel Auf Schönburg: familiengeführtes romantisches Viersternehotel mit Blick auf das Rheintal in Oberwesel am Rhein, www.burghotel-schoenburg.de

Hotel im Wasserturm: Genau das ist es – ein luxuriöses Hotel in einem ehemaligen Wasserturm. Kaygasse 2, Köln, www.hotel-im-wasserturm.de

WEITERE INFOS
www.rheinlandinfo.de

Besondere Augenblicke
DAS RHEINMÄRCHEN

Auf einer Burgmauer oder an einem stillen Fleckchen am Ufer, am mächtigen Loreley-Felsen oder am geschichtsträchtigen Deutschen Eck, dem Denkmal für die Deutsche Einheit und die Wiedervereinigung, wo Rhein und Mosel aufeinandertreffen, Ehrenbreitstein über dem Ufer thront und Kaiser Wilhelm I. von seinem Sockel grüßt: Hier lohnt es sich, einmal innezuhalten und die Ruhe, die der große Fluss verströmt, durch sich hindurchfließen zu lassen. Der erste »Baedeker« von 1835 war ein Rheinführer. Auch hat der Rhein schon viele Künstler inspiriert. Victor Hugo beschrieb »Le Rhin« und Johann Wolfgang von Goethe notierte die »Reise an den Rhein, Main und Neckar«. Auch das bekannteste deutsche Heldenepos, das »Nibelungenlied«, ist untrennbar mit dem Rheintal verbunden, ebenso wie der Gesang der Loreley. Aus Werken wie Clemens Brentanos »Rheinmärchen« lässt sich bis heute trefflich vorlesen. Weitere berühmte Anhänger hatte der Fluss in Friedrich von Schlegel, Lord Byron und William Turner, die den Rhein in den Mittelpunkt ihres Schaffens stellten, da sie die Romantik dieser Landschaft – besonders des Oberen Mittelrheintals – erkannten.

Bingen bis **Koblenz** sind 28 Burgen vom Schiff aus zu sehen. Am großen deutschen Strom, der Wasserscheide zwischen Germanen und Römern, geht es nach dem Mäuseturm bei Bingen fast im gleichmäßigen Wechsel zwischen Ost- und Westufer von Zollburg zu Zollburg, von Ruine zu Ruine und damit auch von Geschichte zu Geschichte, wie etwa dieser: Burg Maus hieß eigentlich Burg Thurnberg und wurde nur von den Besitzern der später gebauten und mächtigeren Burg Katz(elnbogen) spöttisch die Maus genannt ... Wachen und schlafen wie einst die Grafen und Ritter am Rhein kann man in Romantikschloss Rheinfels bei **St. Goar.** Wenn man dazu noch das Glück hat, eins der begehrten Zimmer mit Rheinblick zu ergattern, kann man sich genussvoll dem Zauber einer einzigartigen Kulturlandschaft hingeben. *JM*

92 Mecklenburgische Schweiz

HIGHLIGHTS

Ulrichshusen: prachtvolle Burganlage mit modernem Skupturenpark; im Sommer Festspiele Mecklenburg-Vorpommern

Röthelberg bei Burg Schlitz: Auf dem 97 m hohen Hügel bekam die Mecklenburgische Schweiz ihren Namen verliehen.

Güstrow: Ernst-Barlach-Stadt mit sehenswertem Renaissanceschloss

Aussichtsplattform Tessin: romantische Panorama zur Ostseereviera und zu den Gipfeln der Mecklenburgischen Schweiz

Nossentiner/Schwinzer Heide: waldeinsame Wege und Stege zwischen Linstow und Hohen Wangelin.

DINNER FOR TWO

Deftig und gehaltvoll ist die regionale Küche: *Teterower Hechtsuppe:* Teterow ist Hechthauptstadt: Sagen, Schildbürgerstreiche und Rezepte in der Stadtinfo – *Ivenacker Baumkuchen:* inspiriert von den 1000-jährigen Eichen bei Stavenhagen; erhältlich in der Konditorei Komander – *Speck-Birne-Bohne:* deftiger süß-saurer Eintopf passend zur harten Arbeit auf dem Acker – oder *Wild*, vom Hausherrn erlegt.

Lühburger Landleben wie vor 100 Jahren bei Teterow.

Schloss, Park und ein Gestüt für die Frau Gemahlin: Leben Gutsherren in Mecklenburg-Vorpommern wirklich das süße Landleben? Wer den Alltag der blaublütigen Gutsfamilien einmal selbst erfahren möchte, sollte sich vom Landadel der Mecklenburgischen Schweiz zu Tisch bitten lassen.

Zu Gast beim Landadel

Die **Mecklenburgische Schweiz** ist eine der letzten ursprünglichen Kulturlandschaften Deutschlands, in denen der Geist der Jahrhunderte noch spürbar ist. Geformt vor etwa 18 000 Jahren von den Kräften der Eiszeit, haben ihr Fischer und Bauern mit Stegen, Wegen und Siedlungen Kultur eingehaucht. Das harmonische Zusammenspiel von Weiden, sanften Hügeln, alten, lichten Wäldern und glasklaren Seen, dazwischen immer wieder sich in die Landschaft einfügende Gutshöfe und Herrenhäuser locken heute Wanderer und Tierbeobachter. Diese »Schweiz«, in der die Zeit innehalten zu scheint, liegt zwischen Hamburg und Berlin.

Schloss Lühburg bei Teterow, ein Anwesen mit Gutsallee und Park, die das Herrenhaus mit seinem Schlossgraben umschließen, wurde im 14. Jh. von der Familie Bassewitz befestigt – zusammen mit einigen anderen Gütern in der nahen Umgebung. Einst war es eine Pionierleistung im Nachgang der sächsischen Kreuzzüge Heinrich des Löwens, der sich das Land der Slawen unter den Nagel riss.

Eine nur vermeintlich ähnliche Landnahme und Aufbauarbeit begann 1990, als die angestammten Gutsfamilien die Häuser Ihrer Großeltern zurückkaufen konnten, die 1945 durch Flucht und Vertreibung verloren geglaubt schienen. Die letzte Zeitenwende kam gerade noch rechtzeitig, um die historischen Gutsensemble vor dem Verfall zu retten. Zwar erhielt die unbewegliche DDR-Planwirtschaft den Charakter, aber tat dann absichtsvoll wenig, um das kulturelle Erbe zu pflegen. Blaues Blut und rote Fahnen – das vertrug sich einfach nicht.

Inzwischen sind einige der von Bassewitz zurück auf den alten Gütern. Die Häuser wurden kostspielig saniert – das einstige Ackerland aber war bereits unter den Seilschaften der Ex-Kommunisten verteilt, wie auch die Bassewitz feststellen mussten. So blieb ihnen nur das Grünland der Wiesen. Wovon also leben als »Gutsherr Ohne-Land«? Eine neue Generation von Raumpionieren war geboren. Mit Rinder- und Pferdezucht sowie touristischen Angeboten starteten sie ins Ungewisse. Mit Ideen und Wagemut geben sie der Mecklenburgischen Schweiz wieder ein Gesicht, das dem historischen Charakter und seinen Menschen entspricht.

Es ist ein ländliches Antlitz mit Rotwein und Rindersteaks sowie mit Traktoren und Heuwagengespannen. Dorothee Calsow auf Schloss Lühburg, geborene Gräfin von Bassewitz, kann ihren Gästen davon stundenlang erzählen, wenn sie in der Gutsküche steht und beim gemeinsamen Kochen ins

Das Gutsdorf Tellow zeigt als Freilichtmuseum die bäuerliche Tradition Mecklenburgs.

Besondere Augenblicke

THÜNENGUT TELLOW

Lautes Gänsegeschnatter ist das erste, was man auf dem Gut zu hören bekommt. Es ertönt aus 50 schneeweißen Hälsen und gelben Schnäbeln, die um die Wette krakelen, als hätten sie alle die wichtigsten Dorfneuigkeiten zu berichten. In weiten Teilen Mecklenburgs trifft man auf die romantische Ursprünglichkeit einer landwirtschaftlich geprägten Region: weite Felder, Baumalleen und alte Gehöfte. In Tellow wurde ein Stück bäuerlichen Lebens des Musterlandwirts Johann Heinrich von Thünen (1783–1850) konserviert. Er entwickelte ertragssteigernde Maßnahmen und setzte sich auch theoretisch mit seinem Fach auseinander. Mitte des 20. Jhs. begann der Aufbau des Museums. Neben traditionellen, landwirtschaftlichen Geräten zeigen original eingerichtete Neubauernhäuser mit Kochöfen, Holzbetten und Brotschneidemaschinen das damalige Zusammenleben. Sehr lebendig geht es draußen zu: Schweine mit kleinen Ferkeln wühlen im Stroh, Pferde grasen auf der Weide, Katzen schleichen umher. Ein großer Garten mit Sonnenblumen und Gemüse lässt einen in eine vergangene Zeit versinken.

Sonnenplatz am Malchiner See bei Basedow

Zu zweit erleben

ROMANTISCHES MECKLENBURG

Die Spezialistin für Romantik ist Ulrike Lübbert. Sie kennt die entlegensten Winkel der Mecklenburgischen Schweiz. Ihre Gäste entführt sie zu märchenhaften Wanderungen zwischen Gipfel, Tal und See. Für die Genießer hat sie exklusive Gourmet-Touren im Repertoire, gestresste Großstädter finden bei Landschaftsyoga Ausgleich und Ruhe. Wer schon immer mal wissen wollte, wie Käse hergestellt wird, kann in Seminaren die Handwerkstechniken erlernen.

SALEM MIT AUSBLICK

Einer der schönsten Aussichtspunkte befindet sich in Salem. Wer in die Straße Richtung Hafen fährt und bei der nächsten Gelegenheit in einen Fußpfad nach rechts abbiegt, gelangt auf eine Hügelspitze mit Bank. Von dort offenbart sich ein Panorama über den von sanften Hügelketten umschlossen Kummerower See. Richtung Süden ist sogar noch die Silhouette von Malchin erkennbar. Besonders schön lässt sich hier der Sonnenaufgang erleben.

Plauschen gerät. Wahrlich, nicht alles was hier glänzt, ist Gold. Das Leben einer Gutsfamilie ist voller Pflichten und Aufgaben zwischen den Belangen des Gutes – vom Gärtnern bis zur Pflege der Jagd – und den Bedürfnissen der Gäste.

Wandern, Schwelgen und Schmausen

Die Mecklenburgische Schweiz ist eine Region, die zum Wandern einlädt. Wandern im weitesten Sinne: auf den Moorwegen am **Malchiner See** oder entlang des Skulpturenpfades bei **Burg Schlitz**, im Cabrio über die **Deutsche Alleenstraße**, mit dem Fahrrad rund um den **Kummerower See**, mit dem Kanu über die **Peene** oder auch auf dem Rücken eines Pferdes auf den Reitwegen und querfeldein.

Viele Gutsdörfer mit ihren beschaulichen Dorfkirchen und prachtvollen Herrensitzen säumen diese Wege. Gutsläden und Hofcafés laden zur Rast ein. Es ist vor allem die unberührte Natur, die Feriengäste fasziniert. Der Naturpark Mecklenburgische Schweiz und Kummerower See, ein Gebiet von 673 km², gilt als eines der wichtigsten Rastgebiete nordischer Entenvögel, die im Frühjahr und Herbst in den Feuchtwiesen der großen Seen Rast machen.

Nach einem Tagesausflug kehrt man erwartungsfroh in eines der Herrenhäuser wie Schloss Lühburg zurück, um das letzte Tageslicht im gemütlichen und stilvollen Salon oder auf der Terrasse mit Blick auf den Gutspark zu genießen. Nach ein wenig Lektüre, vielleicht in Eichendorffs »Taugenichts«, lässt man sich von Frau Calsow in die rustikale Gutsküche in der Belleetage rufen und verbringt den Abend gemeinsam im Kaminzimmer. Häufig gibt es Wildbret, das Herr Calsow von seiner Pirsch durch das Gutswäldchen mitbringt, dazu einen guten Roten oder auch ein zünftiges Hefeweizen. *RT*

Mecklenburg zwischen Teterow, Güstrow und Waren (Müritz) mutet wie ein riesiges Parkland an.

Nymphenbrunnen im Schlosspark von Burg Schlitz bei Waren (Müritz) – ein filigranes Kleinod des Neobarock

Mecklenburgische Schweiz

Infos und Adressen

ANREISE
Flug: Flüge ab München, Stuttgart, Köln/Bonn, Friedrichshafen sowie Erfurt nach Rostock-Laage; **Bahn:** Die Strecke Neubrandenburg – Bützow verbindet Stavenhagen, Malchin, Teterow.

BESTE REISEZEIT
Ganzjährig

SEHENSWERT
Garten von Marihn: Landschaftspark mit Englischen Rosen, Streuobstwiesen, Weinreben sowie einem Nutzgarten; Hofstraße 2, Penzlin. www.dergartenvonmarihn.de
Schloss Mitsuko: Das 1860 erbaute Gutshaus wurde in ein Deutsch-Japanisches-Kulturzentrum umgewandelt mit schönem Garten. Kastanienallee 21, Todendorf, www.schloss-mitsuko.de
Windmühle Altkalen: 1896 erbaut und immer noch in Betrieb; Mühlenhof Altkalen e.V., Altkalen, www.windmehl.de

ESSEN UND TRINKEN
Gaststätte Conrath in der Wassermühle Ziddorf: regionale Küche mit Bioprodukten und hausgemachtem Kuchen; wechselnde Ausstellungen. Mühlenstraße 10, Ziddorf, www.wassermühle-ziddorf.de
Wangeliner Garten: Kreative Gartenküche; Selbstgemachtes zum Mitnehmen gibt es in der Manufaktur. Nachtkoppelweg, Wangelin, www.wangeliner-garten.de
Restaurant Landlieb im Gut Gremmelin: Spitzen Bioküche mit Ziegenkäse-Mangold-Risotto oder Rosmarincrème brûlée; Tagesgäste und ein Abendessen bei Kerzenschein unter Voranmeldung; Am Hofsee 33, Gremmelin, www.gutgremmelin.de
Burg Schlitz: Sabine Teubler macht in ihrer Schlossküche Gästewünsche wahr. Zweisamkeit findet sich in verschwiegenen Separées des Restaurants. Hohen Demzin, www.burg-schlitz.de
Ich weiß ein Haus am See: 1996 bekam das Restaurant den ersten Michelin-Stern in Mecklenburg, den es bis heute trägt. Herrlich am See gelegen, erleben die Gäste eine Gourmetreise in die Seenplatte. Pradiesweg 3, Krakow am See, www.hausamsee.de

SHOPPING
Galerie Teterow: zeitgenössische Kunst aus Mecklenburg im alten Bahnhofsgebäude mit kleinem Shop; Bahnhof 1, Teterow, www.galerie-teterow.de
Alte Pomeranze: Graf und Gräfin Hahn von Burgsdorff stellen in ihrer Gutsmanufaktur nach überlieferten Rezepte den edlen Bitterlikör her. Erhältlich in regionalen Läden und unter www.alte-pomeranze.de

ÜBERNACHTEN
Wildkräuterhotel Ehmkendorf: Die Zimmer heißen Mohnblume, Bärlauch oder Veilchen. Tees und Kräutern aus eigner Ernte im Restaurant. Kochevents finden am 100 Jahre alten August-Speiser-Herd statt. Dorfstraße 20, Ehmkendorf, www.ehmkendorf.de
Schloss Lühburg: Familiengeführtes Schloss mit Ferienwohnungen zur Selbstversorgung; alternativ kocht Frau Calsow Drei-Gänge-Menüs und lädt zum Dinner mit den Gutsherren. Dorfstraße 38, Lühburg, www.schloss-luehburg.de
Schloss Teschow: Landhotel mit Golfplatz; Gutshofallee 1, Teterow, www.schloss-teschow.arcona.de
Schloss Marihn: individuelle Betreuung in privatem Ambiente für 12 Gäste; Fasten und Wandern im Herbst; Flotower Straße 1, Marihn, www.schlossmarihn.com
Landhaus Schloss Kölzow: Romeo-und-Julia-Arrangement mit Candle-Light-Dinner in der Turmsuite, am Kamin oder unter der Hängebuche am See; Am Park 5, Dettmannsdorf-Kölzow, www.schloss-koelzow.de

WEITERE INFOS
Touristinfo Teterow: Marktplatz 9, Teterow, www.teterow.de

Standesgemäß: die Grafensuite im Schloss Lühburg.

Wohnen im Schloss

Adelige Gärten in Südengland

HIGHLIGHTS

Spaziergang auf den White Cliffs von Dover: weiter Blick auf den Hafen, die Nordsee und die alte Festung von Henry VIII.

Die kleine Kirche in Tudeley: mit Fenstern von Marc Chagall

Xstrata Treetop Walkway, Kew Gardens: ein 200 m langer Pfad durch die Baumkronen des botanischen Gartens

Das Dorf Stourhead: Inbegriff eines idyllischen südenglischen Dorfes, integriert in einen der schönsten Landschaftsgärten

Die goldene Stadt Bath: historische Stadt mit 2000 Jahre alter römischer Therme und modernem Spa

DINNER FOR TWO

Cream Tea zu zweit, *Scones*, ein englisches Gebäck, das man mit *Clotted Cream*, eine Art Creme Fraîche, und Erdbeermarmelade genießt – *Fish & Chips* am Strand kaufen und mit Blick aufs Meer verspeisen – *Lamm mit Mintsauce*, z.B. im Pub in Alfriston; die verführerischste englische Nachspeise ist *Trifle*, bestehend aus Obst, Biskuit, Vanillesauce, Sahne und Alkohol.

Sissinghurst ist der Wirklichkeit gewordene Gartentraum von Vita Sackville-West.

Englische Gärten sind eine Welt zum Träumen, ein Dschungel für Abenteurer, sie bieten Orte zum Verlieben, erzählen Geschichten und sind oft ein Hort seltener Pflanzen. In den Gärten findet man romantische Ecken, Augenweiden und Duftoasen. Englische Gärten sind Exportschlager nach Kontinentaleuropa, aber zu Hause sind sie auf der grünen Insel.

Im Reich der Blüten

Die britischen Inseln gleichen einer einzigen große Gartenlandschaft. Pflanzenjäger haben exotische Pflänzchen aus der ganzen Welt mitgebracht und sie hier eingepflanzt. Besonders gut gedeihen sie im bedeutendsten botanischen Garten Europas, **Kew Gardens**. Auch **Wisley Garden**, der Schaugarten der wichtigsten Gartenbaugesellschaft der Welt, der Royal Horticultural Society, ist ein Refugium für die seltenen, kostbaren Pflanzen in prachtvollen Staudenbeete und überbordenden Rosenblüten im frühen Sommer und – fast – nirgends ein Hauch von unerwünschtem Kraut. Wer mit seinen heimischen Pflanzen ein Pflegeproblem hat und Rat sucht, hier findet man Experten zu jeder Frage. In **Penshurst Place**, dem Garten des Viscount De L'Isle ist der blühende Union Jack zu bewundern. Seit fast 500 Jahren sind Schloss und Garten im Familienbesitz, ein Musterbei-

Großbritannien

spiel englischer Tradition. Zwischen den hohen Hecken kann man ein Liebesversteckspiel wie zu Shakespeares Zeiten probieren. Einige Meilen weiter steht **Hever Castle** in einem Garten, der von Eifersucht, Leidenschaft und Blutzoll erzählen könnte. Hier hat Anne Boleyn gelebt, eine der hingerichteten Frauen Heinrichs VIII. Hier lebte Anna von Cleve, seine deutsche Ehefrau, nach der unblutigen Scheidung in Abgeschiedenheit und trug den Beinamen »the Kings Sister«. In der Nähe findet sich einer der romantischsten Gärten, der Park um **Scotney Castle**. Die Burgruine liegt inmitten eines Tales, eingebettet in einen Dschungel aus Grünpflanzen und ein Meer aus Blüten. Der pittoreske Garten ist ein Gemälde aus Licht und Schatten, eine Idee von Humphrey Reptons. Und ja, das Wetter: nie zu kalt und nie zu warm, eher feucht und selten zu trocken.

Britisches Leben at its best: Picknick während der Pause der Opernaufführung in Glyndebourne.

Kunstvolle Gestaltung und gestaltete Natur

Eine der Gartenikonen Englands ist **Sissinghurst Garden**, der Garten von Vita Sackville-West und Harold Nicholson. Ist der Garten so bekannt, weil Vita so bekannt ist? Oder umgekehrt? Vita war verheiratet mit Harold und liiert mit Violet Trefusis, möglicherweise auch mit Virginia Woolf. Sie war ein Idealfall für die Klatschpresse und schrieb selbst eine Kolumne im Observer – über ihren Garten. Dieser Garten gleicht einem Haus mit 10 Zimmern, die Räume sind durch hohe Hecken voneinander getrennt und jede Ecke bietet neue Überraschungen. Es ist ein Garten formaler Strenge mit romantischer, unbändiger Bepflanzung. Der »weiße Garten« bleibt ein Schmuckstück der Gartenarchitektur der ersten Hälfte des 20. Jhs. – ein Gartenzimmer, in dem der Gärtner die weißen Blüten der Unschuld pflegt.

Zu zweit erleben

MUSIKALISCHES PICKNICK IN GLYNDBOURNE

Östlich von Brighton, zwei Autostunden von London entfernt, liegt **Glyndebourne Festival Opera**. Es ist das englische Bayreuth und doch ganz anders, sehr britisch. 1934 wurde es von dem wohlhabenden Landadeligen und Musikliebhaber John Christie gegründet. Die Opernaufführungen in dem modernen Haus sind meist erstklassig besetzt. Aber was wäre englisches Leben ohne ein Picknick? Deshalb finden die Opernveranstaltungen nachmittags statt und in der besonders langen Pause wird im parkähnlichen Garten des Herrenhauses gepicknickt, dies allerdings in festlicher Abendgarderobe. Das Establishment bringt seinen Butler mit, die weißen Tischdecken und das silberne Geschirr. Man kann sein edles Picknick auch beim dortigen Caterer vorbestellen. Man kann aber auch mit Decke und individuell zusammengestelltem Picknickkorb anrücken und beim Schmausen auf die Gartenlandschaft, die Wiesen und Schafe schauen. Merry old England!
www.glyndebourne.com

Auf dem Weg zum idyllischen Scotney Castle verlocken Bänke immer wieder zum Verweilen.

Besondere Augenblicke

DICHTERORTE

In **Groombridge Place**, ein von einem Wassergraben umgebenes Herrenhaus aus dem 17. Jh. in der Grafschaft Kent, saß einst bereits Arthur Canon Doyle im Gärtnerhaus und ersann mysteriöse Geschichten um seinen Helden Sherlock Holmes. Auch heute noch kann man sich von der Aussicht auf den großzügigen Garten inspirieren lassen. www.groombridgeplace.com

Das **Charleston House** in East-Sussex war ein Refugium einer Gruppe Intellektueller um Duncan Grant, Vanessa Bell, Virginia Woolf und anderer, auch bekannt als Bloomsbury Group. Ein Ort der Leidenschaft, der Liebe, der Geborgenheit, an dem es sich wunderbar träumen lässt. Das Interieur des alten Farmhauses wurde von seinen künstlerischen Bewohnern aufs Liebevollste gepflegt. Die Möbel stammen aus dem frühen 20. Jh., und außen wuchert ein echter Bauerngarten. Jedes Jahr im Mai findet das literarische Charleston-Festival statt – mit Vorführungen und Lesungen so prominenter Autoren wie Ian McEwan u. a. www.charleston.org.uk

An diesem idyllischen Platz entstand der Charakter eines der größten Detektive, Sherlock Holmes. Sein Autor saß hier und schrieb.

In diesem Garten verbrachte Anne Boleyn, die zweite Frau von Heinrich VIII., ihre Kindheit.

Ein ganz anderer Traum ist **Sheffield Park and Garden**. Es gibt englische Gärten, und es gibt den englischen Garten. Der englische Landschaftsgarten, der im 18. Jh. durch den Humanisten und Philosophen Alexander Pope entwickelt wurde, sieht aus, als sei es die ganz natürliche Landschaft. Doch er ist ein sorgsam geplantes Stück England. Nur Großgrundbesitzer konnten sich einen solchen Park leisten, man brauchte Land und Geld. Es ist ein Garten gegen den europäischen Absolutismus, nicht beschnitten, wild und scheinbar ungeordnet. Ein Garten, in dem Blüten und Blumen keine Rolle spielen. Sheffield Park wurde vom bedeutendsten englischen Landschaftsgartenarchitekten geplant, der Capability Brown genannt wurde.

Eine Pause von der grünen Fülle bieten die **Seven Sisters** bei Eastbourne, eine Kette von Kreidefelsen an der Steilküste. Ein Augenschmaus ganz anderer Art ist der **Royal Pavilion** in Brighton, dessen Bau 1815 von Georg IV. in Auftrag gegeben wurde:

Seine orientalischen Fassaden, gestaltet nach dem Vorbild indischer Mogulpaläste, und der Innenausstattung, die sich am chinesischen Stil orientiert, machen ihn zum exotischsten Palast Europas. Weiter gen Westen, vorbei am sagenhaften Steinkreis von Stonehenge, liegt in einem herrlichen Tal eine andere großartige Gartenlandschaft, der Park von **Stourhead**. Die Anlage ist einem Bankier zu verdanken, der hier im 18. Jh. einen Landschaftsgarten anlegen ließ, dessen Vorbild ein Gemälde war. Der Weg durch den Garten ist ein Weg des Erfolges und Triumphes der Besitzerfamilie auf den Spuren von Alexander Pope und Homer. Von der sagenhaften Insel Delos zum Pantheon führt der Weg mitten durch einen Urwald seltener Bäume, bestens geeignet für einen aufregenden Spaziergang.

ML

Südengland

Infos und Adressen

ANREISE
Flug: Direktflüge nach London, von dort aus weiter mit dem Mietwagen; **Zug:** durch den Kanaltunnel bis London, weiter mit dem Mietwagen; **Auto:** bis Calais, dann mit der Fähre

BESTE REISEZEIT
April/Mai–September

SEHENSWERT
Kew Gardens: Brentford Gate, London TW9 3AB, tgl. 9.30–18 Uhr, www.kew.org
Wisley: Wisley Ln, Woking GU23 6QB, tgl. 10–18 Uhr, www.rhs.org.uk/gardens/wisley
Hever Castle: Edenbridge, Kent TN8 7NG, tgl. 12–17 Uhr, www.hevercastle.co.uk
Scotney Castle: Lamberhurst, Royal Tunbridge Wells, Kent TN3 8JN, tgl. 10–17 Uhr
Sissinghurst: Biddenden Rd, Cranbrook, Kent TN17 2AB, tgl. 11–17.30 Uhr, www.nationaltrust.org.uk/sissinghurst-castle.
Wichtig: Eintrittskarten müssen vorher bestellt werden!
Sheffield Park and Garden: Uckfield, East Sussex, TN22 3QX, tgl. 10.30–17.30 Uhr, www.nationaltrust.org.uk/sheffield-park-and-garden

ESSEN UND TRINKEN
The Brasserie on the Bay: hochwertige Küche mit lokalen Produkten aus Kent und einzigartigem Blick auf den English Channel; Sandwich Bay, princesgolfclub.co.uk/the-lodge-the-brasserie.php
The Spread Eagle Inn: uriges Pub mit guter englischer Küche und gemütlicher Einrichtung, im Garten von Stourhaed; www.spreadeagleinn.com
The West House Restaurant: Die Küche von Graham Garrett ist einen Umweg wert. High Street 28, Biddenden, www.thewesthouserestaurant.co.uk
Denbies Wine Estate: Eine Probe englischen Weins sollte man sich nicht entgehen lassen. London Road, Dorking, Surrey RH5 6AA

SHOPPING
Alle Gärten bieten in ihren Shops vielfältige Ideen, Samenzüchtungen und Geräte rund um das Thema Pflanzen. Eher auf dem Rückweg lockt der Kauf einer altenglischen Rosenpflanze, für Verliebte ein weiß und ein rotblühender Stock (der Zoll erlaubt den Transport in Koffer oder Handgepäck). Für diejenigen, die sich nicht die Hände schmutzig machen möchten, gibt es vom geblümten Teepott bis Teatowel im Laura-Ashley-Design eine große Auswahl.

ÜBERNACHTEN
The George Inn: ein typisches englisches Gasthaus im alten Stil inmitten eines idyllischen englischen Dorfes; High Street, Alfriston, www.thegeorge-alfriston.com
Hotel Una: romantisches Hotel inmitten der quirligen Stadt Brighton; Regency Square 55-56, Brighton, www.hotel-una.co.uk
Zanzibar Hotel Hastings: Ein modernes Hotel in der geschichtsträchtigen Stadt Hastings; von manchen Zimmern hat man direkt den Blick aufs Meer. Everfield Place 9, www.zanzibarhotel.co.uk

WEITERE INFOS
www.visitbritain.org

Kew Palace ist der königliche Palast im wichtigsten botanischen Garten Europas.

Wohnen im Schloss

94 Pool House

HIGHLIGHTS

Suite HMS Campania: im Pool House mit Balkon, Himmelbett und viktorianischer Badewanne

Hebridean Whale Cruises: Ausflug zur Wal- und Delfinbeobachtung vom Hafen Gairloch aus

Red Point: einsame, beinahe karibische Sandstrände mit tollen Ausblicken hinüber zur Isle of Skye

Gairloch Heritage Museum: spannende Zeitreise durch die Lokalhistorie im Laufe der Jahrhunderte

Boat House: Einzigartig und romantisch liegt das Boat House des Torridon Hotels im beschaulichen Idyll am Ufer des Loch Torridon.

DINNER FOR TWO

Cream of Pea and Truffle Soup: cremige Erbsensuppe mit Trüffeln – *gebratener Rehrücken* mit einem Püree aus Haggis und Kartoffeln, dazu geröstete Banane und eine scharfe Soße mit Drambuie – *Dundee Cake:* reichhaltiger Früchtekuchen mit Mandeln, Rosinen, Orangeat und einem Schuss *Brandy*

Ein Stück Himmel auf Erden bieten die luxuriösen Zimmer des Pool House.

Brad Pitt war schon hier. Mehrmals. In Drehpausen – Schottland ist beliebte Kulisse für Hollywoodfilme – braust er mit seinem Motorrad in die rau-romantische Abgeschiedenheit des Nordwestens. Und er genießt die außergewöhnliche Ruhe unweit einer kleinen Insel, die einem Liebeskenntnis gleichkommt: Isle of Ewe.

Träume im schottischen Hochland

Über die mögliche Eheschließung des Leinwandstars mit seiner Angelina spekuliert der Boulevard gern und ausgiebig, dabei wäre jenes Eiland im **Loch Ewe** geradezu prädestiniert, zumal das Pool House für Flitterwochen nach einer Traumhochzeit mit besten Voraussetzungen aufwartet. Vier individuell, thematisch gestaltete Suiten bieten allen erdenklichen Komfort und Luxus, der die Welt ringsum vergessen lässt, während die raue Schönheit des Hochlandes für den passenden Rahmen sorgt. Dazu ein offener Kamin auf der Terrasse und ein beheizter Außenpool. Die Gastgeberfamilie Harrison ist für alle erdenklichen Wünsche, selbstverständlich auch kulinarischer Art, zu begeistern.

Nicht weit vom sprichwörtlichen Liebesnest entfernt und nach kurzem Spaziergang zu erreichen, liegt **Inverewe Garden**, eine der zauberhaftesten Gartenanlagen Schottlands,

Großbritannien

Infos und Adressen

ANREISE
Flug: nach Inverness, weiter mit PKW oder Bus; **Auto:** Fahrzeit nach Poolewe ca. 2 Stunden; **Bus:** Linie 700

BESTE REISEZEIT
April–Oktober

SEHENSWERT
Inverewe Garden & Estate: Poolewe, Achnasheen, Ross-shire, www.gardens-scotland.co.uk/inverewe.html
Corrieshalloch Gorge: eindrucksvolle Schlucht mit Wasserfall und schwankender Hängebrücke; www.nts.org.uk/property/Corrieshalloch-Gorge-National-Nature-Reserve

ESSEN UND TRINKEN
The Seaforth Chippy: Bar und Restaurant; Quay Street, Ullapool, www.theseaforth.com
The Old Inn: frische Meeresfrüchte und eigene Mikrobrauerei, mehrfacher Pub des Jahres; Flowerdale Glen, Gairloch, Ross-shire, www.theoldinn.net

ÜBERNACHTEN
Pool House: Poolewe, Ross-shire, www.pool-house.co.uk
Stardust Boathouse: Hide-away für Verliebte; Loch Ewe, Ross-shire, www.uniquehomestays.com

WEITERE INFOS
Wester Ross: www.visitwester-ross.com

Das schottische Hochland beherrscht meisterhaft die Dramaturgie des Wechselspiels von Wolken und Landschaft.

Besondere Augenblicke

Loch Maree im Herzen von Wester Ross ist ein schmaler, langgestreckter See, der viertgrößte und sicher einer der schönsten Schottlands, dessen Form schon auf seine Entstehung durch die Eiszeit hinweist. Der Weg entlang des südlichen Ufers bietet beste Aussichten über die Seefläche zum höchsten **Berg Slioch** (981 m), dessen Form und Aussehen sich ständig zu verändern scheint. **Muc-sheilch** heißt das Ungeheuer von Loch Maree, an dessen spekulativer Existenz viele Einheimische hartnäckig glauben und das sehr verliebte Menschen möglicherweise eher zu sehen bekommen. Auf einer der mehr als 30 Inseln im See gab es einmal eine kleine Siedlung, in der sich eine märchenhaft romantische, doch traurige Legende um die Tochter des Königs von Dalriada, Irland, zugetragen haben soll. Sie hielt sich zu ihrer Sicherheit dort auf, verliebte sich, schwor ewige Treue, doch durch Eifersucht und Intrige kam ihr Galan um. Sie wählte den Freitod und wurde dort mit ihm zusammen in der Ruhestätte der Liebenden beigesetzt.

deren Ursprung ins 19. Jh. zurückreicht. Die günstige klimatische Lage am **Golfstrom** ausnutzend, schuf der damalige Eigentümer Osgood Mackenzie einen botanischen Garten mit tropischen und subtropischen Pflanzen. Auf verschiedenen Themenpfaden kann man zu jeder Jahreszeit üppige Schönheiten bewundern.

    Ullapool, mit etwa 1500 Einwohnern größte Ansiedlung gut 50 Meilen entfernt, vermittelt ein klein wenig städtisches Flair im sonst kargen **Wester Ross**. Reizende weiße Häuser zieren die Promenade des einst geschäftigen Fischereihafens, der sich nun mehr der Freizeitindustrie zugewandt hat, so mit dem innovativen Folkfestival Loopallu Mitte September.. Der mehrfach ausgezeichnete Imbiss **The Seaforth Chippy** serviert die besten Fish and Chips des Landes. Die genießt man am besten mit einer frischen Brise um die Nase, kreischenden Möwen um die Ohren und die Äußeren Hebriden im Blick. *UH*

Wohnen im Schloss

95 Inverlochy Castle

HIGHLIGHTS

Ice-Factor: klettern an steiler, künstlich vereister Felswand – ein abenteuerlicher Ausgleich zum Wanderausflug

Ben Nevis Distillery: Führungen in der ältesten lizenzierten Whiskybrennerei des Landes

Glen Coe Visitor Centre: Ausstellung zur unvergleichlichen Natur und Geologie sowie zur dramatischen Geschichte der Region

Jacobite Steam Train: spektakuläre Zugfahrt entlang der legendären Road to the Isles bis zum Fährhafen Mallaig

West Highland Way: einer der beliebtesten Fernwanderwege Schottlands

DINNER FOR TWO

Partan Tart: eine Krabbentorte mit Cayennepfeffer und Muskatnuss – *Shellfish-Platter* mit frischesten Meeresfrüchten als kulinarische Offenbarung im Seafood Café – *Clootie dumpling:* gedämpfter, dunkler Früchtepudding aus Mehl, Rindertalg, Sirup, Zucker und kleingehackten Fruchtstücken, serviert warm oder kalt

Das prächtige Inverlochy Castle liegt wie ein gut behüteter Schatz unterhalb des mächtigen Ben Nevis.

Am Fuße des höchsten Berges Großbritanniens, des Ben Nevis, liegt mit Inverlochy Castle das wohl schönste und eleganteste Schlosshotel des Landes, eingebettet inmitten einer atemberaubenden Landschaftsszenerie, die alle bekannten Qualitätsmerkmale des schottischen Hochlandes auf sich vereint.

Märchenschloss am Ben Nevis

Am Bahnhof wartet die auf Hochglanz polierte »Rolls Royce Phantom Limousine« mit Chauffeur im stilvollen Livree, um die Gäste formvollendet zum Hotel zu kutschieren. Das ehemalige Herrenhaus aus dem 18. Jh. umschmeichelt sie nach der Ankunft mit ausgesuchter viktorianischer Noblesse und Eleganz. Man versinkt beinahe in den weichen Sesseln der imposanten Lounge, deren Mobiliar aufs Allerfeinste aufeinander abgestimmt ist und eine unvergleichlich dichte Atmosphäre schafft. Ein traditioneller Cream Tea mit frischen, noch dampfenden *Scones*, Sahne und Konfitüre rundet dieses perfekte Bild ab.

Der distinguierte Charme mit dem unverkennbar traditionellen Einschlag setzt sich fort in den Salons, der Bibliothek, den Speisezimmern und selbstverständlich in den individu-

Großbritannien

Ob Nessi wohl durch den Kanal entwischt ist und längst vergnügt im Atlantik planscht?

Infos und Adressen

ANREISE
Flug: nach Glasgow oder Edinburgh; **Bahn:** von Glasgow, Edinburgh oder Inverness nach Fort William **Auto:** von Glasgow auf der A82 nach Fort William; Abholung mit Rolls Royce möglich

BESTE REISEZEIT
April–Oktober

SEHENSWERT
Glenfinnan Monument und Bahnviadukt: beeindruckende Eisenbahnbrücke, bekannt aus »Harry Potter«-Filmen, in der traumhaften und malerischen Kulisse am Loch Shiel; Lochaber, www.nts.org.uk

ESSEN UND TRINKEN
Lochleven Seafood Café: nüchtern-modernes Restaurant am Loch Leven auf allerhöchstem kulinarischen Niveau; Onich, Inverness-shire, www.lochlevenseafoodcafe.co.uk

ÜBERNACHTEN
Crolinnhe B&B: luxuriöse B&B-Pension mit drei stilvollen Suiten etwas außerhalb von Fort William; Grange Road, Fort William, www.crolinnhe.co.uk

WEITERE INFOS
Inverlochy Castle: www.inverlochycastlehotel.com

Zu zweit erleben

Der Konstrukteur Thomas Telford (1757–1834) nutzte die geologischen Gegebenheiten der westlichen und nördlichen Highlands, um eine Verbindung zwischen der Nordsee und dem Atlantik und damit der schottischen Küsten zu schaffen. Als Wirtschaftsweg geplant, dient der **Caledonian Canal** heute ausschließlich Freizeitkapitänen als Spielwiese. Hausboote und Hotelschiffe, Yachten und Kanus schippern gemächlich darüber, beobachtet von Spaziergängern, die auf den parallel verlaufenden Treidelpfaden Sonne, Wind und gute Luft genießen. Spektakulär an der längsten künstlichen Wasserstraße im Vereinten Königreich sind **Neptun's Staircase** mit acht Schleusenkammern gleich zu Beginn der Kanalanlage am Ausgang des **Loch Linnhe** und natürlich **Loch Ness**, die Heimstatt des populären Monsters »Nessi«, das es bisher geschickt vermied, seine Existenz verlässlich nachzuweisen. Die trutzige und sehenswerte Burgruine von **Urquhart Castle** würde, wenn sie könnte, bestimmt Auskunft geben. www.scottishcanals.co.uk

ell eingerichteten Zimmern und Suiten in der oberen Etage. Der Landschaftspark um die hochherrschaftliche Villa spiegelt die raue Erhabenheit in Schottlands Westen wider. Bei einer verträumten Bootspartie auf dem kleinen Schlossteich lässt diese unwiderstehliche Aura wohl mit Abstand am besten genießen..

Der Gipfel des 1344 m hohen **Ben Nevis** ist die meiste Zeit über in einen Schleier aus Wolken gehüllt, nur hin und wieder gewährt er einen unverstellten Blick. Dennoch lohnt der Weg in die Höhe, der sich zu einem Großteil bequem mit einer Gondelbahn bewältigen lässt, denn die Aussicht von dort oben ist sensationell. Sie reicht weit über die beeindruckende Bergwelt der Highlands, und mit ein wenig Glück sieht man sogar bis nach Irland. Nach einer gemächlichen Wanderung zurück zum erstklassigen Domizil schmeckt das abendliche Gourmetdinner, eine Offenbarung der Haute Cuisine, dazu meist mit Musik-Begleitung und in angenehm stilvoller, aristokratischer Gesellschaft, gleich noch einmal so gut. UH

Wohnen im Schloss

Culzean Castle

HIGHLIGHTS

Bootsausflug: von Girvan nach Ailsa Craig zu Leuchtturm, Burgruine und zahlreichen Seevögeln

Spaziergang: Die Stadt Ayr mit ihren viktorianischen Häuserzeilen und der Strandpromenade eignet sich ideal zum Bummeln.

Electric Brae: Landstraße mit optischer Täuschung

Galloway Forest Park: großes Naturschutzgebiet mit Seen und Wäldern und einzigartigem Dark-Sky-Park zur Beobachtung des Sternenhimmels

Ayr Racecourse: Ein Tag auf der berühmten Rennbahn mit rassigen Pferden und dem letzten Schrei der Hut-Haute-Couture.

DINNER FOR TWO

Scotch broth: Die reichhaltige Graupensuppe mit Rüben, Möhren sowie Porree und anderem Gemüse genoss bereits Robert Burns – *Roast bubbly-jock:* gebratener Truthahn mit Kräuter- und Gemüsefüllung, früher auch mit Austern gefüllt – *Partan Bree:* schmackhafte Suppe aus frischen Krebsen und Reis, mit Sahne abgeschmeckt

Nichts ist typischer für einen schottischen Schlosspark als ein perfekt ondulierter Rasen.

Einmal im Leben Lord und Lady sein, auf Culzean Castle an der Küste Ayrshires ist das möglich. Tagsüber eine begehrte Besucherattraktion des National Trust for Scotland, bleibt es danach in all seiner Herrlichkeit jenen Glücklichen vorbehalten, die es als stilvolles Feriendomizil auserwählt haben.

Leben wie Lord und Lady in Ayrshire

Allein die faszinierende, fast majestätische Lage an der Klippenkante zum **Firth of Clyde** verleiht dem ehemaligen Stammsitz des Clans Kennedy eine herrschaftliche Erhabenheit. Wie die Gebäude im umliegenden Park stammt der noble Landsitz aus der Feder des renommierten schottischen Architekten Robert Adam. **Culzean Castle** beherbergt auf mehreren Etagen eine spannende Ausstellung zum Leben des Adels im 18. Jh. Das oberste Stockwerk, das den besten Blick auf das ovale Treppenhaus bietet, war nach dem Krieg dem amerikanischen Präsidenten Eisenhower als exklusives Apartment vorbehalten.

Bilder in den Gängen und Fluren erinnern an die Besuche des Amerikaners. Die **Eisenhower Suite** bietet beste Voraussetzungen für ein, zumindest zeitweise, aristokratisches Lebensgefühl. Die wunderbaren Gärten, die man ungestört

Großbritannien

zur abendlichen Stunde durchstreifen kann, werben mit einer verschwenderischen Blütenfülle. Traumhaft schön ist die Terrasse vor dem Schloss bei Sonnenuntergang. Hollywood lässt grüßen.

Der Präsident nutzte diese Unterkunft mehrfach, weil er es nicht sehr weit hatte zum Besuch eines der renommiertesten Golfplätze Schottlands: **Turnberry**. Die Anlagen für den gepflegten Rasensport, die allerhöchstes internationales Ansehen genießen und schon mehrfach Austragungsort berühmter Turniere waren, bekamen jüngst mit Donald Trump einen amerikanischen Eigentümer. Sie breiten sich aus vor der markanten Kulisse des **Stevenson Leuchtturms** und der Silhouette **Ailsa Craigs**, der nicht weniger auffälligen Insel der Curling-Steine. Das Turnberry Hotel war bei seiner Eröffnung 1906 als Bahnhofshotel der Inbegriff von Luxus und verströmt noch immer auf charmante Weise das besondere Flair einer glamourösen Welt der Schönen und Reichen. *UH*

Die Gedanken, die Robert Burns in seinen poetischen Werken äußerte, faszinieren und inspirieren noch heute.

Zu zweit erleben

Robert Burns (1759-1796) war kein Kostverächter. Er liebte das Leben, die Frauen, die Geselligkeit, den Glamour und seine Freiheiten. Und er liebte sein Land, die Landschaft Ayrshires und seine Bewohner. Dies brachte er in zahlreichen poetischen Werken mal romantisch, mal fantasievoll, mal witzig und ironisch, mal kritisch, aber immer mit schottischem Zeitgeist und Esprit zum Ausdruck. Das verschaffte ihm den Status eines noch heute bewunderten und verehrten Nationaldichters. Seine Bearbeitung von »Auld Lang Syne« ist weltweit bekannt. Das lyrische Werk des Dichters und sein Geburtshaus sind die wichtigsten Bestandteile des **Robert Burns Birthplace Museums** in Ayr. Dazu gehören ein kleiner gepflegter Garten, ein Dichterpfad und die Ruine der Alloway-Kirche, die in seinen Stücken Erwähnung findet. Ebenso die auffällige, steinerne Rundbogenbrücke **Brig o'Doon**: Sie ist idealer Platz, um Hand in Hand die Seele baumeln zu lassen.
www.burnsmuseum.org.uk

Infos und Adressen

ANREISE
Flug: nach Glasgow Prestwick;
Bahn: halbstündlich von Glasgow oder Glasgow Prestwick nach Ayr

BESTE REISEZEIT
April–Oktober

SEHENSWERT
Culzean Castle Country Park & Walled Garden: zauberhafte, gepflegte Gärten und Landschaftspark mit Teichen, Wäldern, Spazierwegen und Ruhezonen;
www.nts.org.uk/Property/Culzean-Castle-and-Country-Park

ESSEN UND TRINKEN
Wildings Hotel: Wunderbare Lage nahe am Turnberry Golfplatz und Leuchtturm; serviert werden frische Meeresfrüchte; Harbour Road, Maidens,
www.wildingshotel.com

ÜBERNACHTEN
Culzean Castle: Eisenhower Apartment; Maybole,
www.nts.org.uk/holidays
Trump Turnberry Resort & Golf: der Inbegriff von Eleganz und Understatement mit tollen Restaurants und großem Wellnessbereich; Turnberry,
www.turnberryresort.co.uk

WEITERE INFOS
What's On! Ayrshire:
www.whatsonayrshire.com

Wohnen im Schloss

97 Jagdschloss Kühtai

HIGHLIGHTS

Therme Längenfeld: Tirols größter Wellness- & Spa-Bereich

Fackel- oder Laternenwanderung: ein romantischer Spaziergang, der Jan. und Feb. an verschiedenen Orten um Innsbruck angeboten wird

Pferdeschlittenfahrt: Kindheitsträume werden wahr bei einer spritzigen Tour durch den Schnee. Von verschiedenen Hotels angeboten.

Alpenrosen: im Juni und Juli ein berauschender Anblick, am besten bei einer geführten Wanderung

Panorama-Klettersteig: bei der Dreiseen-Bergstation – 4 Stunden Klettergenuss auf 2300 m Höhe; empfehlenswert nur für schwindelfreie und erfahrene Bergwanderer

DINNER FOR TWO

Den besten *Kaiserschmarrn* weit und breit – im holzvertäfelten Restaurant und mit herrlichem Blick auf die Berge – gibt es im Jagdschloss. Aber auch die *Jausen* in der Dreiseenhütte ganz oben sind ein uriges Erlebnis. Bei Schunkelmusik oder Alpenpop mit DJ Ötzi gibt es deftige *Erbseneintöpfe*, *Specknockn* und *Germknödel*.

Kaiserlich urlauben: das Jagdschloss Kühtai mit Kapelle

Das Jagdschloss von Kühtai kann mit allerlei Besonderheiten aufwarten. Es ist mit mehr als 2000 m das höchstgelegene Schlosshotel Europas und Elternhaus vom Ur-Urenkel von Kaiser Franz Joseph I. und Kaiserin Elisabeth. Dieser führt das Hotel wie ein Privathaus, wo Stammgäste längst Freunde sind, und bewahrt das Jagdschloss als Bastion wider den schnellen Wandel des Wintertourismus.

Kaisertage in Tirol

Das Jagdschloss Kühtai in Tirol scheint nicht von dieser Welt. Auf den ersten Blick scheint es nicht einmal ein richtiges Schloss zu sein, eher ein pittoreskes Bauerngehöft mit rot-weißen Fensterläden, schönen Gewölben, vielen holzverkleideten Räumen sowie einer Kapelle und einer eigenen Quelle. Der ehemalige **Schwaighof**, wie in Tirol ein ganzjährig bewirtschafteter Hof heißt, wurde 1497 von Kaiser Maximilian I. geadelt und 1893 von Kaiser Franz Joseph gekauft. 60 Jahre später wandelte es sein Urenkel zum höchstgelegenen Schlosshotel Europas um, das noch immer den Charme längst vergangener Zeiten versprüht.

Der heutige Besitzer und Hausherr Christian Graf zu Stolberg-Stolberg ist ein Ur-Urenkel von **Kaiserin Sisi** und **Kaiser**

Österreich

Franz Joseph, das Jagdschloss sein Elternhaus. Auch deshalb führt der Graf das Hotel wie ein Privathaus. Stammgäste schätzen gerade das Rustikale, das Nicht-Perfekte und stoßen sich dafür gerne einmal die Köpfe an den niedrigen Türstöcken an. Hauptsache, sie können im Winter raus aus dem Alltag und rein in ihr persönliches Refugium mit viel Platz und Zeit zu zweit – und jeder Menge Möglichkeiten, den Winter zu genießen. Zehn Lifte, rund 30 km gut präparierte Abfahrten in allen Schwierigkeitsgraden und vor allem Schneesicherheit über ein halbes Jahr, von November bis in den Mai, sind schlagende Argumente für Kühtai.

Heiligabend singt man gemeinsam vor dem Christbaum - familiärer geht's kaum. Deshalb ist das Jagdschloss an Weihnachten und Silvester seit Jahrzehnten ausgebucht. Auf der Gästeliste nachrücken kann man zu diesen Terminen nur über die Erbfolgeregel.

Im Sommer locken Wanderungen über grüne Wiesen und durch weite Wälder – und immer wieder traumhafte Ausblicke auf Gipfel, Zacken und Steilwände. *MK*

Verliebt im Schnee: Vom Iglu auf die Sonnenterrasse

Zu zweit erleben
ROMANTIK IM IGLU UND IM SATTEL

Ein reizvolles Kontrastprogramm zum fürstlichen Wohnen im Jagdschloss ist eine Übernachtung im **Iglu Village**. Allerdings muss man sich vorher sein ganz persönliches Iglu nach traditioneller Methode – mit Händen, Schaufel und Schnee – selbst bauen. Zum Glück gibt es freundliche Hilfe – oder man bucht gleich einen Workshop. Anfänger begnügen sich vielleicht mit dem Basic-Iglu, Fortgeschrittene und architektonisch Begabte kreieren ein Romantik-Iglu. Eine Nacht im selbst gebauten Schneequartier ist garantiert mit ganz besonderen Hochgefühlen verbunden. www.iglu-village.at

Für ein romantisches Sommererlebnis sorgt das geführte **Trekking mit Islandpferden** rund um Kühtai. Die gutmütigen Tiere tragen auch Reitanfänger (tritt-)sicher auf drei- bis vierstündigen Touren durch die Berglandschaft. www.kuehtai.info

Infos und Adressen

ANREISE
Flug, Bahn, Auto: trotz 2020 Höhenmetern gut erreichbar via Innsbruck, das im Winter von Norddeutschland regelmäßig angeflogen wird

BESTE REISEZEIT
Für Wintersportler: Nov.–Mai

SEHENSWERT
Innsbruck: Von der spektakulären Skisprungschanze am Bergisel über den Alpenzoo bis hin zur historischen Altstadt mit dem Goldenen Dachl, der kaiserlichen Hofburg und seinen Museen hat die Olympiastadt viel zu bieten.

ESSEN UND TRINKEN
Es gibt ausreichend Restaurants in Kühtai, aber am besten isst man im Jagdschloss.

ÜBERNACHTEN
Jagdschloss Kühtai:
(nur von Nov.– Mai)
www.jagdschloss.at
Sporthotel Kühtai: (ganzjährig)
www.sporthotel-kuehtai.com
Hotel Konradin: (ganzjährig)
www.konradin.at

WEITERE INFOS
Tourismusbüro Kühtai:
www.kuehtai.info

Wohnen im Schloss

Fürstliche Steiermark

HIGHLIGHTS

Stift Admont: Die Benediktinerabtei ist wegen ihrer reich ausgestatteten Barockbibliothek weltberühmt.

Altausseer See: Eine Uferwanderung zeigt den See in seiner geheimnisvollen Schönheit.

Grazer Landhaus: Der Hof mit dem doppelbögigen Laubengang zählt zu Österreichs schönsten Renaissancebauten.

Riegersburg: Die mächtige Burg rühmt sich, nie von Feinden gestürmt worden zu sein.

Therme Rogner Bad Blumau: Architekt Hundertwasser durfte bei der Gestaltung der Bäderlandschaft seine ganze Fantasie austoben.

DINNER FOR TWO

Unbedingt probieren: *Kürbiskernöl:* Das schwarze, sehr nussig schmeckende Öl ist ein steirischer Exportschlager. *Klachlsuppe:* Wurzelbrühe mit Einbrenneinlage und Fleischwürfeln – *Heidensterz:* dicker Brei aus Buchweizenmehl – *Verhackerts:* eingestampfter und gewürzter luftgetrockneter Speck – *Lebkuchen:* Spezialität in Bad Aussee

Den Innenhof von Schloss Stubenberg zieren die wohl elegantesten Renaissance-Arkaden der ganzen Steiermark.

Endlose Wälder, saftige Almwiesen. Bizarre Gipfel, liebliche Weinberge. Prächtige Schlösser und Burgen, reiche Kirchen und Klöster. Erholsame Thermal-Spas und prämierte Restaurants. Das ist die Steiermark, das klingt nach perfektem Urlaub – vor allem, wenn man Quartier nimmt in Schlössern und Burgen.

Burgen und Schlösser im grünen Herzen

Die Steiermark, ganz zurecht als Österreichs »Grünes Herz« bezeichnet, erstreckt sich zwischen Dachstein, Ausseerland und Hochschwab, zwischen den sanftwelligen Rebhügeln im Süden und der pannonischen Tiefebene östlich von Graz. Es ist das »Thermenland«, das mit einer Reihe von wundervollen Kurbädern aufwarten kann, in deren Nähe sich dicht an dicht Fürstenresidenzen reihen. In **Stubenberg am See** liegt das gleichnamige Schloss, dessen Renaissance-Innenhof aus dem 16. Jh. mit elegant geschwungenen Doppelarkadengängen ein architektonisches Juwel ist. Vom dort aus lässt sich bequem das im üppigen Barock ausgestattete Augustinerchorherrenstift **Vorau** besuchen wie auch das reizende Städtchen **Pöllau** mit imposanter Barockkirche. Eine Besonderheit ist die Wallfahrtskirche auf dem **Pöllauberg**, wo das Wirtshaus König, das vor ein paar Jahren zum schönsten steirischen Blumengasthof gekürt wurde, seine Gäste mit delikater Hausmannskost auf die Sonnenterrasse lockt.

Österreich

Schloss Obermayerhofen ist wohl die nobelste Herberge des Thermenlandes. Nicht ohne Grund ist die Residenz mit ihrem prachtvollen Arkadenhof, eigener Kapelle und gerühmtem Restaurant beliebtes Hochzeitsdomizil. Ein Ganztagesausflug von hier bietet sich ins »Rogner Bad Blumau« an. Mit seiner fantasievollen und farbenfrohen Hundertwasser-Architektur ist es Österreichs spektakulärstes Thermal-Spa, das auch schöne Zimmer mit Ausblick auf die Bäderlandschaft bietet.

Stimmungsvoller wohnt es sich aber eindeutig auf **Schloss Kapfenstein**. Das liegt nicht nur an der ausgezeichneten Steirer Küche und den guten Tropfen aus hauseigener Kellerei, sondern an der großen Herzlichkeit der Gastgeber Winkler-Hermaden. Ausflüge führen von hier durch die Weinberge zur berühmten **Riegersburg**, einst größtes Bollwerk der Christenheit, in das beschauliche **Bad Radkersburg** oder in den Weiler **Kaag**. Dort steht die überaus skurrile »Gsellmanns-Weltmaschine«, die mit ihren zahllosen beweglichen Teilchen und Lichtern ausdrücklich keinem produktiven Zweck dienen soll. Ein Spaß, über den man nachdenken kann.

Toskana Österreichs

Die südliche Steiermark wird gerne als Toskana Österreichs bezeichnet. Das liegt am milden, fast mediterranen Klima

Speck, Bauernbrot und ein Spitzenwein aus der Region: Fertig ist die köstliche steirische Brotzeit.

Zu zweit erleben

KULINARISCHE EXKURSION IN DIE HOCHSTEIERMARK

Auf 1057 m Höhe in wunderbar friedvoller und sattgrüner Umgebung liegt das gemütliche Wirtshaus aus dem Jahr 1616, das ursprünglich als einfache Jausenstation diente. Seit 1996 führt die Familie Reitbauer neben dem berühmten Steirereck in Wien auch dieses Wirtshaus als **Steirereck am Pogusch** nahe Turnau. Ob im lichtdurchfluteten »Salettl«, in der urigen »Alten Stube«, oder auf der weitläufigen Terrasse mit Blick in die weiten Wälder: Überall schmecken die kulinarischen Köstlichkeiten. Wein, Käse, Brot, Gemüse – beinahe alles auf der Karte stammt von den Bauern aus der Region oder wird selbst produziert, wie z. B. das Fleisch. Die Liste steirischer Spezialitäten ist verlockend, vor allem das, was andernorts in Vergessenheit geraten ist.
www.steiereck.com/pogusch

In Vorzugslage: die sonnigen Weinberge der Steiermark im Spätsommer

Besondere Augenblicke

HUNDERTWASSERS FANTASIEVOLLE WELLNESS-WELT

Begrünte Dächer, fließende Formen, bunte Fassaden, goldene Kuppeln, umgeben von Wiesen und Äckern, fügen sich zu einem lebenden Gesamtkunstwerk im Einklang mit der Natur – ganz im Sinne von Friedensreich Hundertwasser, dem Schöpfer dieser einzigartigen Thermal- und Wellness-Bäderlandschaft, die 1997 eröffnet wurde. Sie umfasst ein auf verschiedene Häuser aufgeteiltes Hotel, diverse Restaurants, darunter das Haubenrestaurant **GenussReich**, und dem weitläufigen Bade- und Saunenbereich – mit Innen- und Außeneinrichtungen geeignet für jede Witterung. Das Zentrum bildet die ringförmige Innentherme, die Wohn-, Bade- und Gastro-Bereiche verzweigen sich von der Mitte hinein in die offene Landschaft, verbunden durch unterirdische Gänge, während die Fassaden, die 2400 verschiedenartigen Fenster und 330 Säulen dieses einmaligen Gebäudekomplexes zur Entdeckungsreise einladen. Zu Recht gilt das **Rogner-Bad** als Österreichs schönste Therme! www.blumau.com

Hundertwassers Badelandschaft passt sich trotz der überbordenden Fantasie wunderbar in die Natur ein.

und an den hiesigen Trauben, die Weine von Weltrang liefern: Sauvignon blanc, Morillon, Gelber Muskateller. Zu verkosten sind diese auch im **Schloss Gamlitz**, einem gelb getünchten höchst pittoresken Barockbau mit liebevoll eingerichteten Zimmern. Im angeschlossenen Weingut Melcher kredenzt der betagte, doch sehr agile Hausherr seinen Gästen höchst persönlich seine wunderbaren Tropfen, samt einer Weinführung voller Witz und Esprit.

Ein Quartier ganz anderer Prägung ist die wehrhafte **Burg Deutschlandsberg**. Doch verbergen sich hinter den trutzigen Mauern gemütliche Zimmer, teils mit Himmelbett, und im Rittersaal gewaltigen Ausmaßes ein elegantes Feinschmeckerrestaurant. Das Burghotel liegt ideal für einen Besuch der schmucken steirischen Landeshauptstadt **Graz** und den Attraktionen ihrer Umgebung, so wie die Hunderwasserkirche in **Bärnbach**, die prachtvolle Barockkirche in **Rein**, das mächtige **Schloss Eggenberg** und nicht zu vergessen das weltberühmte Lipizzanergestüt in **Piber**.

Im **Murtal** gelegen ist **Hotel Schloss Gabelhofen**, dessen wuchtige Bausubstanz im Inneren mit einer Stahl-Glas-Konstruktion kombiniert wurde – eine gelungene Symbiose aus Alt und Neu. Zur eleganten Atmosphäre des Hauses passt das weiß getünchte Restaurant, in dem es sich unter gotischem Gewölbe hervorragend speisen lässt.

Ausseerland und Ennstal

Im romantischen steirischen Salzkammergut bietet **Schloss Pichlarn** einen Aufenthalt vom Feinsten, Wellness-Oase, Ayurveda, Gourmetrestaurant und 18-Loch-Golfplatz inklusive. Das hat natürlich seinen Preis, doch kann man von hier aus die zauberhaften Seen des **Ausseerlandes** oder die bizarre Bergwelt des **Nationalparks Gesäuse** erkunden und auch **Admonts** weltberühmter Stiftsbibliothek einen Besuch abstatten.

Im malerischen Ennstal bittet **Schloss Thannegg** zur Nacht. An die 30 Kaufverträge und eine Engelsgeduld brauchte der Hausherr Ernst Schrempff, bis das zur Ruine verkommene Gemäuer in neuem Glanz erstrahlen dufte. Heute serviert der engagierte Hotelier seinen Gästen, hungrig vom Wandern im gewaltigen Dachsteingebirge oder auf den beeindruckenden Grimming, im Rittersaal deftige Steirerkost, bevor sie müde in die kuscheligen Federbetten der zirbelholzgetäfelten Zimmer sinken. *TW*

Steiermark

Infos und Adressen

ANREISE
Flug: Graz oder Salzburg und weiter mit Zug, Bus oder Mietwagen; **Auto:** von Salzburg über die A1 bis Sattledt (Voralpenkreuz), dann die A9 Richtung Graz

BESTE REISEZEIT
Mai–Oktober

SEHENSWERT
Mariazell: Österreichs bedeutendster Wallfahrtsort mit origineller Kirche: Den alten gotischen Turm hat man zwischen den beiden barocken Neubauten stehen lassen.
Lurgrotte: Österreichs größte Tropfsteinhöhle beeindruckt mit bizarren Formen. Höhepunkt ist der 120 m lange Dom mit Licht- und Klangspielen.
Nationalpark Gesäuse: Kaum ein anderes Gebirge der Alpen weist derart skurrile Felsformationen auf.
Lipizzanergestüt Piber: Hier werden die berühmten Pferde der Wiener Hofreitschule gezüchtet.
Stift Göß: Mit dem Namen verbindet man nicht nur das älteste steirische Kloster, sondern auch Österreichs beliebtestes Bier, das dort gebraut wird.
Stift Vorau: Das gewaltige Augustinerchorherrenkloster besticht durch sein einheitliches Barockbild.

ESSEN UND TRINKEN
Zum Hirschen: Das Fachwerk-Wirtshaus weist eine der wenigen original erhaltenen steirischen Gaststuben auf. Fischerndorf 17, Altaussee, www.hirschen-altaussee.at/de
Restaurant Erzherzog Johann: kulinarischer Genuss serviert in eleganten Stuben oder auf der blumenbekränzten Terrasse; Kurhausplatz 62, Bad Aussee, www.erzherzogjohann.at
Kölblwirt: traditionsreicher Gasthof in idyllischer Lage; Johnsbach 65, Johnsbach, www.koelblwirt.at
Brauhaus Mariazell: Seit 1914 fließt wieder selbst gebrautes Bier aus dem Zapfhahn der urigen Gaststube. Wiener Straße 5, Mariazell, www.bierundbett.at
Gasthof Holzer: Genuss im Einklang mit der Natur; Hauptstraße 9, Neuberg an der Mürz, www.hubertholzer.com
Restaurant Hofwirt: Hinter reich stuckierter Barockfassade wird in der nahezu unverändert erhaltenen uralter Gaststube bodenständige Küche gereicht. Seckau, Zellenplatz 3, www.hotel-hofwirt.at
Malerwinkl: expressionistisch präsentierte Meisterküche in skurriler Künstlerumgebung; Goldhähnchenweg 152, Hatzendorf, www.malerwinkl.com
Erikas Buschenschank: zünftige Brotzeit auf herrlicher Panoramaterrasse eines alten Winzerhauses; Kranach 3, Gamlitz, www.erikas-buschenschank.at
Winzerhaus am Kogelberg: uraltes Gasthaus inmitten von Weinbergen mit fabelhafter Küche; Kogelberg 10–11, Kaindorf an der Sulm, www.kogelberg.at
Kaminstub'n: steirische Küche in einem Ensemble von 100 Jahre alten Bauernhäusern; Kresbach 80, Deutschlandsberg, www.kaminstubn.at
Landhauskeller: Traditionslokal mit Gastgarten, umrahmt von prachtvollen Renaissance-Arkaden; Schmiedgasse 9, Graz, www.landhaus-keller.at
Safenhof: traditionsreiches Gourmetrestaurant im Thermenland; Hauptstraße 78, Bad Waltersdorf, www.safenhof.at

SHOPPING
Kürbiskernöl: Ölmühle Leopold; Frauentaler Straße 120, Deutschlandsberg, www.oelmuehleleopold.at
Schokolade: Zotter-Manufaktur; Bergl 56, Riegersburg, www.zotter.at
Lebkuchen: Hugo Rubenbauer Lebzelterei; Pötschenstraße 146, Bad Aussee, www.lebkuchen.at
Hochprozentiges und Likör: Schnapsbrennerei Gölles; Stang 52, Riegersburg, www.goelles.at

ÜBERNACHTEN
Schloss Stubenberg am See: Stubenberg 1, www.schloss-stubenberg.at
Schloss Obermayerhofen: Neustift 1, Sebersdorf, www.obermayerhofen.at
Schloss Kapfenstein: Kapfenstein 1, www.schloss-kapfenstein.at
Schloss Gamlitz: Eckberger Weinstraße 32, Gamlitz, www.melcher.at
Burghotel Deutschlandsberg: Burgplatz 1, Deutschlandsberg, www.burghotel-dl.at
Schloss Gabelhofen: Schloßgasse 54, Fohnsdorf, www.gabelhofen.at
Schloss Hotel Pichlarn SPA & Golf Resort: Zur Linde 1, Aigen im Ennstal, www.pichlarn.at
Schloss Thannegg: Schlossweg 1, Gröbming, www.schloss-thannegg.at

WEITERE INFOS
Steirische Tourismus GmbH: www.steiermark.de

Die Fölzalm nahe Mariazell: Die Hochsteiermark ist ein wahres Paradies für Wandervögel und Naturliebhaber.

Wohnen im Schloss

99 Zauber der Ostsee

HIGHLIGHTS

Danzig: Polens schönster Stadt sieht man nicht an, dass sie mal völlig zerstört war.

Oliwa: Fast exzentrisch wirkt der schmale lange Kirchenraum, der eine kostbare Orgel birgt.

Hel: Kaschubische Fischerhäuser säumen die Strände der schmalen Halbinsel.

Słowiński-Nationalpark: Die unberührte Dünenlandschaft lädt zu ausgedehnten Wanderungen ein.

Nationalpark Wolin: Halbinsel mit dichten Buchenwäldern und einer kilometerlangen pittoresken Kreidefelsküste.

DINNER FOR TWO

Borschtsch: Der Rote-Bete-Eintopf ist aus Russland »eingewandert« – *Zurek:* saure Roggenmehlsuppe – *Piroggen:* Teigtaschen mit Fleisch, Pilzen, Quark oder Gemüse – *Ostseescholle:* gebraten oder gedünstet, eine Delikatesse an der Küste – *Flaki:* Kutteln serviert in kräftiger Brühe – für Wagemutige

Viele Kilometer lang ziehen sich die weißen Sandstrände entlang der pittoresken Kreideküste der Halbinsel Wolin.

Kein Zweifel, Polen wird als Reiseziel immer beliebter. Mit gutem Grund, denn das große Land im Osten Europas hat viel zu bieten: eine reiche Kultur, wunderbare Landschaften und vor allem kilometerlange Sandstrände. Und das Beste: Zum fairen Preis lässt es sich dort sogar in Schlössern und Herrenhäusern wohnen.

Fürstlich wohnen an der Küste

Eine reizvolle Weise, Polens Ostseeküste und ihr ebenso herrliches Hinterland kennenzulernen, ist, in einem der prächtigen Schlosshotels oder alten Herrenhäusern Quartier zu nehmen. Ein wildromantisches Ambiente in einzigartiger Lage bietet das Hotel Neptun im Seebad **Łeba**. Das von Birken und Kiefern gerahmte einstige Kurhaus thront über einem breiten, endlos weiten weißen Sandstrand. Was für ein Blick, wenn man aus dem geräumigen Zimmer auf die Holzveranda tritt! An diesem Ort möchte man verweilen – und das sollte man auch. Nicht nur, weil man in einem der Fischrestaurants vor Ort fangfrische Scholle oder köstlichen Hering in Marinade serviert bekommt. Vielmehr grenzt der Strand der noblen Unterkunft direkt an den wunderschönen **Słowiński-Nationalpark** mit bewaldeten Riesendünen und

Polen

lang gestreckter Nehrung, die den großen Lebasee vom Meer abtrennt. Eine Traumlandschaft, die zum ausgiebigen Wandern einlädt. Das ist Ostsee vom Feinsten!

Auch das von Wassergräben umgebene barocke Schlosshotel in **Krokowa**, das die gräfliche Familie der Krockows im 17. Jh. erbauen ließ, ist eine Reise wert, und wenngleich nicht direkt an der Küste gelegen, so ist es doch nur wenige Kilometer entfernt. Dafür ist das beliebte Badeziel **Hela**, eine handtuchschmale Halbinsel mit pittoreske alten Fischerhäusern und langen weißen Stränden, nicht weit weg.

Danzig – Polens Königin am Meer

Von dem Küstenabschnitt aus lassen sich auch in einem Tagesausflug gut die Hauptattraktionen der polnischen Ostsee kennenlernen: **Danzig**, die schöne Hafenstadt mit dem berühmten Krantor aus Holz und Backstein, das wohl unverwechselbarste Wahrzeichen des ganzen Landes. Nicht minder sehenswert ist die wundervolle Altstadt mit dem Platz **Langer Markt**, den man durch diverse schmucke Stadttore betritt. Dass die Altstadt im Zweiten Weltkrieg völlig dem Erdboden gleichgemacht wurde, sieht man ihr nicht mehr an – die für ihr großes Können bekannten polnischen Restaurateure haben wirklich ganze Arbeit geleistet. Wie auch beim gewaltigen **Mariendom** aus Backstein, der aus dem malerischen Bürgerhäuser-Mix aus Gotik, Renaissance und Barock emporragt. Gigantisch sind die Ausmaße des weiß getünchten fast schmucklosen Kirchenschiffs mit seinem herrlichen Kreuzrippengewölbe. So überrascht es auch

Besondere Augenblicke
DIE KASCHUBISCHE SCHWEIZ

Dunkle Buchenwälder, abgeschiedene Täler, wilde Schluchten, zahllose große und kleine glasklare eiszeitliche Seen und hie und da reizende Dörfchen an ihren Ufersäumen: So gibt sich die »**Kaschubische Schweiz**«, eine ganz andere Welt als die der weißsandigen rauen Küste und Heimat einer kleinen slawischen Volksgruppe, zu der auch Günter Grass gehört. Problemlos als Tagesausflug von Łeba oder Krąg machbar ist eine romantische Entdeckungsrundfahrt durch die liebliche Landschaft der Seenplatte, eine Tour, die immer wieder mit neuen Einblicken überrascht. Kultureller Höhepunkt ist sicherlich die Klosterkirche Marienparadies in **Kartuzy**, der die Kartäusermönche ein einzigartiges Dach in Form eines Sargdeckels hinterließen. Als Orte noch malerischer sind jedoch **Chmielno**, **Brodnica** und **Ostrzyce**, die dicht an dicht in herrlicher Seelage liegen.

Im malerischen Fischerdorf Chmielno im Herzen der Kaschubischen Schweiz wird traditionelle Töpferware noch nach althergebrachter Methode produziert.

nicht, dass der Dom die größte erhaltene mittelalterliche Backsteinkirche der Welt ist.

Ähnlich berühmt ist auch das Zisterzienserkloster **Oliwa** am Rande Danzigs: Ein ebenso wertvolles wie einzigartiges Kunstwerk im prachtvoll ausgestalteten Kirchenraum ist die Orgel, die zur Herstellungszeit 1793 die größte Europas war. Unbedingt sollte man ein Konzert einplanen – nicht nur wegen des Kunstgenusses, sondern weil es ein unendliches Vergnügen ist, die Unzahl an beweglichen Engelsfiguren des Orgelprospekts beim Musizieren zu beobachten.

Das Kontrastprogramm dazu bietet das angrenzende **Sopot**, ein Jugendstil-Seebad, einst eines der berühmtesten der ganzen Küste. Die breite Promenade quer durch den Ort lädt zum Flanieren ein, vorbei an Fin-de-Siècle-Prachtbauten, vorbei am mondänen Grand Hotel, ehemals Treffpunkt von gefeierten Persönlichkeiten aus aller Welt, hin zur hölzernen Seebrücke, die erstaunliche 512 m in die Ostsee ragt.

Günter Grass' geliebte Heimat

Etwa zweieinhalb Autostunden westlich von Danzig entfernt, befindet sich das Dorf **Krąg**, das seine Besucher mit einer wundervollen Landschaft und dem im 15. Jh. erbauten **Schlosshotel Podewils** erwartet. Inmitten eines Parks mit uralten Eichen, Linden und Buchen und malerisch an den Ufern eines Badeteichs gelegen, ist die noble Herberge mit fabelhafter polnischer Küche perfekter Ausgangspunkt, um Günter Grass geliebte Heimat zu erkunden.

Es handelt sich um die traumhafte Seenlandschaft der **Kaschubischen Schweiz**, die auch Schauplatz seines Bestsellers »Die Blechtrommel« ist. Doch auch ein Abstecher an die Küste nach **Darłowo** mit seinem weiten historischen Rathausplatz, der wie durch ein Wunder vom Zweiten Weltkrieg verschont blieb.

Weitere Sehenswürdigkeiten säumen die Küste Richtung Stettiner Bucht, ob **Kołobrzeg** mit eindrucksvollem Mariendom und Backsteinrathaus nach Plänen von Friedrich Schinkel, **Kamień Pomorski** mit seinem prunkvollen St. Johannis-Dom oder die Halbinsel **Wolin** mit buchenbestandenem Nationalpark und traumhafter Kreidefelsküste. Um diese Attraktionen zu besuchen, nimmt man am besten Quartier im Dörfchen **Maciejewo**, im Palasthotel, das mit waldgesäumtem Teich, verwunschenem Park und zauberhaftem Flair aufwartet.

TW

Polnische Ostseeküste

Infos und Adressen

ANREISE
Flug: nach Danzig oder Stettin und weiter mit Bus oder Mietwagen; **Bahn:** Anfahrt von Berlin aus mit Umsteigen auf ein gut ausgebautes Regionalzugnetz; Danzig und Stettin sind die wichtigsten Verkehrsknotenpunkte; **Auto:** auf der S3 nach Stettin, entlang der Küste, weiter über die S6 bis Lębork (Abzweigung nach Łeba) oder bis Sopot/Danzig

BESTE REISEZEIT
Juni–September

SEHENSWERT
Sopot: Einst mondänes Ostseebad mit langer Seebrücke und altehrwürdigem Grand Hotel
Kołobrzeg (Kolberg): Im Zentrum der Stadt erhebt sich der eindrucksvolle Mariendom.
Kamień Pomorski (Cammin): Der St. Johannis-Dom besitzt eine berühmte Orgel.
Kartuzy: Das doppelt geschwungene Dach der berühmten Kartause Marienparadies ist einem Sargdeckel nachempfunden.
Darlowo: Die schöne Altstadt des einstigen Rügenwalde blieb glücklicherweise vom Zweiten Weltkrieg verschont.

ESSEN UND TRINKEN
Pergola: Lokal an der Strandpromenade mit tollem Blick und ausgezeichnetem Fisch; Bulwar Szymańskiego 14, Kołobrzeg, www.pergola.pl
Domek Kata: Das mit alten Möbeln ausgestattete Restaurant im »Henkerhaus« gilt als heißer Tipp. Ul. Ratuszowa 1, Kołobrzeg, www.winogrona.pl
Ewa Zarasza: Um hier zu speisen, pilgern die Leute von weit her. Ul. Morska 49, Sasino, www.ewazaprasza.com.pl
Karczma Slowińska: ein am Fluss gelegenes Traditionslokal mit słowinzischen Fischspezialitäten. Ul. Koscinuzki 28, Łeba
Pod Łososiem: uraltes Restaurant mit dem Patent zum »Danziger Goldwasser«. Ul. Szeroka 54, Danzig, www.podlososiem.com.pl
Tawerna Mestwin: traditionelle kaschubische Küche; Ul. Straganiarska 21/22, Danzig
Kubicki: Seit 1919 befindet sich dieses legendäre Restaurant in Familienbesitz! Ul. Wartka 5, Danzig, www.restauracjakubicki.pl
Przystán: fangfrischer Fisch; ul. Wojska Polskiego 11, Sopot, www.barprzystan.pl
Maszoperia: frischer Fisch und kaschubische Spezialitäten; Ul. Wiejska 110, Hel, www.maszoperia.net
Zamek: üppige mittelalterliche Schlemmereien in der Deutschritter-Ordensburg. Ul. Zamkowa 2, Bytów, www.hotelwzamku.pl/de

ÜBERNACHTEN
Hotel Neptun: schlossähnliches ehemaliges Kurhaus direkt am weißen Strand von Łeba. Ul. Sosnowa 1, Łeba, www.neptunhotel.pl/de
Schloss Krokowa: romantisches, von Wassergraben gesäumtes Barockschloss; Ul. Zamkowa 1, Krokowa. www.zamekkrokowa.pl/de
Schlosshotel Podewils: imposanter weißgetünchter Schlossbau an einem See. Krąg 16, Krąg, www.podewils.pl/de
Palasthotel Maciejewo: Romantikschlösschen, unweit der Stettiner Bucht inmitten einer bäuerlichen Landschaft; Maszewo 72-130, www.palacmaciejewo.pl
Sofitel Grand Sopot: die Vorzeigeadresse des einst mondänen Seebads Sopot; Ul. Powstancow Warszawy 12/14, Sopot, www.sofitel.com
Hotel Podewils Danzig: traumhaftes Hotel direkt am Yachthafen; Ul. Szafarnia 2, Gdansk, www.podewils.pl/de
Villa Stella Maris: reizende Gründerzeitvilla als Boutiquehotel im belebten Strandort Miedzyzdroje; Bohaterów Warszawy 13, Gmina Międzyzdroje, www.villa-stella-maris.de
Oasis Resort&Spa, Rewal: mitten im Grünen und nur drei Schritte vom Strand entfernt; Ul. Klifowa 34, Rewal, www.oasisresort.pl

WEITERE INFOS
Offizielles Tourismusportal: www.polen.travel/de

Unweit der Stettiner Bucht liegt inmitten stark bäuerlich geprägter Umgebung das hübsche Schlösschen Maciejewo.

Wohnen im Schloss

Böhmische Schlösser

HIGHLIGHTS

Wandern im Böhmischen Paradies: Sandsteinfelsen, berühmte Burgruinen, Schlösser und dichte grüne Wälder prägen den UNESCO-Geopark.

Landpartie in einer historischen Kutsche, die von den tschechischen Kinsky-Pferden gezogen wird

Oltimerfahrt von Schloss zu Schloss: Bei einer solchen Fahrt kommt Nostalgie pur auf! Oltimer werden u. a. in Mcely verliehen.

Historische Sternwarte auf Schloss Holešov (Holleschau): Besucher werden von einem Astronom in barocker Kleidung geführt. Sehenswert sind auch der englische Park und der einzigartige Obstgarten des frühbarocken Schlosses. www.holesov.info

DINNER FOR TWO

Leberknödelsuppe mit Nudeln: eine der am häufigsten servierten Suppen, die traditionell als erster Gang bei Festmenüs gereicht wird – Auf *Buchenholz geräucherte Forelle* ist ein traditionelles böhmisches Gericht. – *Kolatschen:* runde Hefeteigplätzchen, gefüllt mit Quark, Mohn oder Obststücken

Der ehemalige Sommersitz der Herren von Liechtenstein, Schloss Lednice, ist ein prächtiges Beispiel romantischer Neogotik in Tschechien. Man kann es ausgiebig besichtigen.

Die tschechischen Schlösser sind eine Märchenwelt voller Fantasie und Geschichten. Versteckt in unberührten Wäldern, spektakulär auf hohen Felsenrücken oder idyllisch an mächtigen Flüssen erbaut, zeugen sie von einer anderen Zeit. Prachtvolle historische Räume und großzügige Landschaftsparks bieten romantische Rückzugsorte und laden zum Träumen ein.

Üppige Pracht in großen Parks

Beim Besuch der Schlösser und ihrer prächtigen Gärten fühlt man sich in Tschechien wie auf einer Reise in vergangene Tage. Üppige Ausstattung, extravagante Lagen und die fantasievolle Architektur unterschiedlicher Epochen zeichnen sie aus, von der Gotik über den Barock bis zur Moderne. Die Vielfalt ist grenzenlos und macht die Schlösser zu einer Schatztruhe der tschechischen Geschichte. Romantische Schlosshotels laden ihre Besucher ein, Luxus im historischen Ambiente zu genießen und in Nostalgie zu schwelgen. Kein Wunder, dass die majestätischen Anwesen gerne als Kulisse für Verlobungsfeiern im Park oder Hochzeiten und Taufen in den Schlosskapellen genutzt werden. Nach Tauffeiern dürfen Familien ihren eigenen Baum in den Parkanlagen anpflanzen.

Der Weg zum **Schloss Mcely** führt durch Apfelbaumalleen und über schmale Waldstraßen. Langsam öffnet sich das schmiedeeiserne Tor und gibt den Blick frei auf die imposante

Tschechien

Schlossfassade. Die Kronen jahrhundertealter Bäume beschatten den englischen Rasen und die kunstvollen Skulpturen im Park. Im Schloss eröffnet sich dem Besucher eine opulente Welt aus Kristallleuchtern, großen Spiegeln, filigranem Porzellan, französischen Möbeln mit Goldrand und Klavierspiel. Ein 6 ha großer Park umgibt den Schlosshügel, der bis 1945 Landsitz der Familie Thurn und Taxis war. Als es bereits zur Ruine verfallen war, kaufte die Slowakin Inéz Cusumano das Anwesen und lernte darüber ihren eigenen Traumprinzen kennen.

Wie kaum ein anderes Bauwerk bietet ein Schloss die ideale Szenerie für besondere Augenblicke. In der Ruhe und Abgeschiedenheit lebt in den anmutigen Schlössern die Vergangenheit wieder auf. In der Gestaltung der Zimmer, Ballsäle und Parks hat jedes Schloss seinen eigenen Stil gefunden: von der schlichten Burg bis zum amüsanten Lustschloss. Das **Schloss Jemniště** bezaubert mit historisch eingerichteten Appartements im Seitenflügel des Schlosses und am Eingangstor zum Ehrenhof. In diesem Barockschloss lebt bis heute die Familie von Sternberg. Himmelbetten, uralter Parkettboden und große Kamine, in denen abends die Holzscheite gemütlich knistern, machen den Aufenthalt auf dem geschichtsträchtigen Anwesen mit seinem gepflegten Park unvergesslich. Das Renaissanceschloss **Hrádek** wurde aufwendig restauriert und bildet mit seinen Rundbögen, Fresken, wertvollen Gemälden und prächtigen Gemächern ein luxuriöses Ensemble.

Zu zweit erleben

EINE BAROCKE NACHT

Das Festival der Kammermusik auf dem Schloss in **Ceský Krumlov** (Böhmisch Krumau) ist wie eine Zeitreise. Das internationale Musik- und Theaterfestival findet jährlich mehrere Wochen im Juli und August in der UNESCO-Welterbe-Stadt an der Moldauschleife statt. Zum Schlossfest wird das Leben auf dem Schloss im 18. Jh. detailgetreu nachgestellt, und die wertvoll ausgestatteten Schlossräume können mit barocker Livemusik der alten Instrumente besichtigt werden. Amüsant sind das Barocktheater im Schloss und der drehbare Zuschauerraum im Garten. Hoch auf einem Felsrücken thront das Krumauer Schloss über der denkmalgeschützten Altstadt. Zur Anlage gehören vierzig Gebäude und Paläste, die um fünf Schlosshöfe und einen 7 ha großen Park erbaut worden sind. Die Adelsfamilie Schwarzenberg, in deren Besitz sich das Schloss von 1719 bis 1945 befand, ließ das Schloss im Stil des Wiener Barocks umbauen. www.festivalkrumlov.cz

Prächtige Kostüme kommen beim Barockfest zur Geltung.

Das Schloss Frauenberg ist das tschechische Neuschwanstein.

Besondere Augenblicke

WELLNESS UNTERM STERNENHIMMEL

Im englischen Schlosspark werden die alten Eichen in goldgelbes Licht getaucht. Der Himmel ist sternenklar und der Mond spiegelt sich im Naturschwimmteich. Eigens für die Zeit zu zweit kann der Spa-Bereich im Park von Schloss Mcely für ein »Wellnessprogramm unter Sternen« reserviert werden. Auf der Holzterrasse um den Outdoor-Jacuzzi flackern Kerzen in antiken Windlichtern. Das kleine Saunahäuschen ist genau für zwei Personen konzipiert. Abkühlung bietet der Naturteich mit Schilfgürtel und Seerosen. Exklusiv sind auch die Paar-Massagen im Spa, bei denen zwei Personen gleichzeitig massiert werden. Dazu können Sie sich von den hausgemachten organischen Kosmetikprodukten aus der tschechischen »Neun-Kräuter-Tradition« verwöhnen lassen. Bei dieser Kosmetik verströmen Rosmarin, Ringelblume, Rosen, Lavendel und Rosen neben Gänseblumen, Schafgarbe, Salbei, Thymian und Melisse ihr betörendes Aroma. www.mcelybouquet.com

Das Schloss Mcely gehörte einst der Familie Thurn und Taxis.

Einzigartige Parklandschaften umgeben die böhmischen Schlösser.

Die Schlösser und ihre kunstvollen Gärten

Die tschechischen Schlösser dienten oft als Kulisse für romantische Liebesgeschichten. Auf dem **Schloss Konopiste** fanden der Thronfolger Franz-Ferdinand von Österreich-Este und seine Frau Sophie Gräfin Chotek einen Rückzugsort in der Belle Époque. Im sehenswerten Rosengarten wird neben tropischen Pflanzen noch heute ihre Lieblingsrose, die gelbe Edelrose »Marschall«, gezüchtet. Ohne die großen Landschaftsparks und kunstvollen Gärten, die zum Verweilen einladen, wären die Schlösser nur halb so romantisch.

Auf **Schloss Hrubá Skala**, mitten im **Geopark Böhmisches Paradies** im Osten von **Prag**, wurde das Märchen von Prinz Bajaja gedreht. Hoch über den massiven Sandsteinfelsen bietet sich von dem Schloss eine großartige Aussicht über die ungewöhnlichen Felsformationen. Der Park des **Neorenaissanceschlosses Pruhonice** im Westen von Prag gehört zum UNSECO-Weltkulturerbe. Im Mai blüht der Rhododendron und verwandelt den Park in ein einzigartiges Blütenmeer. Angelegt wurde der Park ab 1885 von Graf Arnošt Emanuel Silva-Tarouca mit Gehölzen aus aller Welt im Stil eines Englischen Landschaftsparks. Zum **Schloss Lednice** gehört ein französischer Garten, der auch »Der Garten Europas« genannt wird. Seltene Baumarten und Vögel nisten in dem Paradies um das neogotische Anwesen der Liechtensteins. Im Park von **Schloss Krásný Dvůr** fühlte sich schon Goethe wohl und genoss seine Tage in dem kleinen Barockschloss in vollen Zügen. Egal, ob bei eleganten Candle-Light-Dinnern, gemütlichen Picknicks im Park oder nächtlichem Schwimmen im See unter freiem Sternenhimmel – ein Schlossbesuch in Tschechien ist immer ein romantisches Erlebnis. ME

Böhmische Schlösser

Infos und Adressen

ANREISE
Flug: nach Prag von vielen deutschen Zielen direkt; auch **Fernbusse und Züge** fahren in die tschechische Hauptstadt. Von Prag aus weiter mit dem Mietwagen – oder luxuriös: einige Schlosshotels bieten Shuttle-Service mit Limousine an. Bei Schlösser-Rundreisen GPS und eine gute Straßenkarte nicht vergessen!

BESTE REISEZEIT
Zu Beginn des Sommers stehen die Gärten der tschechischen Schlösser in voller Blüte, und die Wälder sind üppig grün. Aber auch der verschneite Winter mit Pferdeschlittenfahrten und einem Abend am Schlosskamin hat seinen Reiz.

SEHENSWERT
Schloss Sychrov: neogotische Architektur, englischer Garten und wertvolle Kunstsammlungen; im 19. Jh. bewohnt von der französischen Adelsfamilie Rohan; www.zamek-sychrov.cz
Schloss Hrubá Skala: In fantastischer Lage direkt über den zerklüfteten Sandsteinfelsen des Böhmischen Paradieses liegt dieses Schloss, in dessen Garten Trauungen stattfinden. www.hrubaskala.cz/de/
Schloss Hluboká (Frauenberg): neogotisches Märchenschloss mit 140 Zimmern, 11 Türmen und großem Landschaftspark in Südböhmen; www.zamek-hluboka.eu
Schloss Krásný Dvúr (Schönhof): J. W. von Goethe war begeistert von diesem gemütlichen Barockschloss und dem stimmungsvollen Park. Graf Czernin schuf den ersten englischen Garten in der Region mit fantasievollen Bauten und raffinierten Durch- und Ausblickmöglichkeiten. www.krasny-dvur.cz

SHOPPING
Böhmischer Schmuck: Im Herzen des Böhmisches Paradieses, einer einzigartigen Kulturlandschaft, liegt die Stadt Turnov. Seit Jahrhunderten ist Turnov berühmt für die Fertigung von Schmuck aus dem »Böhmischen Granat«. Der kaminrote Stein wird in den Werkstätten geschliffen und kunstvoll verarbeitet. Das Stadtmuseum zeigt die Geschichte des Handwerks und die Geologie der Region. In den Goldschmiedewerkstätten und Galerien in Turnov lassen sich wunderschöne Einzelstücke finden.

ÜBERNACHTEN
Schloss Mcely: familiär geführtes 5-Sterne-Öko-Hotel, eine Stunde östlich von Prag; Mcely 61, Mcely, www.chateaumcely.com
Schloss Trešt: Renaissanceschloss in Südböhmen; Dr. Richtra 234, Třešt', www.schloss-trest.com
Schloss Jemništĕ: Das Schloss in Mittelböhmen gilt als Perle des Barocks. Drei luxuriöse, historisch eingerichtete Appartements werden vermietet. Jemništĕ 1, Postupice, www.jemniste.cz/de
Schloss Héralec: Das Boutique-Hotel mit Spa verbindet historisches Ambiente mit moderner Innenarchitektur. Heralec 1, Heralec, www.chateauheralec.de

ESSEN UND TRINKEN
Restaurant auf Schloss Mělník: Von dem Renaissanceschloss bietet sich ein herrlicher Blick auf den Zusammenfluss von Elbe und Moldau. Berühmt ist auch der Schlosswein. Svatováclavská 19/16, Melník, www.lobkowicz-melnik.cz
Restaurant Piano Nobile: Das 5-Sterne-Restaurant verbindet lokale Gerichte und Zutaten mit Haute Cuisine und gehört zu den besten des Landes. Mcely 61, Mcely, www.chateaumcely.com/en/restaurant
Restaurant auf Schloss Hrádek: elegante böhmische Küche im einzigartigen Flair des Renaissanceschlosses; Hrádek 1, Sušice, www.zamekhradek.cz/de
Schlossschenke in Zbiroh: zwischen Pilsen und Prag gelegenes Schloss mit Restaurant und der gemütlichen Schenke »U Rudolfovy kratochvíle«; Zbiroh č.p.1, Zbiroh, www.zbiroh.com/de

WEITERE INFOS
www.czechtourism.com

Elegant und mit viel Liebe zum Detail sind die Zimmer gestaltet.

Die Exedra im Painswick Rococo Garden in Gloucestershire

Register

Aare 38
Acqui Terme 96
Admont 272
Adria 98
Agerola 89
Agulo 146
Ailsa Craigs 265
Aix-en-Provence 70, 77
Akamas-Halbinsel 158
Akrotiri 132
Alameda Principal 236
Åland 126, 127
Ålandinseln 126, 127
Alba 97
Alberobello 95
Albert-Cuyp-Markt 221
Alcazaba 236, 237
Alentejo 106, 107
Ålesund 175
Aletschgletscher 38
Alfama 230
Alojera 147
Altausseer See 270
Alto de Garajonay 146
Altstädter Ring (Prag) 240
Amalfi 88
Amboise 25
Ammerland 61
Amsterdam 220, 221
Andernach 252
Angers 22, 25
Ansouis 77
Antwerpen 10
Apulien 94, 95
Aquädukt von Ljungsbro 110
Arche Scaligiere 206
Arco dei Gave 207
Arduaine Gardens 87
Area Marina Protetta Capo Carbona 140, 142
Arena di Verona 204, 205
Arezzo 27
Arles 70, 77
Arnarstapi 168–170
Arno 209
Arrecife 151
Asso 92
Asti 96
Atrani 88
Augustusbrücke 249
Aurlandsfjord 103, 175
Äußere Hebriden 86
Ausseerland 272
Autun 74

Auxerre 74
Avenida da Liberdade 233
Avignon 77
Ayr Racecourse 264

Bacharach 252
Bad der Aphrodite 159
Bad Redkersburg 271
Bad Tölz 60, 61
Bad Zwischenahn 62, 63
Badesse 26, 28
Bagni San Filippo 92
Bagno Vecchio 138
Bagno Vignoni 92
Bairro Alto 231, 232
Baixa 231
Bakenberg 123
Bakenberg 123
Balagne 128, 129
Bantry Bay 167
Baraque Michel 184
Bardolino 134
Baretti 141
Bärnbach 272
Barra 86
Bastione di Santa Croce 140
Bath 258
Bayern 250, 251
Beara Way Cycle Route 167
Beara-Halbinsel 167
Beaujolais 73
Beaune 72
Beja 106
Belgodère 129
Ben Nevis 264, 265
Benbecula 86
Beram 98
Bergen 102, 103, 174, 175
Berlin 190–193
Berner Oberland 38, 39
Bingen 252
Binz 122
Birnau 53
Blaue Lagune 202
Blois 25
Blomberg 60
Boboli-Garten 210
Bodensee 52, 53
Böhmen 278–281
Bohnenwerder 165
Bohuslän 110

Boltenhagen 49, 50
Bomerano 89
Borensberg 110
Borgarnes 169
Botrange 183
Bottnischer Meerbusen 126
Bregenz 53
Breiðafjörður 170
Breiter Graben 222
Brijuni-Inseln 99, 101
Brocken (Blocksberg) 12, 13
Brodnica 276
Brook 48
Brügge 10
Brühlsche Terrasse 248
Bryggen 103, 175
Bucht von Salò 134
Burano 214
Burg 17
Burgund 72–75
Burgviertel (Prag) 240
Buxy 73
Buzet 100

Cabo da Roca 232
Cabo de São Vicente 35
Cabo Sardão 34
Caha Mountains 167
Cala del Cuore 138
Cala Deya 152
Cala Felci 138
Cala Feola 139
Cala Fonte 138, 139
Cala Llombards 152
Cala Macarella 157
Cala Macarelleta 156, 157
Cala Pregonda 156
Cala Santa Galdana 157
Cala Trebalúger 156
Cala`n Turqueta 157
Calanche 130
Calanche de Piana 130
Calat Anguillara 217
Caledonian Canal 265
Caligari 140
Callanish 86
Calle Sierpes 239
Calvi 129, 130
Camargue 66
Campo de' Fiori 218
Camprena 92
Canal du Nivernais 74
Canal Grande 212, 215
Caneva Aquapark 134
Cannes 68–71
Canto 70

Capo Carbona 142
Capo Malfatan 140
Capri 89
Carrapateira 34
Carwitzer See 165
Cascade de Bayonne 184
Casteddu 140
Castel del Monte 95
Castiglione d'Orcia 92
Centre Pompidou 195
Chablis 73
Chalonnes-sur-Loire 24
Champs-sur-Yonne 74
Chia 140
Chiado 231
Chiaia di Luna 139
Chiemgau 22
Chmielno 276
Ciutadella 156
Cluny 72, 74
Colmar 64
Compatsch 31
Corbara 129
Cornwall 78–81
Corrieshalloch Gorge 263
Costa del Sud, 142
Costa Verde 142
Côte d'Azur 68–71
Côte d'Or 72
Cottische Alpen 96
County Cork 166, 167
Coves del Drac 153
Crete Senesi 27, 90
Croisette 70
Cueva de los Verdes 150
Cuillin Mountains 86
Culzean Castle 264, 265

Dagebüll 121
Damerower Werder 19
Danzig 226, 227, 274, 275, 277
Darłowo 276, 277
Derinkuyu 44, 45
Deutsche Alleenstraße 256
Devrenttal 44
Dijon 73
Þingvellir 203
Djurgården 109
Dolomiten 30
Dominikanerplatz (Colmar) 65
Donaukanal 223
Dorsoduro 212
Dragonetal 89
Drau 104
Dreesch 50

Dresden 54, 248, 249
Drosiegg 39
Drummore 82
Duca D'Aposta 217
Dunadd Fort 87
Dune d'Ingurtosu 140

East Side Gallery 193
Eiffelturm 194
Eiger-Nordwand 39
Eksjö 178
El Golfo 148
El Palo 237
Elbtal 55
Elchpark (Småland) 178
Eldborg 168
Electric Brae 264
Elmau 251
Elmauer Alm 59
Elsass 64, 65
Erdre-Tal 198
Erfurt 57
Étang de Vaccarès 66
Etsch 206
Euringerspitze 31
Eyüp 244

Famara 149
Fanø 163
Fassaner Kamm 31
Fasta Åland 127
Fatih 244
Faxaflói 168
Fažana 99
Feldberg 164
Feldberger Seenlandschaft 164, 165
Feliceto 128
Findeln 36
Fingal's Cave 85
Fira 132
Firostefani 132
Firth of Clyde 264
Fisole 209
Fjordnorwegen 174, 175
Flåm 103
Flandern 11
Flatey 168, 170
Fleesensee 19
Florenz 208–211
Fontana Amorosa 158
Fonte de Areia 144
Forêt de Bonifatu 131
Formone 92
Fornalutx 152
Forsvik 110
Forum Romanum 216, 219

Franz-Josef-Promenade 100
Fraueninsel (Chiemsee) 23
Frauenplan (Weimar) 56
Fredrichshain 192
Freilichtmuseum Jan Karlsgarden 126
Freizeitpark Liseberg 109
Freizeitpart Astrid Lindgrends Värld 179
Frontone 139
Füssen 250

Gadmental 39
Gailtaler Alpen 104
Gallipoli 94
Galloway Forest Park 264
Gamla Stan (Stockholm) 110
Garda 137
Gardasee 134–137
Gargnano 137
Garten von Marhin 257
Gavi 139
Gent 10
Geopark Böhmisches Paradies 280
Gearrannon Blackhouse Village 87
Gerðuberg 171
Giardino della Minerva 89
Giardino Giusti 206
Gießen 15
Givry 73
Golden-Circle-Tour 202
Goldener Bogen 220
Goldenes Gässchen 241
Goldenes Horn 244
Golf von Galéria 129
Golf von Giolata 129
Golf von Porto 130
Golf von Sagone 130
Golf von Salerno 88, 89
Golf von Tarrent 94
Golfo degli Angeli 141
Golfstrom 263
Gordes 77
Göreme 44
Gornerschlucht 36
Göta Älvis 110
Göta Kanal 108–111
Göteborg 108–110
Gotha 57
Gottlieben 53
Gråbrödraklostret 177
Gran Paradiso 96
Gran Via 235
Grande Traversata delle Alpi 96

Graz 272
Gröde 121
Gröna Lund (Grüner Hain) 109
Groombridge Place 260
Grošnjan 100, 101
Grotte di Pilato 138
Grundarfjörður 169
Grünes Kliff 119
Gstadt 23
Guadalquivir 238
Guadiana 106
Guatiza 151
Gülcehir 45
Gülhane-Park 245
Gullfoss 203
Güstrow 254
Gybberyd 178

Hackesche Höfe 191
Hafen von Belém 232
Halligen 120, 121
Handschuhsheim 186
Hangar à Bananes 199
Hardangervidda 103
Haría 148
Haukadalur 203
Hauptmannsberg 165
Hautes Fagnes 183
Hebriden 84–87
Hegau 53
Heidelberg 186, 187
Heiligenberg 53
Hel 274
Hela 275
Helgelandküste 172, 173
Helgoland 116, 117
Hellnar 169, 170
Helmholtzplatz (Berlin) 191
Herdade do Vau 106
Heritage Center 167
Hermigua 147
Herreninsel (Chiemsee) 23
Herrenweg bei Lüttenhausen 164
Hiddensee 124, 125
Hochries 22
Hochwald 16
Hoher Markt 223
Hohen Schönberg 48
Hohes Venn 188
Holešovice 242
Hooge 120
Höri 53
Hörnum Odde 118
Hörnumer Leuchtturm 119
Hum 100
Hungry Hill 167

Iglu Village 269
Igreja São Roque 232
Ihlaratal 45
IJburg (Amsterdam) 220
Île de la Cité 194
Île de Nantes 199
Île du Belvédère 196
Île Feydeau 198
Ilm 56
Imerovigli 132
Ingurtosu 142
Innsbruck 269
Inverewe Garden 262, 263
Inverlochy Castle 264, 265
Iona 86
Isar 60
Isarradweg 60
Iselsberg 104
Isle of Skye 86
Isola del Garda 134, 135
Isola San Biagio 136
Istanbul 244, 245
Istrien 98, 99
Izola 42

Jameos del Agua 150
Janubio 149
Jardin Botanico-Historico La Concepcio 236
Jardin Concepcion 236
Jardin des Tuileries 195, 196
Jardin du Luxembourg 196
Jardin du Palais Royal 194
Jardin Exotique 69
Jardines de Ferraz 235
Jena 57
Johannisburger Heide 32
Jönköping 178
Jungfraujoch 38
Jütland 162, 163

Kaag 271
Kaktusgarten von Guatiza 150
Kalmar 178
Kalvarienberg 61
Kamari 132
Kamień Pomorski 276
Kampa-Halbinsel 242
Kampenwand 22
Kanarische Inseln 150
Kaninchenwerder 50
Kappadokien 44, 45
Kartuzy 276

Karwendelgebirge 58
Kaschubische Schweiz 276
Kaymaklı 45
Kaysersberg 64
Kazimierz 229
Kerrera 85
Kew Gardens 258, 261
Kinsale 166
Kirkjufell 169
Kleines Matterhorn 36
Kleinseite (Prag) 240
Klein-Venedig 65
Klofningur 170
Kloster 124
Klütz 49
Klützer Winkel 48–51
Knockinaam Lodge 82, 83
Koblenz 252
Kohlmarkt (Wien) 222
Koifhus 65
Kollwitzplatz 191
Kołobrzeg 276
Königstuhl 123, 187
Konstanz 53
Koper 42, 43
Korsika 128–131
Kottbusser Tor 192
Krąg 276
Krakau 228, 229
Kranichwerder 50
Kreuzberg 192
Krokowa 275
Krutyn 32
Krutynia 32
Kummerower See 256
Kurfürstendamm 192
Kvarner Bucht 100
Kystriksveien 173

L'île-Rousse 128, 129
La Défense 197
La Geria 148, 150
La Gomera 146, 147, 154
La Playa 147
Labin 100
Łącka Góra 275
Lago Maggiore 96
Lahn 14, 15
Lahnstein 15
Land's End 78
Langbürgner See 23
Lange Anna 117
Langeneß 120
Langer Markt 275
Langgasse 226, 227
Langkofel 31
Lanzarote 148–151
Laugarvatn-See 202
Laugavegur 202

Le Creusot 75
Le Forna 139
Lecce 95
Lehde 16
Leidseplein 220
Lérins-Inseln 70
Leuven (Löwen) 10
Lewis 85
Liebesbrücke (Prag) 242
Liebesinsel (Mirow) 20
Liebestal 45
Lienz 104
Lienzer Dolomiten 104
Limburg 15
Lindau 53
Lipica 42, 43
Liselund 114, 115
Lismore 85
Lissabon 230–233
Lister Ellenbogen 118
Loch Duich 85
Loch Ewe 262
Loch Linnhe 85
Loch Linnhe 85, 265
Loch Maree 263
Loch Ness 265
Loire 24, 200
Loire 24
Loro Parque 155
Los Gigantes 155
Los Hervideros 148
Loschwitz 248
Lourmarin 77
Lovran 100
Lovund 172
Lozari 128
Lübbenau 17
Lucia Rosa 139
Luknajno-See 33
Lund 176
Lurgrotte 273
Luskentyre Beach 84, 86
Lustrafjord 175
Lüttenhagen 164
Luzern 40
Lysefjord 175

Maciejewo 276
Mâcon 74
Madragoa 230
Madrid 234, 235
Mainau 52
Malaga 236, 237
Malcesine 137
Malchiner See 256
Malchow 20
Mallorca 152, 153
Malmedy 182–185
Malmö 176
Manerba 136

Maó 156, 157
Mare Friscium 116, 117
Mariazell 273
Mariehamm 126
Marktstraße (Bad Tölz) 61
Markusplatz 215
Masdache 150
Masuren 32, 33
Masurische Seenplatte 32
Matterhorn 36
Maybachufer 190
Mechelen 10
Mecklenburger Seen 18–21
Mecklenburgische Schweiz 254–257
Mecklenburg-Vorpommern 18–21, 50, 254–257
Meersburg 52, 53
Menerbes 77
Menorca 155, 157
Mercato San Benedetto 140, 141
Mercato Sant'Ambrogio 210
Mercurey 73
Mértola 106, 107
Meursault 73
Milvische Brücke 217
Mima-Tal 100
Miniera di Ingurtosu e Gennamari 142
Mirador del Rio 149
Mirow 20
Mittelrheintal 252, 253
Mizen Head 166
Moabit 192
Moldau 242
Møn 114
Monaco-Ville 69
Mönchgut (Rügen) 122
Møns Klingt 114
Monschau 188, 189
Montañas del Fuego 148
Monte Amiata 27, 90
Monte Tolu 131
Monte Toro 156
Montepertuso 89
Monte-Rosa-Massiv 96
Monti Latteri 88, 89
Montmartre 196
Mont-Rigi 184
Monviso 96
Morsum Kliff 119
Møsevatnet 175
Motovun 100
Mottlau 227
Mounts Bay 80
Mull 85
Munkaleden 179

Murano-Inseln 215
Muravera 143
Murtal 272
Museumsinsel (Berlin) 190, 192
Myrdal 103

Nærøyfjord 103, 174
Nantes 24, 25, 198–201
Nationalpark Costa Alentejana 34
Nationalpark Eifel 188
Nationalpark Garajonay 146
Nationalpark Gargano 94
Nationalpark Gesäuse 272
Nationalpark Jasmund 123
Nationalpark Jotunheimen 175
Nationalpark Müritz 18
Nationalpark Norra Knill 178
Nationalpark Parc naturel régional du Luberon 76
Nationalpark Sächsische Schweiz 55
Nationalpark Słowiński 274, 275
Nationalpark Snæfellsjökull 169, 171
Nationalpark Store Mosse 178
Nationalpark Timanfaya 148
Nationalpark Val Grande 97
Nationalpark Vicentina 34
Nationalpark Wattenmeer mit Wikingerstadt Ribe 162
Nationalpark Wolin 274
Naturpark Hohes Venn 182, 183
Naturschutzgebiet Sandhammaren 176
Naveta d'es Tudons 156
Nea Kameni 132
Neckartal 187
Neist Point 86
Neptun's Staircase 265
Nes 172
Nocelle 89
Nora 143
Nordhausen 13
Nordsee 11
Nordstrandischmoor 121
Novigrad 98
Nuits-Saint-Georges 73
Nyord 115

Oban 84
Obernai 65
Occi 128
Odeceixe 34
Odemira 35
Odilienberg 64, 65
Oia 132, 133
Oland 120
Old Man of Storr 86
Oliwa 274, 276
Olympos 158
Oostende 10
Opatjia 98, 100
Orange 77
Orcia 92
Orléans 24
Ortahisar 45
Orzola 149
Oslo 102, 103
Östra Küstevägen 176
Ostrzyce 276
Ostseebad Leba 274, 275
Ostseebad Zappat 227
Ostuni 94
Ottmarsheim 64, 65
Ottrott 65

Paglia Orba 130
Palaisgarten 249
Palazzo Barbieri 206
Palazzo di Cangrande 206
Palazzo Vecchio 209
Palma de Mallorca 152, 153
Palmarola 138
Pantheon 217
Paphos 158
Parc de Saleccia 131
Parc des Buttes-Chaumont 196
Parenzana-Weg 43
Paris 194–197
Park der Gärten 62
Parque das Nações 232
Parque de la Montaña 235
Parque de María Luisa 239
Parque de Retiro 235
Parque Nacional de Timanfaya 148
Paseo España 236
Passeig de Sagrera 153
Passstraße Trollstigen 174
Peene 256
Penshurst Place 258
Penzance 78
Père-Lachaise 196
Pétra tou Romioú 158

Pfänder 53
Philosophenweg 186
Piana 128, 130
Piazza Alfieri 97
Piazza Bra 206
Piazza dei Signori 206
Piazza del Campo 27, 91
Piazza del Michelangelo 208
Piazza della Signoria 209
Piazza delle Erbe 204
Piazza di Spagna 219
Piazza Mino da Fiesole 209
Piazza Navona 218, 219
Piazza San Carlo 97
Piazza Yenne 141
Piber 272
Pico de Ana Ferreira 144
Pico de Baixa 145
Piemont 96, 97
Pienza 92
Pigna 128, 129
Pillnitz 248
Piran 42
Plac Nowy 229
Place Charles Dullin 196
Place Dauphine 194
Place de la Bastille 195
Place de la Castre 70
Place de Rome 183
Place des Abbesses 196
Place des Gitans 66
Place des Vosges 195
Place du Casino 69
Place du Tertre 196
Place Émile Goudeau 196
Place Pigalle 196
Place Vendôme 194
Plansee 251
Planty 229
Platz Jeanne d'Arc 65
Plau am See 20
Playa Blanca 150
Playa de la Caleta 147
Playa de Santiago 147
Playa del Inglés 147
Playa des Americas 154
Playa Es Trenc 152
Playas del Papagayo 148
Plaza de América 239
Plaza de España 235, 239
Plaza Mayor 234
Plaza Santa Ana 235
Point de Vue 183
Polis 159
Pöllau 270
Pöllauberg 270
Polnische Ostseeküste 274–277

Pommard 73
Pont des Arts 195
Pont Neuf 194
Ponta da Atalaia 34
Ponte di Castelvecchio 206
Ponte Vecchio 208, 210
Pontinische Inseln 138
Pontone 89
Ponza 138, 139
Ponza-Stadt 139
Pool House 262, 263
Pore 99
Poreč 43, 98
Port Logan 82
Portini de la Bra 204
Porto Covo 34
Porto Santo 144, 145
Porto Santo Golf 145
Portorož 42, 43
Portpatrick 83
Portpatrick Putting Green 82
Portree 86
Positano 88, 89
Praça de Comércio 231
Prag 240–243, 280
Prager Altstadt 240
Prager Neustadt 240
Praiano 88
Prater 191, 224, 225
Prien 23
Provence 76, 77
Prussia Cove 80
Puerta del Sol 234
Puerto de Soller 152
Puerto del Carmen 150
Pula 98
Punta Molentis 143

Quedlinburg 13
Quinta das Palmeiras 145

Raasay 86
Rabac 100
Radebeul 54, 55
Rallarvegen 175
Råshult 178
Ravello 89
Real Alcázar 239
Red Point 262
Reginu-Tal 129
Reichenau 53
Rein 272
Reuss 41
Revellata 130
Reykjavík 168, 202, 203
Rhein 252, 253
Rheinfall bei Schaffhausen 53

Rhinns of Galloway 82
Rhonetal 38
Rhônetal 76
Rialtobrücke 215
Riffelsee 37
Rigi 41
Ringkøbing 162
Rio Manzanares 235
Rive Droite 195
Röbel 20
Roč 100
Rocca 136
Rødøyløva 173
Rom 216–219
Rømø 163
Rosszähne 31
Rotes Kliff 119
Roth 15
Röthelberg 254
Roussillon 77
Rovinj 98, 99
Rowena Cades 78
Rügen 122, 123
Rustrel 77
Rynek Glówny 228

Sa Colonia 141
Saint Remy 140, 141
Saint-Denis-de-Vaux 73
Saintes Maries de la Mer 66, 67
Saint-Honorat 68
Saint-Nazaire 24, 198–201
Salem 53, 89
Salin-de-Giraud 66
Salò 134
Saltenfjord 173
Saltstraumen 173
San Felice del Benaco 136
San Gimignano 26, 27
San Giovanni Rotondo 95
San Lorenzo 17
San Marco 212
San Sebastián de la Gomera 146
Sandhammaren 176, 177
Sankta Maria Kyrka 177
Sant Antonino 128, 129
Santa Croce 208, 210
Santa Cru 239
Santnerspitze 31
Santorin 132, 133
São Luis 35
Sardinien 140–243
Sarrabus 141
Sassi di Matera 95
Sassnitz 123
Scala 89

Scandola 130
Scavi Scaligeri 204
Schaabe 123
Schachen bei Garmisch-Partenkirchen 251
Schierke 13
Schlern 30, 31
Schmaler Luzin 165
Schonen 176
Schwangau 251
Schwarze Lütschine 38
Schwerin 48, 49
Schweriner See 50
Scilly-Inseln 78
Sečovlje 43
Seealpen 76
Séguret 77
Seine 194
Seiser Alm 30, 31
Sellin 122
Ses Salines 152
Seven Sisters 260
Sevilla 238, 239
Sheepshead Peninsula 167
Sheffield Park and Garden 260, 261
Siena 26–28, 91
Sierpes 239
Sierra Mijas 237
Simrishamn 176
Sintra 230
Sireneninseln 89
Sissinghurst Garden 259, 260
Skansen 109
Skjerstadfjord 173
Škocjan jame 42
Škofije 43
Slioch 263
Slowenisch Istrien 42
Småland 178, 179
Snæfellsjökull 168
Snæfellsnes 168–171
Snæfellsnes-Halbinsel 169
Sognefjord 103, 175
Son Bou 156
Sonntagshorn 22
Sopot 276
Sorrent 88
Sorrentiner Halbinsel 88
Sound of Mull 85
South Uist 86
Southern Upland Way 82
Spa 184
Speicherstadt (Danzig) 227
Speloncato 129
Spiaggia di Piscinas 142

Spirdingsee 32
Spreewald 16, 17
St. Goar 253
St. Goarshausen 252
St. Ives 78, 80
St. Michael's Mount 78, 79
Staffa 85
Staré Město 243
Steckborn 53
Steiermark 270–273
Stein am Rhein 53
Stockholm 110, 127
Stornoway 85
Stourhead 258, 260
Strada Panoramica Villasimius – Costa Rei 143 ((Radstrecke))
Straßburg 64
Strunjan 43
Stubenberg am See 270
Stykkishólmur 168–170
Südengland 258–161
Súgandisey 170
Sully-sur-Loire 24
Sultanahmet 244
Suquet 68
Suquet-Hügel 70
Svalþúfa 169
Svartisen-Gletscher 172
Svörtuloft 169
Sylt 118, 119

Tahiche 150
Taksim-Platz 245
Tanaro-Tal 97
Tåtorp 110
Teide 147, 155
Tempelhofer Feld 192
Teneriffa 154, 155
Tequise 151
Testaccio 218
Thüringen 56, 57
Tiergarten 224
Tjörnin-See 202
Tobermory 85
Torcello 214
Töreboda 110
Torghatten 172
Torralba d'en Salort 156
Torre di Chia 141
Torre di San Pancrazio 140
Toskana 26–29, 90–93
Tournus 74
Tours 24, 25
Trastever 218
Tregothnan 79
Tremiti-Inseln 95
Trentemoult 201

Triana 239
Triftbrücke 38
Triftschlucht 39
Trilho dos Pescadores 34
Tristacher See 104, 105
Triumphbogen 194
Trodos-Gebirge 158
Turin 96
Turku 127
Turnberry 265

Überlingen 53
Übersee 23
Uçhisar 45
Učka-Gebirge 100
Uga 150
Ullapool 263
Umag 98
Unteruhldingen 53
Ürgüp 45
Urnes 174
Uwe-Düne 118

Vadstena 110
Val d'Orcia 90
Valldemosa 152
Valle dei Mulini 89
Valle d'Itria 94
Valle Gran Rey 147
Vänern 109
Västergötland 178
Vättern 109, 178
Vaucluse 77
Växjö 178
Vega 172
Veli Brijun 99
Vellora 92
Venasque 77
Venedig 212–215
Verona 204–207
Versailles 197
Vézelay 74, 75
Via Cassia 90
Via dei Condotti 218
Via Francigena 92
Via Giulia 218
Via Roma 206
Vierwaldstättersee 40, 41
Vikingecenter Fyrkat 163
Vila Baleira 144
Villasimius 141
Vimmerby 179
Vitte 124
Vivo 92
Volpania 28
Volterra 26, 27

Waldschlösschenbrücke 55
Wasserburg 53
Wasserturmplatz 191
Wawel 229
Weilburg 15
Weimar 56, 57
Weltnaturerbe Wattenmeer 118
Werdenfelser Land 58, 59
Wernigerode 12, 13
West Highland Way 264
Wester Ross 263
Wetterstein 59
Wettersteinalm 251
Wettersteingebirge 58
Wetzlar 15
White Cliffs von Dover 258
Wien 222–225
Wienerwald 224
Wikingerdorf Fotevikens 176
Windegg 39
Wisley 261
Wisley Garden 258
Wismar 48, 49
Wissower Klinken 123
Wolin 276
Wörth bei Neuhausen 53

Yonne 75
Ystad 177

Zelve 45
Zentralmassiv 76
Zermatt 36, 37
Zugspitze 58
Zwischenahner Meer 63
Zypern 158, 159

Impressum

Textnachweis
Die mit Namenskürzeln versehenen Texte stammen von:
Ellen Astor (EA), Andrea Behrmann (AB), Thorsten Brönner (TB), Carsten Dohme (CD), Christin Drühl (ChD), Sabine Durdel-Hoffmann (SD), Miriam Eckert (ME), Dietmar Falk (DF), Udo Haafke (UH), Daniela Hansjakob (DH), Margit Kohl (MK), Marike Langhorst (ML), Brigitte Lotz (BL), Britta Mentzel (BM), Jochen Müssig (JM), Erik van de Perre (EvdP), Martina Schnober-Sen (MSS), Robert Tremmel (RT), Thomas Winzker (TW)

Bildnachweis
Alle Bilder stammen von

Außer:
© Thorsten Brönner: S. 8/9, 10, 11, 24, 25, 33, 40, 77, 91 l., 93, 94, 95, 96, 126, 127, 166, 172, 173, 174, 175, 178, 179; © Andrea Behrmann: S. 142 l.; © Bildagentur Huber, S. 134 (Gräfenhain), 135 l. (Gräfenhain), 136 l.(Vallenari), 137 (Raccanello), 143 (Leplat); © Blog du Sude: S. 183 u.; © Christin Drühl: S. 16, 17, 19 (2), 21, 50 (l.), 51, 254, 257; © Sabine Durdel-Hoffmann: S. 73 o., 75; © Miriam Eckert: S. 106; © Zdenek Fiedler/flyfoto: S. 280 l.; © Udo Haafke: S. 62, 63, 82, 83, 84, 85 l, 108, 109 r., 110, 111, 114, 115, 144, 263, 264, 266, 267; Hotel Neptun, Leba: S. 275 u.; © Catherine Legrand: S. 188 l.; © Mauritius Images: S. 117 (Fritz Mader), 165 o., 182 (Alamy), 184 r. (Alamy), 185 (Alamy), 280 r. (Profimedia), 281 (Alamy); © Johann Scheibner: S. 255 o., 256 r.; PD: S. 214 l. (Edal), 242o. (Ichikawa Soft Labaratory); © Picture alliance: S. 250 (Hildenbrand), 259 o., 260 l. (Foley); © Erik Van de Perre, S. 168, 169, 188, 189, 198, 199, 200, 201; © Visit Flam/Thor Andresen, S. 102; © Thomas Winzker, S. 31, 58, 98, 99 l., 100, 104, 105, 138, 270, 271, 276; © Ernst Wrba, S. 55 o.

Umschlag:
Vorne: großes Bild: Paar am Sandstrand (Look-foto); oben v.l.n.r.: am Ottenheimer Stausee, Niederösterreich (Look-foto), auf dem Canal Grande (Bildagentur Huber/S. Kremer), Essen auf der Wiese, im Hintergrund der Große Phürgas, Oberösterreich (Okapia); hinten v.l.n.r: Abend in Sirmione am Gardasee (Look-foto), Barockgarten von Schloss Villandry an der Loire (Thomas Brönner), Sonnenuntergang auf Mallorca (Look-foto)

S. 1: Paar am Strand in Apulien
S. 2/3: Mit dem Oldtimer an der Amalfiküste

Produktmanagement: Dr. Birgit Kneip
Lektorat: SAW Communications Dr. Sabine Werner, Mainz
Satz: Mediaservice Rudi Stix, München
Umschlaggestaltung: Ulrike Huber, Kolbermoor
Kartografie: Astrid Fischer-Leitl, München
Repro: Repro Ludwig, Zell am See
Herstellung: Rudi Stix
Printed in Italy by Printer Trento

Sind Sie mit diesem Titel zufrieden? Dann würden wir uns über Ihre Weiterempfehlung freuen.
Erzählen Sie es im Freundeskreis, berichten Sie Ihrem Buchhändler, oder bewerten Sie bei Onlinekauf.
Und wenn Sie Kritik, Korrekturen, Aktualisierungen haben, freuen wir uns über Ihre Nachricht an Bruckmann Verlag, Postfach 40 02 09, D-80702 München oder per E-Mail an lektorat@verlagshaus.de.

Unser komplettes Programm finden Sie unter

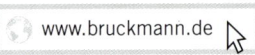

Die Deutsche Nationalbibliothek verzeichnet diese Publikation in der Deutschen Nationalbibliografie; detaillierte bibliografische Daten sind im Internet über http://dnb.d-nb.de abrufbar.

© 2015 Bruckmann Verlag GmbH, München
Alle Rechte vorbehalten.

ISBN 978-3-7654-8294-6